국어의 역사를 품고 있는

한글 문헌 자료 읽기

일러두기

01 각 문헌은 해제, 원문 이미지, 원문 텍스트, 현대어 역, 주석으로 구성한다.
02 원문 텍스트의 한자는 한자와 한자음을 함께 제시하되 한자음은 ( )로 표시한다.
03 원문 텍스트에서 원문의 협주는 본문보다 글자 크기를 작게 제시한다.
04 현대어 역의 한자는 모두 한자음으로 바꾸어 제시한다.
05 현대어 역에서 원문의 이해를 돕기 위해 의역한 문장을 제시하거나 생략된 문장성분을 추가로 제시할 때는 의역된 현대어를 ( )로 표시한다.
06 주석은 표제어, 뜻풀이, 형태소 분석, 문법 설명으로 구성하되 문법 설명은 필요한 경우에만 제시한다.
- 표제어는 원문을 그대로 제시한다.
- 뜻풀이는 현대어를 기준으로 제시한다.
- 형태소 경계는 '+'로, 조사를 제외한 단어 경계는 '#'으로 구분한다.
- 주요 형태소는 간단한 문법적 특징을 기술한다.

07 주요 문법은 '문법 tip'에서 설명한다.

국어의 역사를 품고 있는

한글 문헌 자료 읽기

초판1쇄 인쇄 2023년 6월 23일
초판1쇄 발행 2023년 6월 28일

지 은 이 장요한, 김수정
펴 낸 이 신일희
펴 낸 곳 계명대학교 출판부
출판등록 제347-1998-1호(1970. 9. 1)
주 소 대구광역시 달서구 달구벌대로 1095
대표전화 053-580-6233
팩 스 053-580-6235
홈페이지 www.kmupress.com

ISBN 979-11-6516-189-7 93700 정가 23,000원

국어의 역사를 품고 있는

한글 문헌 자료 읽기

장요한, 김수정

계명대학교 출판부

머리말

고전은 신비로워 좋다. 켜켜이 쌓이고 쌓여 알 수 없는 시간의 흔적과 바뀌고 바뀌어서 푸른 바다가 된 주인 모를 공간이 주는 신비로움만큼이나, 고전은 이색적이고 신비적이어서 새로운 세상을 경험하는 것보다 더 흥미롭고 감동적이다. 단지 나와 시·공간적으로 먼 세상, 아득히 먼 옛날이야기, 그래서 잘 보이지도 느껴지지도 않을 것이라 생각하여 이 고전을 멀리하는 것은 어리석은 일이다. 고전의 전경은 절대 흐릿하지 않다. 놀라울 정도로 선연鮮然하고 정연井然해서 100년 전 아니 500년 전의 이야기지만 시대를 초월한 의미와 감동은 아주 생생하고 선명하게 다가온다. 애초에 흐릿해서 불안하고 위태한 것이었다면 고전이 되지 못했을 것이다.

국어국문학과와 국어교육과의 '국어사 한글 문헌 읽기'(혹은 '국어사 자료 강독')는 고전의 신비를 경험할 수 있는 교과목이다. 문헌을 펼치는 순간, 낡아 손상되어 금방이라도 부스러질 것 같은 세월의 무게감보다 오히려 곧게 새겨진 굵은 필체가 주는 강인한 생명력이 우리의 시선을 압도한다. 그 신비로운 고전의 서막이 시작되는 순간이다. 고전에 아로새긴 한글, 훈민정음은 어떠한가? 그 탄생의 과정, 이로 인한 갈등과 충돌, 창제 이후 훈민정음이 걸어온 길은 '우여곡절'迂餘曲折로도 다 담아낼 수 없는 이야기가 숨겨져 있다. 지금에 오기까지의 한글이라는 고전은 말로 표현할 수 없는 우리의 역사, 우리의 삶을 품고 있다.

그런데 '훈민정음'으로 쓰인 고전을 어렵게 느끼는 것은 일반 대중뿐 아니라 국어국문학과와 국어교육과 학생들도 마찬가지이다. 당시의 언어, 문자로 쓰인 문헌을 직접 읽고 이해하는 것이 쉬운 일은 아닐 것이다. 이른바 맞춤형 고전 읽기 교재가 필요한 이유가 여기에 있다. 시중에 국어사 한글 문헌 읽기 교재가 없는 것은 아니지만 우리 학생들의 관심을 일으키고 참고하기에는 다소 어려움이 있다. 의미를 이해하기 위한 주석이 부족하거나 현대어 번역이 직역에 가까워 내용을 파악하기 어려운 경우도 있고, 원문 없이 텍스트만 제시되어 문자적 이미지만 부각된 경우도 있어 학생들의 관심을 일으키기가 어렵다.

이 책은 이러한 점을 보완하여 만든 국어국문학과 국어교육과 학생들의 맞춤형 한글 문헌 자료 강독 교재이다. 원문 이미지와 원문 텍스트, 현대 한국어 역, 주석을 한 체제로 삼아 구성하여 학생들이 중세 국어 및 근대 국어의 한글 문헌을 읽고 그 내용을 이해할 수 있도록, 또한 문헌의 표기와 음운, 문법, 어휘의 특징을 파악할 수 있도록 하였다. 아울러 한글 원문을 이해하는 데 필요한 문법사적 특징은 별도로 설명을 덧붙여 두었고, 각 자료의 이해를 도모하기 위한 해제는 앞에 제시하였다.

이 책에서는 중세 국어와 근대 국어의 다양한 양상을 보여주기 위해서 시대별 대표적인 문헌, 즉 국어사적으로 의미가 있고 해당 시대의 국어를 잘 보여주는 한글 문헌 총 14개를 대상으로 하였다. 각각의 문헌에서 주요 내용을 담고 있는 부분을 뽑아서 위의 역주 과정을 담았다. 한글의 창제 배경과 그 원리를 담은『훈민정음』(언해문), 훈민정음으로 쓰인 최초의 문헌『용비어천가』, 세종과 단종, 세조의 사연이 담긴『월인석보』, 왕실에서 부녀자의 훈육을 위해 편찬한『내훈』, 당나라 시인 두보의 한시를 번역한『두시언해』, 질병을 127종으로 나누어 그 치료방문을 모은 의학서『구급간이방』, 중국의 생활풍습과 제도 등으로 구성된 외국어 학습서『번역박통사』, 교정청에서 간행한 유학 수신서『소학언해』등, 중세 국어를 대표하는 문헌 8종을 1장에 실었다. 이어서 임진왜란 발발 이래의 효자·충신·열녀 등의 사실을 수록한『동국신속삼강행실도』, 일본어 학습을 위하여 편찬한 교재『첩해신어』, 최초의 한글 조리서『음식디미방』, 조선 중기 왕과 왕비 등이 쓴 한글 편지『신한첩 곤』, 제임스 게일이 번역한『천로역정』, 1896년 편찬한 초등학교 국어과 교과서『신정심상소학』등, 근대 국어를 대표하는 문헌 6종을 2장에 실었다.

중세와 근대 한글 문헌을 읽고 이해하는 것은 쉬운 일이 아니다. 문자를 읽는 것조차 어려운 생소한 표기와 어휘가 주는 위압감은 남다르다. 하지만 한 음절 한 음절, 한 단어 한 단어, 한 문장 한 문장 차츰차츰 읽다 보면 어느새 그 고전의 이야기 속에서 즐거움과 보람을 느끼는 학생들을 볼 수 있다. 시작이 어려울 뿐이지 막상 문헌을 찬찬히 들여다보며 그 문헌에 담긴 지혜와 지식을 탐독하다 보면 형설지공螢雪之功의 재미를 얻게 될 것이다. 이 교재가 학생들에게 국어사의 다채로운 흥미를 갖게 해 주는 국어사 강독 길잡이가 되었으면 한다.

한글 문헌 강독 수업이 단순히 우리나라의 과거 문헌을 읽고 이해하는 교과목에 그쳐서는 안 된다. 옛 문헌 자료를 통해 전통문화를 재창조하는 능동적인 지식 활동으로 이어져야 할 것이다. 고전의 교훈을 익히는 것은 물론이고 새로움을 창조하는 문헌 강독 수업으로 나아갈 수 있기를 바라며, 이 책이 그러한 지식 활동에 보탬이 되기를 기대한다.

2023년 6월

궁산 기슭에서 집필자를 대신하여

장요한 씀

차례

머리말 4

제1부 중세 국어 한글 문헌

01 훈민정음 10
02 용비어천가 25
03 월인석보 46
04 내훈 82
05 두시언해 98
06 구급간이방 119
07 번역박통사 140
08 소학언해 161

제2부 근대 국어 한글 문헌

09 동국신속삼강행실도 198
10 첩해신어 218
11 음식디미방 237
12 신한첩 250
13 천로역정 268
14 신정심상소학 284

참고문헌 301
문법 tip 찾아보기 309
저자소개 310

제1부

중세 국어 한글 문헌

1부에서는 중세 국어 한글 문헌으로 구성하였는데 중세 국어 한글 문헌은 중세 국어 시기에 훈민정음으로 간행된 한글 문헌을 말한다. 주지하는 바와 같이, 중세 국어는 고려 초(10세기 초)에서 16세기 말(임진왜란 1592)까지의 국어를 말한다. 이 중세 국어는 다시 전기 중세 국어와 후기 중세 국어로 나뉘는데 전기 중세 국어는 고려 초에서 13세기 말까지, 후기 중세 국어는 14세기에서 16세기 말까지로 구분된다. 중세 국어 한글 문헌은 훈민정음 창제 이후에 훈민정음으로 간행된 문헌이므로 엄밀히 말하면 후기 중세 국어 한글 문헌이라 하겠다. 후기 중세 국어 한글 문헌, 후기 중세 국어의 대표적 특징으로 음소 및 음절 표기와, 7개 단모음과 'ㆍ'[ʌ]의 존재, 유성 자음 'ㅸ', 'ㅿ', 'ㆁ', 초성에 2개 음소가 출현하는 음절 구성 방식, 'ㆆ' 종성 체언의 존재 및 비통사적 합성어, 명사 파생 접미사 '-의-'와 형용사 파생 접미사 '-ᄫᆞ/브/ㅂ-', 겸양법 선어말어미 '-ᄉᆞᆸ-/-ᅀᆞᆸ-/-ᄌᆞᆸ-', 1인칭 선어말어미 '-오-', 감탄법 선어말어미 '-옷-', 2인칭 의문법 종결어미 '-ㄴ다', 원인 연결어미 '-관ᄃᆡ', 양보 연결어미 '-ㄹᄲᅮᆫ뎡', 의도 연결어미 '-과뎌', '-과ᄃᆡ여', 명사형 전성어미 '-옴/움' 등을 들 수 있다. 또한 3등급의 청자대우 등급과 중간 등급의 종결어미도 특기할 만하다.

01.

훈민정음(訓民正音)

❀ 해제

지금으로부터 580여 년 전, 음력 1443년 12월 30일 백성을 위한 문자 '훈민정음'이 세상에 처음 등장하였다. 일반 백성을 위한 문자, '백성을 가르치는 바른 소리'라는 뜻을 가진 '훈민정음' 문자가 세상에 알려진 역사적인 순간이다. 지금까지 최고의 권력이 가장 낮은 백성을 위해 문자를 창제한 일이 있었던가. 중세 시대 문자는 지배층의 전유물이자 권력의 상징이었다. 그런데 세종대왕은 단순히 어리석은 백성들을 위해 극비리에 문자 창제 프로젝트를 시행하였고 훈민정음 28자 창제의 완성을 1443년 12월 30일 조정에서 공표하였다. 아래 『세종실록』(102권), 세종 25년 12월 30일 2번째 기사문에 세종대왕이 친히 훈민정음을 창제하였다는 내용이 실려 있다.

> 是月, 上親制諺文二十八字, 其字倣古篆, 分爲初中終聲, 合之然後乃成字, 凡于文字及本國俚語, 皆可得而書, 字雖簡要, 轉換無窮, 是謂《訓民正音》(이달에 임금이 친히 언문(諺文) 28자(字)를 지었는데, 그 글자가 옛 전자(篆字)를 모방하고, 초성(初聲)·중성(中聲)·종성(終聲)으로 나누어 합한 연후에야 글자를 이루었다. 무릇 문자(文字)에 관한 것과 이어(俚語)에 관한 것을 모두 쓸 수 있고, 글자는 비록 간단하고 요약하지

마는 전환(轉換)하는 것이 무궁하니, 이것을 훈민정음(訓民正音)이라고 일렀다.[01]

이날 이후, 세종대왕은 집현전 학사 정인지, 신숙주, 성삼문, 최항, 박팽년, 강희안, 이개, 이선로 등에게 훈민정음 해설서를 간행하게 하였다. 『세종실록』(113권), 세종 28년(1446년) 9월 29일 4번째 기사문에 훈민정음 해설서인 『훈민정음』 책을 간행한 사실이 기록되어 있으며 『훈민정음』의 말문(末文)에 쓰인 '정통(正統) 11년(1446년) 9월 상한(上澣)'을 통해서 그 책의 완성 시기를 알 수 있다. 정통 11년 9월을 양력으로 환산한 것이 오늘날 한글날로 기념하고 있는 10월 9일이다.

훈민정음 문자의 체계를 상세하게 설명하고 있는 책 『훈민정음』을 일반적으로 『훈민정음 해례본』이라고 부른다. 이 책은 그 당시 공식적인 문자인 한문으로 기록되어 있으며 크게 '예의, 해례, 정인지 서문'으로 이루어졌다. '예의(例義)' 부분에는 훈민정음의 창제 목적, 새 문자 훈민정음의 음가, 문자 운용 방법에 대하여 설명하고 있으며 '해례(解例)' 부분은 오해(伍解), 일례(一例)로 구성되어 있다. 훈민정음 창제 방법과 원리를 설명한 제자해, 초성, 중성, 종성을 설명한 초성해, 중성해, 종성해, 초성, 중성, 종성이 합쳐서 음절을 이루는 방법을 설명한 합자해, 단어의 사용 예시를 보여주는 용자례로 이루어져 있다. '정인지 서문'에서는 훈민정음의 창제 이유, 창제자, 훈민정음의 우수성, 해례본의 편찬자, 편찬 연월일 등을 밝히고 있다. 『훈민정음 해례본』의 예의 부분은 세종이 직접 지었고, 해례는 정인지(鄭麟趾)·박팽년(朴彭年)·신숙주(申叔舟)·성삼문(成三問)·최항(崔恒)·강희안(姜希顔)·이개(李塏)·이선로(李善老) 등 집현전(集賢殿) 학사가 집필하였다.

한문으로 기록된 「훈민정음 예의편」을 한글(훈민정음)로 풀어서 번역한 것을 「훈민정음 언해본」이라고 한다. 「훈민정음 언해본」은 여러 이본이 있는데 번역한 사람이나 번역한 시기를 정확하게 알 수는 없다. 다만 현재까지 알려진 가장 앞선 언해본은 1459년(세조 5년)에 간행된 『월인석보』 권1 첫머리에 실려 있는 '세종어제훈민정음'이다.

---

01 국사편찬위원회 조선왕조실록 해독문 참고.

'세종어제훈민정음'에는 '어제서문, 자·모음의 음가, 연서법, 부서법, 성조' 등 문자 운용 방법에 대한 설명이 나타난다. 석가모니 이야기가 담긴 『월인석보』 첫머리에 '훈민정음 언해본'이 실린 것은 훈민정음 문자로 기록된 『월인석보』를 읽고 이해하는 데 도움이 될 거라 판단한 것으로 보인다. 언해본 마지막 부분에 해례본에는 없는 규정이 추가되어 있는데 중국어의 치음(齒音)을 표시하기 위해 치두음자(齒頭音字)인 'ᅎ,ᅔ,ᅏ,ᄼ,ᄽ'와 정치음자(正齒音字)인 'ᅐ,ᅕ,ᅑ,ᄾ,ᄿ'를 구별하여 표기하도록 한 것이다.

『훈민정음 해례본』은 역사적 수난과 함께 사라졌다가 1940년경 경상북도 안동에서 발견되었다. 일제 강점기 암울한 시기에 우리 문화재를 지켜냈던 간송 전형필은 1942년 기와집 11채를 살 수 있는 거금을 주고 『훈민정음 해례본』을 구입하였으며 한글 연구의 기반을 마련해주었다. 『훈민정음 해례본』은 전체가 33장으로 이루어져 있으나 발견되었을 당시 앞의 두 장이 떨어져 나가 있었으며 떨어져 나간 앞의 두 장은 원래의 모습을 추론하여 복원한 것이다. 현재 간송미술관에 소장되어 있는 『훈민정음 해례본』은 1962년 국보 70호로 지정되었으며 1997년에는 유네스코 세계기록유산으로 등재되어 세계에서 그 우수성을 인정받고 있다. 이 외에도 2008년 7월 경북 상주에서 새로운 이본이 발견되었는데 현재는 확인할 수 없어 매우 안타까운 상태로 되어 있다.

▣ 함께 살펴볼 자료

훈민정음 해례본을 발견하고 지켜낸 간송 전형필의 일화
KBS 역사저널 그날 233회 < 조선의 억만장자 전형필 국보를 지키다>

《훈민정음 1a-b》

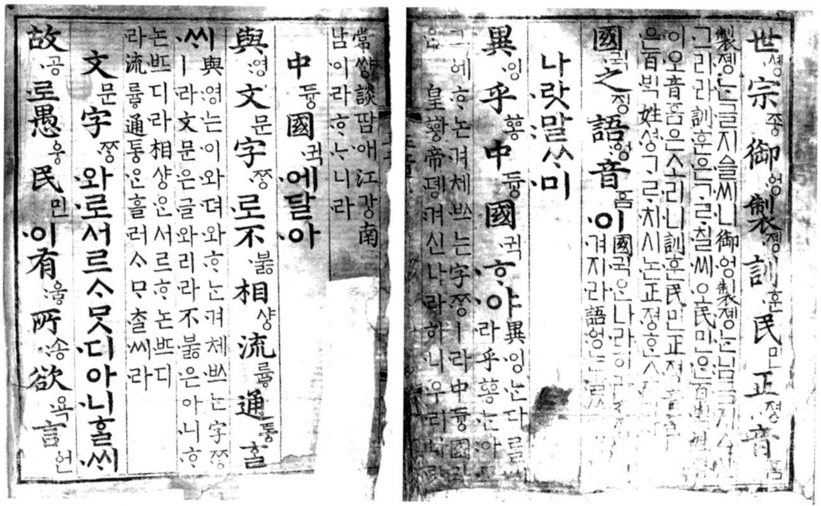

❀ 원문 텍스트

世·솅宗종御·엉製졩訓·훈民민正·졍音음製졩는 글 지슬 씨니 御製엉졩는 님금 지스샨 그리라 訓훈은 ᄀᆞᄅᆞ칠 씨오 民민은 百姓백셩이오 音음은 소리니 訓훈民민正졍音음은 百姓백셩 ᄀᆞᄅᆞ치시논 正졍ᄒᆞᆫ 소리라

國·귁之징語:엉音음·이國귁은 나라히라 之지는 입겨지라 語엉는 말ᄊᆞ미라

나·랏:말ᄊᆞ·미

異·잉乎홍中듕國·귁·ᄒᆞ·야異잉는 다ᄅᆞᆯ 씨라 乎홍는 아모그에 ᄒᆞ논 겨체 쓰는 字쫑ㅣ라 中듕國·귁은 皇황帝뎨 겨신 나라히니 우리나랏 常썅談땀애 江南강남이라 ᄒᆞᄂᆞ니라

中듕國귁·에 달·아

與:영文문字·쫑로 不·붏相샹流률通통ᄒᆞᆯ·씨與영는 이와 뎌와 ᄒᆞᄂᆞᆫ 겨체 쓰ᄂᆞᆫ 字쫑ㅣ라 文문은 글와리라 不붏은 아니 ᄒᆞ논 ᄠᅳ디라 相샹ᄋᆞᆫ 서르 ᄒᆞ논 ᄠᅳ디라 流通률통ᄋᆞᆫ 흘러 ᄉᆞᄆᆞᄎᆞᆯ 씨라

文문字쫑·와·로 서르 ᄉᆞᄆᆞᆺ·디 아·니ᄒᆞᆯ·씨

故·공·로 愚웅民민·이 有:울所:송欲·욕言언·ᄒᆞ·야·도

❀ 현대어 역

세종어제 훈민정음제는 글 짓는다는 것이니 어제는 임금이 지으신 글이다. 훈은 가르친다는 것이고 민은 백성이고 음은 소리니 훈민정음은 백성을 가르치시는 바른 소리다.

국지어음이국은 나라이다. 지는 입겿이다. 어는 말씀이다.

나라의 말이

이호중국하여이는 다르다는 것이다. 호는 아무에게 하는 입겿에 쓰는 글자이다. 중국은 황제 계신 나라이니 우리 나라의 상담에 강남이다(라고) 말한다.

중국(말)과 달라서

여문자로 불상유통하므로여는 이와 저와 하는 입겿에 쓰는 글자이다. 문은 글월이다. 불은 아니하는 뜻이다. 상은 서로 하는 뜻이다. 유통은 흘러 통한다는 것이다.

문자와는 서로 통하지 아니하므로

고로 우민이 유소욕언하여도

❀ 주석

▸ 지슬씨니: 짓는다는 것이니. 짓- + -을 # ᄉᆞ + -ㅣ- + -니.

- 'ᄌᆞᆺ-'는 현대 국어의 '짓다'[製]의 의미인데 후행하는 음이 자음일 때는 '짓고'처럼 '짓-'으로 실현되었다. 'ᄌᆞᆺ-'과 '짓-'이 자동적 교체를 보이다가 'ㅿ'의 소실로 현대 국어 '지어서(<지ᅀᅥ서)/짓고'처럼 'ㅅ' 불규칙 활용으로 나타났다.
- 형식명사 'ᄉᆞ'가 관형사형 어미 '-을' 뒤에서 된소리 'ᄊᆞ'로 실현되었고 이 'ᄊᆞ'가 서술격 조사 '-ㅣ-'와 통합할 때는 'ㆍ'가 탈락한 '씨'로 나타났다.
- 서술격 조사 '-ㅣ-'는 '-이-'와 교체하였는데 '-ㅣ-'는 모음일 때 통합되었고 '-이-'는 선행하는 음이 자음일 때 통합되었다. 영변이형태 '-∅-'가 실현되는 일도 있었는데 이때는 선행하는 음이 모음 'ㅣ'와 반모음 'j'일 때로 제한되었으며 말음절의 성조가 변동되기도 하였다.

▸ 지ᅀᆞ샨: 지으신. 짛- + -ᄋᆞ시- + -오- + -ㄴ.

- '-샤-'는 주체 높임 선어말어미 '-(ᄋᆞ)시-'와 대상 활용 선어말어미 '-오-'로 분석되며 이때 선어말어미 '-오-'는 피수식어가 내포절 서술어의 목적어(대상역) 성분임을 표시하는 대상 활용의 선어말어미이다. 그런데 '-샤-'를 '-(ᄋᆞ)시-'와 '-오-'로 분석할 때는, 'ㅣ+오>요'의 축약과 달리, '야'로 실현되는 음운론적 문제가 있어 '-샤-'를 주체 높임의 선어말어미 '-(ᄋᆞ)시-'의 교체형으로 처리하는 견해도 있다.

▸ 그리라: 글이다. 글 + -이- + -라.

- '-이-'는 서술격 조사(계사)이고, '-라'는 평서법 종결어미이다. 서술격 조사 뒤에서 평서법 종결어미 '-다'가 통합되는 현대 국어와 달리 중세 국어에서는 '-라'가 통합되었다.

▸ ᄀᆞᄅᆞ치시ᄂᆞᆫ: 가르치시는. ᄀᆞᄅᆞ치- + -시- + -ᄂᆞ- + -오- + -ㄴ.

- '-(ᄋᆞ)시-'는 주체 높임 선어말어미이고 '-ᄂᆞ-'는 현재 시제 선어말어미이다. 선어말어미 '-ᄂᆞ-'와 '-오-'가 통합할 때는 '-노-'로 실현되는데 이때 '-ᄂᆞ-'의 'ᆞ'가 탈락되었다.

▸ 나라히라: 나라이다. 나라ㅎ + -이- + -라.

- '나라ㅎ'은 '나라'를 뜻하는 'ㅎ' 종성 체언으로 모음으로 시작하는 조사 앞에서는 종성의 'ㅎ'이 실현되었고 자음으로 시작하는 조사가 뒤따를 때는 'ㅎ'이 탈락되거나 '하놀콰'(하놀ㅎ+-과), '하놀토'(하놀ㅎ+-도)처럼 거센소리화가 일어나기도 하였다.

▸ 나랏 말ᄊᆞ미: 나라의 말이. 나라 + -ㅅ # 말씀 + -이.

- 이때 '-ㅅ'은 관형격 조사다. 중세 국어에서 관형격 조사는 '-ㅅ'과 '-ᄋᆡ/의'가 대표적으로 쓰였는데 '-ㅅ'는 무정 체언이거나 존칭의 유정 체언 뒤에 통합되었고 '-ᄋᆡ/의'는 비존칭의 유정 체언 뒤에 통합되었다. '-ᄋᆡ'와 '-의'는 선행 체언의 모음(양성과 음성)에 따라 교체되었다.
- '말씀'은 현대 국어의 쓰임과 달리 단순히 '말'을 나타내는 뜻으로 쓰였다.

▸ 中國에: 중국(말)과. 中國 + -에.

- 여기에서 조사 '-에'는 비교격 조사 '-과'와 같은 의미로 쓰였다. 조사 '-에'가 처소명사 뒤에서 처소격 조사로 쓰인 경우도 있지만 이처럼 비교격 조사로 쓰인 예도 존재하였다.

▸ 달아: 달라서. 달ㅇ- + -아.

- 동사 '다ᄅᆞ다'는 자음으로 시작하는 어미 앞에서 통합되었고 모음으로 시작하는 어미 앞에서는 '달ㅇ-'으로 통합되었다. 이때 'ㅇ'은 음가를 지닌 유성후두마찰음([ɦ])으로 모음 앞의 'ㅇ'(가령, '오', '아' 등의 'ㅇ')과 구별된다. 한편, 'ᄃᆞᄅᆞ-'와 '달ㅇ-'의 교체는 음운론 현상으로 설명할 수 없는 비자동적 교체 어간으로 '심ㄱ-'와 '시므-', '모ᄅᆞ-'와 '몰ㄹ-', 'ᄇᆞᅀᆞ-'와 'ᄇᆞᇫㅇ-'도 이에 속한다.

▸ 글와리라: 글이다. 글왈 + -이- + -라.

- '글왈'은 '글발'의 후대형으로 '글발 〉 글왈'의 변화가 확인된다.
- 서술격 조사 '-이-'는 '-ㅣ-'와 교체하였는데 '-이-'는 선행하는 음이 자음일 때 통합되었고 '-ㅣ-'는 모음일 때 통합되었다. 영변이형태 '-∅-'가 실현되는 일도 있었는데 이때는 선행하는 음이 모음 'ㅣ'와 반모음 'j'일 때로 제한되었으며 말음절의 성조가 변동되기도 하였다.

▸ ᄉᆞᄆᆞᄎᆞᆯᄊᆡ라: 통한다는 것이다. ᄉᆞᄆᆞᆾ- + -ᄋᆞᆯ # ᄉᆞ + -ㅣ- + -라.

- 'ᄉᆞᄆᆞᆾ-'는 '통하다'[通]를 뜻하였다.

문법 tip 주격조사

주격조사는 문장 내에서 그것이 붙는 앞 말에 주어의 자격을 표시하는 조사이다. 중세 국어에서는 앞 체언의 끝소리에 따라 '-이/-ㅣ/-∅' 형태로 나타났다.

음운환경	자음 뒤	모음 뒤	
		/i/, /j/이외의 모음 뒤	/i/, /j/ 모음 뒤
형태	-이	-ㅣ	-∅
용례	모미: 몸이	부톄: 부처가	불휘: 뿌리가

- 서술격조사와 보격조사의 경우에도 음운 환경에 따라 같은 이형태가 나타난다고 볼 수 있는데, 서술격조사는 그것이 붙은 앞말에 서술어의 자격을 부여하는 것으로 체언의 끝소리에 따라 '-이라/-ㅣ라/-∅라'의 형태로 나타났다. 보격조사는 서술어로 쓰이는 'ᄃᆞᄫᆡ다/ᄃᆞ외다', 혹은 '아니다'가 주어 이외에 반드시 필요로 하는 문장 성분인 보어의 자격을 만들어주는 조사로 '-이/-ㅣ/-∅'의 형태로 나타났다.

《훈민정음 2a-b》

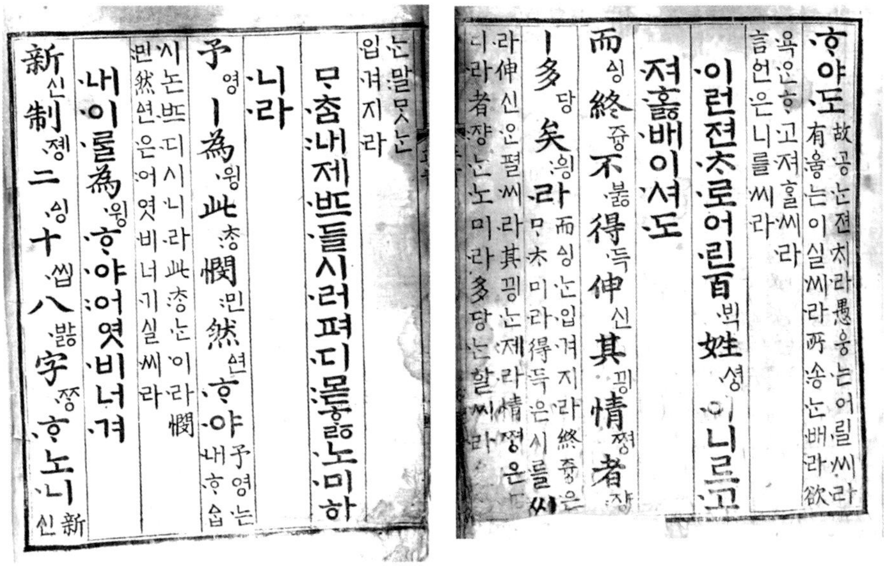

❀ 원문 텍스트

有:웋所:송欲·욕言언ㅡ·ᄒᆞ야·도故공ᄂᆞᆫ 젼ᄎᆞ라 愚웅ᄂᆞᆫ 어릴 씨라 有웋ᄂᆞᆫ 이실 씨라 所송ᄂᆞᆫ 배라 欲욕ᄋᆞᆫ ᄒᆞ고져 ᄒᆞᇙ 씨라 言언은 니를 씨라

·이런 젼·ᄎᆞ·로 어·린 百ᄇᆡᆨ姓셩·이 니르·고·져 ·ᄒᆞᇙ·배 이·셔·도

而싱終즁不·붏得·득伸신其끵情·쪙者:쟈ㅣ 多당矣:잉·라而싱ᄂᆞᆫ 입겨지라 終즁은 ᄆᆞᄎᆞ미라 得득은 시를 씨라 伸신ᄋᆞᆫ 펼 씨라 其끵ᄂᆞᆫ 제라 情쪙은 ᄠᅳ디라 者쟈ᄂᆞᆫ 노미라 多당ᄂᆞᆫ 할 씨라 矣잉ᄂᆞᆫ 말 ᄆᆞᆺᄂᆞᆫ 입겨지라

ᄆᆞ·ᄎᆞᆷ:내 제 ·ᄠᅳ·들 시·러 펴·디 :몯ᄒᆞᇙ ·노·미 하·니·라

予영ㅣ 爲·윙此:ᄎᆞᆼ憫:민然션·ᄒᆞ·야予영ᄂᆞᆫ 내 ᄒᆞᅀᆞᆸ시논 ᄠᅳ디시니라 此ᄎᆞᆼᄂᆞᆫ 이라 憫然민션은 어엿비 너기실 씨라

·내 ·이·ᄅᆞᆯ 爲윙·ᄒᆞ·야 :어엿·비 너·겨

新신制·졩二·싱十·씹八·밣字·쫑·ᄒᆞ노·니新신ㅡᄋᆞᆫ

❀ 현대어 역

유소욕언하여도고는 까닭이다. 우는 어리석다는 것이다. 유는 있다는 것이다. 소는 바이다. 욕은 하고자 한다는 것이다. 언은 이른다는 것이다.

이런 까닭으로 어리석은 백성이 말하고자 하는 바가 있어도

이종부득신기정자가 다의라이는 입겿이다. 종은 마침이다. 득은 얻는다는 것이다. 신은 편다는 것이다. 기는 저의(자기의)이다. 정은 뜻이다. 자는 놈이다. 다는 많다는 것이다. 의는 말 마치는 입겿이다.

마침내 제 뜻을 표현해 내지 못하는 사람이 많다.

여가 위차민연하여여는 내가 하옵시는 뜻이다. 차는 이이다. 민연은 불쌍히 여기신다는 것이다.

내가 이를 위하여 불쌍히 여겨

신제이십팔자하노니신-은

❀ 주석

▸ 젼ᄎᆡ라: 까닭이다. 젼ᄎᆞ + -ㅣ- + -라.

- ‘젼ᄎᆞ’는 ‘까닭’을 뜻하는 명사이다.

▸ 어릴씨라: 어리석다는 것이다. 어리- + -ㄹ # ᄉᆞ + -ㅣ- + -라.

- 형용사 ‘어리다’는 ‘어리석다’를 뜻하는 형용사이다.

▸ 이실씨라: 있다는 것이다. 이시- + -ㄹ # ᄉᆞ + -ㅣ- + -라.

- ‘이시다’는 ‘있다’를 뜻하는 형용사이다. 모음 앞에는 ‘이시-’로 실현되었지만 자음 앞에서는 ‘잇고’, ‘잇지’처럼 어간 ‘잇-’으로 실현되었다.

▸ 니를씨라: 말한다는 것이다. 니르- + -ㄹ # ᄉᆞ + -ㅣ- + -라.

- ‘니르다’는 ‘말하다’를 뜻하는 동사이다.

▸ 할씨라: 많다는 것이다. 하- + -ㄹ # -ᄉᆞ + -ㅣ- + -라.

- ‘하다’는 ‘많다’를 뜻하는 형용사이다. 그런데 ‘하다’는 ‘하ᄂᆞ니라’, ‘하라’처럼 동사로도 쓰였다.

▸ 니르고져: 말하고자. 니르- + -고져.

- '-고져'는 의도 내지 목적을 의미하는 연결어미인데 근대 국어를 거치면서 '-고자'로 변화하였다.

▸ 홇 배: 할 바가. ᄒᆞ- + -오- + -ᇙ # 바 + -ㅣ.

- 여기에서 '-오-'는 대상 활용 선어말어미로 쓰였고, '-ᇙ'은 관형사형 어미로 쓰였다. 이 '-ᇙ'처럼 관형사형 어미 '-ㄹ'이 'ㆆ'을 동반한 '-ᇙ'로 나타나는 일이 있었는데 이 경우 'ㆆ'이 덧붙는 이유를 된소리화와 관련하여 설명하는 견해가 있다.
- 여기에서 '-ㅣ'는 주격 조사이다. 중세 국어에서 주격 조사는 '-이'와 '-ㅣ', '-∅'가 존재하였다. '-이'는 선행 체언이 자음일 때 통합되었고 '-ㅣ'는 모음일 때 통합되었다. '-∅'는 'ㅣ' 모음이거나 반모음 'j'일 때 통합되었다. '-∅'로 나타날 때는 성조가 변동하기도 하였다.

▸ ᄆᆞᄎᆞᆷ내: 마침내.

▸ 제: 자기의. 저 + -ㅣ.

- 대명사 '저'는 평성의 성조로 실현되지만 주격 조사와 결합한 '제'는 '자기가'를 뜻하며 상성으로 변동하여 실현되었고 관형격 조사와 결합한 '제'는 '자기의'를 뜻하며 평성이 그대로 유지된다. '제'의 성조를 통해 그 문장 기능을 파악할 수 있다.

▸ ᄠᅳ들: 뜻을. ᄠᅳᆮ + -을.

- 'ᄠᅳᆮ'은 '뜻'을 뜻하는 명사이다.

▸ 시러: 능히. 싣- + -어.

- '실다'는 어간 '싣-'의 교체형으로 후행하는 음이 모음일 때 나타났다. 이때 '실어'는 '얻어서', '능히' 정도로 해석된다.

▸ ᄒᆞᇰ숩시논: 하시는. ᄒᆞ- + -숩시- + -ᄂᆞ- + -오- + -ㄴ.

- '-숩시-'는 형태적으로는 '-숩-'과 '-시-'의 통합형으로 보이지만 이를 '-숩-'과 '-시-'로 분석하기에는 어려움이 있다. '-숩-'은 중세 국어에서 존칭의 객체를 높이는 선어말어미로서 존칭의 객체가 문면에 실현되거나 맥락적으로 성립이 되어야 하는데 이 예에서는 객체가 존재하지 않을 뿐 아니라 맥락적으로도 객체가 성립되지 않는다. 또한 객체 높임 선어말어미 '-숩-'이 '-(으)시-'와 통합할 때는 '-ᅀᆞᄫᆞ시-'와

같이 실현되어 통합을 이루는데 이 경우는 그러한 양상과도 차이를 보인다. 그래서 이때 '-숩시-'는 분석하지 않고 주체 존대 형태로 보는 견해가 우세하며 기능적으로 주체가 극존칭일 때 사용되는 제약이 있다. 이 '-숩시-'는 근대 국어의 주체 존대 '-옵시-'로 이어지는데 '-옵시-'는 주로 왕실 관련 자료에서 출현하는 특징이 있다.

▸ 어엿비: 불쌍히. 어엿브- + -ㅣ.

- '어엿비'는 형용사 어간 '어엿브-'에 부사 파생 접미사 '-ㅣ'가 결합한 파생어이다. '어엿브-'는 '불쌍하다'를 뜻하는 형용사이다.

▸ 너겨: 여기어. 너기- + -어.

- 동사 '너기다'는 근대 국어를 거치면서 '여기-'로 변화하는데 어두 'ㄴ' 탈락과 모음 삽입 현상이 일어났다.

▸ ᄒᆞ노니: 하는데. ᄒᆞ- + -ᄂᆞ- + -오- + -니.

- 여기에서 '-오-'는 주어인 '내'와 호응하는 1인칭 선어말어미로 주어가 1인칭일 때 서술어에 통합하였다. 현재 시제 선어말어미 '-ᄂᆞ-'와 '-오-'가 통합하여 '-노-'로 실현되었다.

《훈민정음 3a-b》

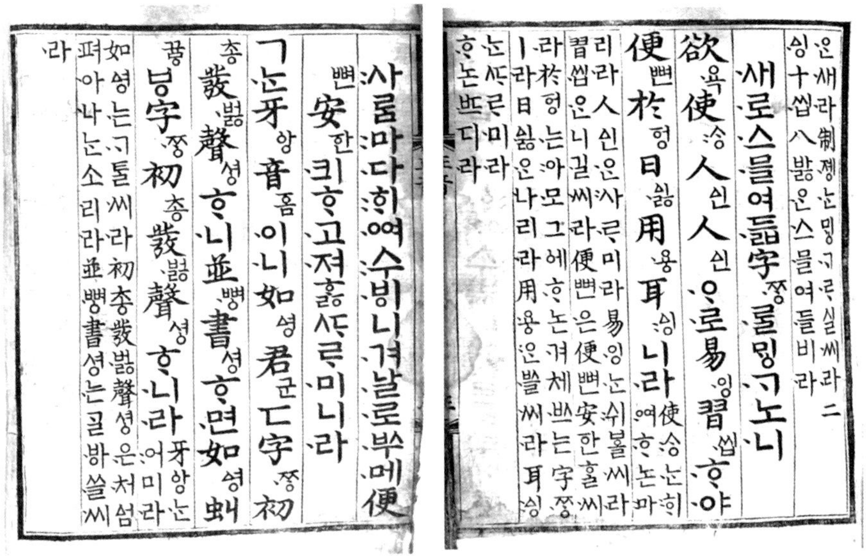

❀ 원문 텍스트

新신-ᄋᆞᆫ 새라 制졩ᄂᆞᆫ 밍ᄀᆞᄅᆞ실 씨라 二ᅀᅵᆼ十씹八밣ᄋᆞᆫ 스믈여들비라

·새·로 ·스·믈여·듧 字ᄍᆞᆼ·ᄅᆞᆯ 밍·ᄀᆞ노·니

欲·욕使:ᄉᆞᆼ人ᅀᅵᆫ人ᅀᅵᆫ·ᄋᆞ·로 易·잉習·씹·ᄒᆞ·야 便뼌於ᅙᅥᆼ日·ᅀᅵᇙ用·용耳:ᅀᅵᆼ니·라 使ᄉᆞᆼᄂᆞᆫ ᄒᆡᅇᅧ ᄒᆞ논 마리라 人ᅀᅵᆫᄋᆞᆫ 사ᄅᆞ미라 易잉ᄂᆞᆫ 쉬ᄫᅳᆯ 씨라 習씹ᄋᆞᆫ 니길 씨라 便뼌은 便뼌安한ᄒᆞᆯ 씨라 於ᅙᅥᆼ는 아모그에 ᄒᆞ논 겨체 ᄡᅳ는 字ᄍᆞᆼㅣ라 日ᅀᅵᇙᄋᆞᆫ 나리라 用용ᄋᆞᆫ ᄡᅳᆯ 씨라 耳ᅀᅵᆼᄂᆞᆫ ᄯᆞᄅᆞ미라 ᄒᆞ논 ᄠᅳ디라

:사ᄅᆞᆷ:마·다 :ᄒᆡ·ᅇᅧ :수·ᄫᅵ 니·겨 ·날·로 ·ᄡᅮ·메 便뼌安한·킈 ᄒᆞ·고·져 ᄒᆞᇙ ᄯᆞᄅᆞ·미니·라

ㄱ·ᄂᆞᆫ 牙앙音ᅙᅳᆷ·이·니 如ᅀᅧᆼ 君군ㄷ字·ᄍᆞᆼ初총發·벓聲셩ᄒᆞ·니 竝·뼝書셩ᄒᆞ·면 如ᅀᅧᆼ 虯끃ᄫᅡ 字·ᄍᆞᆼ 初총 發·벓 聲셩ᄒᆞ·니·라牙앙ᄂᆞᆫ 어미라 如ᅀᅧᆼ는 ᄀᆞᄐᆞᆯ 씨라 初총發벓聲셩은 처ᅀᅥᆷ 펴아 나ᄂᆞᆫ 소리라 並뼝書셩는 ᄀᆞᆯ바 ᄡᅳᆯ 씨라

❀ 현대어 역

신-은 새 것이다. 제는 만드신다는 것이다. 이십팔은 스물여덟이다.

새로 스물여덟 글자를 만드노니

욕사인인으로 이습하여 편어일용이니라.사는 하여금 하는 말이다. 인은 사람이다. 이는 쉽다는 것이다. 습은 익힌다는 것이다. 편은 편안하다는 것이다. 어는 아무에게 하는 입겿에 쓰는 글자이다. 일은 날이다. 용은 쓴다는 것이다. 이는 따름이다 하는 뜻이다.

사람마다 하여금 쉬이 익혀 날로 사용함에 편안하게 하고자 할 따름이다.

ㄱ는 아음이니 여군자초발성하니 병서하면 여규자초발성하니라아는 어금니이다. 여는 같다는 것이다. 초발성은 처음 펴나는 소리다. 병서는 나란히 아울러 쓴다는 것이다.

❀ 주석

▸ 새라: 새것이다. 새 + -라.

- 이때 '새'는 '새것'을 뜻하는 명사로 쓰인 경우인데 중세 국어에서 '새'는 명사, 관형사, 부사로 쓰였다. 현대 국어에서 '새'가 관형사로만 쓰이는 것과 대조적이다.

  ① 명사: 헌 옷도 새 ᄀᆞᆮᄒᆞ리니〈월석8:100〉(헌 옷도 새것 같을 것이니)

  ② 관형사: 새 옷 ᄀᆞ라닙고〈석상6:27b〉(새 옷을 갈아입고)

  ③ 부사: 새 ᄇᆡ호ᄂᆞᆫ ᄠᅳ들〈월석10:20〉(새롭게 배운 뜻을)

▸ ᄆᆡᇰᄀᆞ노니: 만드니. ᄆᆡᇰᄀᆞᆯ- + -ᄂᆞ- + -오- + -니.

- '-오-'는 주어 '나'와 호응하는 주어 1인칭 선어말어미이다.

▸ ᄒᆡᅇᅧ: 하게 하여. ᄒᆡᅇᅵ- + -어.

- 어간 'ᄒᆡᅇᅵ-'는 'ᄒᆞ- + -이 + -어' 혹은 'ᄒᆡ- + -이 + -어'로 분석되는데 사동 접사 '-이'가 '-ᅇᅵ'로 나타난 점이 특기할 만하다. 이 '-ᅇᅵ'는 다음과 같은 일부 피동사 형태에서도 확인된다. "괴여 為我愛人而, 괴ᅇᅧ 為人愛我"〈훈해 48〉

▸ 니길: 익힐. 니기- + -ㄹ.

- '니기다'는 '익히다'를 뜻하는 동사이다.

▸ 그에: 그에게. 긍 + -에.

- '긍'은 '그(것)' 정도를 뜻하는 형식 명사이다. 중세 국어에서 '의 그에', 'ㅅ 그에'로 쓰일 때는 여격 표시 형태로 해석되었다.

▸ 겨체: 곁에. 곁 + -에

- '곁'은 '곁'을 뜻하는 명사이다.

▸ 뿛씨라: 쓴다는 것이다. 쓰- + -ㄹ # ᄉ + -ㅣ + -라.

- '쓰다'는 '사용하다'[用]를 뜻하는 동사인데 '쓰-'((글씨를) 쓰다)와 구별되어 사용되었다.

▸ 수ᄫᅵ: 쉽게. 쉽- + -이.

- 형용사 어간 '쉽-'에 부사파생접미사 '-이'가 통합한 것인데 이때 '쉽-'의 'ㅣ' 모음이 탈락한 점이 특징적이다. 한편, '쉬ᄫᅵ', '수ᄫᅵ'가 모두 확인된다.

▸ 뿌메: 사용함에. 쓰- + -움 + -에.

- 중세 국어에서 명사형 어미 '-움'과 '-옴'은 선행하는 음절 모음에 따라 교체되었다. '-움'은 음성 모음이 선행할 때, '-옴'은 양성 모음이 선행할 때 통합되었다. 중세 국어에서 명사형 어미로 쓰인 '옴/움'은 16세기 들어서면서 '옴/움'의 '오/우'가 소실되어 '(으)ㅁ'으로 나타났다. 한편, 중세 국어에서 명사 파생 접사 '(으)ㅁ'은 명사형 어미 '옴/움'과 구별되어 사용되었다. "됴ᄒᆞᆫ ᄡᅵ 심거든 됴ᄒᆞᆫ 여름 여루미"〈월석1:12〉에서 '여름'은 동사 '열-'에 명사 파생 접사 '-음'이 결합한 형태이고 '여루미'는 동사 '열-'에 명사형 어미 '-움'이 결합한 형태이다.

▸ 便安킈: 편안하게(편안케). 便安ᄒᆞ- + -긔.

- '便安킈'의 '킈'는 'ᄒᆞ-'의 'ㆍ'가 탈락한 후 부사형 어미 '-긔'와 축약된 것이다. '명사+ᄒᆞ-' 어간이 후행하는 어미와 축약될 때 'ㆍ'가 탈락하기도 하지만 "安樂긔 ᄒᆞ라"〈釋詳9:41a〉처럼 'ᄒᆞ'가 탈락하기도 하였다.

▸ 어미라: 어금니다. 엄 + -이- + -라.

- '엄'은 '어금니'를 뜻하는 명사이다.

▸ 처섬: 처음.

▸ ᄀᆞᆯᄫᅡ쓸씨라: 나란히 쓴다는 것이다. ᄀᆞᆯᄫᅡ쓰- + -ㄹ # ᄉᆞ + -ㅣ- + -라.

- 'ᄀᆞᆯᄫᅡ쓰다'는 어간 'ᄀᆞᆲ-'와 '쓰-'가 통합한 구성으로 어간 'ᄀᆞᆲ-'는 '아우르다', '나란히하다' 정도로 해석되었다.

문법 tip <훈민정음> 제자원리, '초성', '중성', '종성'

1. 초성: 자음 17자
   1) 기본 원리: 발음 기관 모양을 본뜸(=상형)
   2) 가획의 원리: 기본자에 획을 더함

	기본자	가획자	이체자
아음	ㄱ	ㅋ	ㆁ
설음	ㄴ	ㄷ, ㅌ,	ㄹ
순음	ㅁ	ㅂ, ㅍ	
치음	ㅅ	ㅈ, ㅊ,	ㅿ
후음	ㅇ	ㆆ, ㅎ	

2. 중성: 모음 11자
   1) 기본 원리: 천(天), 지(地), 인(人)의 모양을 본뜸(=상형)
   2) 기본자의 합성: 기본자를 조합하여 합성함

	기본자	초출자	재출자
천	·	ㅗ, ㅏ	ㅛ, ㅑ
지	ㅡ	ㅜ, ㅓ	ㅠ, ㅕ
인	ㅣ		

3. 종성
   1) 따로 만들지 않고 초성을 다시 사용함(終聲復用初聲)
   2) 받침 소리로 8자면 충분하다(八終聲可足用) : ㄱ, ㆁ, ㄷ, ㄴ, ㅁ, ㅂ, ㅅ, ㄹ

02.

용비어천가(龍飛御天歌)

❀ 해제

『용비어천가』는 1447년에 10권 5책으로 간행되었고 세종의 선조인 목조(穆祖)에서 태종(太宗)에 이르는 여섯 대의 행적을 노래한 서사시이다. 현재 전하는 판본은 모두 목판본이나 세종대의 초간본은 활자본으로 추정되고, 임진왜란 이전에 간행된 판본으로는 가람문고본과 일사문고본, 그리고 규장각본이 있다. 그 중 원본에 가까운 것은 가람본 1·2권과 계명대학교 동산 도서관 소장본 8·9·10권뿐이다.[02]

이 책의 앞부분에 실린 「진 용비어천가전」(進 龍飛御天歌箋)과 뒷부분에 실린 「용비어천가발」(龍飛御天歌跋)에 이 책의 간행 과정 내용이 잘 나타나 있다. 앞의 글에 따르면 1445년(세종 27) 4월 권제·정인지·안지 등이 여섯 대 선조들의 행적을 125장의 노래로 지어 바쳤는데 이때 지은 노래는 한글로 되어 있어 그 한글 노래 가사에 한문의 시를 달아 그 뜻을 풀이하였다는 것이다. 즉, 『용비어천가』는 한글로 먼저 작성하고 뒤에 한문을 달아 만든 것인데, 「용비어천가발」(龍飛御天歌跋)에 따르면, 이 한글과 한문으로 구성된 책을 1447년 2월에

---

02 『용비어천가』의 어원은《주역(周易)》,「건괘(乾卦)」의 "飛龍在天 利見大人", "時乘六龍 以御天"("날으는 용이 하늘에 있어서 대인을 보는데 이롭다", "時로 여섯 용을 타고서 하늘을 몰고 다닌다")에서 취한 것으로 조선왕조의 창업이 천명(天命)에 의한 것임을 명분으로 삼아서 합리화하고 있다(방종현 1947, 1948 참고).

세종대왕에게 올리니 세종대왕이 기뻐하여 이름을 '용비어천가'라 내렸다고 한다.

그러나 125장에 실린 역사적인 사실을 백성들이 모두 알기 어려우니 박팽년·강희안·신숙주·이현로·성삼문·이개·신영손 등에게 주해를 붙이게 하여 10권의 책을 만들도록 하였다. 이 기록에 의하면 본문에 해당하는 한글과 한시는 1445년에 작성되었고 주해를 붙인 책 『용비어천가』는 1447년에 완성되었음을 알 수 있다. 또한 문자 훈민정음 창제에 가담했던 집현전 학자들이 대체로 『용비어천가』 제작에도 관여한 사실에서 알 수 있듯이 '훈민정음' 창제 이후 가장 먼저 이 한글 본문과 한시를 작성하여 훈민정음의 완성도를 드러낸 것으로 볼 수 있다. 현재로서는 훈민정음으로 기록된 최초의 문헌이라 하겠다.

『용비어천가』는 세종의 아버지인 태종, 조선을 건국한 태조 이성계, 태조의 아버지 환조, 태조의 할아버지 도조, 태조의 증조부 익조, 태조의 고조부 목조를 통해 조선 건국과 관련한 여섯 대의 업적을 노래하였다. 125장의 한글 가사에서 세종의 여섯 대 조상들의 업적과 그에 대응하는 중국 역대 제왕의 업적을 대구 형식으로 제시하고 있으며 이를 통해 조선 건국이 하늘의 뜻임을 강조하여 조선 건국을 합리화하고 있다. 각 장은 한글 가사와 이를 번역한 한시, 역사적 사실 혹은 전설을 바탕으로 가사의 내용을 설명하는 한문 주해 세 부분으로 구성되어 있으며 각 부분에는 협주를 통해 한자의 음과 관련 내용을 설명하고 있다.

125장을 내용상 '서-본-결' 세 부분으로 나누어 살펴보면 '서(제1장~제2장)'는 '개국송'으로 태조 이성계가 나라를 세운 것은 여러 선조들의 공덕이 쌓여서 필연적으로 이루어진 것임을 밝히고 있다. '본(제3장~제109장)'은 '사적송'으로 중국의 역대 제왕과 육조(태종, 태조, 환조, 도조, 익조, 목조)의 역사적 행적을 비교하여 조선 건국이 하늘의 뜻임을 강조하고 있다. 이때 6대조의 역사적 행적은 시대의 흐름에 따라 순서대로 제시하고 있으나, 중국 임금의 일들은 6대조의 행적과 유사한 일화를 중심으로 발췌하여 제시하고 있다. '결(제110장~제125장)'은 후대 왕을 경계하는 노래로 후대 왕들은 이 글을 잘 기억하고 정치를 잘하기 위해 꾸준히 노력하기를 당부하는 내용이 담겨 있다.

『용비어천가』는 고려 말, 조선 초기 북방 민족과의 관계, 왜적의 침공에 대하여 자세히 기록하고 있으며 땅 이름에 대한 설명도 매우 상세하여 역사, 지리 연구에 도움이 될 뿐만 아니라 문학, 국악 등 여러 분야에서 중요한 연구 자료로 인정받고 있다. 무엇보다 본문에 나오는 고유명사, 관직명 등의 한글 표기는 국어 역사를 연구하는 데 있어서 매우 소중한 자료이다.

이 책은 훈민정음 창제 이후 한글(훈민정음)으로 기록한 최초의 문헌이기 때문에 국어사 연구에서 매우 중요한 가치를 지니고 있는 자료이며, 종성 표기가 팔종성 외에 다른 표기도 보이는 점, 그리고 분철 표기도 확인되는 점 등이 특히 주목되는 부분이다.

《용비어천가 1장, 2장》

❀ 원문 텍스트

海東(해동) 六龍(육룡)이 ᄂᆞᄅᆞ샤 일마다 天福(천복)이시니 古聖(고성)이 同符(동부)ᄒᆞ시니

불휘 기픈 남ᄀᆞᆫ ᄇᆞᄅᆞ매 아니 뮐ᄊᆡ 곶 됴코 여름 하ᄂᆞ니

ᄉᆡ미 기픈 므른 ᄀᆞᄆᆞ래 아니 그츨ᄊᆡ 내히 이러 바ᄅᆞ래 가ᄂᆞ니

❀ 현대어 역

해동의 여섯 용이 나시어 일마다 하늘의 복이시니
옛날의 성인과 같으시니라.

뿌리가 깊은 나무는 바람에 움직이지 아니하므로 꽃 좋고 열매 많으니
샘이 깊은 물은 가뭄에 아니 그치므로 내가 이루어져 바다에 가느니라.

❀ 주석

▸ 海東: 발해의 동쪽. 우리나라.

▸ 六龍: 육룡.

- '육룡'은 제왕이나 임금을 비유한 말로 목조(이안사 李安社), 익조(이행리 李行里), 도조(이춘 李椿), 환조(이자춘 李子春), 태조(이성계 李成桂)와 태종(이방원 李芳遠)을 가리킨다.

▸ ᄂᆞᄅᆞ샤: 나시어. ᄂᆞᆯ- + -ᄋᆞ시- + -아.

- 'ᄂᆞᆯ다'의 어간 받침 'ㄹ'이 탈락되지 않고 연철 표기되어 나타나는 점이 특징적이다. 현대 국어에서는 이 경우에 어간 받침 'ㄹ'이 '-(으)시-' 앞에서 탈락되어 '나시어'로 실현된다.
- '샤'는 주체 높임 선어말어미 '-(ᄋᆞ)시-'와 접속어미 '-아'의 음절 축약 형태이다.(15페이지 참고)

▸ 古聖이: 고성과. 古聖 + -이.

- '古聖이'의 '-이'는 비교격 조사로 쓰였다. 중세 국어에서는 비교 구문이 "NP이 NP이 다ᄅᆞ다" 구성으로 자주 등장하였다.

▸ 불휘: 뿌리.

- '불휘'는 '뿌리'를 뜻하는 명사이며 '불휘', '불회', 'ᄲᅮᆯ휘' 등으로 나타났다. 'ᄲᅮᆯ휘 > 쑤리'의

과정을 거쳐 현대 국어 '뿌리'에 이르게 되었다.

▸ 남ᄀᆞᆫ: 나무는. 남ᄀ + -ᄋᆞᆫ.

- '남ᄀ'은 '나무'를 뜻하는 명사로 '나모'와 비자동적 교체를 보였다. '남기'(남ᄀ+-이), '남ᄀᆞᆯ'(남ᄀ+-ᄋᆞᆯ)처럼 모음으로 시작하는 조사와 통합할 때는 '남ᄀ'이 나타났고 '나모도'(나모+-도)처럼 자음으로 시작하는 조사와 '-와'가 통합할 때와 조사가 후행하지 않을 때는 '나모'가 나타났는데 '남ᄀ'와 '나무'는 음운 규칙에 따라 이루어진 것이 아니므로 비자동적 교체에 해당된다.

▸ 뮐ᄊᆡ: 움직이므로. 뮈- + -ㄹᄊᆡ.

- '뮈다'는 '움직이다'를 뜻하는 동사이며 '-ㄹᄊᆡ'는 원인의 접속어미이다.

▸ 됴코: 좋고. 둏- + -고.

- '둏다'는 '좋다'를 뜻하는 형용사이다.

▸ 여름: 열매. 열- + -음.

- '여름'의 '-음'은 명사 파생 접미사로 중세 국어에서는 명사형 어미 '-옴/움'과 구별되는 형태이다.

▸ 하ᄂᆞ니: 많아지니. 하- + -ᄂᆞ- +-니.

- 여기에서 '하다'는 '많다'를 뜻하는 동사로 쓰였다. '하다'가 형용사로 쓰이기도 하지만 여기에서는 동사로 쓰여 현재 시제 선어말어미 '-ᄂᆞ-'가 통합한 것이다. 그러므로 이때 '하다'는 '많다'가 아니라 '많아지다'로 해석된다.
- 『용비어천가』에서 쓰인 '-니'의 경우 접속어미로 해석하지 않고 종결어미로 해석하는 견해가 있다. 각 장이 독립된 이야기 구성으로 갖추고 있어서 각 장의 마지막 부분에 쓰인 '-니'는 종결어미로 해석해야 한다는 것이다. 그런데 모든 장이 '-니'로 끝나지는 않고 '-니이다'와 '-리이다'로 끝나는 일이 있고 접속어미로 해석해도 무리가 없으므로 종결어미로 단정하기는 어렵다.

▸ 내히: 시내가. 내ㅎ + -ㅣ.

- '내ㅎ'는 'ㅎ' 종성 체언으로 '시내'를 뜻한다. 중세 국어에서 'ㅎ' 종성 체언은 후행하는 음운 환경에 따라 달리 실현되었다. 'ㅎ' 종성 체언 뒤에 조사가 통합하지 않을 때와 관형격 조사 'ㅅ' 앞에서는 'ㅎ'이 실현되지 않았고 모음으로 시작하는 조사와

'-과' 앞에서는 'ㆆ'이 실현되었다.

문법 tip　성조

1. 소리의 높낮이(=고저)를 나타내는 것으로 음절의 왼쪽에 방점으로 표시한다.
2. 성조는 평성, 상성, 거성, 입성이 있다.
   - 평성, 상성, 거성이 소리의 높낮이에 따른 분류라면 입성은 음절의 맨 끝소리를 내는 방법이다.
3. 성조를 표기하는 방점은 임진왜란 이후 소멸되기 시작하였다.
4. 중세 국어의 성조는 현대 국어의 장단음으로 변하였다.
   예) 평성, 거성 → 단음, 상성 → 장음

사성		방 점	성 질	예
높낮이	평성	무점	ᄆᆞᆺ ᄂᆞᆺ가ᄫᆞᆫ 소리 : 가장 낮은 소리	ᄆᆞᆯ(馬)
	상성	두점	처ᅀᅥ미 ᄂᆞᆺ갑고 乃終이 노ᄑᆞᆫ 소리 : 처음이 낮고 나중이 높은 소리	:눈(雪)
	거성	한점	ᄆᆞᆺ 노ᄑᆞᆫ 소리 : 가장 높은 소리	·말(斗)
종성	입성	무점, 한점, 두점	섈리 긋돋ᄂᆞᆫ 소리 : 빨리 끝닫는 소리 ■ 안울림소리 받침(ㄱ,ㄷ,ㅂ,ㅅ)이나 한자음에서 'ㅭ' 받침이 사용된 음절	긷(柱), ·입(口)

《용비어천가 3장》

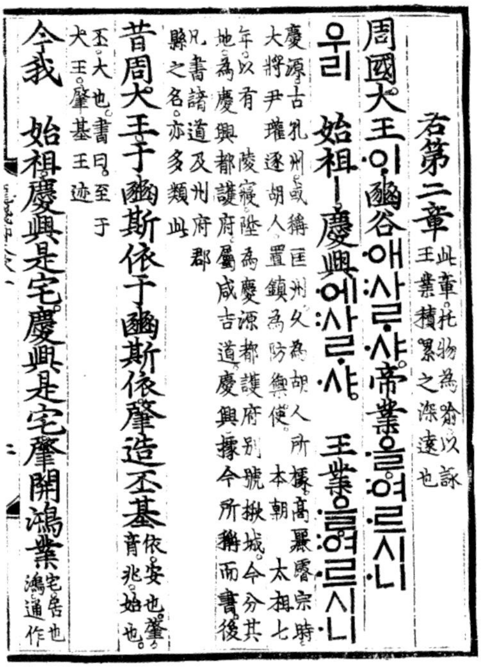

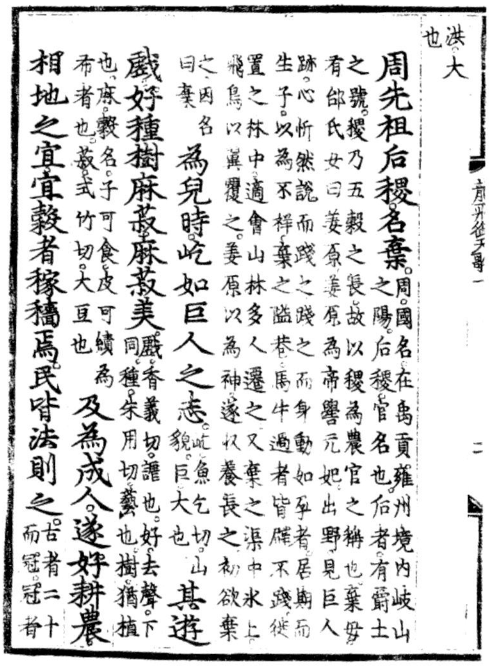

❀ 원문 텍스트

周國大王(주국대왕)이 豳谷(빈곡)애 사ᄅ샤 帝業(제업)을 여르시니

우리 始祖(시조)ㅣ 慶興(경흥)에 사ᄅ샤 王業(왕업)을 여르시니

❀ 현대어 역

주나라 태왕이 빈곡에 사시어 제업을 여시니

우리 시조가 경흥에 사시어 왕업을 여시니

[참고]

주나라는 무왕 때에 이르러 천하 통일을 이루었다. 그러나 이러한 제왕의 업적이 일어난 것은 이미 무왕의 조상인 공류가 빈곡에 나라를 세우고, 공류의 9대 손자인 고공단보(태왕)가 빈곡에서 공류의 업적을 이은 것에서 시작되었다고 볼 수 있다. 고공단보(태왕)가 공류의 업적을 이어 빈곡에서 덕을 쌓자 그 나라 백성들 모두 그를 임금으로 받들었던 것이다.

목조가 전주에 살다가 관기(官妓)의 일로 지주와 원한이 있어 강원도 삼척현으로 옮겨 가는데 170호의 백성이 따랐다. 이후 목조는 신임 안렴사의 부임으로 함길도 덕원부로 옮겼고 또 다시 170여 호가 그를 뒤따랐다. 얼마 뒤 원나라에 귀화하여 오동으로 옮겨 살게 되었는데 원나라에서는 목조에게 큰 벼슬을 주었으며 이러한 일들로 백성의 마음이 모두 목조에게 향하였다. 즉 태조 이성계의 왕업은 목조에서 시작되었다고 볼 수 있다.

❀ 주석

▸ 豳谷애: 빈곡에. 豳谷 + -애.

- 조사 '-애'는 처소를 나타내는 조사인데 '-에', '-애', '-ᄋᆡ', '-의'가 존재하였다. '-에'와 '-의'는 선행 체언의 모음이 음성일 때, '-애'와 '-ᄋᆡ'는 선행 체언의 말음이 양성일 때 통합하였다. 선행 체언의 말음이 모음 'ㅣ'이거나 반모음 'j'일 때는 '-예'가 나타나기도 하였다.

▸ 여르시니: 여시니/여시었으니. 열- + -으시- + -니.

- 어간 '열-'가 후행하는 어미 '-(으)시'에 연철되어 '여르시니'로 활용되었는데 현대국어에서는 이 경우에 어간 받침 'ㄹ'이 탈락하여 '여시니'로 활용된다.

▸ 始祖ㅣ: 시조가. 始祖 + -ㅣ.

- 조사 '-ㅣ'는 주어를 표시하는 주격 조사로 '-이'와 '-ㅣ', 영변이형태(-∅)가 존재하였다. '-이'는 선행 체언의 말음이 자음일 때, '-ㅣ'는 선행 체언의 말음이 모음일 때('이'와 반모음 'j' 제외) 나타났다. 그런데 선행 체언의 말음이 '이'나 반모음 'j'일 때 주격 조사가 생략되었으나 성조의 변동이 나타나 주격 조사의 영변이형태(-∅)

를 상정하여 설명하기도 한다. 가령, "너희 부텻 마롤 고디 드르라"〈석상13:47〉에서 '너희'는 주어로 쓰인 체언인데 주격 조사가 생략되어 있으나 평성이던 '너희'가 이 자리에서는 상성으로 변동하여 나타나므로 영변이형태(-∅)을 상정하여 성조 변동을 설명한다.

문법 tip 명사형 전성어미, 명사 파생 접미사

현대 국어에서는 명사 파생 접미사와 명사형 전성어미가 모두 '-(으)ㅁ'으로 나타나 그 형태가 같다. 하지만 중세 국어에서는 명사형 전성어미와 명사 파생 접미사가 형태상 구별이 되었다. 명사형 전성어미는 '-옴/움'의 형태였으며, 명사 파생 접미사는 '-옴/음'의 형태로 나타났다. 이후 근대 국어에서 선어말어미 '-오/우-'의 소멸과 함께 '-옴/움'이 사라지면서 명사형 전성어미와 명사 파생 접미사 모두 '-옴/음'으로 나타났으며 이후 /·/의 소실과 함께 '(으)ㅁ'으로 단일화되어 현대 국어로 이어졌다.

	명사형 전성어미	명사 파생 접미사
형 태	-옴/움	-옴/음
용 례	여룸: 열매 맺음 사롬: 사는 것(살아 있음)	여름:열매, 어름:얼음 사름:사람

《용비어천가 4장》

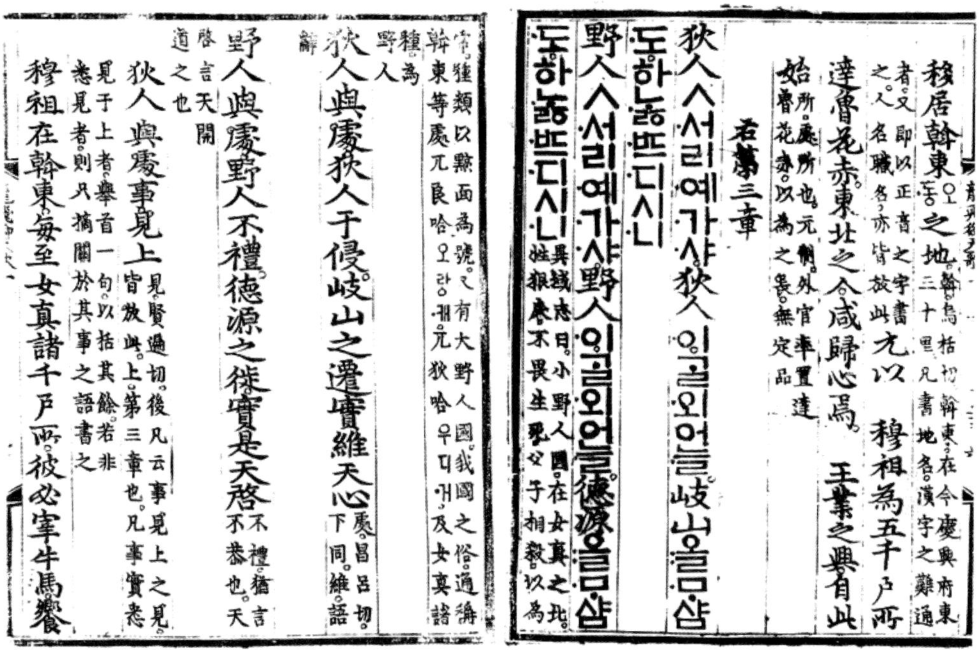

❀ 원문 텍스트

狄人(적인)ㅅ 서리예 가샤 狄人(적인)이 ᄀᆞᆯ외어늘 岐山(기산) 올ᄆᆞ샴도 하ᄂᆶ ᄠᅳ디시니

野人(야인)ㅅ 서리예 가샤 野人(야인)이 ᄀᆞᆯ외어늘 德源(덕원) 올ᄆᆞ샴도 하ᄂᆶ ᄠᅳ디시니

❀ 현대어 역

적인의 사이에 가시어 적인이 대적하거늘 기산에 옮기심도 하늘의 뜻이시니

야인의 사이에 가시어 야인이 대적하거늘 덕원에 옮기심도 하늘의 뜻이시니

[참고]

공유의 9세손 고공단보(태왕)가 빈곡에서 덕을 쌓으며 조상의 업적을 이어가고 있을 때에 외적이 침범해 왔다. 고공단보가 가죽과 폐백, 개와 말, 주옥 등 선물을 주어 달랬지만 침략을 면할 수는 없었다. 고공단보(태왕)는 결국 살던 땅 빈곡을 떠나서 칠수와 저수 두 강을 건너고 양산을 넘어서 기산 아래 살게 되었는데 빈곡의 사람들은 고공단보(태왕)의 덕을 칭송하며 모두 그를 따라갔다. 고공단보(태왕)를 따르는 사람이 많아서 칠수, 저수 두 강이 마치 저자(시장)와 같았으며 이웃 나라에서도 고공이 어질다는 말을 듣고 추종하는 자가 많았다. 고공단보(태왕)는 성곽을 쌓아 고을의 경계를 짓고 백성을 살게 하며 국호를 '주'(周)라 하였다.

목조의 아들 익조가 경흥에서 원나라의 벼슬을 하며 아버지의 업적을 이어받아 더욱 더 존경을 받게 되었다. 야인들이 이를 시기하여 익조를 죽이려고 하자 익조는 가솔들과 두만강을 따라 붉은섬(赤島)으로 건너갔다. 이곳에서 익조는 움을 파고 살았는데 오동 사람들이 익조가 붉은섬에 있다는 말을 듣고 모두 옮겨 왔으며 그 후에 덕원부에 돌아왔을 때에도 경흥 사람들이 익조를 따르는 사람이 많아서 그 모양이 저자(시장)를 이루는 것 같았다. 이는 민심이 좇는 곳에 하늘의 뜻이 있다는 것을 뜻하는 것으로 하늘이 이 나라를 다스리라는 명을 내린 것이다.

❀ 주석

▸ 狄人ㅅ: 적인의. 狄人 + -ㅅ.

- 이때 '-ㅅ'은 관형격 조사다. 중세 국어에서 관형격 조사는 '-ㅅ'과 '-ᄋᆡ/의'가 대표적으로 쓰였는데 '-ㅅ'는 무정 체언이거나 존칭의 유정 체언 뒤에 통합되었고 '-ᄋᆡ/의'는 비존칭의 유정 체언 뒤에 통합되었다. '-ᄋᆡ'와 '-의'는 선행 체언의 모음(양성과 음성)에 따라 교체되었다. 여기에서는 '적인'을 사람으로 대우하지 않고 무정물과 같은 사물로 빗대어 '-ㅅ'을 붙인 것으로 생각된다.

▸ 서리예: 사이에. 서리 + -예.

- '서리'는 '가운데' 혹은 '사이'를 뜻하는 말이다. 처소를 표시하는 조사 '-예'는 선행 체언 말음이 모음 '이'나 반모음 'j'일 때 통합되었다.

▸ 골외어늘: 대적하거늘. 골외- + -어늘.

• '골외다'는 '대적하다' 정도로 해석된다.

▸ 올ᄆᆞ샴도: 옮기시는 것도/옮기심도. 옮- + -ᄋᆞ시- + -옴 + -도.

• '옮다'는 '어떤 곳에서 다른 곳으로 움직여 자리를 바꾸다.'를 뜻하는 동사이다.

• '-옴'은 명사형 어미이다. 중세 국어에서 명사형 어미 '-움'과 '-옴'은 선행하는 음절 모음에 따라 교체되었다. '-움'은 음성 모음이 선행할 때, '-옴'은 양성 모음이 선행할 때 통합되었다. 중세 국어에서 명사형 어미로 쓰인 '옴/움'은 16세기 들어서면서 '옴/움'의 '오/우'가 소실되어 '(으)ㅁ'으로 나타났다. 한편, 중세 국어에서 명사 파생 접사 '(으)ㅁ'은 명사형 어미 '옴/움'과 구별되어 사용되었다. "됴ᄒᆞᆫ ᄡᅵ 심거든 됴ᄒᆞᆫ 여름 여루미"〈월석1:12〉에서 '여름'은 동사 '열-'에 명사 파생 접사 '-음'이 결합한 형태이고 '여루미'는 동사 '열-'에 명사형 어미 '-움'이 결합한 형태이다.

▸ 하ᄂᆞᇙ: 하늘의. 하ᄂᆞᆯ + -ㆆ.

• '-ㆆ'은 관형격 조사 '-ㅅ'와 동일한 기능으로 파악된다. 『훈민정음』(언해문)에는 관형격 조사 '-ㅅ'을 대신하여 'ㆆ', 'ㄷ', 'ㅸ' 등이 쓰이기도 하였다.

《용비어천가 5장》

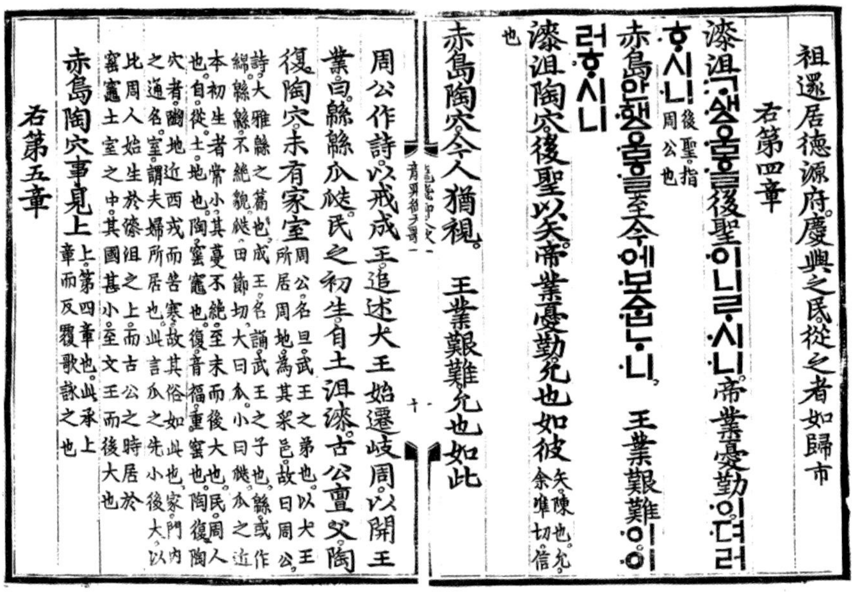
祖還居德源府。慶興之民從之者如歸市

右第四章

漆沮ᄀᆞᇫ 움흘 後聖이 니ᄅᆞ시니 帝業憂勤이 뎌러ᄒᆞ시니 後聖指周公也

赤島 안햇 움흘 至今에 보ᅀᆞᆸᄂᆞ니 王業艱難이 이러ᄒᆞ시니

漆沮陶穴。後聖以矢。帝業憂勤。允也如彼 矢陳也。允信也。矢余準切

赤島陶穴。今人猶視。王業艱難。允也如此

周公作詩。以戒成王。追述大王始遷岐周。以開王業曰。緜緜瓜瓞。民之初生。自土沮漆。古公亶父。陶復陶穴。未有家室 周公。名旦。武王之弟也。以大王所居周地爲其采邑。故曰周公。詩大雅緜之篇也。成王。名誦。武王之子也。緜或作綿。緜緜不絶貌。瓞田節切。大曰瓜。小曰瓞。瓜之近本初生者常小。其蔓不絶。至末而後大也。民。周人也。自。從。土。地也。陶。窯竈也。復音福。重窯也。陶復陶穴者。鑿地。近西戎而苦寒。故其俗如此也。家。門內之通名。室。謂夫婦所居也。此言瓜之先小後大。以比周人始生於漆沮之上。而古公之時。居於窰竈土室之中。其國甚小。至文王而後大也

赤島陶穴事見上 上。第四章也。此承上章而反覆歌詠之也

右第五章

❀ 원문 텍스트

漆沮(칠저) ᄀᆞᇫ 움흘 後聖(후성)이 니ᄅᆞ시니 帝業憂勤(제업우근)이 뎌러ᄒᆞ시니

赤島(적도) 안햇 움흘 至今(지금)에 보ᅀᆞᆸᄂᆞ니 王業艱難(왕업간난)이 이러ᄒᆞ시니

❀ 현대어 역

칠수와 저수의 가장자리에 (세운) 움막을 후세 성인이 말씀하시니 제업을 여는 근심과 힘듦이 저러하시니

붉은섬 안에 (지은) 움막을 지금에 보니 왕업을 여는 고생과 어려움이 이러하시니

❀ 주석

▸ ᄀᆞᅀᆡᇫ: 가장자리에서의. ᄀᆞᇫ + -애 + -ㅿ.

- ‘ᄀᆞᇫ’은 ‘가장자리’를 뜻하는 명사이고 ‘-애’는 처소를 표시하는 조사이다.
- ‘-ㅿ’은 관형격 조사 ‘-ㅅ’와 동일한 기능을 가진 형태이다.

▸ 움흘: 움막을. 움ㅎ + -을.

- ‘움ㅎ’은 ‘움막’을 뜻하는 명사로 ‘ㅎ’ 종성 체언이다.

▸ 안ᄒᆡᇫ: 안에서의. 안ㅎ + -애 + -ㅿ.

- ‘안ㅎ’은 ‘안’을 뜻하는 명사로 ‘ㅎ’ 종성 체언이다.
- ‘-ㅿ’은 관형격 조사 ‘-ㅅ’와 동일한 기능을 가진 형태이다.

▸ 보ᅀᆞᆸᄂᆞ니: 보니. 보- + -ᅀᆞᆸ- + -ᄂᆞ- + -니.

- ‘-ᅀᆞᆸ’은 겸양법 선어말어미로 선대가 지닌 움막을 높이기 위해 사용되었다. 중세 국어에서 존칭의 객체를 높이기 위해 쓰인 선어말어미로 ‘-ᅀᆞᇦ/ᅀᆞᆸ-’, ‘-ᄉᆞᇦ/ᄉᆞᆸ-’, ‘-ᄌᆞᇦ/ᄌᆞᆸ-’ 형태가 존재하였다. 어간 말음의 음운 조건에 따라 통합이 결정되었다. 어간 말음이 모음이거나 ‘ㄴ, ㅁ, ㄹ’일 때 ‘-ᅀᆞᇦ/ᅀᆞᆸ-’이 통합되었고 ‘ㄷ, ㅈ, ㅊ’일 때는 ‘-ᄌᆞᇦ/ᄌᆞᆸ-’이, 그 외의 자음일 때는 ‘-ᄉᆞᇦ/ᄉᆞᆸ-’이 통합되었다. ‘-ᅀᆞᇦ-’과 ‘-ᅀᆞᆸ-’, ‘-ᄌᆞᇦ-’과 ‘-ᄌᆞᆸ-’, ‘-ᄉᆞᇦ-’과 ‘-ᄉᆞᆸ-’은 후행하는 음이 모음이냐 자음이냐에 따라 교체되었다.

문법 tip ◎ 높임표현 - 주체 높임, 객체 높임, 상대 높임

중세 국어 높임 표현은 주체 높임, 객체 높임, 상대 높임이 있으며 각각을 표현하는 선어말어미가 존재하는데, 문장의 주어나 주체를 높이는 주체 높임법 선어말어미 '-시-', 목적어와 부사어 대상을 높이는 객체 높임법 선어말어미 '-ᄉᆞᇦ/ᄉᆞᆸ-, -ᅀᆞᇦ/ᅀᆞᆸ-, -ᄌᆞᇦ/ᄌᆞᆸ-', 청자를 높이는 상대 높임 선어말어미 '-이(잇)-'이 있다.

1. 주체 높임법 선어말어미 '-시-'는 현대 국어에서도 그대로 이어져 사용되고 있다. 그런데 '-시-'가 특정 환경에서 '-샤-'로 나타나는 일이 있다. '니브샤'(닙- + -으시- + -어), 'ᄉᆞᆯᄫᆞ샤ᄃᆡ'(ᄉᆞᆲ- + -시- +-오ᄃᆡ)처럼 '-시-'가 '-어-', '-오-'와 통합하였을 때 '-샤-'로 실현되는데 이때 '-샤-'의 경우 그 실현이 음운론적으로 설명하기 어렵다고 하여 '-시-'의 이형태로 분석하는 관점이 있다.

2. 객체 높임 선어말어미 '-ᄉᆞᇦ/ᄉᆞᆸ-, -ᅀᆞᇦ/ᅀᆞᆸ-, -ᄌᆞᇦ/ᄌᆞᆸ-'은 어간 말음의 음운 조건에 따라 결정되었는데 어간이 모음으로 끝나거나 유성자음(ㄴ, ㅁ, ㄹ)일 때 '-ᅀᆞᇦ/ᅀᆞᆸ'-이, 'ㄷ, ㅈ, ㅊ'일 때 '-ᄌᆞᇦ/ᄌᆞᆸ-'이, 그 외의 자음일 때 '-ᄉᆞᇦ/ᄉᆞᆸ-'이 결합되었으며, 종성의 /ㅸ/과 /ㅂ/은 후행하는 음이 모음일 경우 /ㅸ/으로, 자음일 경우 /ㅂ/로 실현되었다.

형 태	실현 환경	예 시
-ᄉᆞᇦ/ᄉᆞᆸ-	/ㄱ, ㅂ, ㅅ, ㅎ/의 뒤	• 님그믈 돕ᄉᆞᄫᅡ :임금을 도와 • 부텻긔 머리 좃ᄉᆞᆸ고 : 부텨께 머리 조아리고
-ᄌᆞᇦ/ᄌᆞᆸ-	/ㄷ, ㅈ, ㅊ/의 뒤	• 이런 마ᄅᆞᆯ 몯 듣ᄌᆞᄫᆞ며 : 이런 말을 못 들으며 • 아바님 어마님ᄭᅴ 받ᄌᆞᆸ고 : 아버님 어머님께 바치고
-ᅀᆞᇦ/ᅀᆞᆸ-	유성음(모음이나 유성자음) 뒤	• 그지 업서 몯내 혜ᅀᆞᄫᆞᆯ 功과 : 끝이 없어 못내 헤아릴 공과 • 須達이 世尊 뵈ᅀᆞᆸ고져 너겨 : 수달이 세존 뵙고자 여겨

3. 상대 높임 선어말어미 '-이-'는 설명문과 감탄문, 청유문에서만 나타나고 의문문에서는 '-잇가', '-잇고'의 형태로 나타났다. '-잇가'와 '-잇고'를 형태소 분석하여 '-잇-'을 의문문의 상대 높임 선어말어미로 처리하는 견해도 있고, '-잇-'이 특정 환경에서만 나타나며, 의문의 '-가'와 '-고'의 형태소 분석이 어렵기도 하여 '-잇가', '-잇고'를 통합형 종결어미로 분석하는 견해도 있다.

《용비어천가 7장》

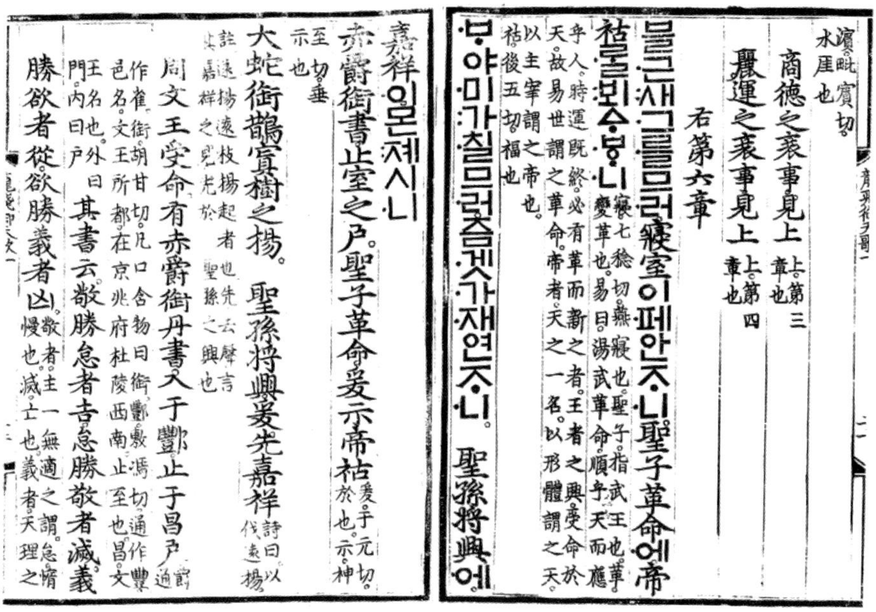

❀ 원문 텍스트

블근 새 그를 므러 寢室(침실) 이페 안ᄌᆞ니 聖子革命(성자혁명)에 帝祜(제호)ᄅᆞᆯ 뵈ᅀᆞᄫᆞ니
ᄇᆞ야미 가칠 므러 즘겟 가재 연ᄌᆞ니 聖孫將興(성손장흥)에 嘉祥(가상)이 몯졔시니

❀ 현대어 역

붉은 새가 글을 물어 침실 창문에 앉으니 성자 혁명에 천제의 호(복)를 보이니
뱀이 까치를 물어 나뭇가지에 얹으니 성손이 장차 일어남에 상스러운 징조가 먼저이시니(먼저 나타나시니)

[참고]

주나라 문왕이 천명을 받아 즉위할 무렵 붉은 새가 글을 물어 침실의 창문 위에 앉았다. 그 글에 "공경이 게으름을 이기면 길하고 게으름이 공경을 이기면 망하게 되며, 의가 욕심을 이기면 순조롭고 욕심이 의를 이기면 흉한다."는 내용이 담겨 있었다.

도조가 군영에 있을 때에 한 화살로 큰 나뭇가지에 앉아 있는 까치 두 마리를 맞혔는데 떨어져 있던 까치 두 마리를 뱀이 물어다가 다른 나뭇가지에 얹어 두고 먹지 않았다. 이를 사람들이 보고 신기하게 여겨 칭송하였다.

❀ 주석

▸ 블근: 붉은. 븕- + -은.

- '븕다'는 후대 원순모음화(ㅡ 〉 ㅜ)를 겪어 '붉다'로 변화하였다.

▸ 이페: 창문에. 잎 + -에.

- '잎'은 '창문'이나 '문'을 뜻하는 명사로 해석된다.

▸ 뵈ᅀᆞᄫᆞ니: 뵈니. 뵈- + -ᅀᆞᇦ- + -ᄋᆞ니.

- 객체 높임 선어말어미 '-ᅀᆞᇦ-'은 객체인 제호(帝祜)를 높이기 위해 쓰였다.

▸ ᄇᆡ야미: 뱀이. ᄇᆡ얌 + -이.

▸ 즘겟: 나무의. 즘게 + -ㅅ.

- '즘게'는 '큰 나무'를 뜻하는 명사이다.

▸ 몬제시니: 먼저 있었으니. 몬저 + -ㅣ- + -시- + -니.

- '-ㅣ-'는 서술격 조사로 '먼저이시니' 혹은 '먼저 있으니' 정도로 해석된다. '몬저'의 'ㅗ'는 근대 국어 시기에 'ㅗ 〉 ㅓ'의 음운 변화를 겪었다. 이 음운 변화는 동화 현상의 예로 다루어지기도 한다.

《용비어천가 14장》

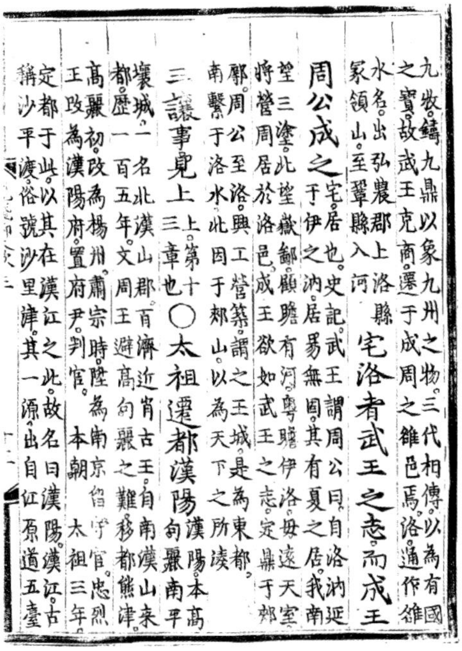

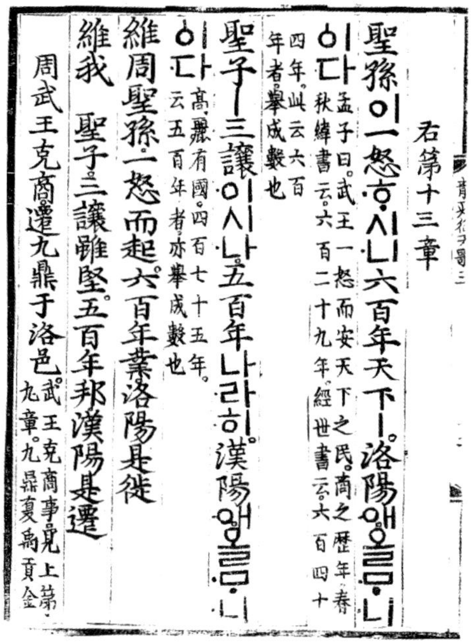

右第十三章

聖孫이 一怒ᄒᆞ시니 六百年天下ㅣ 洛陽애 올ᄆᆞ니이다 孟子曰 武王一怒而安天下之民 商之歷年 春秋緯書云 六百二十九年 經世書云 六百四十四年 此云六百年者 擧成數也

聖子ㅣ 三讓이시나 五百年나라히 漢陽애 올ᄆᆞ니이다 高麗有國 四百七十五年 云五百年者 亦擧成數也

維周聖孫 一怒而起 六百年業 洛陽是徙

維我聖子 三讓雖堅 五百年邦 漢陽是遷

周武王克商 遷九鼎于洛邑

❀ 원문 텍스트

聖孫(성손)이 一怒(일로)ᄒᆞ시니 六百年(육백년) 天下(천하)ㅣ 洛陽(낙양)애 올ᄆᆞ니이다

聖子(성자)ㅣ 三讓(삼양)이시나 五百年(오백년) 나라히 漢陽(한양)애 올ᄆᆞ니이다

❀ 현대어 역

(주나라) 성손이 한 번 노하시니 육백 년 천하가 낙양으로 옮깁니다(옮기게 되었습니다).

(성자가) 세 번 사양하셨으나 오백 년 나라가 한양으로 옮깁니다(옮기게 되었습니다).

[참고]

주나라 무왕이 상나라를 이기고 도읍을 낙양으로 옮길 뜻을 가져 나라의 보배를 낙양으로 옮겨 두었는데 그 뒤 그 아들 성왕이 이 뜻을 이어 낙양에 왕성을 세웠다.

태조 이성계가 임금으로 즉위하라는 주변의 권고를 세 번이나 거절하였으나 결국 임금이 되어 도읍을 한양으로 옮겼다.

❀ 주석

▸ 洛陽애: 낙양에/낙양으로. 洛陽 + -애

- 조사 '-애'는 처소를 나타내는 조사인데 '-에', '-애', '-ᄋᆡ', '-의'가 존재하였다. '-에'와 '-의'는 선행 체언의 모음이 음성일 때, '-애'와 '-ᄋᆡ'는 선행 체언의 말음이 양성일 때 통합하였다. 선행 체언의 말음이 모음 'ㅣ'이거나 반모음 'j'일 때는 '-예'가 나타나기도 하였다.

▸ 올ᄆᆞ니이다: 옮겼습니다/옮기게 되었습니다. 옮- + -ᄋᆞ니- + -이- + -다.

- '-이-'는 청자 높임 선어말어미로 평서법 종결 어미 '-다' 앞에 통합하여 쓰였다. 의문문에 '-잇-'이 청자 높임 선어말어미로 쓰였고 명령법에는 청자 높임 선어말어미가 통합하지 않았으나 종결어미 '-쇼셔'가 청자 높임으로 쓰였다.

문법 tip 사잇소리

1. 환경: 체언 뒤, 울림소리 뒤
2. 위치:
   1) 앞 단어에 붙임------예) 깂ᄀᆞᅀᅢ
   2) 뒷 단어에 붙임------예) 혀쏘리
   3) 가운데 독립시킴-----예) 君군ㄷ字ᄍᆞᆼ
3. 성종 때(두시언해)부터 'ㅅ'으로 통일

구분	조건			용례
	선행음	사잇소리	후행음	
한자어 아래	ㆁ	ㄱ	안울림소리	洪ᅘᅩᇰㄱ字ᄍᆞᆼ
	ㄴ	ㄷ	안울림소리	君군ㄷ字ᄍᆞᆼ
	ㅁ	ㅂ	안울림소리	侵침ㅂ字ᄍᆞᆼ
	ㅱ	ㅸ	안울림소리	斗두ᇢㅸ字ᄍᆞᆼ
	ㅇ	ㆆ	안울림소리	虛헝ㆆ字ᄍᆞᆼ
	울림소리	ㅿ	안울림소리	天子ㅿᄆᆞᅀᆞᆷ 後ㅿ날
순 국어 아래	울림소리	ㅅ	안울림소리	깂ᄀᆞᅀᅢ, 엄쏘리
	울림소리	ㅿ	울림소리	누ᇈ믈, 나라ᇗ 일훔
	ㄹ	ㆆ	ㅲ	하ᄂᆶ ᄠᅳᆮ
	울림소리	ㄷ	안울림소리	누ᇆᄌᆞᅀᆞ
	ㅁ	ㅂ	안울림소리	사ᄅᆞᇜ서리(사람사이)

03.

월인석보(月印釋譜)

❀ 해제

『월인석보』는 세조 5년(1459)에 세조가 세종대왕이 직접 지어 편찬한 『월인천강지곡』(1447)에 세조 자신이 대군 시절에 지은 『석보상절』(1447)을 덧붙여 합편한 책이다. 그런데 합편하는 과정에서 상당한 변개가 있었기 때문에 단순한 합편으로 볼 수 없다. 표기나 문장, 각 권의 구성에 대폭적인 손질이 있었다.

『월인석보』의 편찬 동기 및 편찬 과정은 「어제월인석보서」의 내용에서 확인된다.

가. 近間애 家戹ᄋᆞᆯ 맛나 몯아ᄃᆞ리 즐어 업스니 父母 ᄠᅳ든 天性에 根源혼디라 슬픈 ᄆᆞᅀᆞᆷ 뮈유미 엇뎨 오라며 갓가보매 다ᄅᆞ리오 내 ᄉᆞ랑호ᄃᆡ 三途ㅅ 受苦애 열오져 ᄒᆞ며 나 여희욣 道ᄅᆞᆯ 求코져 홇딘댄 이 ᄇᆞ리고 어듸 브트리오〈어제월인석보서: 14~15〉

나. 우흐로 父母 仙駕ᄅᆞᆯ 爲ᄒᆞᅀᆞᆸ고 亡兒ᄅᆞᆯ 조쳐 爲ᄒᆞ야 ᄲᆞᆯ리 智慧ㅅ 구루믈 ᄐᆞ샤 諸塵에 머리 나샤 ᄇᆞᄅᆞ 自性을 ᄉᆞᄆᆞᆺ 아ᄅᆞ샤 覺地를 믄득 證ᄒᆞ시게 ᄒᆞ리라 ᄒᆞ야〈어제월인석보서: 17~18〉

위 (가)의 'ᄆᆞᆫ아ᄃᆞ리 즐어 업스니'와 '三途(삼도)ㅅ 受苦(수고)애 열오져 ᄒᆞ며', '여희욞 道(도)ᄅᆞᆯ 求(구)코져 ᄒᆞᇙ딘댄 이 ᄇᆞ리고 어듸 브트리오'은 세조가 월인석보를 편찬하게 된 동기를 찾아볼 수 있는데, 이 내용을 고려해 보면 맏아들인 도원군의 죽음에 대한 괴로움에서 벗어나고자 월인석보를 편찬하게 된 것으로 추정된다. 그런데 세조가 자신의 심적 고통에 대해서 '三途(삼도)ㅅ 受苦(수고)애 열오져 ᄒᆞ며'('三途'(삼도)는 죄를 지은 결과로 태어나서 고통을 받는 곳을 말한다.)로 표현한 것을 보면 도원군의 병사 이외에도 조카 단종의 죽음, 사육신 사건 등에 대한 죄책감이 그의 마음을 괴롭힌 것이 아닌가 한다.[03]

한편, (나)의 '우흐로 父母 仙駕(부모 선가)를 爲(위)ᄒᆞᅀᆞᆸ고 亡兒(망아)를 조쳐 爲(위)ᄒᆞ야'에서 『월인석보』가 돌아가신 부모(세종, 소헌황후)의 명복을 빌기 위해 편찬된 것임을 밝히고 있다. 따라서 월인석보는 돌아가신 부모의 명복을 빌고, 나아가 자신의 고통에서 벗어나고자(도원군을 잃은 슬픔, 단종 죽음 등에 대한 죄책감) 편찬·간행된 것으로 추정된다.

그렇다면 『월인석보』는 어떠한 방법으로 편찬되었을까? 이를 추정할 수 있는 어제월인석보서의 내용을 살펴보자. 이를 제시하면 아래와 같다.

> 가. 念호ᄃᆡ 이 月印釋譜ᄂᆞᆫ 先考 지ᅀᆞ샨 거시니 依然ᄒᆞ야 霜露애 애와텨 더욱 슬허ᄒᆞ노라〈어제월인석보 서 16〉
>
> 나. 울워러 聿追를 ᄉᆞ랑ᄒᆞ건댄 모로매 일 ᄆᆞᄌᆞ 일우ᅀᆞᄫᅩᆷ올 몬져 ᄒᆞᇙ디니 萬幾 비록 하나 엇뎨 겨르리 업스리오 자디 아니ᄒᆞ며 飮食ᄋᆞᆯ 니저 ᄒᆡ 다ᄋᆞ며 나ᄅᆞᆯ 니ᅀᅥ〈어제월인석보 서 17〉
>
> 다. 녯 글워레 講論ᄒᆞ야 ᄀᆞ다ᄃᆞ마 다ᄃᆞᆫ게 至極게 ᄒᆞ며 새 ᄆᆡᇰᄀᆞ논 글워레 고텨 다시 더어〈어제월인석보 서 19〉

위 (가)의 내용으로 보아 『월인석보』의 편찬이 선고에서 시작된 일인 것을 알 수 있다. 그리고 (나)의 내용에서는 이를 마무리하기 위해 편찬 사업에 집중한 사실을 확인할 수 있

---

03 안병희(1993), 김영배(1999), 강순애(2005) 등 참고

다. (다)의 '녯 글워레 講論(강론)ᄒᆞ야 ᄀᆞ다ᄃᆞ마'는 '석보상절과 월인천강지곡에 풀이하고 의논하여 가다듬어' 정도로 해석되는데 이를 통해 『월인석보』가 이 두 글을 가다듬어 편찬한 것임을 추정할 수 있다.

이와 관련하여 안병희(1993)에서 『월인석보』의 편성이 『월인천강지곡』을 본문으로 하면서 『석보상절』을 주석으로 하여 이루어졌다고 기술한 내용이 참고가 된다. 실제 『월인석보』의 구성을 보면 『월인천강지곡』을 먼저 제시하고 『석보상절』의 내용을 한 줄 아래로 내려 『월인천강지곡』의 내용을 보다 구체화하여 기록하고 있다. 한편, 사재동(1970, 1990), 강순애(1998, 2005) 등에서는 『월인석보』가 『석보상절』과 『월인천강지곡』의 단순한 합편이 아니라 첨삭과 협주 삽입, 그리고 독특한 문학적 장면을 이룬 것으로 인정받기도 한다.

그 변개 내용을 구체적으로 살펴보면, 우선 『월인천강지곡』과 동국정운식의 한글 한자음의 위치가 바뀐 것을 들 수 있다. 『월인천강지곡』의 경우 한글음을 큰 글자로 쓰고 한글에 해당하는 한자는 작은 글자로 오른쪽에 썼는데, 『월인석보』에 나타난 '월인천강지곡' 부분을 살펴보면 한자를 큰 글자로 쓰고 한글음을 작은 글자로 오른쪽에 새겼다. 다음으로 『석보상절』과 비교해보면 12년 동안 일어난 언어 변화의 흔적을 찾아볼 수 있다. 『석보상절』에 나타나는 부사 표현 'ᄋᆡ/의, 그에', 보조적 연결 어미 '긔', 시간 부사 '즉자히'가 '월인석보'에는 'ᄋᆡ/의게, 게, 즉재'로 변화하였다. 또한 『석보상절』에서 고유어로 표현된 단어들이 『월인석보』에서는 한자어로 바뀐 것들이 있는데, '잇긔 ᄒᆞ며/在킈 ᄒᆞ며, 남지늬 몸도/男子 身도' 등이 그러한 예이다. 즉 『월인석보』는 원문인 『석가보』, 『법화경』 등에 있는 한자어를 고유어로 바꾸지 않고 그대로 옮기고 있음을 알 수 있다. 이러한 사실 때문에 『석보상절』은 의역에 가깝고 『월인석보』는 직역에 가깝다고 평가하고 있다.

《월인석보 1권, 1a-b》

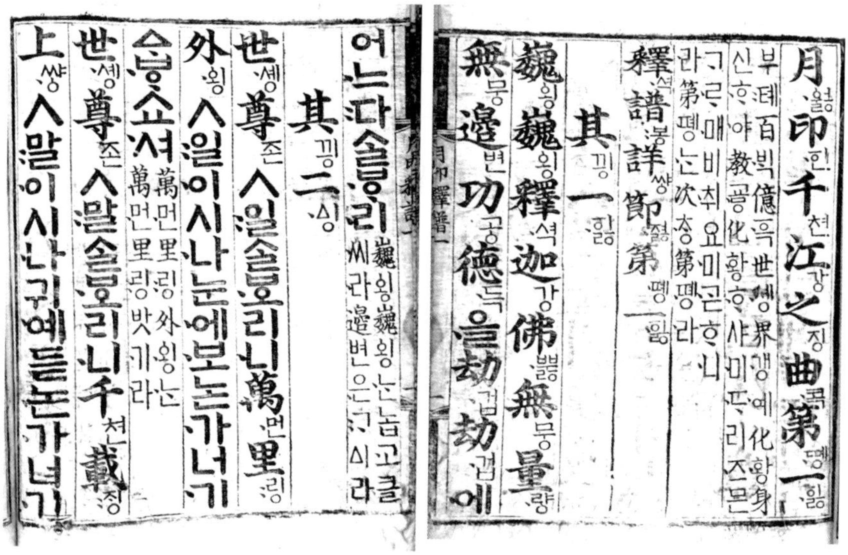

❀ 원문 텍스트

月워ᇙ印인千쳔江강之징曲·콕第뗑一ᅙᅵᇙ

부톄 百빅億ᅙᅳᆨ世솅界갱예 化황身신ᄒᆞ야 教교ᇢ化황ᄒᆞ샤미 ᄃᆞ리 즈믄 ᄀᆞᄅᆞ매 비취요미 ᄀᆞᆮᄒᆞ니라 第뗑ᄂᆞᆫ 次ᄎᆞᆼ第뗑라

釋셕譜봉詳썅節져ᇙ第뗑一ᅙᅵᇙ

其끵一ᅙᅵᇙ

巍욍巍욍釋셕迦강佛ᄲᅮᇙ無뭉量량無뭉邊변功공德득을 劫겁劫겁에 어느 다 ᄉᆞᆲᄫᆞ리巍욍巍욍ᄂᆞᆫ 놉고 클 씨라 邊변은 ᄀᆞᅀᅵ라

其끵二ᅀᅵᆼ

世솅尊존ㅅ 일 ᄉᆞᆲ보리니 萬먼里링外욍ㅅ 일이시나 눈에 보논가 너기ᅀᆞᄫᆞ쇼셔萬먼里링外욍ᄂᆞᆫ 萬먼里링 밧기라

世솅尊존ㅅ 말 ᄉᆞᆲ보리니 千쳔載징上썅ㅅ 말이시나 귀예 듣논가 너기-ᅀᆞᄫᆞ쇼셔

❀ 현대어 역

월인천강지곡 제일

부처가 백억 세계에 화신하여 교화하심이 달이 일천 강에 비치는 것과 같으니라. 제는 차례이다.

석보상절 제일

기일

외외(높고 높은) 석가불 무량무변공덕을 겁겁에 어찌 다 아뢰겠는가. 외외는 높고 큰 것이다. 변은 가장자리이다.

기이

세존의 일을 사뢸 것이니 만 리 밖의 일이시지만 눈에 보는 것처럼 여기십시오. 만리외는 만 리 밖이다.

세존의 말씀 사뢸 것이니 천 년 전의 말이시지만 귀에 듣는 것처럼 여기십시오.

❀ 주석

▸ 부텨ㅣ: 부처가. 부텨 + -ㅣ.

- '-ㅣ'는 주격 조사인데 중세 국어에서 주격 조사는 '-이'와 '-ㅣ', '-∅'가 존재하였다. '-이'는 선행 체언이 자음일 때 통합되었고 '-ㅣ'는 모음일 때 통합되었다. '-∅'는 'ㅣ' 모음이거나 반모음 'j'일 때 통합되었다. '-∅'로 나타날 때는 성조가 변동하기도 하였다.

▸ 世界예: 세계에. 世界 + -예.

- 처격 조사 '-예'는 선행 체언이 모음 '이'이거나 반모음 'j'일 때 통합되었다.

▸ 敎化ᄒᆞ샤미: 교화하시는 것이/교화하심이. 敎化ᄒᆞ- + -시- + -옴 + -이.

- 'ᄒᆞ- + -시- + -옴'은 'ᄒᆞ샴'을 분석한 것인데 이처럼 '샴'을 '-(으)시-'와 '-옴'으로 분석할 때는 '숌'으로 실현되지 않고 '샴'으로 실현되는 음운론적 문제를 설명하기가 쉽지 않은 부담이 있다. 이와 달리 이 음운론적 문제를 설명하기 위해 '-샤-'를 주체 높임의 선어말어미로 처리하는 견해도 있다. '-(으)샤-'는 모음 '-아/어, -오/우' 앞에서

통합되고 '-(으)시-'는 그외 다른 환경에서 통합되는 교체 환경을 제시하였다.

▸ 비취요미: 비치는 것이/비침이. 비취- + -옴 + -이.

- 중세 국어에서 '비취다'는 '비치다', '비추다'의 의미 모두 사용되었다. "光明을 내야 비취신대"〈釋詳11:12〉에서 '비취신대'는 '비추신대'로 해석된다.

▸ 巍巍: 외외. 높고 높은.

▸ 劫劫에: 겁겁에. 어떤 시간 단위로 계산할 수 없는 무한히 긴 시간.

▸ 어느: 어찌.

- 여기에서 '어느'는 의문 부사 '어찌'로 해석되는데 중세 국어에서 '어느'는 아래와 같이 의문 대명사, 의문 관형사, 의문 부사로 모두 사용되었다.

  가. 어느를 닐온 正法眼(정법안)고〈金三2:68〉

  나. 어느 ᄆᆞᅀᆞᄆᆞ로 바볼 머그료〈釋詳23:41〉

  다. 져믄 아히 어느 듣ᄌᆞ보리잇고〈釋詳6:11〉

▸ ᄉᆞᆲ보리니: 사뢰리니. ᄉᆞᆲ- + -오- + -리- + -(으)니.

- 이때 '-오-'는 주어가 1인칭임을 표시하는 주어 1인칭 활용 선어말어미이다.

▸ 너기ᅀᆞᄫᆞ쇼셔: 여기십시오. 너기- + -ᅀᆞᇦ- + -으쇼셔.

- 여기는 것의 대상이 세존의 일이므로 객체 높임 선어말어미 '-ᅀᆞᇦ-'이 쓰였다. 중세 국어에서 존칭의 객체를 높이기 위해 쓰인 선어말어미로 '-ᅀᆞᇦ/ᅀᆞᆸ-', '-ᄉᆞᇦ/ᄉᆞᆸ-', '-ᄌᆞᇦ/ᄌᆞᆸ-' 형태가 존재하였다. 어간 말음의 음운 조건에 따라 통합이 결정되었다. 어간 말음이 모음이거나 'ㄴ, ㅁ, ㄹ'일 때 '-ᅀᆞᇦ/ᅀᆞᆸ-'이 통합되었고 'ㄷ, ㅈ, ㅊ'일 때는 '-ᄌᆞᇦ/ᄌᆞᆸ-'이, 그 외의 자음일 때는 '-ᄉᆞᇦ/ᄉᆞᆸ-'이 통합되었다. '-ᅀᆞᇦ-'과 '-ᅀᆞᆸ-', '-ᄌᆞᇦ-'과 '-ᄌᆞᆸ-', '-ᄉᆞᇦ-'과 '-ᄉᆞᆸ-'은 후행하는 음이 모음이냐 자음이냐에 따라 교체되었다.

문법 tip 협주

중세 한글문헌에는 본문에 대하여 두 줄로 작게 내는 주석을 달아 본문을 알기 쉽게 풀이하여 놓았는데 이를 협주라 한다. 협주에서는 주로 본문의 한자 뜻을 풀이하고 있는데 문법적 성질에 따라 네 가지 유형의 풀이법을 보여 준다. 풀이된 단어가 체언류일 때는 '國은 나라히라'와 같이 서술격조사 '이라'를 취하며 용언류는 '異는 다룰씨라'와 같이 '-ㄹ씨라', 부사류는 '相은 서르 ᄒᆞ논 ᄠᅳ디라'와 같이 '-ㄴ마리라/-ㄴᄠᅳ디라', 허사류일 경우는 '之는 입겨지라'와 같이 '입겨지라/겨치라'의 형태를 취한다.

품 사	형 태	용 례
체언류	"~이라"	國은 나라히라 : 국은 나라이다
용언류	"-ㄹ씨라"	異는 다룰씨라 : 여는 다르다는 것이다
부사류	"-ㄴ마리라"	相은 서르 ᄒᆞ논 ᄠᅳ디라 : 상은 서로 하는 뜯이다
허사류	"입겨지라/겨치라"	之는 입겨지라 :지는 입겿이다

《월인석보 1권, 2a-b》

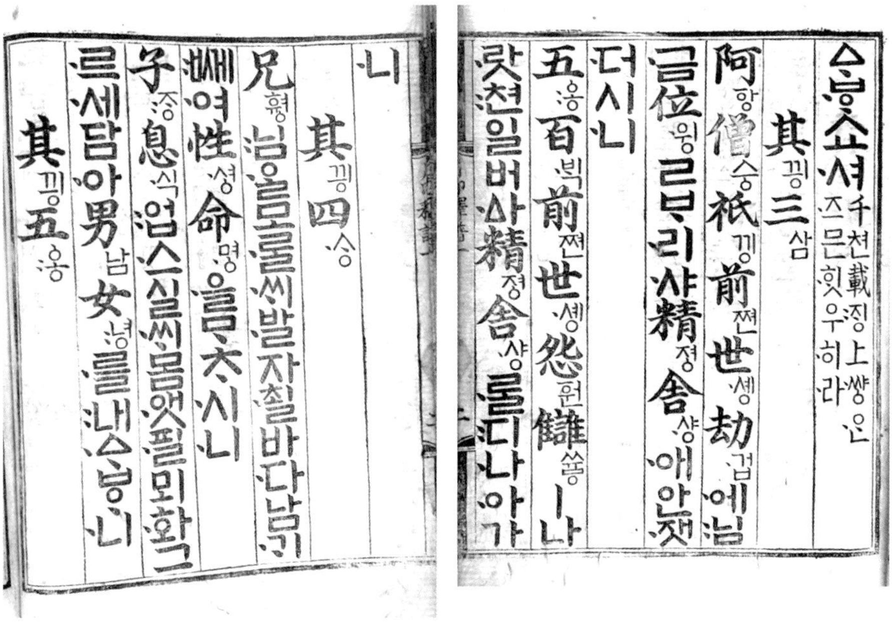

❀ 원문 텍스트

너기-ᅀᆞᄫᆞ쇼셔千쳔載징上썅ᄋᆞᆫ 즈믄 ᄒᆡᆺ 우히라

其끵三삼

阿항僧ᄉᆼ祇낑前쪈世솅劫겁에 님금 位윙ㄹ ᄇᆞ리샤 精졍舍샹애 안잿더시니

五옹百빅前쪈世솅怨휜讎쓯ㅣ 나랏쳔 일버ᅀᅡ 精졍舍샹ᄅᆞᆯ 디나아가니

其끵四ᄉᆞᆼ

兄훵님ᄋᆞᆯ 모ᄅᆞᆯᄊᆡ 발자쵤 바다 남ᄀᆡ ᄢᅦ여 性셩命명을 ᄆᆞᄎᆞ시니

子ᄌᆼ息식 업스실ᄊᆡ 몸앳 필 뫼화 그르세 담아 男남女녕를 내ᅀᆞᄫᆞ니

其끵五옹

❀ 현대어 역

여기십시오.천재상은 천 년의 위이다.

기삼

아승기 전세 겁에 임금 자리를 버리시어 정사에 앉아 있으시더니(있으셨는데)

오백 전세 원수가 나라의 재물 훔쳐 정사를 지나가니

기사

형님을 모르므로 발자취를 따라 (형님을) 나무에 꿰어 (형님이) 목숨을 마치시니

자식이 없으시므로 몸의 피를 모아 그릇에 담아 남녀를 내니

기오

❀ 주석

- 阿僧祇: 아승기. 셀 수 없는 많은 수.
- 님금: 임금.
- 位ㄹ: 자리를. 位(위) + -ㄹ.
    - '-ㄹ'은 목적격 조사로 선행음이 모음일 때 통합되었다.
- ᄇᆞ리샤: 버리시어. ᄇᆞ리- + -시- + -어.
- 精舍: 정사. 절.
- 안잿더시니: 앉아 있으셨는데. 앉- + -아 # 잇- + -더- + -시- + -니.
    - '잿'은 연결어미 '-아'와 보조 동사 '잇-'이 축약한 형식이다.
    - 중세 국어에서 '-더-'는 과거 시상 선어말어미로 기능하였는데 부정법 '∅'와 상적 대립 관계를 가지고 있었다. 즉 '-더-'는 과거의 비완료 상황에서 쓰였고 '∅'는 과거 완료 상황에서 쓰였다. 한편, 중세 국어에서 '-더-'는, 현대 국어와 달리, 화자의 과거 경험을 반드시 요구하는 것은 아니어서 화자가 주어인 경우에도 통합되었다.

▸ 나랏 쳔: 나라의 재물. 나라 + -ㅅ # 쳔.

- '쳔'은 '돈'이나 '재물'을 뜻하는 명사이다.

▸ 일버사: 훔쳐서. 일벗- + -아.

- '일벗다'는 '훔치다'를 뜻하는 동사이다.

▸ 모롤씨: 모르므로. 모ᄅᆞ- + -ㄹ씨.

- '-ㄹ씨'는 원인의 연결어미이다. 여기에서 '兄님올 모롤씨'는 '형님인 것을 몰라보아' 정도로 해석된다.

▸ 바다: 쫓아. 받- + -아.

- 여기에서 '받다'는 '뒤를 따르는' 정도로 해석되는데 현대 국어에서는 그 쓰임이 남아 있지 않고 '본받다'에서 그 흔적을 찾을 수 있다.

▸ 남기: 나무에. 남ㄱ + -이.

- '남ㄱ'은 '나무'를 뜻하는 명사로 '나모'와 비자동적 교체를 보인다. '남기'(남ㄱ+-이), '남골'(남ㄱ+-올)처럼 모음으로 시작하는 조사와 통합할 때는 '남ㄱ'이 나타났고 '나모도'(나모+-도)처럼 자음으로 시작하는 조사와 '-와'가 통합할 때와 조사가 후행하지 않을 때는 '나모'가 나타났는데 '남ㄱ'와 '나무'는 음운 규칙에 따라 이루어진 것이 아니므로 비자동적 교체에 해당된다.
- 여기에서 '-이'는 처소를 나타내는 기능으로 쓰였다.

▸ 性命을: 성명을. 목숨을.

▸ ᄆᆞᄎᆞ시니: 마치시니. ᄆᆞᆾ- + -ᄋᆞ시- + -니.

- 'ᄆᆞᆾ다'는 '마치다', '끝내다'를 뜻하는 동사이다. 'ᄆᆞᄎᆞ니 > ᄆᆞ츠니 > 마츠니 > 마치니'와 같은 변화를 겪었는데 그 과정에서 어간이 '마치-'로 재구조화되었다.

▸ 몸앳: 몸의/몸에서의. 몸 + -애 + -ㅅ.

- '앳'은 조사 '-애'와 '-ㅅ'이 통합한 형태로 처소격 '-애'에 관형격 조사 '-ㅅ'이 중첩된 구조이다.

▸ 뫼화: 모아. 뫼호- + -아.

- '뫼호다'는 '모으다'를 뜻하는 동사인데 중세 국어의 '모도다'도 '모으다'를 뜻하는 동사로 쓰였다. 한편 '몯다'는 '모이다'를 뜻하는 동사로 쓰였다.

▸ 내ᅀᆞᄫᆞ니: 내니. 내- + -ᅀᆞᇦ- + -ᄋᆞ니.

- 여기에서 '-ᅀᆞᇦ-'은 '남녀'를 높이기 위해서 통합한 객체 높임 선어말어미이다. '남녀'는 석가모니와 그 부인의 전생이므로 높임 대상으로 여긴 것이다.

문법 tip 시상 선어말어미 '-더-'

중세 국어에서는 과거 시제를 표현할 때 '-더-'를 사용하였다. 사건이 발화시 기준으로 과거일 때 사용한 것이다. 중세 국어에서 '-더-'는 의도법 선어말어미 '-오-'와 결합하면 '-다-'로, 서술격 조사 '-이-', 혹은 미래 시제 선어말어미 '-리-'와 결합할 경우 '-러-'로 나타났다.

결합 어미/조사	과거시제 선어말어미	결합 형태	예시
-오-		-다-	롱담ᄒᆞ다라 : 농담하더라 (-더- + -오-)
-리-	-더-	-러-	ᄃᆞ외리러라 (-리- + -더-)
서술격 조사 '-이-		-러-	세히러시니 : 셋이시더니 (-이- + -더-)

《월인석보 1권, 3a-b》

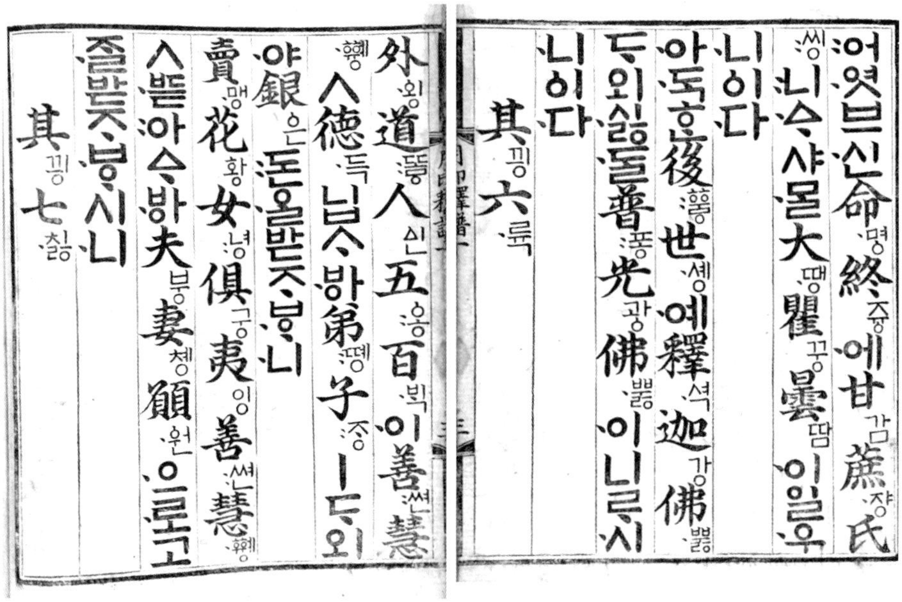

어엿브신 命명終즁에 甘감蔗쟝氏씽 니ᅀᆞ샤몰 大땡瞿꿍曇땀이 일우니이다
아독ᄒᆞᆫ 後뼿世솅예 釋셕迦강佛뿛 ᄃᆞ외싫 ᄃᆞᆯ 普퐁光광佛뿛이 니ᄅᆞ시니이다
其끵六륙
外욍道ᄠᅩᆼ人신 五옹百ᄇᆡᆨ이 善쎤慧ᅘᅰᆼㅅ 德득 닙ᄉᆞᄫᅡ 弟뗑子ᄌᆞᆼㅣ ᄃᆞ외야 銀은돈올 받ᄌᆞᄫᆞ니
賣ᄆᆡᆼ花황女녕 俱궁夷잉 善쎤慧ᅘᅰᆼㅅ ᄠᅳᆮ 아ᅀᆞᄫᅡ 夫붕妻쳉願원으로 고ᄌᆞᆯ 받ᄌᆞᄫᆞ시니
其끵七칧

❀ 원문 텍스트

其끵五옹

어엿브신 命명終즁에 甘감蔗쟝氏씽 니ᅀᆞ샤몰 大땡瞿꿍曇땀이 일우니이다

아독ᄒᆞᆫ 後뼿世솅예 釋셕迦강佛뿛 ᄃᆞ외싫 ᄃᆞᆯ 普퐁光광佛뿛이 니ᄅᆞ시니이다

其끵六륙

外욍道ᄠᅩᆼ人신 五옹百ᄇᆡᆨ이 善쎤慧ᅘᅰᆼㅅ 德득 닙ᄉᆞᄫᅡ 弟뗑子ᄌᆞᆼㅣ ᄃᆞ외야 銀은돈올 받ᄌᆞᄫᆞ니

賣ᄆᆡᆼ花황女녕 俱궁夷잉 善쎤慧ᅘᅰᆼㅅ ᄠᅳᆮ 아ᅀᆞᄫᅡ 夫붕妻쳉願원으로 고ᄌᆞᆯ 받ᄌᆞᄫᆞ시니

❀ 현대어 역

기오

불쌍하신 죽음에 감자씨 이으심을 대구담이 이루었습니다.

아득한 후세에 석가불 되실 것을 보광불이 말씀하셨습니다.

기육

외도인 오백이(오백 명이) 선혜의 덕 입어 제자가 되어 은돈을 바치니

매화녀 구이가 선혜의 뜻 알아 부처원(부부가 되기를 원함)으로 꽃을 바치시니

❀ 주석

▸ 어엿브신: 불쌍하신. 어엿브- + -시- + -ㄴ.

▸ 命終에: 명종에. 죽음에.

▸ 니ᅀᆞ샤ᄆᆞᆯ: 이으심을. 닔- + -으시- + -옴 + -ᄋᆞᆯ.

- '-옴'은 명사형어미로 명사파생 접미사 '-음'과 구별되었다.

▸ 일우니이다: 이루었습니다. 일우- + -니- + -이- + -다.

- '일우니이다'처럼 시제 선어말어미가 통합하지 않은 경우를 부정법이라 부르는데 이때 시제는 과거로 해석되는 일이 많다. 중세 국어에서는 과거 시제일 때 부정법이 실현되거나 선어말어미 '-더-'가 실현되었다. 선어말어미 '-더-'는, 현대 국어와 달리, 과거 시제로 쓰이는 일이 많았다.

▸ ᄃᆞ외실: 되실. ᄃᆞ외- + -시- + -ㅭ.

- 관형사형어미 '-ㄹ' 뒤에 'ㆆ'이 결합한 '-ㅭ'은 그 뒤에 'ㄱ, ㄷ, ㅂ, ㅅ, ㅈ' 등으로 시작하는 명사가 올 때 주로 나타났는데 후행하는 명사 두음의 된소리와 관련된 것으로 보인다.

▸ ᄃᆞᆯ: 것을. ᄃᆞ + -ᄋᆞᆯ.

- 'ᄃᆞ'는 형식명사로 '것' 정도로 해석된다. 중세 국어에서 'ᄃᆞ'의 사용 빈도는 매우 높다.

▸ 받ᄌᆞᄫᆞ니: 바치니. 받- + -ᄌᆞᆸ- + -ᄋᆞ니.

- '받다'는 '바치다'를 뜻하는 동사이다.
- 겸양법 선어말어미 '-ᄌᆞᆸ-'은 존칭의 객체 '선혜'에 대한 높임으로 쓰였으며 선행하는 음이 'ㄷ'이므로 다른 이형태('-ᅀᆞᆸ-'과 '-ᄉᆞᆸ-')가 통합하지 않고 '-ᄌᆞᆸ-'이 쓰인 것이다.

《월인석보 1권, 4a-b》

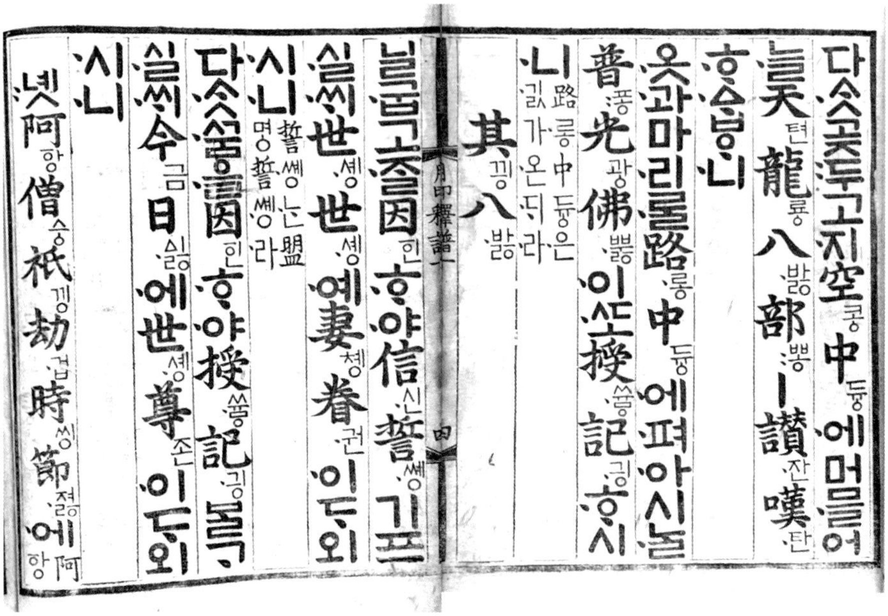

❀ 원문 텍스트

其끵七칧

다ᄉᆞᆺ 곶 두 고지 空콩中듕에 머믈어늘 天텬龍룡八밣部뽕ㅣ 讚잔嘆탄ᄒᆞᅀᆞᄫᆞ니

옷과 마리ᄅᆞᆯ 路롱中듕에 펴아시ᄂᆞᆯ 普퐁光광佛뿛이 ᄯᅩ 授쓩記긩ᄒᆞ시니路롱中듕은 긼가온ᄃᆡ라

其끵八밣

닐굽 고ᄌᆞᆯ 因인ᄒᆞ야 信신誓쎙 기프실ᄊᆡ 世솅世솅예 妻쳉眷권이 ᄃᆞ외시니誓쎙ᄂᆞᆫ 盟명誓쎙라

다ᄉᆞᆺ ᄭᅮ믈 因인ᄒᆞ야 授쓩記긩 ᄇᆞᆯᄀᆞ실ᄊᆡ 今금日싏에 世솅尊존이 ᄃᆞ외시니 녯 阿항僧승祇낑劫겁 時씽節졇에阿항-僧승祇낑ᄂᆞᆫ

❀ 현대어 역

기칠

다섯 꽃 두 꽃이 공중에 머물거늘 천룡팔부가 찬탄하니

옷과 머리를 노중에 펴시거늘 보광불이 또 수기하셨으니노중은 길가운데다.

기팔

일곱 꽃을 인하여 신서(미더운 맹세) 깊으시므로 세세에 처권(아내)가 되시니세는 맹세이다.

다섯 꿈을 인하여 수기(성불하리라는 부처의 예언) 밝으시므로 오늘날에 세존이 되시니 옛 아승기겁 시절에아승기는

❀ 주석

▸ 곶: 꽃.

▸ 머믈어늘: 머물거늘. 머믈- + -어늘.

- 연결어미 '-어늘'은 선행하는 음이 모음 '이', 반모음 'j'이거나 'ㄹ'일 때 나타났는데 이 '-어늘'의 '어'는 '거'의 'ㄱ'이 약화된 것으로 유성후두마찰음 [ɦ]을 지니고 있어 '머믈어늘'처럼 연철되지 않은 표기로 나타났다.

▸ 마리ᄅᆞᆯ: 머리를. 마리 + -ᄅᆞᆯ.

▸ 펴아시ᄂᆞᆯ: 펴시거늘. 펴- + -시- + -아ᄂᆞᆯ.

- '펴아시ᄂᆞᆯ'은 형태적으로 '-(으)시-'가 연결어미 '-아ᄂᆞᆯ' 사이에 통합한 형식이다. 연결어미 '-아ᄂᆞᆯ'이 기원적으로 '-아-'와 '-ᄂᆞᆯ'이 통합하여 형성된 통합형 연결어미인데 이때 '-아-'와 '-ᄂᆞᆯ' 사이에 '-(으)시-'가 끼어 들어가는 일도 존재하였다. 이처럼 '-(으)시-'가 끼어드는 것은 '-어든'(ᄒᆞ거시든)에서도 나타났다.

▸ 기프실ᄊᆡ: 기프시므로. 깊- + -으시- + -ㄹᄊᆡ

- '-ㄹᄊᆡ'는 원인의 연결어미로 쓰였다.

《월인석보 1권, 5a-b》

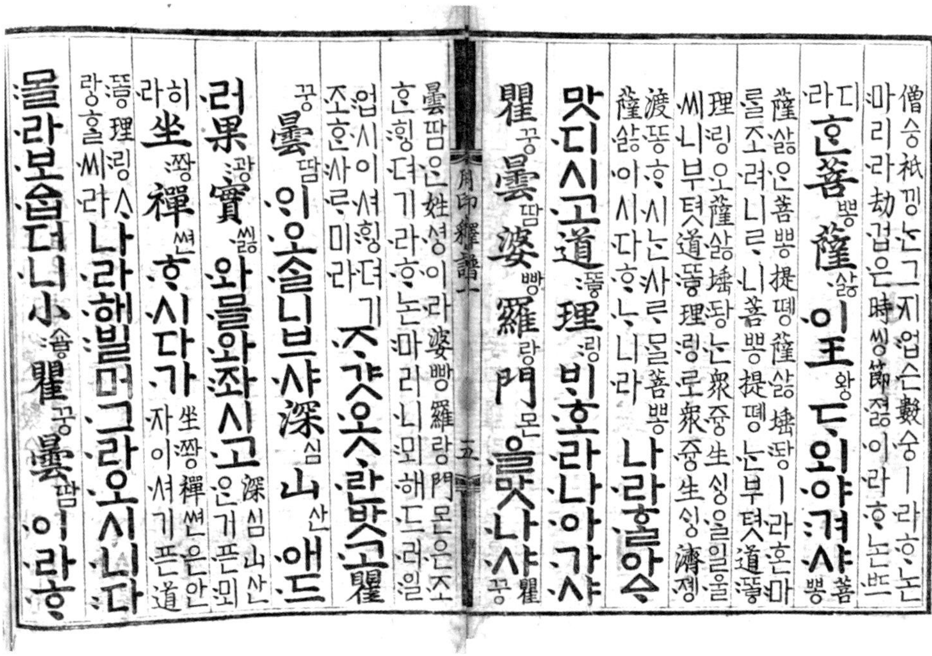

❀ 원문 텍스트

阿항-僧승祇낑는 그지업슨 數숭ㅣ라 ᄒᆞ논 마리라 劫겁은 時씽節졇이라 ᄒᆞ논 ᄠᅳ디라 ᄒᆞᆫ 菩뽕薩삸이 王왕 ᄃᆞ외야 겨샤菩뽕薩삸ᄋᆞᆫ 菩뽕提뗑薩삸埵당ㅣ라 혼 마롤 조려 니ᄅᆞ니 菩뽕提뗑는 부텻 道똠理링오 薩삸埵당ᄂᆞᆫ 衆즁生싱ᄋᆞᆯ 일울 씨니 부텻 道똠理링로 衆즁生싱 濟졩度똥ᄒᆞ시ᄂᆞᆫ 사ᄅᆞᆷ 菩뽕薩삸이시다 ᄒᆞᄂᆞ니라 나라ᄒᆞᆯ 아ᅀᆞ 맛디시고 道똠理링 ᄇᆡ호라 나아가샤 瞿꿍曇땀婆빵羅랑門몬을 맛나샤瞿꿍曇땀ᄋᆞᆫ 姓셩이라 婆빵羅랑門몬은 조ᄒᆞᆫ 힝뎌기라 ᄒᆞ논 마리니 뫼해 드러 일 업시 이셔 힝뎌기 조ᄒᆞᆫ 사ᄅᆞ미라 ᄌᆞ갸 오ᄉᆞ란 밧고 瞿꿍曇땀ᄋᆡ 오ᄉᆞᆯ 니브샤 深심山산애 드러 果광實씷와 믈와 좌시고深심山산ᄋᆞᆫ 기픈 뫼히라 坐쫭禪쎤ᄒᆞ시다가坐쫭禪쎤은 안자 이셔 기픈 道똠理링 사랑ᄒᆞᆯ 씨라 나라해 빌머그라 오시니 다 몰라보ᅀᆞᆸ더니 小ᄛᅧᇢ瞿꿍曇땀이라 ᄒᆞ-더라

❀ 현대어 역

아승기는 끝없는 수이라 하는 말이다. 겁은 시절이라 하는 뜻이다. 한 보살이 왕 되어 계셨는데보살은 보리살타이라 한 말을 줄여 이르니 보리는 부처의 도리이고 살타는 중생을 이루는 것이니 부처의 도리로 중생 제도하시는 사람을 보살이시다 하느니라. 나라를 아우(아우에게) 맡기시고 도리 배우러 나아가시어 구담파라문을 만나시어구담은 성이다. 파라문은 깨끗한 행적이라 하는 말이니 산에 들어 일 없이 있어 행적이 깨끗한 사람이다. 자기의 옷을 벗고 구담의 옷을 입으시어 심산에 들어 과실과 물을 자시고심산은 깊은 산이다. 좌선하시다가좌선은 앉아서 깊은 도리(도리를) 생각하는 것이다. 나라에 빌어먹으러 오셨는데 모두 몰라보고 소구담이라 하였다.

❀ 주석

▸ 녜: 옛.

▸ ᄃᆞ외야: 되어. ᄃᆞ외- + -야.

• 연결어미 '-야'는 선행하는 'ᄃᆞ외-'의 반모음 'j'에 이끌려 연결어미 '-아'에 'j'가 삽입된 것이다.

▸ 조려: 줄이어. 조리- + -어.

• '조리다'는 어간 '졸-'에 사동접미사 '-이'가 결합하여 형성된 단어로 '줄이다'를 뜻하는 사동사이다.

▸ 나라ᄒᆞᆯ: 나라를. 나라ㅎ + -ᄋᆞᆯ.

▸ 아ᅀᆞ: 아우.

▸ 맛디시고: 맡기시고. 맛디- + -시- + -고.

• '맛디다'는 '맡기다'를 뜻하는 사동사로 어간 '맜-'에 사동접미사 '-이'가 결합한 파생어이다. 이 단어는 '맛디- 〉 맛지- 〉 맛기- 〉 맡기-'로 변화를 겪었는데 구개음화, 역구개음화, 어간재구조화 현상이 일어났다.

▸ ᄇᆡ호라: 배우러. ᄇᆡ호- + -라.

- '-라'는 현대 국어의 '-러'와 같이 의도나 목적 연결어미로 쓰였다.

▸ 맛나샤: 만나샤. 맛나- + -시- + -아.

- '맛나다'는 '만나다'를 뜻하는 동사인데 "도적을 만나"〈소학언해6:18〉에서처럼 일찍이 비음화 현상이 확인되는 경우도 존재한다.

▸ 조ᄒᆞᆫ: 깨끗한. 좋- + -ᄋᆞᆫ.

- '좋다'는 중세 국어에서 '깨끗하다'를 뜻하는 형용사로 쓰였다.

▸ 뫼해: 산에. 뫼ㅎ + -애.

▸ ᄌᆞ걋: 자기의. ᄌᆞ갸 + -ㅅ.

- 'ᄌᆞ갸'는 3인칭 '자기'의 높임을 뜻하는 재귀대명사로 쓰였다.

▸ 오ᄉᆞᆯ란: 옷은. 옷 + -ᄋᆞᆯ란.

- 조사 '-(ᄋᆞ)ᆯ란'은 선행하는 명사가 목적어이면서 주제의 의미를 지닐 때 통합하는 일이 많았다. 그러한 이유로 대제격조사로 지칭하기도 한다.

▸ 밧고: 벗고. 밧- + -고.

- 중세 국어 시기에 '밧다'와 '벗다'가 모두 쓰였는데 '밧다'은 '옷'이나 '모자'와 같이 몸의 일부에 착용한 것을 떼어낼 때 사용되었고 '벗다'은 "길 버서 쏘샤"〈용비어천가:36〉처럼 '벗어나다' 정도의 의미로 사용되었다.

▸ 니브샤: 입으셔. 닙- + -으시- + -아.

- '닙다'는 '입다'를 뜻하는 동사이다.

▸ 믈와: 믈과(을). 믈 + -와.

- 중세 국어에서 조사 '-와'는 선행 체언의 말음이 모음이거나 'ㄹ'일 때 통합하였다. 그런데 이 경우는 [NP1와 NP2와] 구성처럼 후행하는 명사에도 '-와'가 결합한 것이 특징적이다. 중세 국어에서는 이와 경우가 'NP2'에도 '-와/과'가 결합하는 일이 많았을 뿐 아니라 'NP와ᄅᆞᆯ', 'NP왜', 'NP왓'과 같이 격조사가 중첩되는 일도 많았다.

▸ 좌시고: 자시고. 좌시- + -고.

▸ ᄉᆞ랑ᄒᆞᆯ 씨라: 생각한다는 것이다. ᄉᆞ랑ᄒᆞ- + -ㄹ # ᄉᆞ + -ㅣ- + -라.

- 'ᄉᆞ랑ᄒᆞ다'는 중세 국어에서 '생각하다', '사랑하다', '그리다' 등의 의미로 쓰였다. 여

기에서는 '생각하다'의 의미로 쓰였다.

▸ 빌머그라: 빌어먹으러. 빌먹- + -으라.

- '빌먹다'는 비통사적 합성어로 '빌-'와 '먹-'가 결합한 합성어이다. '빌먹-'는 사라지고 후대에 통사적 합성어 '빌어먹-'가 쓰였다.

《월인석보 1권, 6a-b》

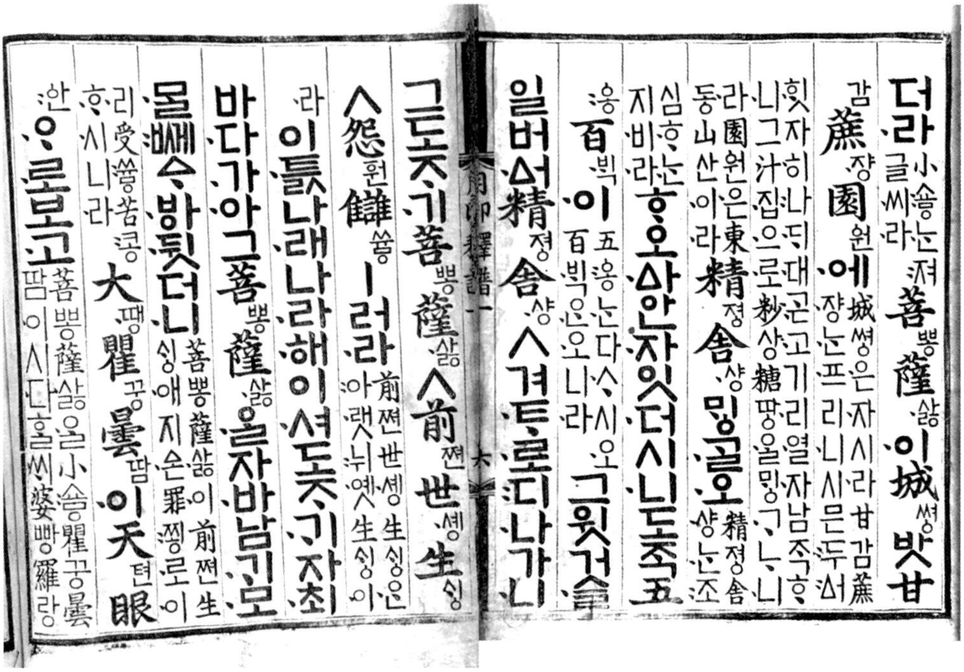

❀ 원문 텍스트

ᄒᆞ-더라小숗 ᄂᆞᆫ 져글 씨라

菩뽕薩삻이 城쎵 밧 甘감蔗쟝園원에城쎵은 자시라 甘감蔗쟝ᄂᆞᆫ 프리니 시믄 두서 힛자히 나ᄃᆡ 대 곧고 기리 열 자 남ᄌᆞᆨᄒᆞ니 그 汁집으로 粆상糖땅ᄋᆞᆯ ᄆᆡᇰᄀᆞᄂᆞ니라 園원은 東동山산이라 精졍舍샹 ᄆᆡᇰᄀᆞᆯ오精졍舍샹ᄂᆞᆫ 조심ᄒᆞᄂᆞᆫ 지비라 ᄒᆞ오ᅀᅡ 안자 잇더시니 도ᄌᆞᆨ 五옹百ᄇᆡᆨ이五옹ᄂᆞᆫ 다ᄉᆞ시오 百ᄇᆡᆨ은 오니라 그위ᇫ거슬 일버ᅀᅥ 精졍舍샹ㅅ 겨ᄐᆞ로 디나가니 그 도ᄌᆞ기 菩뽕薩삻ㅅ 前젼世솅生ᄉᆡᇰㅅ 怨원讎쓯ㅣ러라前젼世솅生ᄉᆡᇰ은 아랫 뉘옛 生이라 이틄나래 나라해 이셔 도ᄌᆞᄀᆡ 자최 바다 가아 그 菩뽕薩삻ᄋᆞᆯ 자바 남ᄀᆡ 모ᄆᆞᆯ ᄢᅦᅀᆞ바 뒷더니菩뽕薩삻이 前쪈生ᄉᆡᇰ애 지ᅀᅮᆫ 罪쬥로 이리 受쓭苦콩ᄒᆞ시니라

大땡瞿꿍曇땀이 天텬眼안ᄋᆞ로 보고菩뽕薩삻ᄋᆞᆯ 小숗瞿꿍曇땀이시다 ᄒᆞᆯ씨 婆빵羅랑-門몬을

❀ 현대어 역

하더라(하였다.)소는 적은 것이다.

보살이 성 밖 감자원에성은 잣이다. 감자는 풀이니 심은 두어 해째 나되 대 같고 길이가 열자 남직하니 그 즙으로 사탕을 만드느니라. 원은 동산이다. 정사 만들고정사는 조심하는(몸을 삼가 수도하는) 집이다. 홀로 앉아 있으셨는데 도적 오백이오는 다섯이고 백은 온이다. 나라의 물건을 훔쳐 정사의 옆으로 지나가니 그 도적이 보살의 전세생의 원수이었다.전세생은 아래의 세상에서의 생이다. 이튿날에 나라에서 도적의 자취 쫓아가 그 보살을 잡아 나무에 몸을 꿰어 두었는데보살이 전생에 지은 죄로 이리 수고하셨다.

대구담이 천안으로 보고보살을 소구담이시다 하므로 파라문을

❀ 주석

▸ 밧: 밖.

- '밖'의 의미로 '밧'과 '밧ㄱ'이 존재하였다. '밧'은 자음으로 시작하는 조사 앞이나 단독으로 쓰일 때 나타났고 '밧ㄱ'은 모음으로 시작하는 조사 앞에 나타났다. 현대 국어의 '밖'은 중세 국어 '밧ㄱ'의 변화형이다.

▸ 자시라: 잣이다. 잣 + -이- + -라.

- '잣'은 '성'(城)을 뜻하는 고유어이다. 신라어로 알려져 있다.

▸ 프리니: 풀이니. 플 + -이- + -니.

- '플'은 근대 국어 시기에 원순모음화를 겪어 '플 > 풀'로 쓰였다.

▸ 두ᅀᅥ: 두어(두세).

▸ ᄒᆡᆺ자히: 해째. ᄒᆡ + -ㅅ # 자히

- '자히'는 '째'를 의미하는 중세 국어의 명사이다. 현대 국어의 접미사 '-째'는 이 '자히'가 문법화를 겪어 형성된 것이다.

▸ 밍ᄀᆞᄂᆞ니: 만드니. 밍ᄀᆞᆯ- + -ᄂᆞ- + -니.

- '밍ᄀᆞᆯ다'는 '만들다'를 뜻하는 동사인데 '밍ᄃᆞᆯ-'도 존재하였다. 현대 국어의 '만들다'

는 '밍ᄃᆞᆯ다'와 직접 관련된다.

▸ 밍ᄀᆞᆯ오: 만들고. 밍ᄀᆞᆯ- + -오.

- 연결어미 '-오'는 선행하는 음이 모음 '이', 반모음 'j'이거나 'ㄹ'일 때 나타났다. 그런데 이 '-오'는 '-고'의 'ㄱ'이 약화된 것으로 유성후두마찰음 [ɦ]을 지니고 있어 연철되지 않은 표기로 나타났다.

▸ ᄒᆞ오ᅀᅡ: 혼자/홀로.

- 'ᄒᆞ오ᅀᅡ'는 명사와 부사로 쓰였는데 여기에서는 후행하는 서술어 '안자 잇더시니'를 수식하므로 부사로 쓰였다.

▸ 잇더시니: 있으셨는데/계셨는데. 잇- + -더- + -시- + -니.

- '-더시-'와 같이 선어말어미 '-더-'와 '-시-'가 순차적으로 통합하는 일도 있지만 '-시더-'처럼 통합하는 일도 있다. 현대 국어에서는 '-시더-'로만 나타나지만 중세 국어에서는 두 통합 순서가 모두 존재하였다. '-더-'의 기능 변화로 점차 '-더시-'에서 '-시더-'로 변화된 것으로 알려져 있다.

▸ 긔윗거슬: 나라의 물건을/관청의 물건을. 긔위 + -ㅅ # 것 + -을.

- '그위'는 '관청'이나 '나라'를 뜻하는 명사이다.

▸ 일버ᅀᅥ: 훔쳐서. 일버ᇫ- + -어.

- '일버ᇫ다'는 '훔치다'를 뜻하는 동사이다.

▸ 겨ᄐᆞ로: 곁으로. 곁 + -ᄋᆞ로.

- 중세 국어 시기에서 '-(ᄋᆞ)로'는 '-(으)로'와 모음조화에 의해 교체되었다. 선행 음절이 양성 모음일 때는 '-(ᄋᆞ)로', 음성 모음일 때는 '-(으)로'가 통합되었는데 여기에서 "겨ᄐᆞ로"는 모음조화를 따르지 않았다.

▸ 怨讐ㅣ러라: 원수이었다. 怨讐 + -ㅣ- + -러- + -라.

- '-러-'는 '-더-'의 교체형으로 서술격조사와 '-리-' 뒤에서 통합되었고 선어말어미 '-오/우-'와 결합하면 '-다-'로 실현되었다. "내 롱담ᄒᆞ다라"〈석보상절6:24〉에서 '-다-'는 '-더-'와 '-오-'로 분석된다.

▸ 나래해 이셔: 나라에서. 나라ㅎ + -애 # 이시- + -어.

- 여기에서 '-애 이셔'는 현대 국어에서 주격 조사로 쓰이는 '-에서'와 그 기능이 유사하다.

▸ 남ᄀᆡ: 나무에. 남ㄱ + -ᄋᆡ.

▸ ᄢᅦᅀᆞᄫᅡ: 꿰어. ᄢᅦ- + -ᅀᆞᇦ- + -아.

- 'ᄢᅦ-'는 '꿰다'의 의미로 쓰인 동사인데 여기에 '-ᅀᆞᇦ-'이 통합한 것은 'ᄢᅦ-'의 대상인 보살을 높이기 위해서이다.

▸ 뒷더니: 두었는데. 두- + -어 # 잇- + -더- + -니.

- '뒷'은 어간 '두-'와 연결어미 '-어', 보조 동사 '잇-'의 축약형인데 연결어미 '-어'와 '-잇'이 축약될 때 '앳'이나 '엣'과 같이 나타나는 것과 달리 연결어미 '-어'가 생략된 것으로 보여 주목된다.

《월인석보 1권, 7a-b》

❀ 원문 텍스트

娑빵羅랑-門몬을 大땡瞿꿍曇땀이라 ᄒᆞ니 大땡ᄂᆞᆫ 클 씨라 天텬眼안ᄋᆞᆫ 하ᄂᆞᆳ누니라 ᄒᆞᄂᆞᆫ 마리라 虛헝空콩애 ᄂᆞ라와 묻ᄌᆞᄫᆞᄃᆡ 그ᄃᆡ 子ᄌᆞᆼ息식 업더니 므슷 罪쬥오 菩뽕薩삻이 對됭答답ᄒᆞ샤ᄃᆡ ᄒᆞ마 주글 내어니 子ᄌᆞᆼ孫손ᄋᆞᆯ 議읭論론ᄒᆞ리여子ᄌᆞᆼᄂᆞᆫ 아ᄃᆞ리오 孫손ᄋᆞᆫ 孫손子ᄌᆞᆼㅣ니 子ᄌᆞᆼ孫손ᄋᆞᆫ 아ᄃᆞ리며 孫손子ᄌᆞᆼㅣ며 後ᅘᅮᇢㅅ孫손子ᄌᆞᆼᄅᆞᆯ 無뭉數숭히 ᄂᆞ리 닐온 마리라 그 王왕이 사ᄅᆞᆷ 브려 쏘아 주기ᅀᆞᄫᆞ니라 大땡瞿꿍曇땀이 슬허 쁘리여 棺관애 녀ᄉᆞᆸ고 피 무든 ᄒᆞᆰ 파 가져 精졍舍샹애 도라와 왼녁 피 닫담고 올ᄒᆞᆫ녁 피 닫다마 두고 닐오ᄃᆡ 이 道또ᇢ士ᄊᆞᆼㅣ 精졍誠쎵이 至징極끅ᄒᆞ단디면道또ᇢ士ᄊᆞᆼᄂᆞᆫ 道또ᇢ理링 ᄇᆡ호ᄂᆞᆫ 사ᄅᆞ미니 菩뽕薩삻ᄋᆞᆯ ᄉᆞᆯᄫᆞ니라 하ᄂᆞᆯ히 당다이 이 피ᄅᆞᆯ

❀ 현대어 역

파라문을 대구담이라 하니 대는 큰 것이다. 천안은 하늘의 눈이라 하는 말이다. 허공에서 날아와 묻되 "그대가 자식 없었는데 무슨 죄인가?" 보살이 대답하시되 "이미 죽게 된 나인데 자손을 말하겠는가?" 자는 아들이고 손은 손자이니 자손은 아들이며 손자이며, 후의 손자를 무수히 내리 이르는 말이다. 그 왕이 사람 시켜 쏘아 죽이었다. 대구담이 슬퍼하며 싸서 관에 넣고 피가 묻은 흙을 파 가져가서 정사에 돌아와 왼쪽 피 따로 담고 오른쪽 피 따로 담아 두고 말하되 "이 도사가 정성이 지극할 것 같으면도사는 도리 배우는 사람이니 보살을 말하니라. 하늘이 당연히 이 피를

❀ 주석

▸ 하ᄂᆞᆳ눈: 하늘눈. 하ᄂᆞᆯ + ㅅ + 눈.

- '하ᄂᆞᆳ눈'은 오안의 하나로 육안으로 볼 수 없는 것을 환히 보는 신통한 마음의 눈을 뜻하는 합성어이다. 이 의미를 고려할 때 '하ᄂᆞᆳ눈'은 합성어로 보이고 이때 'ㅅ'은 [명사+ㅅ+명사]의 사이시옷과 같은 문법 요소로 이해된다. 그런데 중세 국어의 사이시옷 'ㅅ'의 기능에 대해서 부정하는 견해는 [하ᄂᆞᆯ + -ㅅ # 눈]과 같은 구성이 어휘화된 것으로 해석하여 'ㅅ'을 관형격 조사로 분석하기도 한다.

▸ 虛空애: 허공에서. 虛空 + -애.

- '-애'는 처소 부사로 '-에서'와 같이 출발점의 뜻을 지닌 것으로 해석된다. 선행 체언의 음절이 양성 모음이어서 '-애'가 통합되었고 음성 모음일 때는 '-에'가 통합되었다.

▸ 그듸: 그대. 그듸 + -∅.

- '그듸'에 영변이형태 주격 조사가 통합한 것으로 분석된다. '그듸'의 '듸'가 평성인데 이곳에서는 상성 방점이 찍혀 있어서 '그듸'에 영변이형태 주격 조사가 쓰인 것을 알 수 있다. 중세 국어 주격 조사는 '-이', '-ㅣ', '-∅'가 존재하였는데 영변이형태 '-∅'가 통합된 경우는 성조가 변동되는 일이 발생하여서 생략 현상으로 보지 않고 '-∅'가 결합한 구성으로 해석한다. 한편, '그듸'는 하게나 하오할 자리에 쓰이는 일이 많다.

▸ 므슷: 무슨. 므스 + -ㅅ.

- ‘므스’는 중세 국어에서 의문 대명사와 의문 관형사로 쓰이는데 여기에서는 의문 대명사 ‘므스’에 관형격 조사 ‘-ㅅ’이 통합한 구성으로 쓰였다. 이외도 ‘므슥’, ‘므슴’, ‘므섯’ 등의 의문사가 존재하였다.

▸ 罪오: 죄인가. 罪 + -오.

- 의문의 ‘-오’는 ‘-고’와 교체되었는데 선행 음이 모음 ‘이’이거나 반모음 ‘j’, ‘ㄹ’일 때 나타났다. 그런데 ‘-오’가 명사에 직접 통합하여 의문 첨사로 문법 범주를 설정하기도 하지만 서술격 조사가 생략된 구성으로 보아 ‘-오’를 의문 종결어미로 해석할 수도 있다.

▸ ᄒᆞ마: 이미.

▸ 議論ᄒᆞ리여: 의논하겠는가. 議論ᄒᆞ- + -리- + -여.

- 의문 종결어미 ‘-여’는 선행 음 ‘ㅣ’에 이끌려 반모음 ‘j’가 삽입된 것인데 이때 ‘-여’의 분포가 제약적이어서 별도로 분석하지 않고 ‘-리여’를 종결어미로 처리하기도 한다.

▸ ᄂᆞ리: 내리.

- ‘ᄂᆞ리’는 ‘위에서 아래로’, ‘잇따라 계속’ 등을 뜻하는 부사이다.

▸ 브려: 시켜. 브리- + -어.

- ‘브리다’는 ‘부리다’와 같이 말과 소, 다른 사람을 시켜 일을 하게 하는 의미를 지닌 동사이다.

▸ 쏘아: 쏘아. 쏘- + -아.

▸ 주기ᅀᆞᄫᆞ니라: 죽이었다. 죽이- + -ᅀᆞᇦ- + -니- + -라.

- ‘-ᅀᆞᇦ-’은 ‘죽이다’의 대상인 보살을 높이기 위해 쓰였다.

▸ 슬허: 슬퍼하여. 슳- + -어.

- ‘슳다’는 ‘슬퍼하다’를 뜻하는 동사이다. 이 동사에 ‘-브-’ 형용사 파생 접미사가 결합하여 형용사 ‘슬프-’가 형성되었다. 현대 국어의 동사 ‘슬퍼하다’는 여기에 다시 ‘-어하-’가 결합하여 파생된 것이다.

▸ ᄢᅳ리여: 싸서/싸 안고. ᄢᅳ리- + -여.

- ‘ᄢᅳ리다’는 ‘싸다’와 같이 안에 넣고 씌워 가리거나 두르는 정도의 의미를 지닌 동사이다.

▸ 녀쏩고: 넣고. 녛- + -숩- + -고.

- '녛다'의 'ㅎ'이 후행하는 음 'ㅅ'과 연음되어 'ㅆ'로 표기되었다.

▸ 닫담고: 따로 담고. 닫담- + -고.

- '닫담다'는 부사 '닫'과 동사 어간 '담-'이 결합한 합성어인데 부사 '닫'이 '담다'를 수식하는 구 구성으로 분석할 수도 있다. '닫'이 제약적으로 분포하고 '닫담다' 사이에 다른 요소가 끼어드는 일이 없어 여기에서는 합성어로 보고자 한다.

▸ 至極ᄒᆞ단디면: 지극할 것 같으면/지극하다면, 至極ᄒᆞ- + -단디면.

- '-단디면'을 연결어미로 분석하였으나 기원적으로 '-다 + -ㄴ # ᄃᆞ + -ㅣ- + -면' 정도로 분석 가능하다.

▸ 당다이: 당당히.

▸ ᄃᆞ외에: 되게. ᄃᆞ외- + -에.

- 부사형어미 '-에'는 '-게'와 교체되었는데 선행 음이 모음 '이'와 반모음 'j', 'ㄹ'일 때 통합되었다.

《월인석보 1권, 8a-b》

❀ 원문 텍스트

이 피룰 – 사룸 ᄃᆞ외에 ᄒᆞ시리라

열ᄃᆞᆲ 마내 왼녁 피ᄂᆞᆫ 男남子ᄌᆞᆼㅣ ᄃᆞ외오男남子ᄌᆞᆼᄂᆞᆫ 남지니라 올ᄒᆞᆫ녁 피ᄂᆞᆫ 女녀ᇰ子ᄌᆞᆼㅣ ᄃᆞ외어늘女녀ᇰ子ᄌᆞᆼᄂᆞᆫ 겨지비라 姓셔ᇰ을 瞿꾸ᇰ曇땀氏씨ᇰ라 ᄒᆞ더니氏씨ᇰᄂᆞᆫ 姓셔ᇰ 가ᄐᆞᆫ 마리라 일로브터 子ᄌᆞᆼ孫손이 니ᅀᅳ시니 瞿꾸ᇰ曇땀氏씨ᇰ 다시 니러나시니라小쇼ᇢ瞿꾸ᇰ曇땀이 甘감蔗쟈ᇰ園원에 사ᄅᆞ실ᄊᆡ 甘감蔗쟈ᇰ氏씨ᇰ라도 ᄒᆞ더니라

普퐁光광佛뿛이普퐁光광ᄋᆞᆫ 너븐 光광明명이라 이 부톄 나싫 저긔 몸 ᄀᆞ새 光광이 燈드ᇰ 가ᄐᆞ실ᄊᆡ 燃ᅀᅧᆫ燈드ᇰ佛뿛이시다도 ᄒᆞᄂᆞ니 燃ᅀᅧᆫ은 블 혈 ᄡᅵ라 ᄯᅩ 錠뎌ᇰ光광佛뿛이시다도 ᄒᆞᄂᆞ니 錠뎌ᇰ은 발 잇ᄂᆞᆫ 燈드ᇰ이라 佛뿛은 알 ᄊᆞ니 나 알오 ᄂᆞᆷ조쳐 알욀 ᄊᆞ니 부텨를 佛뿛이시다 ᄒᆞᄂᆞ니라 世솅界갱예 나거시ᄂᆞᆯ하ᄂᆞᆯ히며 사ᄅᆞᆷ 사ᄂᆞᆫ ᄯᅡ훌 다 뫼호아 世솅界갱라 ᄒᆞᄂᆞ니라 그ᄢᅴ 善쎤慧ᅘᅰᆼ라 호ᇙ 仙션人ᅀᅵᆫ이仙션人ᅀᅵᆫ은 제 몸 구텨 오래 사ᄂᆞᆫ 사–ᄅᆞ미니 뫼해 노니ᄂᆞ니라

❀ 현대어 역

이 피를 -사람 되게 하시리라.

열달 만에 왼쪽 피는 남자가 되었고남자는 남진이다. 오른쪽 피는 여자가 되었거늘여자는 겨집이다. 성을 구담씨라 하였는데씨는 성 같은 말이다. 이로부터 자손을 이으시니 구담씨가 다시 일어나시었다.소구담이 감자원에 사시므로 감자씨라고도 하였다. 보광불이보광은 넓은 광명이다. 이 부처가 나실 때에 몸 가에 빛이 등 같으므로 연등불이시라고도 하는데 연은 불 켠다는 것이다. 또 정광불이시라고도 하는데 정은 발 있는 등이다. 불은 안다는 것이니 내가 알고 남까지 알게 하는 것이니 부처를 불이시라고도 한다. 세계에 나시거늘하늘이며 사람 사는 땅을 모두 모아 세계라 한다. 그때 선혜라고 하는 선인이선인은 자기의 몸을 굳혀 오래 사는 사-람이니 산에 노닌다.

❀ 주석

▸ 일로브터: 이로부터. 일 + -로 + -브터.

▸ 니ᅀᅳ시니: 이으시니. 니ᇫ- + -으시- + -니.

- '니ᇫ다'는 목적어를 요구하는 타동사이나 이 경우에 "子孫(자손)이 니ᅀᅳ시니"와 같이 목적어에 '-이'가 결합된 것이 특징적이다.

▸ 니러나시니라: 일어나셨다. 닐- + -어 # 나- + -시- + -니- + -라.

▸ 너븐: 넓은. 넙- + -은.

- '넙다'는 '미치는 범위가 크다.'의 의미로 쓰였다. '넙- 〉 넓-'의 변화를 겪어 현대 국어에 이르렀는데 이와 같이 'ㄹ'이 첨가된 예로는 '읖- 〉 읊-', '졈- 〉 졂-' 등이 있다.

▸ 혈 씨라: 켠다는 것이다. 혀- + -ㄹ # ᄉᆞ + -ㅣ- + -라.

- '혀다'는 '켜다'의 의미로 쓰였다.

▸ ᄂᆞᆷ 조쳐: 남마저, 남에게까지. ᄂᆞᆷ # 조치- + -어.

- '조쳐'는 어간 '조치-'에 '-어'가 통합된 구성이며 '조치다'는 '겸하다', '아우르다' 정도의 의미를 지닌 동사이다.

▸ 알욀 씨니: 알게 하는 것이니. 알외- + -ㄹ # ᄉᆞ + -ㅣ- + -니.

- ‘알외다’는 ‘알다’의 사동형으로 ‘알- + -오- + -이’로 분석되는데 이때 ‘-외-’를 하나의 사동 접미사로 처리하기도 한다.

▸ 그ᄢᅴ: 그때. 그 # ᄣᅳ + -의.

- ‘ᄣᅳ’는 ‘때’의 의미로 쓰였는데 ‘ᄣᅳ’가 ‘-의’와 결합되어 ‘ᄢᅴ’로 나타난 것이다. ‘ᄣᅳ’가 ‘-이’와 결합되면 ‘ᄣᅵ’로, ‘-은’과 결합되면 ‘ᄣᅳᆫ’으로, ‘-을’과 결합되면 ‘ᄣᅳᆯ’로 나타났다.

▸ 노니ᄂᆞ니라: 노닌다. 노니- + -ᄂᆞ- + -니- + -라.

- ‘노니-’는 ‘놀-’와 ‘니-’가 통합된 비통사적 합성어로 중세 국어에서 ‘니-’는 ‘다니다’ 정도의 의미로 쓰였다. 그래서 ‘노니-’는 ‘놀고 다니다’ 정도로 해석된다.

《월인석보 1권, 9a-b》

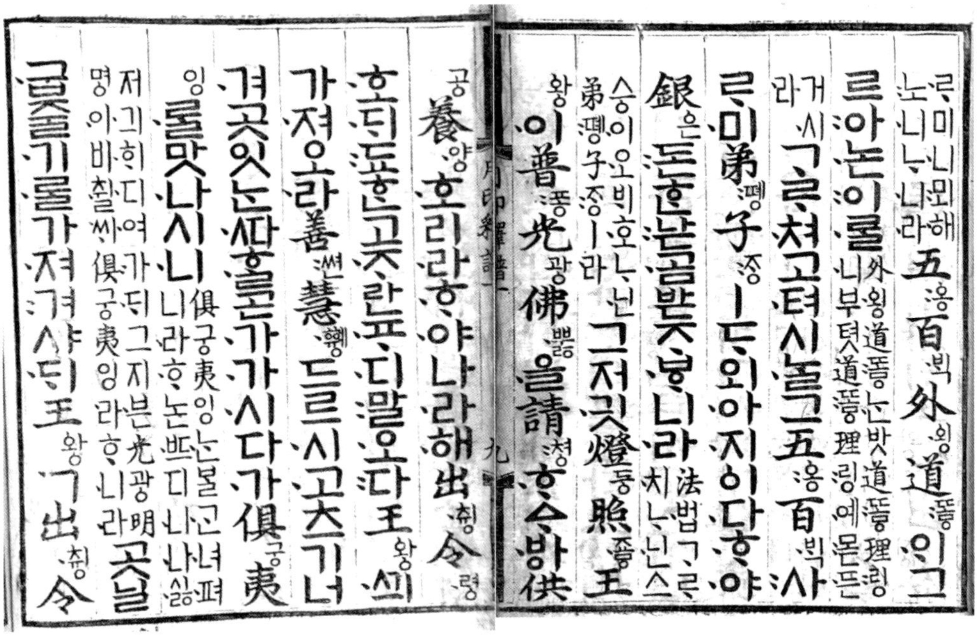

❀ 원문 텍스트

사-ᄅᆞ미니 뫼해 노니ᄂᆞ니라

五ᅌᅩᆼ百ᄇᆡᆨ外ᅌᅬᆼ道ᄯᅩᇢᄋᆡ 그르 아논 이ᄅᆞᆯ外ᅌᅬᆼ道ᄯᅩᇢᄂᆞᆫ 밧 道ᄯᅩᇢ理ᄅᆡᆼ니 부텻 道ᄯᅩᇢ理ᄅᆡᆼ예 몯 든 거시라 ᄀᆞᄅᆞ쳐 고텨 시ᄂᆞᆯ 그 五ᅌᅩᆼ百ᄇᆡᆨ 사ᄅᆞ미 弟똉子ᄌᆞᆼㅣ ᄃᆞ외아지이다 ᄒᆞ야 銀은돈 ᄒᆞᆫ 낟곰 받ᄌᆞᄫᆞ니라法법 ᄀᆞᄅᆞ치ᄂᆞ닌 스승이오 ᄇᆡ호ᄂᆞ닌 弟똉子ᄌᆞᆼㅣ라 그저긧 燈등照쟣王왕이 普퐁光광佛뿛을 請쳥ᄒᆞᅀᆞ바 供공養양호리라 ᄒᆞ야 나라해 出츓令령호ᄃᆡ 됴ᄒᆞᆫ 고ᄌᆞ란 ᄑᆞ디 말오 다 王왕ᄭᅴ 가져오라 善쎤慧휑 드르시고 ᄎᆞ기 너겨 곳 잇ᄂᆞᆫ ᄯᅡ홀 곧가 가시다가 俱궁夷잉ᄅᆞᆯ 맛나시니俱궁夷잉ᄂᆞᆫ ᄇᆞᆯᄀᆞᆫ 녀펴니라 ᄒᆞ논 ᄠᅳ디니 나싫 저긔 ᄒᆡ 디여 가ᄃᆡ 그 지븐 光광名명이 비칠씨 俱궁夷잉라 ᄒᆞ니라

❀ 현대어 역

사-람이니 산에 노닌다.

오백 외도가 그릇 아는 것을외도는 밖의 도리이니 부처의 도리에 못 든 것이다. 가르쳐 고치시거늘 그 오백 사람이 '제자가 되고 싶습니다.' 하여 은돈 한 낱씩 받치었다.법을 가르치는 이는 스승이고 배우는 이는 제자이다. 그때에 등조왕이 보광불을 청하여 '공양하겠다' 하여 나라에 출령하되 "좋은 꽃은 팔지 말고 다 왕께 가져오라."(고 하였다.) 선혜가 들으시고 측은히 여겨 꽃 있는 땅을 좇아 가시다가 구이를 만나시니구이는 밝은 여자라고 하는 뜻이니 나실 때에 해가 저물어 가되 그 집은 광명이 비취므로 구이라 하였다.

❀ 주석

▸ 그르: 그릇/잘못.

▸ 고텨시놀: 고치시거늘. 고티- + -시- + -어놀.

- '고텨시놀'은 형태적으로 '-(으)시-'가 연결어미 '-어놀' 사이에 통합된 형식이다. 연결어미 '-아놀'이 기원적으로 '-아-'와 '-놀'이 통합되어 형성된 통합형 연결어미인데 이때 '-아-'와 '-놀' 사이에 '-(으)시-'가 끼어 들어가는 일이 존재하였다. 이 외에도 '-어든'에서도 '-어시든', '-시어든'처럼 '-(으)시-'가 끼어들기도 하였다.

▸ ᄃᆞ외아지이다: 되고 싶습니다. ᄃᆞ외- + -아- + -지- + -이- + -다.

- 'ᄃᆞ외아지이다'의 형태소 분석은 쉽지 않다. 허웅(1975/1995:430)에서는 'ᄃᆞ외-'에 연결어미 '-아', 보조용언 '지-'로 분석하였고, 안병희·이광호(2005:247)에서는 선어말어미 '-아-'에 청원의 명령형 어미 '-지이다'가 통합한 것으로 분석하였다. 한편, 고영근(2010:309)에서는 화자의 소망을 드러내는 평서형 종결어미 '-아지이다'로 분석하였다. 여기에서는 '-지라' 형태의 존재를 고려하여 화자의 소명을 드러낸 통합형 종결어미 '-지라'에 선어말어미 '-아-'와 청자대우 선어말어미 '-이-'가 통합한 것으로 분석하고자 한다. '-이-'가 통합형 종결어미 '-지라' 사이에 삽입된 것으로 본다.

- ▸ 낟곰: 낱씩. 낟 + -곰.
    - '-곰'은 앞말의 뜻을 강조하는 보조사인데 수량을 나타내는 명사 뒤에서는 수량이나 크기로 나뉘거나 되풀이됨을 뜻하는 것으로 해석된다. 한편 '-곰'은 체언 말음이 모음이거나 'ㄹ'일 때 "아돌옴"처럼 '-옴'으로도 실현되었다.
- ▸ ᄀᆞᄅᆞ치ᄂᆞ닌: 가르치는 이는. ᄀᆞᄅᆞ치- + -ᄂᆞ- + -ㄴ # 이 + -ㄴ.
    - '이'는 사람을 뜻하는 의존명사이다.
- ▸ 그저긧: 그때에. 그 + 적 + -의 + -ㅅ.
    - 지시 관형사 '그'에 의존명사 '적'으로 분석되고, '-읫'은 시간의 처격 부사 '-의'에 관형격 조사 '-ㅅ'이 통합한 것으로 분석된다. '-읫'과 같은 경우에 '에', '에의', '에서의' 정도로 해석된다. 여기에서는 '에' 정도로 해석하는 것이 자연스럽다.
- ▸ 고ᄌᆞ란: 꽃은. 곶 + -ᄋᆞ란.
    - '-ᄋᆞ란'은 주제 보조사로 분석된다. 이 '-ᄋᆞ란'은 선행하는 명사가 서술어의 목적어로 쓰이면서 '-은/는'의 주제적(혹은 대조적) 기능을 갖는 경우에 통합하는 일이 많다. 그래서 대제격(대격+주제) 조사로 알려져 있다.
- ▸ 王ᄭᅴ: 왕께. 王 + -ᄭᅴ.
    - '-ᄭᅴ'는 '-께'와 같은 의미로 쓰인 형태인데 중세 국어에서 "부텻긔"처럼 '-ㅅ긔'으로도 나타났다. "王 ㅅ그엔" 등과 같은 자료를 고려할 때 기원적으로 'ᄭᅴ'는 '-ㅅ # 긍 + -의'에서 문법화 과정을 겪은 것으로 분석할 수 있다. 그런데 중세 국어 시기의 'ᄭᅴ'를 분석하여야 할지는 연구자마다 다소 차이를 보인다.
- ▸ 가져오라: 가져 와라. 가지- + -어 # 오- + -라.
- ▸ 츠기: 측은히.
- ▸ ᄀᆞᆮ가: 좋아.
- ▸ 녀펴니라: 여자이다. 녀편 + -이- + -라.
    - '녀편'은 '여자'를 뜻하는 명사이다.

문법 tip 중세 국어 표기법

1. 연철(이어적기, 표음적, 음소적) 표기

중세 국어 표기법은 음소를 소리나는 대로 표기하는 것이 특징적이다. 즉 형태소와 형태소 사이의 경계를 구분하지 않고 발음대로(소리나는 대로) 표기하는 연철 표기를 따른다. 자음으로 끝나는 형태소 뒤에 모음으로 시작하는 형태소가 올 경우에는 발음의 원리상 앞 형태소의 받침이 뒤 음절의 초성으로 연음되는데 이를 그대로 표기에 반영하였다. 가령, '기픈'(깊- + -은), '브른'(블 + -은), '나라히'(나라ㅎ + -이) 등과 같이 앞 형태소의 받침을 뒤의 음절에 연철하여 적는 방식을 취하였다.

2. 분철(끊어적기, 표의적, 형태음소적) 표기

분철 표기는 오늘날 표기법인 표의주의에 따른 것으로 체언과 조사, 용언과 어미 등이 결합할 때 실제 발음과 상관없이 형태소 경계에서 끊어 적는 방식이다. 15세기 〈월인천강지곡〉에 주로 나타났으며 '눈에'(눈 + -에), '담아'(담- + -아), 'ᄆᆞ숨이'(ᄆᆞ숨 + -이)와 같이 울림소리가 받침으로 오는 특수한 경우에 분철표기가 나타나기도 하였다.

3. 중철(혼철) 표기

중철 표기는 연철과 분철의 과도기적 형태라고 할 수 있는데 16세기부터 17, 18세기 문헌에 주로 나타난다. 중철 표기는 연철을 한 후에 연철되기 이전의 체언 말자음, 어간의 말자음을 표기에 반영하고자 한 것이다. 아래 예 '손놀'(손 + -올), '잡바'(잡- + -아)에서처럼 앞 형태소의 말자음을 후행 음절에도 표기하는 표기 방식도 존재한다. 한편, '닙플', '깁프며'의 경우 동일한 자음을 두 번 쓴 것은 아니지만, 연철된 자음이 어간의 말자음이라는 것을 나타내고자 하였다는 점에서 중철로 볼 수 있다. '닙플'과 '깁프며'의 앞 형태소 종성을 'ㅂ'으로 적은 것은 종성법 표기를 따른 것이다.

체언+조사	용언(어간+어미)
손놀 : 손 + 올	잡바 : 잡-+-아
닙플 : 닢 + 을	깁프며 : 깊-+ -으며

• '깁퍼, 받히'와 같이 어간말 자음이 'ㅋ, ㅌ, ㅍ'인 경우 이를 'ㄱ, ㄷ(ㅅ), ㅂ'과 'ㅎ'으로 나누어 적는 경우가 있는데, 이러한 예들을 '재음소화 표기'라고 부르기도 한다. 그러나 재음운화 혹은 재음소화를 자의적으로 사용하는 것은 바람직하지 않다고 비판하기도 한다. 이러한 관점에서는 '받히'는 '밭+-이'를 표기한 것으로 연철하면 '바티'인데, 연철된 /ㅌ/를 'ㄷ+ㅎ'으로 잘못 분석하고 잘못 분석된 결과를 표기상에 반영했다고 보고 있다. 또한 연철된 자음이 어간말 자음이라는 것을 나타내고자 하였다는 점에서 중철과 통하는 면이 있다고 보고 있다.

• 중세 국어 시기에는 연철 표기가 일반적이었지만 16세기 이후 분철 표기와 중철 표기의 출현 빈도가 높아지기 시작하였다. 특히 〈번역소학〉(1517)에서는 '마음'을 뜻하는 단어가 'ᄆᆞᅀᆞ매', 'ᄆᆞᅀᆞᆷ애', 'ᄆᆞᅀᆞᆷ미'와 같이 연철 표기, 분철 표기, 중철 표기가 함께 나타나고 있어 표기에 혼란이 있었음을 알 수 있다.

04.

내훈(內訓)

❀ 해제

'내훈'은 '집안의 부녀자들에게 하는 훈시나 교훈'을 뜻하는 말이다. 『내훈』은 궁중의 비빈과 사대부 여성들을 위한 훈육서가 없던 시절에 성종의 어머니인 소혜왕후(1437~1504)가 중국의 교화서인 '소학(小學)', '열녀전(列女傳)', '여교(女敎)', '명감(明鑑)'에서 부녀자의 훈육에 필요한 부분을 뽑아 언해한 책이다. 중국의 교화서를 편집한 책이지만 조선의 현실에 적합한 부분을 뽑아 편집한 것으로 당대 여성에 대한 인식을 알 수 있는 우리나라 대표적인 여성 훈육서이자 한글로 된 최초의 여성 교훈서이다.

『내훈』 '서'(序)의 발문(跋文)에 기록된 내용을 보면 이 책은 성종 6년(1475)년에 간행된 것으로 추정되는데 그 원간본은 전하지 않고 현재 전하는 책 가운데 가장 오래된 것은 선조 6년(1573년)에 간행된 을해자로 된 중간본이다. 이후 광해군 2년(1611년)에 인쇄한 것과 효종 7년(1656년)에 목판으로 간행되었으며 영조 13년(1736년)에 『어제내훈』이라는 제목으로 개간하였다.

이 책은 모두 3권 4책이며, 한문 원문에 한글로 토를 달고 이어서 우리말로 번역을 하였는데, 번역문 안에 주석을 넣어서 이해하기 쉽도록 제시하였다. '내훈 서문'에서 '여등(汝等)'이라 불린 궁중의 비빈과 나인들의 기강을 바로 잡기 위한 교육의 필요성을 느꼈기 때문에 편찬한 것으로 언급하고 있으나 '발문'에서는 여성들이 무지로 범하는 잘못을 이 책을 통해 알리고 시정할 수 있게 언해까지 붙인 것이며, 민간의 우매한 부인들에 이르기까지 일손 틈틈이 아침·저녁으로 익히고 외어서 집안을 다스리는 법을 깨닫도록 하라는 내용이 제시되어 있어 독자층을 민간의 여성들까지 두고 있음을 알 수 있다.

책의 내용은 '언행(言行), 효친(孝親), 혼례(婚禮), 부부(夫婦), 모의(母儀), 돈목(敦睦), 염검(廉儉)'의 일곱 장으로 되어 있다. 제1장 '언행장'에서는 부녀자의 말과 행실에서 주의할 점과 지켜야 할 점을 말하고 있고, 제2장 '효친장'에서는 어버이에 대한 효도 방법, 제3장 '혼례장'에서는 혼인의 예절을 말하고 있는데 혼례의 뜻, 혼수감에 대한 기본 자세, 혼인 뒤의 마음가짐 등을 말하고 있다, 제4장 '부부장'에서는 부부 사이에 지켜야 할 도리를 말하고 있는데 특히 역사적 사실을 인용하여 아내의 도리를 강조하고 있다. 제5장 '모의장'에서는 어머니로서 지켜야할 예의범절을 밝히고 있는데 유모 선택에서부터 연령에 따른 자식 교육 방법, 시어머니로서의 마음가짐과 며느리에 대한 교육 등을 다루고 있다. 제6장 '돈목장'에서는 동서 또는 친척들과 화목하게 지내는 방법을 말하고 있으며 제7장 '염검장'에서는 청렴과 검소함으로 생활하고 손님을 대접하며 남편을 어떻게 보필해야 하는지 이야기하고 있다. "남자와 여자가 서로 섞어 앉지 말며, 형수와 시동생이 서로 말을 주고받지 말며, 여자가 혼인을 하였으면 큰 변고가 없는 한, 친정 문에 들지 말아야 하며" 등 지금으로서는 이해하기 힘든 부분도 있지만 예의범절, 몸가짐 등 참고할 만한 좋은 내용도 많이 있다.

궁중 용어, 가정생활과 관련한 용어, 다양한 중세 국어 어휘 등 국어사 자료로 가치가 있으며 옛날 여성들의 생활규범을 알려준다는 측면에서 가치가 있다. 또한 시기를 달리하면서 여러 번 간행되어 중세 후기와 근대 국어 표기법은 물론 어휘와 문체의 변화를 살펴볼 수 있는 중요한 자료로 평가받고 있다.

《내훈 1권, 13b》

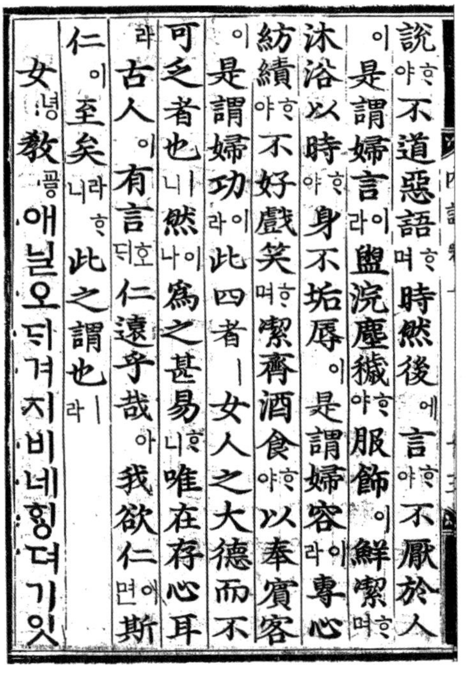
說ᄒᆞ야 不道惡語ᄒᆞ며 時然後에 言ᄒᆞ야 不厭於人
이 是謂婦言이라 盥浣塵穢ᄒᆞ야 服飾이 鮮潔ᄒᆞ며
沐浴以時ᄒᆞ야 身不垢辱이 是謂婦容이라 專心
紡績ᄒᆞ야 不好戲笑ᄒᆞ며 潔齊酒食ᄒᆞ야 以奉賓客
이 是謂婦功이라 此四者ㅣ 女人之大德而不
可乏者也ㅣ니 然이나 爲之甚易ᄒᆞ니 唯在存心耳
라 古人이 有言ᄒᆞ디 仁遠乎哉아 我欲仁이면 斯
仁이 至矣니라 ᄒᆞ니 此之謂也ㅣ라
女녀教굘애 닐오디 겨지비 네 힝뎌기 잇

❀ 원문 텍스트

女教(여교)애 닐오ᄃᆡ 겨지비 네 힝뎌기 잇-ᄂᆞ니

❀ 현대어 역

『여교』에 이르기를 여자가 네가지 행적이 있으니

❀ 주석

▸ *女教*: 여교.

- 여기에서 '*女教*'는 여자들을 가르치기 위한 책을 가리킨다. 예로부터 여자의 교육을 위한 교훈서가 전해졌는데 특히 궁중 여성들의 행동 규범을 옳게 가르치기 위한 여교(女教) 서적이 많았다. 『열녀전』, 『여계』 등이 대표적이다.

《내훈 1권, 14a-b》

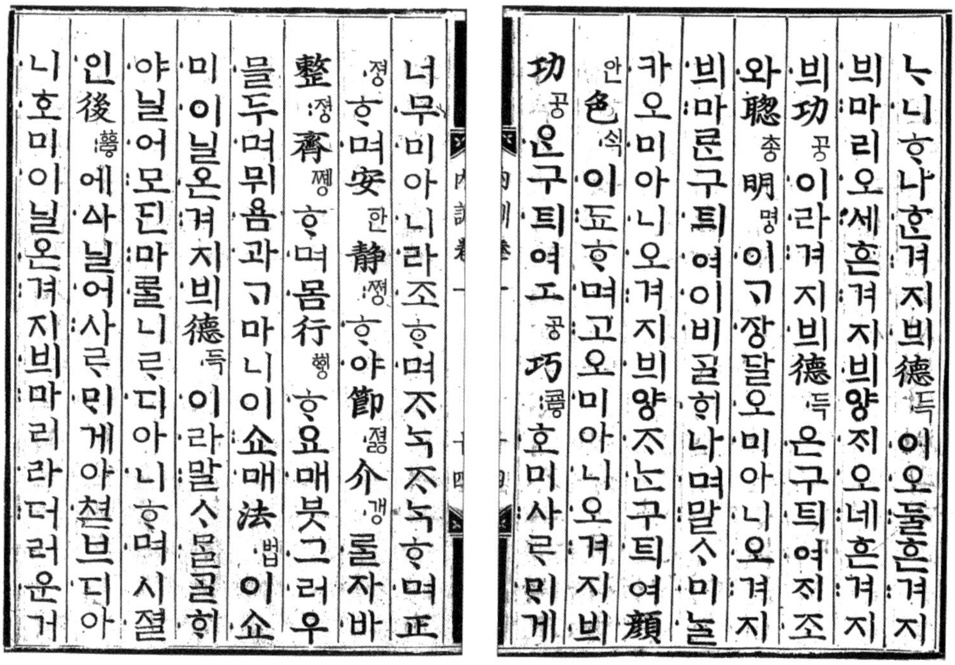

❀ 원문 텍스트

잇ᄂᆞ니 ᄒᆞ나ᄒᆞᆫ 겨지븨 德(덕)이오 둘흔 겨지븨 마리오 세흔 겨지븨 양ᄌᆡ오 네흔 겨지븨 功(공)이라 겨지븨 德(덕)은 구틔여 ᄌᆡ조와 聰明(총명)이 ᄀᆞ장 달오미 아니오 겨지븨 마ᄅᆞᆫ 구틔여 이비 ᄀᆞᆯ히나며 말ᄉᆞ미 ᄂᆞᆯ카오미 아니오 겨지븨 양ᄌᆞᄂᆞᆫ 구틔여 顔色(안색)이 됴ᄒᆞ며 고오미 아니오 겨지븨 功(공)은 구틔여 工巧(공교)호미 사ᄅᆞ미게 너무미 아니라 조ᄒᆞ며 ᄌᆞ녹ᄌᆞ녹ᄒᆞ며 正(정)ᄒᆞ며 安靜(안정)ᄒᆞ야 節介(절개)를 자바 整齊(정제)ᄒᆞ며 몸 行(행)ᄒᆞ요매 붓그러우믈 두며 뮈욤과 ᄀᆞ마니 이쇼매 法(법) 이쇼미 이 닐온 겨지븨 德(덕)이라 말ᄉᆞᄆᆞᆯ ᄀᆞᆯᄒᆡ야 닐어 모딘 마ᄅᆞᆯ 니ᄅᆞ디 아니ᄒᆞ며 시졀인 後(후)에ᅀᅡ 닐어 사ᄅᆞ미게 아쳗브디 아니호미 이 닐온 겨지븨 마리라 더러운거-슬

❀ 현대어 역

있으니 하나는(첫째는) 여자의 덕이고 둘은(둘째는) 여자의 말이고 셋은(셋째는) 여자의 용모이고 넷은(넷째는) 여자의 공이다. 여자의 덕은 반드시 재주와 총명이 가장 다름이(달라야 한다는 것이) 아니고, 여자의 말은 반드시 입이 뛰어나며 말이 날카로운 것이 아니고 여자의 용모는 반드시 안색이 좋고 고운 것이 아니고 여자의 공은 반드시 공교한 솜씨가 사람들보다 뛰어남이 아니다. 깨끗하고 자늑자늑하며 바르고 편안하며 조용하여 절개를 지켜 정제하며 몸 행함에 부끄러움을 가지며 움직임과 가만히 있음에 법도가 있는 것이 이른바 여자의 덕이다. 말을 가려서 하여 모진 말을 하지 않으며 적절한 때 후에야 말하여 사람들이 싫어하지 않음이 이른바 여자의 말이다. 더러운 것을

❀ 주석

▸ ᄒᆞ나흔: 하나는/첫째는. ᄒᆞ나ㅎ + -은.

- 'ᄒᆞ나ㅎ'은 순서가 가장 먼저인 차례를 뜻하는 수사이다. 현대 국어에서 수효를 세는 맨 처음 수를 뜻하는 '하나'와 그 쓰임이 다르다.

▸ 겨지븨: 여자의. 겨집 + -의.

▸ 둘흔: 둘째는. 둘ㅎ + -은.

- '둘ㅎ'은 순서가 두 번째가 되는 차례를 뜻하는 수사이다. 현대 국어에서 하나에 하나를 더한 수를 뜻하는 '둘'과 그 쓰임이 다르다.

▸ 양ᄌᆡ오: 용모이고. 양ᄌᆞ + -ㅣ- + -오.

- '양ᄌᆞ'는 얼굴의 생긴 모양이나 겉으로 드러나는 모습을 뜻한다. 여기에서 연결어미 '-오'는 '-고'의 'ㄱ'이 약화된 것으로 유성후두마찰음 [ɦ]을 지니고 있다.

▸ 구틔여: 반드시.

- 여기에서 '구틔여'는 '반드시' 정도를 뜻하는 부사로 쓰였다. 그런데 "네 구틔여 大海예 드러가 므슷 일 호려 ᄒᆞᄂᆞ다"(네가 구태여(일부러 애써) 대해에 들어가 무슨 일을

하려고 하느냐?)〈月釋22:34a〉와 같이 쓰이는 일도 있다.

▸ ᄀᆞᆯᄒᆡ나며: 가리어 나다/뛰어나다. ᄀᆞᆯᄒᆡ나- + -며.

• ‘ᄀᆞᆯᄒᆡ나다’는 어원적으로는 ‘가리어 나다’, ‘가려서 내다’ 정도를 뜻하는데 말을 골라서 잘한다는 의미로 ‘뛰어나다’로 해석된다.

▸ 말ᄉᆞ미: 말이. 말ᄉᆞᆷ + -이.

• ‘말ᄉᆞᆷ’은 ‘말’을 뜻한다. 현대 국어의 ‘말씀’과 같이 ‘말’의 높임이나 낮춤의 의미로 쓰인 것이 아니고 일반적인 ‘말’을 지칭하는 의미로 쓰였다.

▸ ᄂᆞᆯ카오미: 날카로움이. ᄂᆞᆯ카ᇦ- + -옴 + -이.

• ‘날카ᇦ다’가 현대 국어의 ‘날카롭다’의 의미로 쓰였는데 중세 국어의 ‘날카ᇦ다’는 ‘낧’[刀]에 접미사 ‘-가ᇦ-’이 결합한 파생 형용사이다. 그런데 접미사 ‘-가ᇦ-’, ‘-거ᇦ-’의 경우는 주로 ‘ᄂᆞᆽ가ᄫᆞ니’(낮으니)〈月釋1:42a〉처럼 형용사 어간에 결합한다는 점에서 명사에 결합하여 파생한 ‘ᄂᆞᆯ카오미’는 특기할 만하다. 한편, ‘날카오미’는 ‘날카ᄫᅩ미 〉 날카오미’의 발달 과정을 겪었다.

▸ 고오미: 고움이. 고ᇦ- + -옴 + -이.

▸ 사ᄅᆞᄆᆡ게 너무미: 사람보다 뛰어남이. 사ᄅᆞᆷ + -ᄋᆡ게 # 넘- + -움 + -이.

• ‘넘-’가 ‘건너 지나다’의 의미보다 추상화된 ‘뛰어나다’의 의미로 해석되고 조사 ‘ᄋᆡ게’는 ‘보다’ 정도로 비교 대상의 의미로 해석된다.

▸ 조ᄒᆞ며: 깨끗하며. 좋- + -ᄋᆞ며.

• 중세 국어에서 ‘좋다’는 ‘깨끗하다’의 의미로 쓰였다.

▸ ᄌᆞ녹ᄌᆞ녹ᄒᆞ며: 자늑자늑하며. ᄌᆞ녹ᄌᆞ녹ᄒᆞ- + -며

• ‘ᄌᆞ녹ᄌᆞ녹ᄒᆞ다’는 ‘자늑자늑하다’를 뜻하는 형용사로 ‘동작이 조용하며 가볍고 진득하게 부드럽고 가볍다’를 의미한다.

▸ 자바: 잡아/지켜. 잡- + -아.

• 여기에서 ‘잡다’는 ‘지키다’를 뜻한다.

▸ 붓그러우믈: 부끄러움을. 붓그러ᇦ- + -움 + -을.

• 어간 ‘붓그러ᇦ-’은 동사 ‘붓그리다-’에 형용사 파생 접미사 ‘-어ᇦ-’이 결합한 파생 형용사이다.

▸ 뮈욤: 움직임. 뮈- + -옴.

• '뮈욤'은 어간 '뮈-'와 명사형어미 '-옴'이 축약된 형태인데 이때 반모음 삽입 현상이 일어난 것이다. '-옴'에 반모음 'j'가 삽입될 때는 '뮈욤'과 같이 선행음이 반모음일 때 주로 일어났다.

▸ ᄀᆞᆯᄒᆡ야: 가려서. ᄀᆞᆯᄒᆡ- + -아.

• 'ᄀᆞᆯᄒᆡ다'는 '가리다', '고르다' 정도를 뜻하는 동사이며 'ᄀᆞᆯᄒᆡ야'는 어간 'ᄀᆞᆯᄒᆡ-'와 연결어미 '-아'가 축약된 형태인데 이때 반모음 삽입 현상이 일어난 것이다.

▸ 시졀인: 적절한 때가 된/시절이 된. 시졀 + -이- + -ㄴ.

▸ 아쳗ᄇᆞ디: 싫지. 아쳗ᄇᆞ- + -디.

• '아쳗ᄇᆞ다'는 '싫다'의 뜻을 가진 단어로 동사 '아쳗-'(싫어하다)에 형용사 파생 접미사 '-ᄇᆞ-'가 결합한 파생 형용사이다.

《내훈 1권, 15a-b》

❀ 원문 텍스트

더러운 거-슬 시서 옷과 ᄡᅳ유미 조ᄒᆞ며 沐浴(목욕)을 시졀로 ᄒᆞ야 모몰 더럽게 아니호미 이 닐온 겨지븨 양ᄌᆡ라 질삼애 ᄆᆞᅀᆞᆷ몰 專一(젼일)히 ᄒᆞ야 노ᄅᆞᆺ과 우수믈 즐기디 아니ᄒᆞ며 술와 밥과롤 조히 ᄒᆞ야 손올 이바도미 이 닐온 겨지븨 功(공)이라 이 네희 겨지븨 큰 德(덕)이라 업수미 몯ᄒᆞ리니 그러나 ᄒᆞ요미 甚(심)히 쉬우니 오직 ᄆᆞᅀᆞᆷ 두매 이실 ᄯᆞᄅᆞ미라 녯 사ᄅᆞ미 닐오ᄃᆡ 仁(인)이 머녀 내 仁(인)을 코져 ᄒᆞ면 仁(인)이 니를리라 ᄒᆞ니 이롤 니ᄅᆞ니라

❀ 현대어 역

더러운 것을 씻어 옷과 꾸민 것이 깨끗하며 목욕을 때마다 하여 몸을 더럽게 아니하는 것이 이른바 여자의 용모이다. 길쌈에 마음을 전일히 하여(전념하여) 놀이와 웃음을 즐기지 아니하며 술과 밥을 정갈히 지어 손님을 대접하는 것이 이른바 여자의 공이다. 이 네 가지가 여자의 큰 덕이다. 없는 것이 안 될 것이다. 그러나 하는 것이 매우 쉬우니 오직 마음 먹기에 달려 있을 따름이다. 옛사람이 말하되 '인이 뭔가? 내가 인을 하고자 한다면 인이 이를 것이다.'라고 하니 이것을 말한 것이다.

❀ 주석

▸ 시서: 씻어. 싯- + -어.

- '싯다'는 '씻다'를 뜻하는 동사이다.

▸ ᄭᅮ뮤미: 꾸민 것이. ᄭᅮ미- + -움 + -이.

- 'ᄭᅮ뮴'은 어간 'ᄭᅮ미-'와 명사형어미 '-움'이 축약된 형태이다.

▸ 질삼애: 길쌈에. 질삼 + -애.

- '질삼'은 '길쌈'을 뜻하는 명사이며 '-애'는 선행 음절의 모음이 양상일 때 통합하는 처격 조사이다.

▸ 專一히: 전일하여/전념하여. 專一 + -히.

- '專一ᄒᆞ다'는 '마음과 힘을 모아 오직 한 곳에만 쓰다' 정도로 해석된다.

▸ ᄆᆞᅀᆞᆷ믈: 마음을. ᄆᆞᅀᆞᆷ + -ᄋᆞᆯ.

- 'ᄆᆞᅀᆞᆷ믈'은 'ᄆᆞᅀᆞᆷ'의 받침 'ㅁ'이 중철로 표기된 것인데 대체로 연철로 표기되는 중세 국어에서 중철 표기는 이례적이라 할 만큼 예외적이다.

▸ 노ᄅᆞᆺ: 놀이

▸ 우ᅀᅮ믈: 웃음을. 우ᅀᅮᆷ + -을.

- '우ᅀᅮᆷ'은 '웃-'에 '-움'이 결합한 파생 명사인데 명사파생접미사 '-음'이 결합하지

않고 '-움'이 결합한 경우로 특기할 만하다. 중세 국어에서 '-옴/움'은 주로 명사형 어미로 쓰였기 때문에 이와 같이 명사파생접미사로 쓰인 경우는 흔치 않다.

▸ 술와: 술과. 술 + -와.

- 공동격 조사 '와'는 모음과 'ㄹ' 뒤에서 나타났다.

▸ 밥과롤: 밥을. 밥 + -과 + -롤.

- 공동격 조사의 경우에 [NP1와 NP2와]처럼 후행하는 명사 NP2에도 통합하였고 그 뒤에 '과롤', '괘', '괏'처럼 구조격 조사 '롤'이나 '이', 'ㅅ' 등이 중첩되어 나타나기도 하였다.

▸ 이바도미: 대접함이. 이받- + 옴 + -이.

- '이받다'는 '잔치를 벌이다', '대접하다' 등의 의미로 쓰였다.

▸ ᄒᆞ요미: 하기가/함이. ᄒᆞ- + -옴 + -이.

- 'ᄒᆞ욤'은 어간 'ᄒᆞ-'와 명사형 어미 '-옴'이 축약된 형태인데 이때 반모음이 삽입된 것이 특징적이다. 'ㆍ'와 '오' 모음이 연쇄할 때는 반모음이 삽입되는 일이 흔치 않으므로 'ᄒᆞ-'의 이형태 'ᄒᆡ-'로 분석하기도 한다.

▸ 머녀: 먼가. 멀- + -녀.

- '-녀'는 중세 국어의 'ᄒᆞ라체' 의문 종결어미로 판정 의문문에 쓰였다. 이 '-녀'는 '-니-'와 '-어'로 분석하여 판정 의문문에 쓰인 '-가'와 그 관계를 설명하기도 하는데 '-어'가 어간에 직접 결합하는 예가 확인되는 일이 없고 항상 '-니-'나 '-리-'를 수반하기 때문에 '-녀'를 분석하지 않기도 한다.

▸ 니를리라: 이를 것이다. 니를- + -리- + -라.

- '니를다'는 '이르다'[至]를 의미하는 동사이다.

《내훈 1권, 16a-b》

❀ 원문 텍스트

劉忠定公(유충정공)이 溫公(온공)을 보ᅀᆞ와 ᄆᆞᅀᆞᄆᆞᆯ 다ᄒᆞ야 모매 行(행)홀 宗要(종요)ㅣ 어루 모미 ᄆᆞᆺᄃᆞ록 行(행)홀 이롤 묻ᄌᆞ온대 公(공)이 니ᄅᆞ샤ᄃᆡ 그 誠實(성실)호민뎌 劉公(유공)이 묻ᄌᆞ오ᄃᆡ 行(행)호ᄃᆡ 므슷 거슬 몬져 ᄒᆞ리잇고 公(공)이 니ᄅᆞ샤ᄃᆡ 거즛말 아니호ᄆᆞ로브터 비르솔디니라 劉公(유공)이 처ᅀᅥ믜 甚(심)히 수이 너기더니 믈러나 날로 行(행)홀 바와 다ᄆᆞᆺ 믈읫 닐온 바롤 檃括(은괄)ᄒᆞ야 보니檃括(은괄)은 구븐 남그로 밍ᄀᆞ론 그릇 고텰시라 스스로 서르 掣肘(철주) 矛盾(모순) 호ᄃᆡ 하더니掣(철)은 ᄡᅳ을 시오 肘(주)는 볼독이니 掣肘(철주)는 볼홀 뮈오고져 호ᄃᆡ 사ᄅᆞ미 ᄡᅳ스면 能(능)히 뮈우디 몯홀 시오 矛(모)논 고본 兵(병) 잡개오 盾(순)-은 防牌(방패)니

❀ 현대어 역

유충정공이 온공을 뵙고 마음을 다하여 몸에 행할 종요가 가히 몸이 마치도록(마칠 때까지) 행할 일을 물으니 공이 말씀하시되 "그 성실함이로다" 하니, 유공이 여쭙되 "행하되 어떤 것을 먼저 해야 합니까?" 하니, 공이 말씀하시되 "거짓말 하지 않는 것부터 시작하여야 할 것이다." 하였다. 유공이 처음에는 매우 쉽게 여기었는데 물러나와 날마다 행할 바와 무릇 말한 바를 은괄하여(바로잡아) 보니은괄은 굽은 나무로 만든 그릇을 고치는 것이다. 스스로 서로 체주 모순된 것이 많았다.체는 끈다는 것이고 주는 팔뚝이니 체주는 팔을 움직이고자 하되 사람이 끌면 능히 움직이지 못한다는 것이고 모는 굽은 병장기요 순-은 방패니

❀ 주석

▸ 보ᄉᆞ와: 뵙고. 보- + -ᄉᆞ오- + -아.

- '-ᄉᆞ오-'는 중세 국어 '-ᄉᆞᆸ-'의 'ᄫ'이 변화된 형태('오')로 '온공'에 대한 겸양을 표현하는 객체 높임 선어말어미이다.

▸ 宗要: 종요.

- 宗要는 '종지의 요긴한 뜻'을 의미한다.

▸ 어루: 어루. 가히.

▸ 모미 ᄆᆞᆾ도록: 몸이 마치도록. 죽을 때까지. 몸 + -이 # ᄆᆞᆾ- + -도록.

- '모미 ᄆᆞᆾ다'는 '죽다'를 뜻한다. 여기에서 'ᄆᆞᆾ다'는 '마치다'를 뜻하는 중세 국어 어형으로 'ᄆᆞᆾ다', 'ᄆᆞᆾ고', 'ᄆᆞᄎᆞ니', 'ᄆᆞᄎᆞ서'로 활용된다. 여기에서 '-도록'은 '죽도록 일했다'처럼 정도를 의미한다기보다는 어떤 일이나 상태 따위에 관련되는 범위의 끝을 의미한다.

▸ 묻ᄌᆞ온대: 물은대. 묻- + -ᄌᆞ오- + -ㄴ대.

- '-ᄌᆞ오-'는 '온공'에 대한 겸양을 표현하는 객체 높임 선어말어미이다.
- '-ㄴ대'는 어떤 사실은 먼저 진술하고 그와 관련된 사실을 이어서 설명할 때 쓰는

연결어미이다.

▸ 誠實호민뎌: 성실함이로다. 誠實ᄒᆞ- + -옴 + -이- + -ㄴ뎌.

- '-ㄴ뎌'는 감탄의 종결어미로 주로 서술격 조사나 주체 높임 선어말어미에 직접 결합하여 나타났다.

▸ 므슷 거슬: 무엇을. 므스 + -ㅅ # 것 + -을.

- '므스'는 중세 국어에서 의문 대명사와 의문 관형사로 쓰였는데 여기에서는 의문 대명사 '므스'에 관형격 조사 '-ㅅ'이 통합한 구성으로 쓰였다. 이외도 '므슥', '므슴', '므섯' 등의 의문사가 존재하였다.

▸ 몬져: 먼저.

▸ ᄒᆞ리잇고: 하여야 합니까?. ᄒᆞ- + -리- + -잇- + -고.

- 여기에서는 '-리-'가 미래 사건에 대한 추정이나 의지로 해석되지 않고 의무성을 지닌 의미로 해석되는 것이 특징적이다.
- 의문문에서 청자 높임을 표현하는 '-잇-'이 앞에 '-리-'나 '-니-'를 항상 수반하고 뒤에 오는 의문어미가 단독으로 쓰이는 일이 없어 '-리잇고'를 분석하지 않고 하나의 종결어로 다루는 논의도 있는데 '-잇-'과 '-이-'는 평서법과 의문법에서 계열관계를 보이고, '-니-', '-리-', '-더-'가 계열관계를 이루고 있으며(장윤희 2002:129) 후행하는 종결어미 '-가'와 '-고'도 계열관계를 이루고 있으므로 여기에서는 '-잇-'을 분석하여 형태의 의미를 드러내고자 한다.

▸ 아니호ᄆᆞ로브터: 아니함으로부터. 아니하는 것으로부터. 아니ᄒᆞ- + -옴 + -ᄋᆞ로 + -브터.

- '-(ᄋᆞ)로부터'는 어떤 행동의 출발점이나 비롯되는 대상을 나타내는 의미로 해석된다. 조사 '-(ᄋᆞ)로'와 '부터'가 통합한 구성이다.

▸ 비르솔: 시작할. 시작하여야. 비릇- + -오- + -ㄹ.

- '비룻다'는 '처음 생기거나 시작하다'의 의미를 뜻하는데 현대 국어에서는 '비롯하다'로 재구성되었다.

▸ 처서믜: 처음에. 처섬 + -의.

▸ 날로: 날마다. 날 + -로.

- 이때 조사 '-로'는 '낱낱이 모두' 정도를 뜻하는 의미로 쓰였다. 현대 국어의 "날로

번창하다"에서의 부사 '날로'(날이 갈수록)와는 의미 차이가 있다.

▸ 다뭇: 더불어. 함께.

▸ 남그로: 나무로. 남ㄱ + -으로.

- '남ㄱ'은 '나무'를 뜻하는 명사로 '나모'와 비자동적 교체를 보인다. '남기'(남ㄱ+-이), '남골'(남ㄱ+-올)처럼 모음으로 시작하는 조사와 통합할 때는 '남ㄱ'이 나타났고 '나모도'(나모+-도)처럼 자음으로 시작하는 조사와 '-와'가 통합할 때와 조사가 후행하지 않을 때는 '나모'가 나타났는데 '남ㄱ'와 '나무'는 음운 규칙에 따라 이루어진 것이 아니므로 비자동적 교체에 해당된다.

▸ 쓰슬시오: 끈다는 것이고. 쓿- + -을 # ᄉ + -ㅣ- + -오.

- '쓿다'는 '끌다'를 뜻하는 동사이다. 이 '쓿다'는 '긋다'와 공존하였는데 중세 국어 문헌에는 주로 '긋다'가 쓰인 것을 볼 때 어두 된소리화로 인해서 '쓿다'가 후대에 형성된 것으로 보인다.

▸ 볼독: 팔뚝. 팔꿈치.

▸ 볼홀: 팔을. 볼ㅎ + -올.

- '볼ㅎ'은 '팔'을 뜻하는 명사이고 '발'은 '다리'[足]을 뜻하는 명사이다.

▸ 뮈오고져: 움직이고자. 뮈오- + -고져.

- '뮈오다'는 '움직이다'(움직이게 하다)를 뜻하는 동사이다. 중세 국어에서 '뮈다'는 자동사와 타동사로 모두 쓰이는데 여기에서 '뮈-'에 접사 '-오-'가 결합한 것은 타동성을 드러내기 위한 것으로 이해된다.

▸ 兵잡개오: 병장기요. 兵잡개 + -오.

- '잡개'는 '쟁기', '장기'(仗器)를 뜻하는 것으로 여기에서는 병사들의 쓰는 무기를 의미한다. 그런데 '잡개'는 '잠개'의 오각 즉, 잘못 새긴 것으로 보인다. '잡개' 어형은 다른 문헌에서 찾아보기 어렵고 여기에서만 보이는데 '쟁기', '장기'(仗器)를 뜻하는 '잠개'를 잘못 판각한 것으로 여겨진다.

《내훈 1권, 17a-b》

❀ 원문 텍스트

盾(순)은 防牌(방패)니 矛(모)로 사ᄅᆞᄆᆞᆯ 傷(상)히오려 커든 防牌(방패)로 마골 시니 서르 어긔요ᄆᆞᆯ 니르니라 힘ᄡᅧ 行(행)ᄒᆞᆫ 닐굽ᄒᆡᆫ 後(후)에 이러 일로브터 言行(언행)이 ᄒᆞᆫ골ᄋᆞᆫᄒᆞ야 밧과 안쾌 서르 應(응)ᄒᆞ니 이를 맛나 싀훤ᄒᆞ야 샹녜 有餘(유여)ᄒᆞ더라

❀ 현대어 역

순은 방패니 모로 사람을 상하게 하려 하거든 방패로 막을 것이니 서로 어긋남을 말한다. 힘써 행한 지 칠년이 지난 후에 이루어져서 이로부터 언행이 한결같이 바깥과 안이 서로 일치하니 (어떤) 일을 만나도 편안하여 항상 여유가 있었다.

❀ 주석

▸ 傷히오려: 상하게 하려거든. 傷히- + -오려.

- '傷히다'에서 '히'는 'ᄒᆞ-'에 사동 접사 '-이'가 결합한 형식이다.

▸ 어긔요믈: 어긋남을. 어긔- + -욤 + -을.

- '어긔다'는 '어긋나다', '거스르다' 등을 의미하는 동사이다. '어긔-'에 '-옴'이 통합될 때 반모음이 삽입되어 '어긔욤'으로 실현되었다.

▸ 닐굽힌: 칠년이 지난. 닐굽 + 히 + -ㄴ.

- '닐굽힌'는 '닐굽히'에 보조사 '-ㄴ'이 통합한 구성인데 여기에서는 '칠년이 지난' 정도로 해석된다.

▸ 이러: 이루어져서. 일- + -어.

- '일다'는 '이루어지다', '되다' 정도를 뜻하는 동사이다.

▸ 일로브터: 이로부터

▸ ᄒᆞᆫ골ᄋᆞᆫᄒᆞ야: 한결같아. ᄒᆞᆫ골ᄋᆞᆫᄒᆞ- + -야.

- 'ᄒᆞᆫ골ᄋᆞᆫᄒᆞ다'는 '한결같다'를 뜻하는 어형인데 'ᄒᆞᆫ골ᄀᆞᆮᄒᆞ다'에서 'ᄀᆞᆮ'이 'ᄋᆞᆫ'으로 나타난 것이다.

▸ 안쾌: 안이. 안ㅎ + -과 + -ㅣ.

- '안'(內)을 뜻하는 '안ㅎ'은 중세 국어의 'ㅎ' 종성 체언으로 모음으로 시작하는 조사 앞이나 '-과' 앞에서 'ㅎ'이 실현되었다. "안쾌"에서 '괘'는 조사 '-과'와 '-ㅣ'가 통합한 구성인데 중세 국어에서는 공동격 조사가 [NP1과 NP2와]처럼 후행 명사 뒤에도 결합하는 일이 있었고 그 뒤에 주격 조사나 속격 조사, 목적격 조사 등이 통합하는 일이 있었다.

▸ 應ᄒᆞ니: 응하니. 일치하니. 應ᄒᆞ- + -니.

▸ 맛나: 만나(도). 맛나- + -아.

- '맛나다'는 '만나다'를 뜻하는 어형으로 '맛나- 〉 맏나- 〉 만나-'와 같은 음운 변화를 겪어 '만나다'에 이르게 되었다.

▸ 싀훤ᄒᆞ야: 편안하여. 시원하여. 싀훤ᄒᆞ- + -야.

▸ 샹녜: 항상.

05.

두시언해(杜詩諺解)

❀ 해제

중국 성당 시대 최고의 시인인 두보의 시를 언해한 책이 『두시언해』이다. 『두시언해』는 최초의 시가 언해로서 조선의 8대 임금 성종의 명으로 우윤겸 등이 성종 12년(1481년)에 번역을 완성하였다. 원나라 때 편찬된 '찬주분류두시(纂註分類杜詩)'를 원본으로 삼아 두보의 시 1,451수와 다른 사람의 시 16편에 주석을 달고 풀이한 책이다. 원제는 『분류두공부시』(分類杜工部詩)인데 이를 『분류두공부시언해』(分類杜工部詩諺解) 혹은 『두시언해』(杜詩諺解)라고 한다. 이 책은 총 25권 17책으로 간행되었으며 두보가 직접 창작한 1,451수에 다른 사람이 창작한 16수가 더해진 1,467수가 실려 있는데 시 전편이 52부로 분류되어 있다. '분류두공부시언해(分類杜工部詩諺解)'의 '두공부'는 두보가 '공부원외랑'의 벼슬을 한 데서 유래되며, '분류'는 두보의 한시를 '기행, 술회, 질병…' 등과 같이 내용별로 분류하여 편찬한 데서 유래한다.

『두시언해』 초간본의 경우 전 25권, 을해자 활자본으로 간행되었으나 임진왜란으로 1, 2, 4권이 전해지지 않는다. 인조 10년(1632) 3월에 경상 감사 오숙이 대구부사 김상복에게 시켜 초간본을 그대로 옮겨 중간 『두시언해』를 만들게 하였다. 장유가 쓴 '서문'에 의하면 『두시언해』 초간본을 보기 힘들던 차에 경상감사 오숙이 여러 권으로 된 『두시언해』를 얻어 이를 교정하여 베꼈다고 밝히고 있다. 초간본의 내용을 그대로 베끼되 17세기 표기에 맞게 교정하여 영남의 여러 고을에 나누어 간행하게 하였는데, 관하 각 읍에서 목판본 전 25권으로 분간(分刊)하게 한 것이다. 이렇게 간행된 중간본의 경우 초간본의 원형을 모방하여 글씨를 새긴 것(복각)이 아니라 초간본을 교정한 것이므로 개간본이라고 한다. 행이나 체재는 대체로 초간본과 일치하지만 달라진 부분도 있다. 중간본의 경우 방점과 ㅿ의 소실을 비롯하여 말음 'ㄷ'의 'ㅅ'으로의 변화, 자음동화, 구개음화 등 초간본과의 차이가 잘 나타난다. 또한 초간본에 나타나는 오자를 바로잡아 교정한 부분도 있고 17세기 경상 방언을 반영한 것으로 보이는 예들이 있어 국어 음운사 및 방언사 연구에 귀중한 자료로 평가 받는다. 현전하지 않는 초간본 권1, 2, 4의 내용을 보충해줄 뿐만 아니라, 초간본에 나타난 오자들이 바로잡혀 있어서 15세기 자료로서 이용되기도 한다.

『두시언해』는 초·중간본이 모두 현전하고 있어 중세국어와 근대국어의 언어 변화, 음운 변천 과정을 비교 연구할 수 있다는 점에서 국어학적으로 많은 가치를 지닌 책이다. 또한 한글 창제 이후 최초의 '시가 언해서'로서 번역문학의 대표적인 예로 높이 평가 받고 있으며, 지금은 사라져 버린 고유어를 풍부하게 구사하고 있고 문체에 있어서도 운문의 성격을 최대한 살리고 있다는 점에서 국문학적으로도 매우 귀중한 책으로 평가받고 있다.

《두시언해 6권 玉華宮》

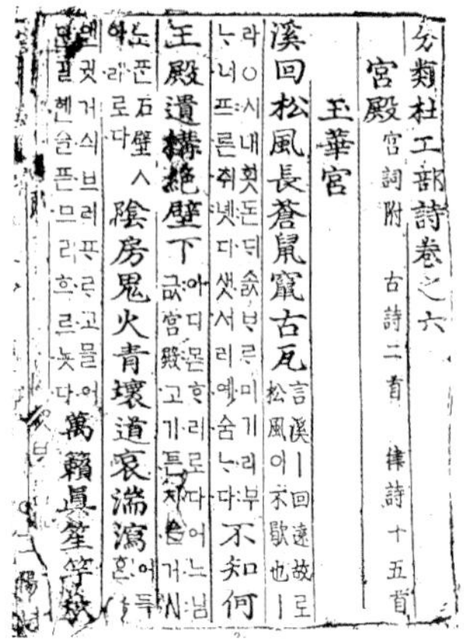

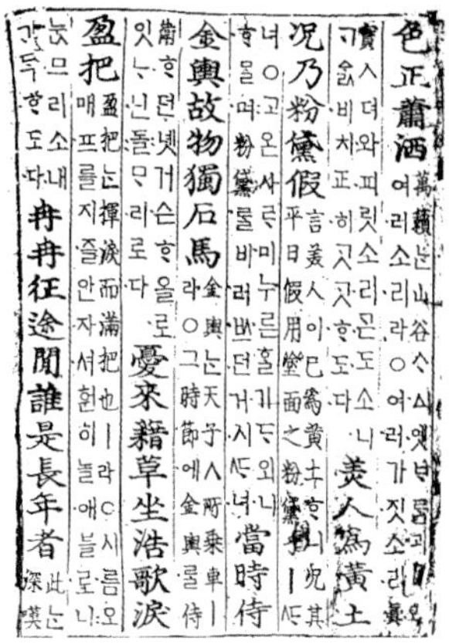

❀ 원문 텍스트

玉華宮(옥화궁)

溪廻松風長 蒼鼠竄古瓦(계회송풍장 창서찬고와)

시내 횟돈 ᄃᆡ 숤ᄇᆞᄅᆞ미 기리 부ᄂᆞ니 프른 쥐 녯 디샛 서리예 숨ᄂᆞ다

不知何王殿 遺構絶壁下(부지하왕전 유구절벽하)

아디 몯ᄒᆞ리로다 어느 님금 宮殿(궁전)고 기튼 지슨 거시 노ᄑᆞᆫ 石壁(석벽)ㅅ 아래로다

陰房鬼火靑 壞道哀湍瀉(음방귀화청 괴도애단사)

어득ᄒᆞᆫ 房(방)앤 귓거싀 브리 ᄑᆞᄅᆞ고 믈어딘 길헨 슬픈 ᄆᆞ리 흐르ᄂᆞᆺ다

萬籟眞笙芋 秋色正蕭灑(만뢰진생우 추색정소쇄)

여러 가짓 소리 眞實(진실)ㅅ 뎌와 피릿 소리 ᄀᆞᆮ도소니 ᄀᆞ숤비치 正(정)히 ᄀᆞᆺᄀᆞᆺᄒᆞ도다

美人爲黃土 況乃粉貸假(미인위황토 황내분대가)

고온 사ᄅᆞ미 누른 ᄒᆞᆯ기 ᄃᆞ외니 ᄒᆞ몰며 粉黛(분대)ᄅᆞᆯ 비러 ᄡᅳ던 거시ᄯᆞ녀

當時侍金與 故物獨石馬(당시시금여 고물독석마)

그 時節(시절)에 金輿(금여)ᄅᆞᆯ 侍衛(시위)ᄒᆞ던 녯 거슨 ᄒᆞ올로 잇ᄂᆞ닌 돌ᄆᆞ리로다

憂來藉草坐 浩歌淚盈把(우래자초좌 호가루영파)

시름 오매 프를 지즐 안자셔 훤히 놀애 블로니 눉므리 소내 ᄀᆞ독ᄒᆞ도다

冉冉征途問 誰是長年者(염염정도간 수시장년자)

어른어른 녀ᄂᆞᆫ 긼 ᄉᆞᅀᅵ예 뉘 이 나홀 기리 살 사ᄅᆞᆷ고

❀ 현대어 역

옥화궁

시내 휘돈 데에 솔바람이 길게 부니 푸른 쥐가 옛 기와 사이에 숨는구나.

알지 못하리로다. 어느 임금의 궁전인지. 지은 것 중에 남아 있는 것은 높은 석벽 아래 있도다.

어둑한 방에는 귀신의 불이 파랗고 무너진 길에는 슬픈 물이 흐르는구나.

여러 가지 소리 진실로 대금과 피리 소리와 같으니 가을빛이 정히 깨끗하구나.

고운 사람이 누런 흙이 되었는데 하물며 분대(화장)를 빌려 쓰던 것이 남아 있겠느냐?

그 시절에 금수레를 시위하던 옛것 중에 홀로 남아 있는 것은 돌말이로다.

시름 오며 풀을 깔고 앉아서 크게 노래 부르니 눈물이 손에 가득하도다.

어른어른(터덕터덕) 가는 길 사이에 누가 이 나이를 길게 살 사람이 있겠는가.

[참고]

당 태종의 별궁이었던 옥화궁은 당 태종 21년(647)에 건축한 궁전이었으나 고종 2년(651)에 폐하였다. 두보가 난을 피해 옮겨 다니던 때에 황폐한 옥화궁 터를 지나며 영화롭던 그 시절의 상징이었던 옥화궁이 이제는 무너져 흔적조차 남아 있지 않은 현실을 자신의 처지와 비교하며 인생무상을 노래한 시이다.

❀ 주석

▸ 횟돈 ᄃᆡ: 휘돈 곳에. 횟돌- + -ㄴ # ᄃᆡ.

- ‘횟돌다’는 ‘어떤 공간을 빙글 돌다’의 의미로 현대 국어 ‘휘돌다’를 뜻한다. 시내가 멀리 휘감아 흐르는 장면을 그린 내용으로 이해된다.

▸ 기리: 길게. 길- + -이.

- ‘길이’는 형용사 어간 ‘길-’에 부사 파생 접사 ‘-이’가 결합한 파생 부사이다.

▸ 부ᄂᆞ니: 부니. 부는데. 불- + -ᄂᆞ- + -니.

• 현대 국어와 달리, 중세 국어에서는 연결 어미 '-니' 앞에 현재 시제 선어말어미가 통합하는 일이 있다. 현대 국어에서 배경의 '-는데' 정도로 해석되는 부분에 '-ᄂᆞ니'가 나타나는 일이 많은데 "너희돌히 다 菩薩道(보살도)롤 行(ᄒᆡᇰ)ᄒᆞᄂᆞ니 당다이 부톄 ᄃᆞ외리라"〈月釋17:83a〉(너희들이 다 보살도를 행하므로 마땅히 부처가 될 것이다.) 처럼 원인의 의미일 때 통합하는 일이 있다.

▸ 녯: 옛.

▸ 디샛: 기와의. 디새 + -ㅅ.

• '디새'는 '기와'를 뜻하는 어형으로 '디새'와 '디애'가 존재하였다.

▸ 宮殿고: 궁전인지. 宮殿 + -고.

• 이때 '-고'는 의문 보조사나 의문 어미로 해석할 수 있다. 체언 뒤에 직접 통합하여 의문의 의미를 나타낸다는 점에서는 의문 보조사로 처리할 수 있겠지만 보조사로 문장을 종결하는 것이 국어에서는 자연스러운 현상이 아니므로 '宮殿(궁전)고'에서 계사 '이-'가 생략된 경우로 보아 의문의 종결어미로 해석할 수도 있다.

▸ 기튼: 남은. 깉- + -은.

• 중세 국어에서 '깉다'는 "목숨 기트리잇가"〈龍飛 51〉처럼 '남다'의 의미를 지니고 있다.

▸ 귓거싀: 귀신의. 귓것 + -의.

• '귓것'은 '귀신'을 뜻하였다.

▸ 브리: 불이. 블 + -이.

• '블'은 근대 국어에 원순모음화 현상을 겪어 '불'로 표기되어 나타났다.

▸ ᄑᆞᄅᆞ고: 파랗고. ᄑᆞᄅᆞ- + -고.

• 'ᄑᆞᄅᆞ다'는 '파랗고' 정도로 해석된다. 어간 'ᄑᆞᄅᆞ-'는 '프르-'("越國(월국)엣 象(상)온 다 프르고"〈月釋2:31〉)와 모음 교체를 보이는 형태이다.

▸ 물어딘: 무너진. 물어디- + -ㄴ.

• '물어디다'는 '므르- + -어 # 디-'로 구성된 합성어로 '무너지다'를 뜻하는 동사이다.

▸ 흐르놋다: 흐르는구나. 흐르- + -ᄂᆞ- + -옷- + -다.

• 중세 국어에서 '-옷-'은 감탄의 선어말어미이다. 중세 국어에서는 감탄의 의미가 선

어말어미로 표시되는 일이 많은데 '-옷-' 외에도 '-돗-', '-롯-', '-도-', '-로-'가 존재하고 '-ᄂᆞ-'와 '-옷-'이 연쇄할 때는 '-놋-'으로 축약되어 나타났다.

▸ ᄃᆡ: 대금.

▸ ᄀᆞᆮ도소니: 같으니/같은데. ᄀᆞᆮ- + -도소- + -니.

- 'ᄀᆞᆮ다'는 '같다'를 뜻하는 단어인데 'ᄀᆞᆮ다'는 'NP이 NP이 ᄀᆞᆮ다'로 나타나는 일이 있어 현대 국어 '같다'의 문장 구성과 차이를 보인다.
- 선어말어미 '-도소-'는 감탄의 의미를 나타내는 것으로 알려졌는데 이 '-도소-'는 연결어미 '-니' 앞에서만 나타나기 때문에 별도로 감탄의 선어말어미 '-도소-'로 분석하지 않고 '-돗-'이 연철과 음운 동화('ᄉᆞ'의 'ㆍ'가 '도'의 모음에 이끌려 동화됨)를 겪어 나타난 형식으로 해석하기도 한다. 한편, 연결어미 앞에 감탄의 선어말어미가 통합한 것도 특기할 만하다. 감탄의 선어말어미는 발화 양태 의미이기 때문에 종결 부분에 통합하는 것이 자연스럽기 때문이다.

▸ ᄀᆞᅀᆳ비치: 가을빛이. ᄀᆞᅀᆞᆯ + ㅅ + 빛 + -이.

▸ ᄀᆞᆺᄀᆞᆺᄒᆞ도다: 깨끗하도다. ᄀᆞᆺᄀᆞᆺᄒᆞ- + -도- + -다.

▸ 고온: 고운. 고오- + -ㄴ.

- 어간 '고오-'는 활용형 '고ᄫᆞᆫ'(곱- + -ᄋᆞᆫ)에서 'ㅸ'의 변화로 형성된 어간이다.

▸ 粉黛ᄅᆞᆯ 비러 ᄡᅳ던 거시: 분대를 빌려 쓰던 것.

▸ 거시ᄯᆞ녀: 것이겠느냐. 것 + -이 + -ᄯᆞ녀.

- '-ᄯᆞ녀'는 서술격 조사 '-이' 뒤에 나타나는 일이 많아서 '-이ᄯᆞ녀'로 분석하기도 한다. 이 어미는 주로 반어 의문문에 쓰이기 때문에 반어 의문 어미로 처리된다. 근대 국어까지도 쓰이는 일이 있으나 점차 소멸되어 현대 국어에는 존재하지 않는다.

▸ 잇ᄂᆞ닌: 있는 것은. 잇- + -ᄂᆞ- + -ㄴ # 이 + -ㄴ.

- '잇ᄂᆞ닌'은 관형구성으로 '있는 것은'으로 해석되고 '닌'의 'ㄴ'은 주제(대조) 보조사이다.

▸ 지즐: 깔고(앉아서).

- '지즐 안자셔'를 '지즐- + 앉-'으로 구성된 합성어로 처리하기도 하고 '지즐'을 부사로 처리하기도 한다. '지즐'을 영파생에 의해 형성된 부사로 볼 수도 있기 때문에 '지

즐'이 '안자셔'를 수식하는 것으로 해석할 수 있다.

▸ 놀애: 노래.

- '놀애'는 '놀-'에 명사 파생접미사 '-개'가 결합한 파생 명사로 'ㄹ' 뒤에서 'ㄱ'가 약화된 표기이다. 중세 국어에서 'ㄱ'가 약화된 형태는 '알어늘'(알-어늘/거늘), '알오'(알-오/고)에서도 확인된다. 'ㄱ'가 약화된 'ㅇ'은 유성후두마찰음 [ɦ]이기 때문에 선행하는 어간 'ㄹ'이 연철되지 않았다.

▸ 블로니: 부르니. 브르- + -오- + -니.

- 중세 국어의 어간 '브르-'는 후행하는 어미가 모음일 때는 '블ㄹ-'로 활용하였다. 여기에서 '-오-'는 주어가 1인칭일 때 어간에 통합하는 1인칭 활용 선어말어미이다.

▸ 어른어른: 어른어른/터벅터벅.

- '어른어른'은 비틀거리며 천천히 걸어가는 모습을 나타내는 부사이다.

▸ 녀ᄂᆞᆫ: 가는. 녀- + -ᄂᆞ- + -ㄴ.

- '녀다'는 '가다'를 뜻하는 동사이다.

《두시언해 6권 秋興五首(4수)》

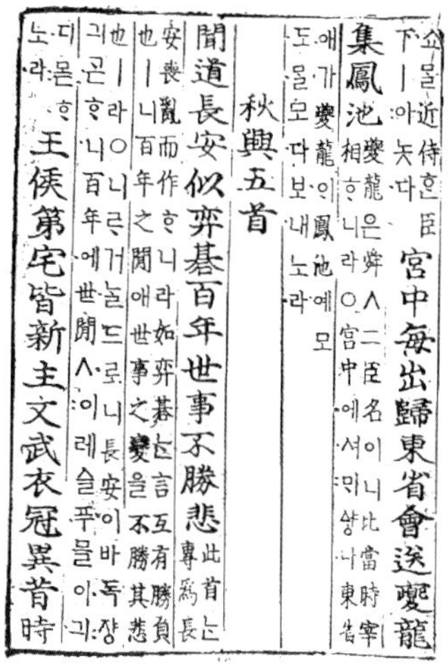

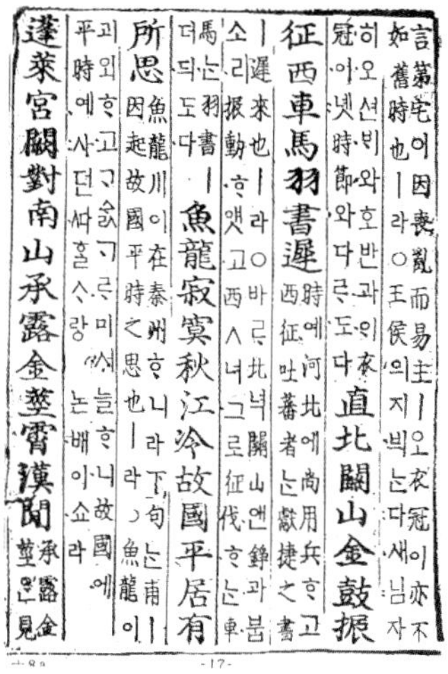

❀ 원문 텍스트

秋興五首(추흥오수)(4수)

聞道長安似弈棋 百年世事不勝悲(문도장안사혁기 백년세사불승비)

니ᄅᆞ거늘 드로니 長安(장안)이 바독 쟝긔 곧ᄒᆞ니 百年(백년)에 世間(세간)ㅅ 이레 슬푸믈 이긔디 몯ᄒᆞ노라

王侯第宅皆新主 文武衣冠異昔時(왕후제택개신주 문무의관이석시)

王侯(왕후)의 지븨ᄂᆞᆫ 다 새 님자히오 션ᄇᆡ와 호반과ᄋᆡ 衣冠(의관)이 녯 時節(시절)과 다ᄅᆞ도다

直北關山金鼓振 征西車馬羽書遲(직북관산금고진 정서거마우서치)

바ᄅᆞ 北(북)녁 關山(관산)앤 錚(쟁)과 붑소리 振動(진동)ᄒᆞ얫고 西(서)ㅅ녀그로 征伐(정벌)ᄒᆞᄂᆞᆫ 車馬(거마)ᄂᆞᆫ 羽書(우서)ㅣ 더듸도다

魚龍寂寞秋江冷 故國平居有所思(어룡적막추강랭 고국평거유소사)

魚龍(어룡)이 괴외ᄒᆞ고 ᄀᆞᇫ ᄀᆞᄅᆞ미 서늘ᄒᆞ니 故國(고국)에 平時(평시)예 사던 싸홀 ᄉᆞ랑ᄒᆞ논 배 이쇼라

(秋興五首(추흥오수)(5수))

蓬萊宮闕對南山 承露金莖霄漢間(봉래궁궐대남산 승로금경소한간)-

❀ 현대어 역

추흥오수(4수)

말하는 것을 들어보니 장안이 바둑 장기판 같다고 하니 백 년의 세상일에 슬픔을 이기지 못하노라.

왕과 제후의 집에는 모두 새 임자가 있고, 선비(문관)와 무관의 의관이 옛 시절과 다르도다.

바로 북쪽 관산에는 징 소리와 북소리가 진동하였고 서쪽으로 정벌하는 군대(차마)는 소식이 더디도다.

어룡이 적막하여 가을 강이 서늘하니 고국에서 평소에 살던 땅을 생각하는 바가 있었다.

(추흥오수(5수))

봉래궁궐대남산 승로금경소한간 -

[참고]

이 시는 장안에서의 젊은 시절을 회상하면서 인생의 적막함을 침울한 어조로 노래한 시이다. 두보의 시 '추흥'은 8수로 되어 있으며 두보의 칠언율시 가운데 손꼽히는 걸작이다. 두보가 766년(55세)에 기주(夔州)에서 지은 작품으로 전당시(全唐詩)에 실려 있는 시 가운데 네 번째 수이다. 피난지 성도를 떠나 가을에 운안까지 왔다가 병이 심해져서 그곳에서 겨울을 보낸 뒤에 기주로 와서 지낼 때 깊어가는 가을 고향의 정을 노래한 작품이다. 당시 끝없는 전쟁으로 근심하며 평화로운 시절이 돌아와 고향에서 편히 쉬고 싶다는 바람을 노래하고 있다. 한편, '추흥' 8수 중 4수~8수는 『두시언해』 6권에 실려 있고, 1~3수는 『두시언해』 10권에 실려 있다. '1, 2, 3수'는 '추흥삼수(秋興三首)'로 『두시언해』에는 '추흥오수(秋興五首)' 뒤에 실려 있으나, 추흥 여덟 수의 발단과 같은 작품이라고 볼 수 있다. 교재에 제시된 '추흥오수'는 '추흥' 8수 가운데 제4수, 제5수, 제8수이다.

❀ 주석

▸ 드로니: 들으니/들어보니. 듣- + -오- + -니.

- '-오-'는 주어가 1인칭일 때 어간에 통합하는 1인칭 활용 선어말어미이다.

▸ 바독 쟝긔 곧ᄒᆞ니: 바둑과 장기판과 같으니.

- 형세가 불명확하다는 뜻을 나타낸다.

▸ 슬푸믈: 슬픔을. 슬프- + -움.

- 여기에서 '-움'은 명사 파생접미사로 쓰였다. 중세 국어에서 '-움/옴'은 명사형어미로 쓰이는 일이 많고 이와 같이 접미사로 쓰이는 일은 매우 드물다. '우숨'의 '-움'도 명사 파생접미사로 쓰이기는 하나 예외적이라 할 만큼 그 빈도가 매우 낮다.

▸ 몯ᄒᆞ노라: 못하노라. 몯ᄒᆞ- + -ᄂᆞ- + -오- + -라.

- '-라'는 평서법 종결어미로 선행하는 형태가 '-오-', '-더-', '-(ᄋᆞ)니-', '-(ᄋᆞ)리-' 뒤에서 통합하였다.

▸ 지븨ᄂᆞᆫ: 집에는. 집 + -의 + -ᄂᆞᆫ.

- 여기에서 '-의'는 처소의 '-에'의 의미로 쓰였다. 중세 국어에서 '-의'는 관형격 조사로 쓰이는 일이 많으나 이처럼 처소의 '-에'와 같이 쓰이는 일도 있다. 이 기능은 근대 국어에서도 확인된다.

▸ 님자히오: 주인이고/주인이 있고. 님자ㅎ + -이- + -오.

- '님자ㅎ'는 'ㅎ' 종성 체언으로 여기에서는 집을 소유한 사람, 즉 '주인'을 뜻하는 말로 쓰였다.
- '-오'는 연결어미 '-고'의 'ㄱ'가 약화된 표기로 선행하는 형태가 서술격 조사이거나 선행하는 음이 반모음 'j', 자음 'ㄹ'일 때 '-오'가 통합되었고 그 외의 환경에서는 '-고'가 통합하였다.

▸ 호반과ᄋᆡ: 무관의. 호반 + -과 + -ᄋᆡ.

- 호반(虎班)은 '무관'(武官) 혹은 '무관의 반열'을 뜻하는 단어이다.
- '-과ᄋᆡ'는 공동격 조사 '-과'에 관형격 조사 '-ᄋᆡ'가 통합한 구성인데 중세 국어에서는 'NP1과 NP2과'처럼 두 개의 명사가 접속될 때 후행하는 명사에도 '-과'가 통합

하는 일이 존재하였고, 그 뒤에 주격 조사, 목적격 조사, 관형격 조사 등이 통합하기도 하였다.

▸ 바ᄅᆞ: 바로.

• 부사 'ᄇᆞᄅᆞ'는 형용사 'ᄇᆞᄅᆞ-'(正)가 영파생하여 형성된 파생 부사이다.

▸ 關山앤: 관산에는. 關山 + -애 + -ㄴ.

• 관산은 관문이 있는 산으로 국경이나 주요 지점 주변에 있는 산을 뜻한다. '-애'는 처소를 나타내는 조사로 선행하는 음이 양성 모음일 때 통합하였고 음성 모음일 때는 '-에'가 통합하였다.

▸ 붑소리: 북소리. 붑 + 소리.

• '붑'은 현대 국어의 '북'에 해당하는 중세 국어의 어형으로 '붑 〉 북'과 같이 종성의 'ㅂ'이 'ㄱ'로 교체되었다. 이와 같은 'ㅂ 〉 ㄱ' 교체 현상은 '거붑 〉 거북'에서도 확인된다.

▸ ᄒᆞ얫고: 하여 있고. ᄒᆞ- + -야 # 잇- +-고.

• '얫'은 연결어미 '-야'와 후행하는 보조 동사 '잇-'(있-)이 축약된 형태이다.

▸ 車馬ᄂᆞᆫ: 거마는. 군대는. 車馬 + -ᄂᆞᆫ.

▸ 羽書ㅣ: 우서가. 소식이. 羽書 + -ㅣ.

• 우서는 군사 문서로 군사상 급히 전하던 격문이다. 급한 소식을 전할 때 깃털을 꽂아서 보낸 데에서 유래되었다.

▸ 魚龍이: 어룡이. 魚龍 + -이.

• 여기에서 어룡(漁龍)은 지명을 뜻하는 것으로 보인다.

▸ 괴외ᄒᆞ고: 고요하고. 괴외ᄒᆞ- + -고.

▸ ᄀᆞᇫ 가ᄅᆞ미: 가을 강이. 가ᅀᆞᆯ + -ㅅ # ᄀᆞᄅᆞᆷ + -이.

▸ 故國에: 고국에. 故國 + -에.

• 고국(故國)은 주로 남의 나라에 있는 사람이 자신의 조상 때부터 살던 나라를 가리키는 의미인데 여기에서는 장안(長安)을 의미한다.

▸ 이쇼라: 있었다. 이시- + -오- + -라.

• '-오-'는 주어 1인칭 선어말어미이다. 여기에서 주어는 시적 화자인 1인칭 '나'이다.

문법 tip 선어말어미 '-오-'

중세 국어에는 현대 국어에서 볼 수 없는 선어말어미 '-오/우-'가 나타나는데, '-오/우-'의 기능을 두고 '의도법', '화자 표시'(주어 1인칭), '대상 표시'로 보는 견해가 있다. '의도법'으로 보는 견해에서는 '-오/우-'가 주관적 의도가 있는 동작이나 상태의 진술에 사용된다고 보고 평서문에서는 화자의 의도, 의문문에서는 청자의 의도, 관형사형에서는 동작 주체의 의도를 나타낸다고 해석하고 있다. 이 경우 명사형 어미 '-옴/움' 연결어미 '-오ᄃᆡ/우ᄃᆡ', '-오려/우려' 등에 나타나는 '-오/우-'나 선어말어미 '-옷-'에 나타나는 '-오/우-' 역시 의도의 선어말어미로 분석하고 있다.

'화자 표시', '대상 표시'로 보는 견해에서는 평서문, 의문문, 연결어미에 나타나는 '-오/우-'와 관형절에 나타나는 '-오/우-'를 다르게 파악하고 있으며 명사형 어미 '-옴/움' 연결어미 '-오ᄃᆡ/우ᄃᆡ', '-오려/우려' 등에 나타나는 '-오/우-'나 선어말어미 '-옷-'에 나타나는 '-오/우-'는 따로 분석할 수 있는 선어말어미가 아니라 어미의 일부라고 보고 있다. '화자 표시'는 '내 이제 롱담ᄒᆞ다(더+오)라'와 같이 선어말어미 '-오/우-'가 화자가 주어임을 표시하는 의미로 해석한 것이다. 화자가 주어임을 표시하는 '-오-'는 '1인칭 활용 선어말어미'로도 불리는데 이때 문장의 주어가 '나, 우리' 등 모두 일인칭으로 나타난다.

한편, '대상 표시', 즉 '대상 활용 선어말어미'로 불리는 '-오-'는 1인칭 선어말어미와 달리 관형사절에서 통합한 '-오/우-'를 지시하는데 이 경우 '-오/우-'는 피수식 명사가 관형사절 속 서술어의 목적어로 해석될 때 나타났다. 가령, '네 사논 ᄯᅡ히 아니라'와 같이 피수식명사 'ᄯᅡ히'가 관형사절 속 서술어 '사논'의 목적어로 해석될 때 '-오-'가 통합하였다. '사논'은 '살- + -ᄂᆞ- + -오- + -ㄴ'으로 분석된다.

선어말어미 '-오/우-'는 다른 어미와 결합할 때 복잡한 양상으로 나타나는데 '-더-+-오-'가 '-다-'로 나타나며, '-거-+-오-'가 '-과-' 내지 '-가-'로 실현되었다. 서술격 조사 '-이-' 뒤에서는 '-로-' 이형태가 나타났다.

결합 어미/조사	의도법 선어말 어미	결합 형태	예시
-더-	-오/우-	-다-	롱담ᄒᆞ다라 : 농담하더라 (-더- + -오-)
-거-		-과-	즐겁과라 : 즐거워라 (-거- + -오-)
-시-		-샤-	니ᄅᆞ샤ᄃᆡ : 이르시대 (-시- + -오-)
서술격 조사 '-이-		-로-	ᄆᆞᅀᆞ미로라 : 마음이라 (-이- + -오-)

《두시언해 6권 秋興五首(5수)》

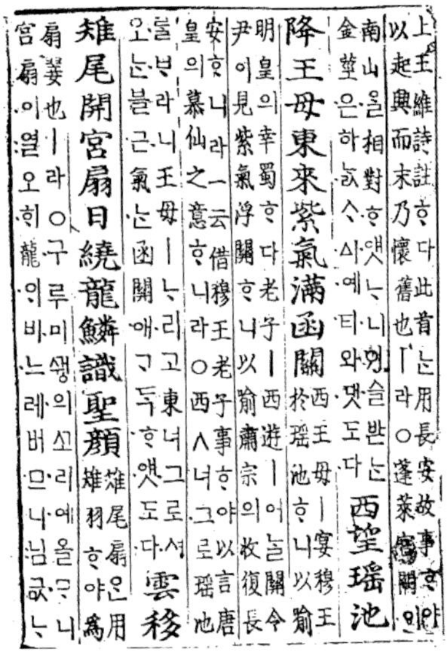

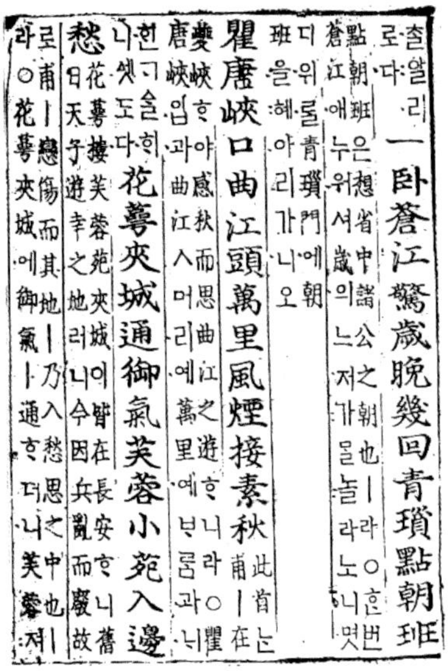

❀ 원문 텍스트

秋興五首(추흥오수)(5수)

蓬萊宮闕(봉래궁궐)이 南山(남산)ᄋᆞᆯ 相對(상대)ᄒᆞ얫ᄂᆞ니 이슬 받ᄂᆞᆫ 金莖(금경)은 하ᄂᆞᆳ ᄉᆞᅀᅵ예 티와댓도다.

西望瑤池降王母 東來紫氣滿函關(서망요지강왕모 동래자기만함관)

西(서)ㅅ녀그로 瑤池(요지)를 ᄇᆞ라니 王母(왕모)ㅣ ᄂᆞ리고 東(동)녀그로셔 오ᄂᆞᆫ 블근 氣(기)ᄂᆞᆫ 函關(함관)애 ᄀᆞ득ᄒᆞ얫도다

雲移雉尾開宮扇 日繞龍鱗識聖顔(운이치미개궁선 일요룡린식성안)

구루미 ᄭᅯᆼ의 ᄭᅩ리예 올ᄋᆞ니 宮扇(궁선)이 열오 ᄒᆡ 龍(룡)ᄋᆡ 비느레 버므니 님긊 ᄂᆞᄎᆞᆯ 알리로다

一臥滄江驚歲晩 幾回青瑣點朝班(일와창강경세만 기회청쇄점조반)

ᄒᆞᆫ 번 滄江(창강)애 누워셔 歲(세)의 느저 가ᄆᆞᆯ 놀라노니 몃 디위를 青瑣門(청쇄문)에 朝班(조반)을 혜아리가니오

❀ 현대어 역

봉래궁의 문이 남산을 마주하고 있는데 이슬 받는 쟁반(승로반)의 쇠기둥은 하늘 사이에 솟아 있도다.
서쪽으로 요지를 바라보니 서왕모가 내려오고 동쪽에서 오는 붉은 기운은 함곡관에 가득하여 있도다.
구름이 꿩의 꼬리에 옮겨 가니 궁선이 열리고 해가 용의 비늘을 두르니 임금의 얼굴을 알겠구나.
한 번 창강에 누워 한 해가 저물어 감을 놀라는데 몇 번을 청쇄문에서 조반에 참여하였던가.

[참고]

이 시는 '추흥' 8수 중 다섯 번째 수로 기주에서 깊어가는 가을에 망향의 정을 노래한 것이다. 당의 궁전을 한나라의 궁전에 비유하고 황제와 황후가 조회에 참석하는 모습을 서왕모와 함곡관에 빗대어 웅장한 형상으로 회상하였다. 또한 늦은 가을에 생각해 보니 벼슬하면서 궁전에 있었던 시절이 매우 짧았음을 회고하고 있다.

❀ 주석

▸ 蓬萊宮闕: 봉래궁궐.

- 봉래궁(蓬萊宮)은 당나라의 장안에 있던 궁전의 이름이다.

▸ 南山올: 남산을. 南山 + -올.

- 여기에서 남산(南山)은 종남산(終南山)을 뜻한다.

▸ 이슬 받ᄂᆞᆫ 쟁반의 金莖은: 이슬 받는 쟁반의 금경은(쇠기둥은/승로반은).

- "이슬 받ᄂᆞᆫ"은 하늘에서 내리는 장생불사의 감로수를 받아먹기 위하여 만들었던 쟁반, 즉 승로반을 뜻한다. 승로반은 한나라 무제가 이슬을 받는 구리 쟁반을 말한다. 금경(金莖)은 승로반을 받쳐 세우고 있는 구리 기둥을 말한다.

▸ 티와댓도다: 치받쳐 있도다/솟아 있도다. 티왇- + -아 # 잇- + -도- + -다.

• ‘티왇다’는 ‘아래에서 위쪽을 향하여 받다.’는 의미를 뜻하는 동사이다.

▸ ᄇᆞ라니: 바라 보니. ᄇᆞ라- + -니.

• ‘ᄇᆞ라다’는 ‘어떤 것을 향하여 보다.’는 의미를 뜻한다.

▸ 瑤池: 요지.

• 요지(瑤池)는 신선이 사는 못으로 중국 곤륜산에 있고 주나라 목왕이 서왕모(西王母)라는 여신을 만났다는 곳이다. 밤마다 천상에서 신선들이 용이나 기린, 봉황을 타고 내려오는 것으로 전해진다.

▸ 王母ㅣ: 왕모가. 왕모 + -ㅣ.

• 여기에서 왕모(王母)는 중국 전설상의 여신인 서왕모(西王母)를 말한다.

▸ 블근 氣는: 붉은 기는.

• 여기에서 “블근 氣”는 상서로운 기운을 말한다.

▸ 函關: 함관.

• 함관(函關)은 함곡관을 말하는데 지금의 하남성 영보현 지역에 있다.

▸ 구루미: 구름이. 구룸 + -이.

▸ 올ᄆᆞ니: 옮겨 가니. 옮- + -ᄋᆞ니.

• ‘옮다’는 ‘옮겨 가다’의 의미로 해석된다.

▸ 宮扇이: 궁선이. 궁선 + -이.

• 궁선(宮扇)은 임금이 거동할 때 쓰는 부채를 말한다.

▸ 열오: 열리고. 열- + -오.

• 중세 국어에서 ‘열다’는 ‘열다’와 ‘열리다’의 의미, 즉 타동사와 자동사의 용법으로 쓰였다. “구루믈 여르쇼셔”〈능4:6〉에서는 ‘열다’의 의미로 쓰였고 “ᄆᆞᅀᆞ미 여러”〈석6:1〉에서는 ‘열리다’의 의미로 쓰였다.

• “구루미 쉥의 ᄉᆞ리예 올ᄆᆞ니 宮扇(궁선)이 열오”는 구름이 움직이는 듯 꿩 깃털로 만든 부채를 궁녀들이 임금이 행차할 때 가리고 있다가 여는 모습을 비유한 것이다.

▸ 버므니: 두르니. 버믈- + -니.

• ‘버물다’는 ‘두르다’의 뜻을 지닌 동사이며 종성의 ‘ㄹ’은 ‘-니’ 앞에서 탈락하였다.

▸ 님그ᇝ ᄂᆞᄎᆞᆯ: 임금의 얼굴. 용안(龍顔). 님금 + -ㅅ # ᄂᆞᆾ + -ᄋᆞᆯ.

- 滄江: 창강. 푸른 강.
- 느저가ᄆᆞᆯ: 저물어 감을. 늦- + -어 # 가- + -옴 + -ᄋᆞᆯ.
    - '느저 가다'는 여기에서 '저물어 가다.' 정도로 해석된다. 가을이 깊어 한 해가 저물어 가는 모습을 자신이 늙어가는 모습에 비유한 것이다.
- 놀라노니: 놀라니. 놀라- + -ᄂᆞ- + -오- + -니.
    - 놀라는 주체가 시적 화자 자신이기 때문에 1인칭 주어 선어말어미 '-오-'가 쓰였다.
- 디위ᄅᆞᆯ: 번을. 디위 + -ᄅᆞᆯ.
    - '디위'는 '번'을 뜻하는 의존 명사이다.
- 青瑣門: 청쇄문.
    - 문하성의 궁문을 말한다. 문 위에 조그만 옥고리가 새겨져 있고 그것을 푸른색으로 칠해 놓아서 청쇄문이라고 한다.
- 朝班: 조반.
    - 조반(朝班)은 조정에서 조회(朝會)에 참여하는 신하가 벌여 서던 차례를 말한다.
- 혜아리가니오: 헤아리었는가/(몇 번)이었던가. 혜아리- + -거- + -오- + -니- + -오.
    - '혜아리다'는 '헤아리다'의 뜻하는 어형이며 여기에서는 시적 화자가 '임금을 뵙는 조회에 몇 번이나 참여하였던가' 정도로 해석된다.

《두시언해 6권 秋興五首(8수)》

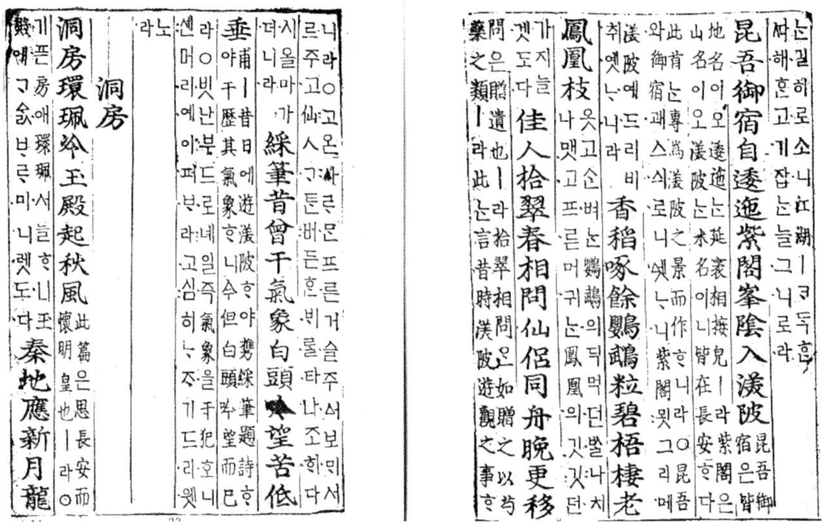

❀ 원문 텍스트

昆吾御宿自逶迤 紫閣峰陰入渼陂(곤오어숙자위이 자각봉음입미피)

昆吾(곤오)와 御宿(어숙)괘 스싀로 니셋ᄂᆞ니 紫閣(자각) 묏 그리메 渼陂(미피)예 드리 비취옛ᄂᆞ니라

香稻啄餘鸚鵡粒 碧梧棲老鳳凰枝(향도탁여앵무립 벽오서로봉황지)

옷고ᅀᆞᆫ 벼ᄂᆞᆫ 鸚鵡(앵무)의 딕먹던 ᄡᆞᆯ 나치 나ᄆᆡᆺ고 프른 머귀ᄂᆞᆫ 鳳凰(봉황)의 깃깃던 가지 늘겟도다

佳人拾翠春相問 仙侶同舟晩更移(가인습취춘상문 선려동주만갱이)

고온 사ᄅᆞ문 프른 거슬 주ᅀᅥ 보ᄆᆡ 서르 주고 仙人(선인) ᄀᆞ튼 버든 ᄒᆞᆫ ᄇᆡ를 타 나조ᄒᆡ 다시 올마 가더니라

彩筆昔曾干氣象 白頭吟望苦低垂(채필석증간기상 백두음망고저수)

빗난 부드로 녜 일즉 氣象(기상)을 干犯(우범)호니 셴 머리예 이퍼 ᄇᆞ라고 심히 ᄂᆞᄌᆞ기 드리웻노라

❀ 현대어 역

곤오와 어숙이 스스로 이어 있는데 자각산의 그림자가 미피에 들게 비취어 있다.
향긋한 벼는 앵무새가 찍어 먹던 쌀 낟알이 남아 있고 푸른 오동은 봉황이 깃들던 가지가 늙었도다.
고운 사람은 푸른 것을 주워 봄에 서로 주고 선인 같은 벗은 한 배를 타고 저녁에 다시 옮겨 가더라.
빛나는 붓으로 옛날에 일찍이 기상을 침범하였는데 센 머리에 읊조리며 (장안을) 바라보고 심히 나직이 (머리를) 드리워 있노라.

[참고]

이 시는 '추흥' 8수 중 여덟 번째 수로 기주에서 깊어가는 가을에 망향의 정을 노래한 것이다. 장안의 모습을 회상하며 장안으로 가는 길의 아름다움과 봄날의 즐거웠던 모습을 생각하고 있다. 화려했던 지난날들은 가버리고 어느새 백발이 된 자신의 모습을 바라보며 고개를 숙이고 슬퍼하는 모습을 그린 작품이다.

❀ 주석

▸ 昆吾와: 곤오와. 昆吾 + -와.

- 곤오(昆吾)는 한 무제 때 물 위에서의 전투, 즉 수전(水戰)을 연습했던 장안 서쪽으로, 지금의 섬서성 남전현 서쪽을 말한다.

▸ 御宿괘: 어숙이. 御宿 + -과 + -ㅣ.

- '괘'는 조사 '-과'와 '-ㅣ'가 통합한 구성인데 중세 국어에서는 공동격 조사가 [NP1과 NP2와]처럼 후행 명사 뒤에도 결합하는 일이 있었고 그 뒤에 주격 조사나 속격 조사, 목적격 조사 등이 통합하는 일이 있었다.
- 어숙(御宿)은 어숙천(御宿川)을 말하는데 지금의 섬서성 장안에 있는 강 이름이다.

▸ 스싀로: 스스로.

▸ 니셋ᄂᆞ니: 이어 있는데. 닛- + 어 # 잇- + -ᄂᆞ- + -니.

• '닛다'는 현대 국어의 '잇다'를 뜻하는 동사이다.

▸ 紫閣뫼ㅅ: 자각산. 자각봉. 紫閣 + 뫼 + -ㅅ.

• 자각봉(紫閣峰)은 종남선의 봉우리 이름이다.

▸ 渼陂예: 미피에. 渼陂 + -예.

• 미피(渼陂)는 섬서성 호현 서쪽에 있는 호수로 자각봉(紫閣峰)의 북쪽에 흐른다. 이곳은 당나라의 명승지로서 이곳에서 두보가 장편시 미피행(渼陂行)을 지었다.

• 조사 '-예'는 처소를 표시하는 격조사로 선행음이 모음 '이'이거나 반모음 'j'일 때 통합하였다.

▸ 드리: 들게. 들- + -이.

• '드리'는 '들게' 정도의 의미로 쓰이는 부사이다.

▸ 비취옛ᄂᆞ니라: 비치여 있다. 비취- + -어 # 잇- + -ᄂᆞ- + -니- + -라.

• '옛'은 연결어미 '-어'와 후행하는 보조 동사 '잇-'이 축약한 형태이다.

• 중세 국어에서 '비취다'는 '비치다'와 '비추다'의 의미로 쓰였는데 여기에서는 자동사 '비치다'의 의미로 쓰였다.

▸ 옷고ᄉᆞᆫ: 향기로운. 옷곳(ᄒᆞ)- + -ᄋᆞᆫ.

• '옷곳(ᄒᆞ)다'는 향기롭다로 해석되는데 '옷곳ᄒᆞ고', '옷곳ᄒᆞᆫ'처럼 활용되는 것이 보통이어서 '옷고ᄉᆞᆫ'에서는 어간을 '옷곳-'으로 설정할 수 있겠다.

▸ 鸚鵡의: 앵무새의. 鸚鵡 + -의.

▸ 딕먹던: 찍어 먹던/쪼아 먹던. 딕먹- + -더- + -ㄴ.

• 어간 '딕먹-'는 '딕-'와 '먹-'가 결합한 비통사적 합성어로 '찍어 먹다'를 뜻한다.

▸ ᄡᆞᆯ 나치: 쌀 낟알이. ᄡᆞᆯ # 낯 + -이.

• '낯'은 '낟알'[粒]을 뜻한다.

▸ 나맷고: 남아 있고. 남- + -아 # 잇- + -고.

• '맷'의 '앳'은 연결어미 '-아'와 보조 동사 '잇-'이 축약된 형태이다.

▸ 머귀ᄂᆞᆫ: 오동은. 머귀 + -ᄂᆞᆫ.

• '머귀'는 '오동'을 뜻하는 어형이다. "梧桐(오동)은 머귀니"〈월인석보7:54〉

▸ 깃깃던: 깃들던. 깃깃- + -더- + -ㄴ.

• '깃깃다'는 '둥지를 틀고 살다', '길들다' 정도를 뜻하는 동사이다.

▸ 늘겟도다: 늙어 있도다/늙었도다. 늙- + -어 # 잇- + -도- + -다.

▸ 주서: 주워. 줍- + -어.

• '줍다'는 '줍다'를 뜻하는 중세 국어 동사이다. '줍-'은 'ㅿ'이 소실되면서 '주어', '주워'로 나타났는데 '주워'를 오분석하여 '줍다'가 만들어졌다. 원문의 '拾翠(습취)'는 여인의 장신구로 쓰이는 물총새의 깃털을 줍는다는 것을 의미한다.

▸ 나조히: 저녁에. 나조ㅎ + -이.

• '나조ㅎ'은 'ㅎ' 종성 체언으로 저녁을 뜻한다.

▸ 올마 가더니라: 옮겨 가더라. 옮- + -아 # 가- + -더- + -니- + -라.

▸ 빗난: 빛나는. 빗나- + -ㄴ.

• '빗나다'는 '빛나다'를 뜻하는데 동사로 쓰이는 현대 국어의 '빛나다'와 달리 여기에서는 형용사 활용을 보인다.

▸ 부드로: 붓으로. 붇 + -으로.

• 원문의 '彩筆(채필)'은 채색하는 데 쓰는 붓으로 아름답고 고운 필치를 말한다.

▸ 干犯호니: 침범하니. 干犯ᄒᆞ- + -오- + -니.

• 주어가 시적 화자 자신이기 때문에 1인칭 선어말어미 '-오-'가 통합된 것이다. 두보가 과거에 미피에서 놀면서 붓으로 화려한 시를 지어 그 기상을 흔들었던 장면을 의미한다.

▸ 셴 머리예: 센 머리에. 셰- + -ㄴ # 머리 + -예.

▸ 이퍼: 읊으며/읊조리며. 잎- + -어.

• '잎다'는 '읊다'를 뜻하는 동사이다.

▸ ᄂᆞᄌᆞ기: 나직이. ᄂᆞᄌᆞᆨᄒᆞ- + -이.

• 'ᄂᆞᄌᆞ기'는 어간 'ᄂᆞᄌᆞᆨᄒᆞ-'에 접미사 '-이'가 붙어 형성된 부사이다.

▸ 드리웻노라: 드리워 잇노라. 드리우- + -어 # 잇- + -ᄂᆞ- + -오- + -라.

- '웻'은 연결어미 '-어'와 보조동사 '잇-'의 축약 형태이다.
- 드리운 주체가 시적 화자이기 때문에 1인칭 선어말어미 '-오-'가 통합하였고 '-ᄂᆞ-'와 축약하여 '노'로 실현된 것이다.

06.

구급간이방(救急簡易方)

❀ 해제

『구급간이방』은 성종 20년(1489년)에 윤호(1424~1496) 등이 성종의 명으로 저술한 구급 의학 서적으로 질병을 127 종류로 나누고 그에 대한 치료 방법을 모아서 엮은 책으로 8권 8책으로 되어 있다. 『구급간이방』의 편찬을 총괄한 성종의 장인 윤호(尹壕, 1424~1496)는 내의원에 있으면서 『구급간이방』 편찬에 주력한 것으로 알려져 있다. 『구급간이방』 편찬을 함께 한 임원준, 허종 등도 의학에 대한 지식과 경험이 많았으며 사회적으로 명성이 두터운 인물들이었다. 편찬을 주도한 인물들로 미루어 『구급간이방』을 편찬하는 일이 국가의 중대 사업이었음을 알 수 있다.

『구급간이방』과 관련된 기록을 살펴보면 우선 허종이 쓴 서문에는 『구급간이방』의 편찬 의도가 담겨 있는데, 외딴 시골, 벽지에 있는 백성에게 생긴 병이라도 치료 시기를 놓치지 않고 주변에서 구할 수 있는 손쉬운 약재로 병을 치료할 수 있도록 하기 위함이라고 밝히고 있다. 이러한 이유로 백성이 이용하기 쉽도록 병명, 병에 해당하는 약 이름과 약의 분량을 기록하여 언해하였으며 다량으로 인쇄하고 배포하여 집집마다 보관하게 하였다. 이때 원간본을 목판본으로 만들어 그것을 각 지방에서 복각하게 한 것으로 보인다.

『성종실록』에는 성종 20년 5월조에 "내의원 제조 영돈녕 윤호 등이 신찬 『구급간이방』을 진상하니, 임금이 말하기를 간행하여 중외 여러 고을에 두루 반포하여 여항 소민으로 하여금 모두 얻어 볼 수 있게 하라 하였다."고 기록되어 있다. 이를 통해 일반 백성들을 대상으로 이 책을 준비하여 1489년 5월에 완성했음을 알 수 있다.

『구급간이방』은 우리나라의 의학 서적으로서는 가장 완비된 책으로 평가받고 있는데, '구급방'이나 '언해구급방'과 비교하여 2배~3배 많은 병을 다루어 백성들이 다양한 구급 상황에 대처할 수 있도록 하고 있다. 이 책에서 첫 번째로 언급한 질병이 '중풍(中風)'인데 이는 중풍을 가장 위급한 병으로 인식했기 때문이다. 각각의 경우마다 쉽게 쓸 수 있는 처방명이 나오고 그 다음에는 구체적인 증상에 따른 치료법이 나온다. 약은 주위에서 쉽게 구할 수 있는 재료 위주로 제시하고 있으며 모든 내용은 한문으로 된 원문 아래 한글로 번역하여 쉽게 읽을 수 있도록 하였다. 또한 부녀와 어린아이에 대한 치료법을 따로 기록하고 있어 남녀노소에 따른 다양한 구급 상황을 포괄하려고 노력하였음을 알 수 있다.

《구급간이방 1권, 1a》

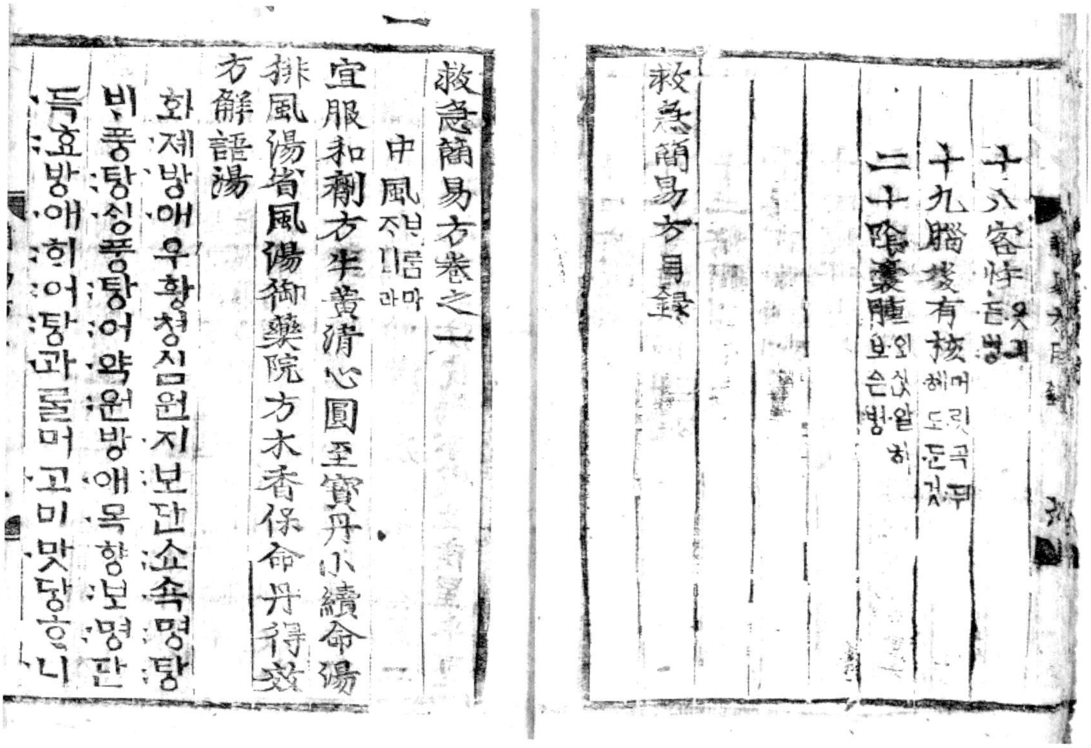

❀ 원문 텍스트

中風(중풍)ᄇᆞᄅᆞᆷ 마ᄌᆞ니라

화졔방애 우황쳥심원 지보단 쇼쇽명탕 비풍탕 싱풍탕 어약원방애 목향보명단 득효방애 히어 탕과ᄅᆞᆯ 머고미 맛당ᄒᆞ니-라

❀ 현대어 역

중풍바람 맞음이다.

화제방에는 우황청심원, 지보단, 소속명탕, 배풍탕, 생풍탕, 어약원방에는 목향보명단, 특효방에는 해어탕을 먹음이 마땅하다.(마땅한 것이라고 되어 있다.)

❀ 주석

▸ 화졔방애: 화제방에.

- '화제방'(和劑方)은 조선 시대의 의과 시험 교재로 의서이다.
- 조사 '-애'는 처소를 나타내는 조사인데 이 처소 조사는 '-에', '-애', '-ᄋᆡ', '-의'가 존재하였다. '-에'와 '-의'는 선행 체언의 모음이 음성일 때, '-애'와 '-ᄋᆡ'는 선행 체언의 말음이 양성일 때 통합하였다. 선행 체언의 말음이 모음 'ㅣ'이거나 반모음 'j'일 때는 '-예'가 나타나기도 하였다.

▸ ᄒᆡ어탕과롤: 해어탕을. ᄒᆡ어탕 + -과 + -롤.

- 조사 '-과'는 앞의 약을 나열하는 과정에서 통합한 것으로 보인다.

▸ 머고미: 먹음이. 먹- + -옴 + -이.

▸ 맛당ᄒᆞ니라: 마땅하다. 맛당ᄒᆞ- + -니- + -라.

《구급간이방 1권, 1b-2a》

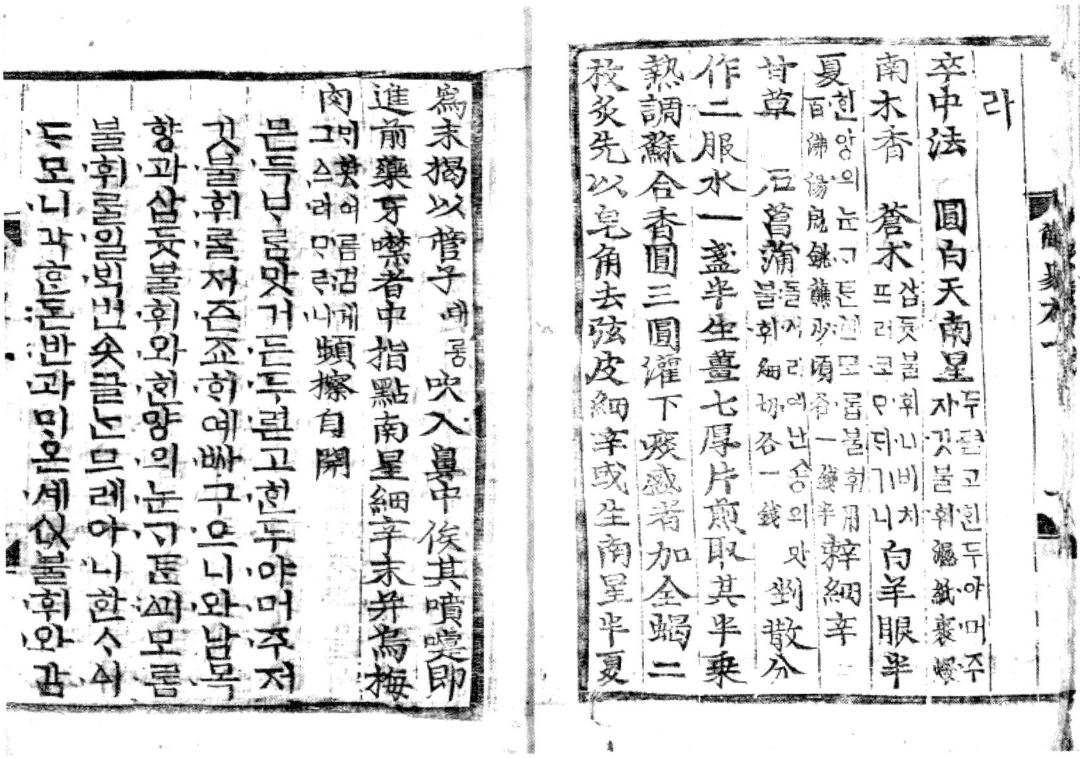

❀ 원문 텍스트

맛당ᄒᆞ니-라

두렫고 힌 두야머주저깃 불휘. 삽듓 불휘니 비치 프러코 ᄆᆞᄃᆡ 기니. 힌 양의 눈 가ᄐᆞᆫ 씌모롭 불휘. 돌 서리예 난 숑의맛 불휘. 대롱 ᄆᆡ홧 여름 검게 그ᅀᆞ려 ᄆᆞᄅᆞ니 믄득 ᄇᆞᄅᆞᆷ 맛거든 두렫고 힌 두야머주저깃 불휘ᄅᆞᆯ 저즌 죠히예 ᄡᅡ 구으니와 남목향과 삽듓 불휘와 힌 양의 눈 ᄀᆞᄐᆞᆫ 씌모롭 불휘ᄅᆞᆯ 일빅 번 솟글ᄂᆞᆫ 므레 아니 한 ᄉᆞᅀᅵ ᄃᆞ모니 각 ᄒᆞᆫ 돈 반과 ᄆᆡ온 셰신 불휘와 감-초와

❀ 현대어 역

마땅하다.

둥글고 흰 두여머조자기(천남성) 뿌리. 삽주 뿌리니 빛이 푸르고 마디가 기니. 흰 양의 눈 같은 끼무릇(반하) 뿌리. 돌 사이에 난 창포 뿌리. 대롱 매화 열매 검게 그을려 말리니 갑자기 바람 맞거든 둥글고 흰 두여머조자기(천남성) 뿌리를 젖은 종이에 싸서 구운 것과 남목향과 삽주 뿌리와 흰 양의 눈 같은 끼무릇(반하) 뿌리를 일백 번 펄펄 끓는 물에 잠깐 담으니 각 한 돈 반과 매운 세신 뿌리와 감초와

❀ 주석

▸ 믄득: 갑자기.

- 중세 국어 '믄득'은 현대 국어의 '갑자기'(생각할 겨를도 없이 급히)와 '문득'(생각이나 느낌 따위가 갑자기 떠오르는 모양)의 의미를 모두 지니고 있었는데 여기에서는 '갑자기' 정도로 해석된다.

▸ 두렫고: 둥글고. 두렫- + -고.

- '두렫다'는 '둥글다'를 뜻하는 형용사인데 '두렫ᄒᆞ다', '두렵다', '도렫다', '도렫ᄒᆞ다', '도렵다'도 모두 '둥글다'를 의미한다.

▸ 두야머주저깃: 두여머조자기. 천남성.

- '두여머조자기'는 '천남성과의 여러해살이풀'로 뿌리를 약재로 쓴다.

▸ 삽듓 불휘: 삽주 뿌리.

- '삽주'는 '국화과의 여래해살이풀'로 어린잎은 식용하고 뿌리는 약용한다.

▸ ᄭᅴ모롭: 끼무릇. 반하.

- '끼무릇'은 '천남성과의 여러해살이풀'로 알줄기는 약용한다.

▸ 서리예: 사이에. 서리 + -예.

▸ 숑의맛: 창포.

- '숑의맛'은 '천남성과의 여러해살이풀'로 뿌리는 약용한다.

▸ 여름: 열매. 열- + -음

- 여기에서 '-음'은 명사 파생 접미사로 쓰였다.

▸ 그스려: 그슬리어. 그스리- + -어.

- '그스리다'는 '그슬리다'를 뜻하는 동사이다.

▸ ᄆᆞᄅᆞ니: 말리니. ᄆᆞᄅᆞ- + -니.

- 'ᄆᆞᄅᆞ다'가 '말리다' 정도로 해석되는데 중세 국어에서 'ᄆᆞᄅᆞ다'는 '마르다'로 쓰이고 '말외다', '말오다'가 '말리다'의 뜻으로 쓰이는 것이 일반적이기 때문에 여기에서 'ᄆᆞᄅᆞ니'가 '말리니'로 쓰인 것은 예외적이라 할 만하다.

▸ 죠ᄒᆡ예: 종이에. 죠ᄒᆡ + -예.

- '죠ᄒᆡ'는 '죠희', '죵희', '조희'로 표기되었다가 '종이'로 바뀌었다.
- 처소격 조사 '-예'는 'ㅣ', 반모음 'j' 뒤에 통합되었다.

▸ 구으니와: 구은 것과. 구으(궇-) + -은 # 이 + -와.

- '구으니와'는 중세 국어 '구ᄫᅳ니와'의 'ᄫ'이 변화를 겪어 나타난 구성이다. 15세기 중엽 이후 'ᄫ'은 반모음 'w'로 변화되어 'ㅗ/ㅜ', 'ㅡ', 'ㅣ'로 표기되었다.

▸ 솟글ᄂᆞᆫ: 펄펄 끓는. 솟긇- + -ᄂᆞᆫ.

- '솟긇다'는 어간 '솟-'(솟아오르다), '긇-'가 결합한 복합어로 액체가 뜨거워져서 거품이 솟아오를 정도의 의미를 나타낸다.

▸ 아니 한 ᄉᆞᅀᅵ: 잠깐.

- "아니 한 ᄉᆞᅀᅵ"에서 '한'은 '많은'을 의미하므로 "아니 한 ᄉᆞᅀᅵ"은 많은 사이가 아닌, 즉 잠깐의 시간의 의미하는 표현이다.

▸ 셰싱: 세신의. 족두리의. 셰신 + -ㅅ.

- '세신'은 '쥐방울덩굴과의 여러해살이풀'로 뿌리는 약용한다.

《구급간이방 1권, 2b-3a》

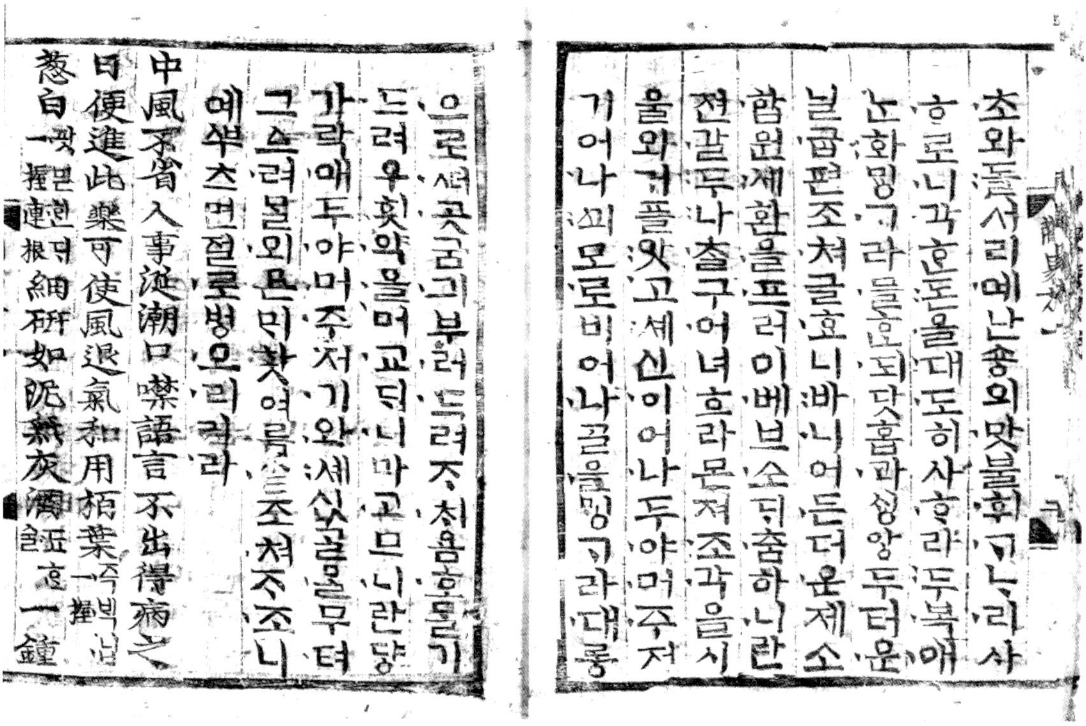

❀ 원문 텍스트

감-초와 돌 서리예 난 숑의맛 불휘 ᄀᆞᄂᆞ리 사ᄒᆞ로니 각 ᄒᆞᆫ 돈을 대도히 사ᄒᆞ라 두 복애 ᄂᆞᆫ화 ᄆᆡᆼᄀᆞ라 믈 ᄒᆞᆫ 되 닷 홉과 ᄉᆡᆼ앙 두터운 닐굽 편 조쳐 글효니 바니어든 더운 제 소합원 세 환을 프러 이베 브ᅀᅳᄃᆡ 춤 하니란 젼갈 두 나ᄎᆞᆯ 구어 녀흐라 몬져 조각을 시울와 거플 앗고 셰신이어나 두야머주저기어나 ᄢᅵ모로비어나 ᄀᆞᄅᆞᆯ ᄆᆡᆼᄀᆞ라 대롱으로 ᄡᅥ 곳굼긔 부러 드려 ᄌᆞᄎᆡ욤 호물기드려 우흿 약을 머교ᄃᆡ 니 마고 므니란 댱가락애 두야머주저기와 셰신 ᄀᆞᄅᆞᆯ 무텨 그ᅀᅳ려 믈외욘 ᄆᆡ홧 여름 조쳐 ᄌᆞ조 니에 ᄲᅮᄎᆞ면 절로 벙으리리라

❀ 현대어 역

감초와 돌 사이에 난 창포 뿌리 가늘게 썬 것 각 한 돈을 모두 썰어 두 복으로 나누어 만들어 물 한 되 반과 생강 두꺼운 것 일곱 편을 넣어 끓인 것이 반이 되면 더울 때 소합원 세 환을 풀어 입에 붓되 침 많은 사람에게는 전갈 두 마리를 구워 넣으라. 먼저 조각을 가장자리와 껍질을 없애고 세신이나 두여머조자기나 끼무릇을 가루로 만들어 대롱으로 떠서 콧구멍에 불어 넣어 재채기하는 것을 기다려 위 약을 먹이되 이를 꽉 물고 있는 사람은 장지에 두여머조자기와 세신의 가루를 묻혀 그을려 말린 매화 열매를 함께 자주 이에 문지르면 절로 벌어질 것이다.

❀ 주석

▸ ᄀᆞᄂᆞ리: 가늘게. 가ᄂᆞᆯ- + -이.

▸ 사ᄒᆞ로니: 썬 것. 사ᄒᆞᆯ- + -오- + -ㄴ # 이.

  • ‘사ᄒᆞᆯ다’는 ‘썰다’를 뜻하는 동사이며, ‘-오-’는 대상 활용 선어말어미로 해석된다.

▸ 대도히: 모두. 통틀어.

▸ 사ᄒᆞ라: 썰어. 사ᄒᆞᆯ- + -아.

▸ 복애: 복(服)에. 복 + -애.

  • 여기에서 ‘복’은 ‘한 번에 마시는 약의 분량’을 뜻한다.

▸ ᄂᆞᆫ화: 나누어. ᄂᆞᆫ호- + -아.

  • ‘ᄂᆞᆫ호다’는 ‘나누다’를 뜻하는 동사이다. 그런데 ‘ᄂᆞᆫ호다’는 ‘난호다’, ‘논호다’로도 표기되어 이 시기의 ‘ㆍ’의 음가 관련해서 특기할 만한 예이다.

▸ 닷 홉: 반 되.

  • ‘닷’은 ‘다섯’을 뜻하고, ‘홉’은 곡식, 가루 액체 따위의 부피를 잴 때 쓰는 부피 단위로 한 홉은 한 되의 10분의 1에 해당된다. 그러므로 ‘닷 홉’은 ‘반 되’를 의미한다.

▸ ᄉᆡᆼ앙: 생강.

▸ 두터운: 두꺼운. 두터우(두텁)- + -ㄴ.

• 중세 국어에서 '두텁다'는 '두텁다'(신의, 믿음, 관계, 인정 따위가 굳고 깊다.), '두껍다'(두께가 보통의 정도보다 크다.)를 의미하는데 여기에서 '두터운'은 '두꺼운'으로 해석된다.

▸ 조쳐: 함께. 겸하여. 조치- + -어.

• 이때 '조치다'는 '겸하다'를 뜻하는 동사이다.

▸ 글효니: 끓인 것. 긇이- + -오- + -ㄴ # 이.

• '긇이다'는 어간 '긇-'에 접미사 '-이'가 결합한 파생어로 '끓이다'를 뜻한다.

▸ 바니어든: 반이거든. 반이 되면. 반 + -이- + -어든.

▸ 브소딕: 붓되. 븟- + -오딕.

• '븟다'는 '붓다'를 뜻하는 동사이며 중세 국어에서 '븟다'와 '붓다'가 후행하는 음에 따라 교체되었다. 가령, 후행하는 음이 모음일 때는 '브서', '브스니'처럼 '븟-'이 통합되었고 자음일 때는 '붓고', '붓ᄂᆞ니'처럼 '붓-'이 통합되었다.

▸ 춤: 침.

▸ 하니란: 많은 사람에게는. 하- + -ㄴ # 이 + -란.

• '하니란'은 '많은 사람에게는' 정도로 해석된다. 조사 '-란'은 대조(혹은 주제) 보조사 '-은/는'의 의미로 쓰이면서 주로 선행 성분이 문장의 목적어나 처격어일 때 나타났다.

▸ 나츨: 낱개. 마리를. 낯 + -을.

• '낯'은 '낱'를 뜻하는 명사이다.

▸ 골을: 가루를. 골ㅇ + -을.

• '골ㅇ'은 '가루'를 뜻하는 명사인데 모음으로 시작하는 조사 앞에서는 통합되었고 이형태인 'ᄀᆞᄅᆞ'는 자음으로 시작되는 조사 앞에서 통합되었다. 이때 '골ㅇ'과 'ᄀᆞᄅᆞ'의 교체는 음운론적으로 설명할 수 없는 비자동적 교체 어간이다.

▸ 조각: 조각(皂角). 쥐엄나무의 열매를 말린 한약재.

▸ 시울: 시울. 가장자리.

▸ 거플: 껍질. 꺼풀.

▸ 앗고: 없애고. 앗- + -고.

• '앗다'는 '빼앗다', '없애다'의 뜻으로 쓰였는데 여기에서는 '없애다'의 의미로 해석된다.

▸ 곳굼긔: 콧구멍. 고ㅎ + -ㅅ + 굼ㄱ + -의.

• '굼ㄱ'는 '구멍'을 뜻하는 명사인데 '구무'와 교체되어 쓰였다. '굼긔'처럼 모음으로 시작하는 조사가 올 때는 '굼ㄱ'가 통합되었고 '구무도'처럼 자음으로 시작하는 조사가 올 때는 '구무'가 통합되었다. 이 경우도 '굼ㄱ'와 '구무'의 교체가 음운 규칙으로 설명되지 않는 비자동적 교체에 해당된다.

▸ ᄌᆞᄎᆡ욤: 재채기.

▸ 우흿: 위의. 우ㅎ + -의 + -ㅅ.

▸ 머교ᄃᆡ: 먹이되. 먹이- + -오ᄃᆡ.

▸ 니: 이. 치아.

▸ 마고 므니란: 꽉 물고 있는 사람은. 악물 사람은. 마고 # 믈- + -ㄴ # 이 + -란.

• '마고'는 '마구', '함부로' 정도를 뜻하는 부사로 '마고 믈다'는 '꽉 물다' 정도 해석된다.

▸ 댱가락애: 장지. 장짓가락. 가운뎃손가락.

▸ ᄆᆞᆯ외욘: 말린. ᄆᆞᆯ외- + -오- + -ㄴ.

▸ ᄡᅳ츠면: 문지르면. 비비면. ᄡᅳᆾ- + -으면.

• 'ᄡᅳᆾ다'는 '문지르다', '비비다'를 뜻하는 동사이다.

▸ 벙으리리라: 벌어지리라. 벌어질 것이다. 벙으리- + -리- + -라.

• '벙으리다'는 어간 '벙을-'에 피동 접미사 '-이'가 결합한 파생어로 '벌어지다'를 뜻한다.

《구급간이방 1권, 3b-4a》

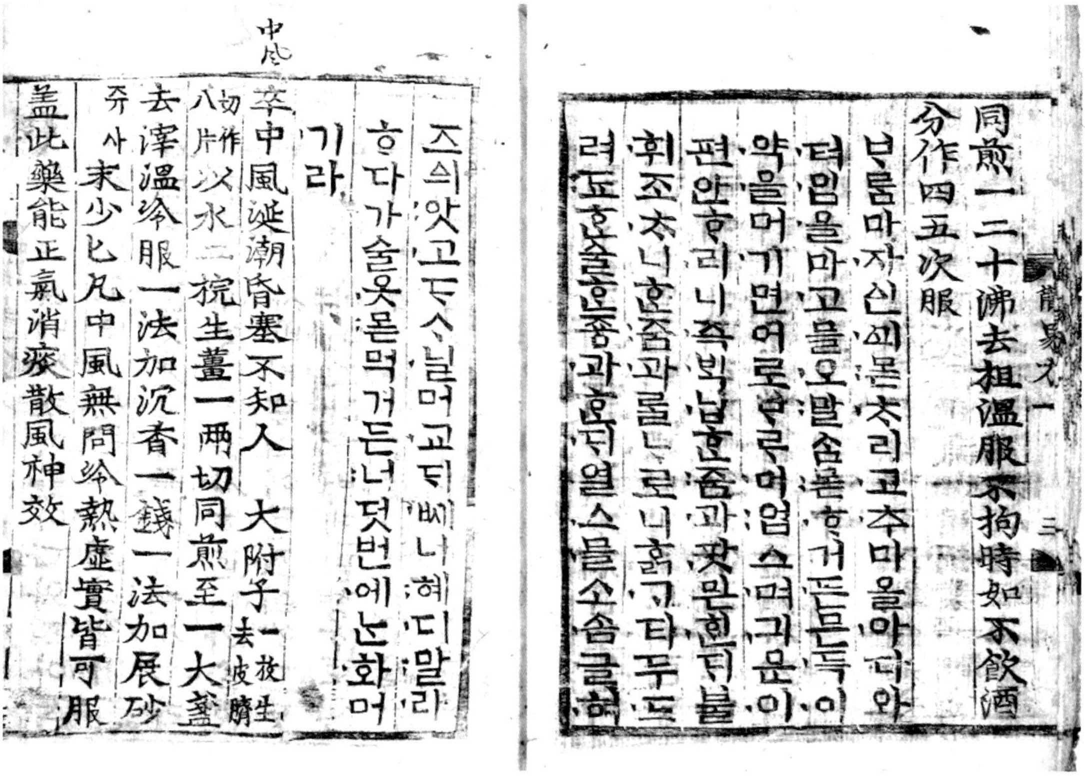

❀ 원문 텍스트

ᄇᆞᄅᆞᆷ 마자 신ᄊᆡ 몯 ᄎᆞ리고 추미 올아 다와텨 입을 마고 믈오 말ᄉᆞᆷ 몯ᄒᆞ거든 믄득 이 약을 머기면 어로 ᄇᆞᄅᆞ미 업스며 긔운이 편안ᄒᆞ리니 즉ᄇᆡᆨ 닙 ᄒᆞᆫ 줌과 ᄑᆞᆺ 믿 ᄒᆡᆫ ᄃᆡ 불휘 조ᄎᆞ니 ᄒᆞᆫ 줌과ᄅᆞᆯ ᄂᆞ로니 ᄒᆞᆰ ᄀᆞ티 두드려 됴ᄒᆞᆫ 술 ᄒᆞᆫ 죵과 ᄒᆞᆫᄃᆡ 열 스믈 소솜 글혀 즈싀 앗고 ᄃᆞᄉᆞ닐 머교ᄃᆡ ᄢᅵ니 혜디 말라 ᄒᆞ다가 술옷 몯 먹거든 너덧 번에 ᄂᆞᆫ화 머기라

❀ 현대어 역

바람 맞아 정신을 못 차리고 침이 올라 닥쳐 입을 꽉 물고 말을 못 하거든 바로 이 약을 먹이면 가히 바람이 없어지고 기운이 편안하리니 측백 잎 한 줌과 파의 밑 흰 데를 뿌리까지 한 줌을 연하게 흙 같이 두드려 좋은 술 한 종과 함께 열 스무 번 펄펄 끓여 찌꺼기를 없애고 따뜻한 것을 먹이되 끼니를 헤아리지 말라. 만약 술을 못 먹거든 너덧 번에 나누어 먹이라.

❀ 주석

▸ 신씌: 인기(人氣). 기운. 정신.

▸ 다와텨: 닥치어. 들이닥쳐. 다와티- + -어.

- '다와티다'는 '닥치다'. '들이닥치다'를 뜻하는 동사이다.

▸ 어로: 가히.

▸ 업스며: 없어지며. 없- + -으며.

- 중세 국어에서 '없다'는 형용사뿐 아니라 '없어지다' 의미를 지닌 동사로도 쓰였다. 그러므로 동사의 '없-'은 '업ᄂᆞ니라'와 같이 현재 시제 선어말어미 '-ᄂᆞ-'가 통합된 활용이 가능하였다.

▸ 즉빅: 측백(側柏). 측백나무.

▸ 닙: 잎.

▸ 불휘 조ᄎᆞ니: 뿌리까지.

- '조ᄎᆞ니'는 '좇- + -ᄋᆞ니'로 분석되는데 '좇다'는 '좇다', '따르다'의 의미로 쓰였지만 연결어미가 붙을 때는 다소 의미가 달라지는 양상을 보인다. 여기에서는 '범위의 끝' 혹은 '어떤 것 위에 더함' 정도의 의미로 쓰였다.

▸ ᄂᆞ로니: 나른히. 연하게. ᄂᆞ론ᄒᆞ- + -이.

▸ ᄒᆞᆫ딕: 함께.

▸ 열 스믈 소솜: 열 스무 번의 솟음.

- ‘소솜’은 액체가 뜨거워져서 소리를 내면서 거품이 솟아오르는 모양으로 해석되어 “열 스믈 소솜”은 거품이 솟아오르는 횟수를 의미하는 것으로 보인다.

▸ 글혀: 끓여. 긇이- + -어.

▸ 즈싀: 찌꺼기.

▸ ᄃᆞᄉᆞ닐: 따뜻한 것을. 따스한 것을. ᄃᆞᆺ- + -ㄴ # 이 + -을.

- ‘ᄃᆞᆺ다’는 ‘따듯하다’, ‘따스하다’를 뜻하는 형용사이다.

▸ ᄢᅵ니: 끼니.

▸ 술옷: 술을. 술 + -옷.

- ‘-옷’은 강조 보조사로 선행 명사를 강조하고자 할 때 통합되었는데 주로 조건문의 선행절에 통합되어 선행 명사를 강조하였다.

《구급간이방 1권, 4b-5a》

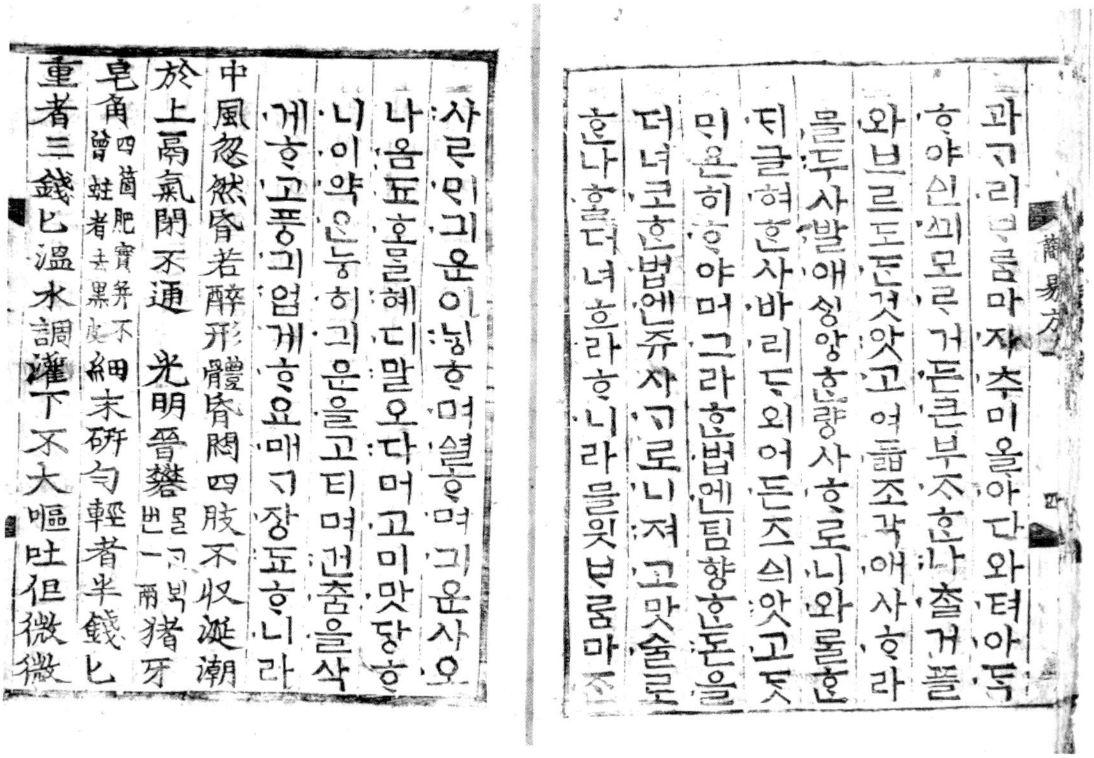
과ᄀᆞ리 ᄇᆞᄅᆞᆷ 마자 추미 올아 다와텨 아득ᄒᆞ야 신ᄉᆡ 모ᄅᆞ거든 큰 부ᄌᆞ ᄒᆞᆫ 나촐 거플와 브르도ᄃᆞᆫ 것 앗고 여듧 조각애 사ᄒᆞ라 믈 두 사발애 ᄉᆡᆼ앙 ᄒᆞᆫ 량 사ᄒᆞ로니와롤 ᄒᆞᆫᄃᆡ 글혀 ᄒᆞᆫ 사바리 ᄃᆞ외어든 ᄌᆞᄉᆡ 앗고 ᄃᆞᆺ미욘히 ᄒᆞ야 머그라 ᄒᆞᆫ 법엔 팀향 ᄒᆞᆫ 돈을 더 녀코 한 법엔 쥬사 ᄀᆞ로니 져고 맛 술로 ᄒᆞᆫ나홀 더 녀흐라 ᄒᆞ니라 믈읫 ᄇᆞᄅᆞᆷ 마ᄌᆞᆫ 사ᄅᆞ미 긔운이 닝ᄒᆞ며 셜ᄒᆞ며 긔운 사오나옴 됴호몰 혜디 말오 다 머고미 맛당ᄒᆞ니 이 약ᄋᆞᆫ 능히 긔운을 고티며 건춤을 삭게 ᄒᆞ고 풍긔 업게 ᄒᆞ요매 ᄀᆞ장 됴ᄒᆞ니라
中風忽然昏若醉形體昏悶四肢不收涎潮於上膈氣閉不通 光明晉礬一兩 猪牙皂角四箇肥實并不蛀者去黑皮 細末研勻輕者半錢匕重者三錢匕溫水調灌下不大嘔吐但微微

❀ 원문 텍스트

과ᄀᆞ리 ᄇᆞᄅᆞᆷ 마자 추미 올아 다와텨 아득ᄒᆞ야 신ᄉᆡ 모ᄅᆞ거든 큰 부ᄌᆞ ᄒᆞᆫ 나촐 거플와 브르도ᄃᆞᆫ 것 앗고 여듧 조각애 사ᄒᆞ라 믈 두 사발애 ᄉᆡᆼ앙 ᄒᆞᆫ 량 사ᄒᆞ로니와롤 ᄒᆞᆫᄃᆡ 글혀 ᄒᆞᆫ 사바리 ᄃᆞ외어든 ᄌᆞᄉᆡ 앗고 ᄃᆞᆺ미욘히 ᄒᆞ야 머그라 ᄒᆞᆫ 법엔 팀향 ᄒᆞᆫ 돈을 더 녀코 한 법엔 쥬사 ᄀᆞ로니 져고 맛 술로 ᄒᆞᆫ나홀 더 녀흐라 ᄒᆞ니라 믈읫 ᄇᆞᄅᆞᆷ 마ᄌᆞᆫ 사ᄅᆞ미 긔운이 닝ᄒᆞ며 셜ᄒᆞ며 긔운 사오나옴 됴호몰 혜디 말오 다 머고미 맛당ᄒᆞ니 이 약ᄋᆞᆫ 능히 긔운을 고티며 건춤을 삭게 ᄒᆞ고 풍긔 업게 ᄒᆞ요매 ᄀᆞ장 됴ᄒᆞ니라

❀ 현대어 역

갑자기 바람 맞아 침이 올라 닥쳐 아득하여 정신이 혼미하거든 큰 부자 한 개를 껍질과 부르돋은 것 없애고 여덟 조각으로 썰어 물 두 사발에 생강 한 냥 썬 것을 함께 끓여 한 사발이 되면 찌꺼기 없애고 뜨뜻미지근하게 하여 먹으라. 다른 방법에는 침향 한 돈을 더 넣고, 다른 한 방법에는 주사 간 것을 작은 술로 하나 더 넣으라 한다. 무릇 바람 맞은 사람의 기운이 냉하며 열이 나며 기운이 사나움과 좋음을 헤아리지 말고 다 먹음이 마땅하니 이 약은 능히 기운을 고치며 건침을 삭게 하고 풍기가 없게 함에 가장 좋다.

❀ 주석

▸ 과ᄀᆞ리: 갑자기. 과ᄀᆞᄅᆞ- + -이.

- '과ᄀᆞ리'는 어간 '과ᄀᆞᄅᆞ-'에 부사 파생 접미사 '-이'가 결합한 파생어이다.

▸ 부ᄌᆞ: 부자.

- '부ᄌᆞ'는 '바꽃의 어린 뿌리'로 약용한다.

▸ 브르도ᄃᆞᆫ: 부르돋은. 돋아난 브르돋- + -ᄋᆞᆫ.

- '브르돋다'는 어간 '브르-'와 '돋-'이 결합한 합성어로 '부르돋다', '돋아나다' 정도로 해석된다.

▸ 사ᄒᆞ로니와ᄅᆞᆯ: 썬 것을. 사홀- + -오- + -ㄴ # 이 + -와 + -ᄅᆞᆯ.

- 여기에서 조사 '-와'는 약을 나열하는 과정에서 통합한 것으로 보인다. 의미적으로는 '다른 것과 함께' 정도로 해석된다.

▸ ᄃᆞᆺᄆᆡ욘히: 뜨뜻미지근하게.

- 'ᄃᆞᆺᄆᆡ욘히'는 '溫冷(온랭)'의 언해로 '뜨듯하면서 차가운' 정도로 해석되는데 'ᄆᆡ욘히'의 분석이 분명하지 않다. 다른 예에서는 확인되는 일이 없어 현재로서는 'ᄃᆞᆺ-'에 'ᄆᆡ욘히' 정도로 분석해 둔다.

▸ 흔 법엔: 다른 한 방법에는. 다른 방법에는. 흔 # 법 + -에 + -ㄴ.

- 여기에서 '흔'은 '어떤', '다른' 정도로 해석된다.

▸ 쥬사: 주사. 진사.

- '주사'(朱砂)는 '수은으로 이루어진 황화 광물'로 약재로 사용한다.

▸ 죠고맛: 조그마한. 작은.

- 관형사 '죠고맛'의 형태나 의미는 명사 '죠고마', 형용사 '죠고마ᄒᆞ다'와 관련된 형태인데 '죠고맛'의 'ㅅ'을 고려하면 명사 '죠고마'에 'ㅅ'이 결합하여 형성된 것으로 보인다.

▸ 셜ᄒᆞ며: 열이 나며.

- '셜'은 '熱'(열)의 한자음이다.

▸ 사오나옴: 사나움.

- '사오나옴'은 '사오낳다'에 명사형 어미 '-옴'이 결합한 형식이며 중세 국어의 '사오나봄'의 'ㅸ'의 변화하여 '사오나옴'으로 활용된 것이다.

▸ 건춤: 건침. 마른침. 가래.

▸ 삭게: 삭게. 삭- + -게.

- 여기에서 '삭다'는 '기침이나 가래 따위가 잠잠해지거나 가라앉다'를 뜻한다.

▸ 풍긔: 풍기(風氣).

- '풍기'는 '풍사(風邪: 한방에서 바람의 원인으로 작용하는 것)를 받아 생기는 병'을 말한다.

▸ ᄒᆞ요매: 함에. ᄒᆞ- + -옴 + -에.

- 'ᄒᆞ요매'의 'ᄒᆞ욤'은 'ᄒᆞ-'와 명사형 어미 '-옴'이 축약된 형태인데 이때 반모음이 삽입된 것이 특징적이다. 'ㆍ'와 '오' 모음이 연쇄할 때는 반모음이 삽입되는 일이 흔치 않으므로 'ᄒᆞ-'의 이형태 'ᄒᆡ-'로 분석하기도 한다.

《구급간이방 1권, 5b-6a》

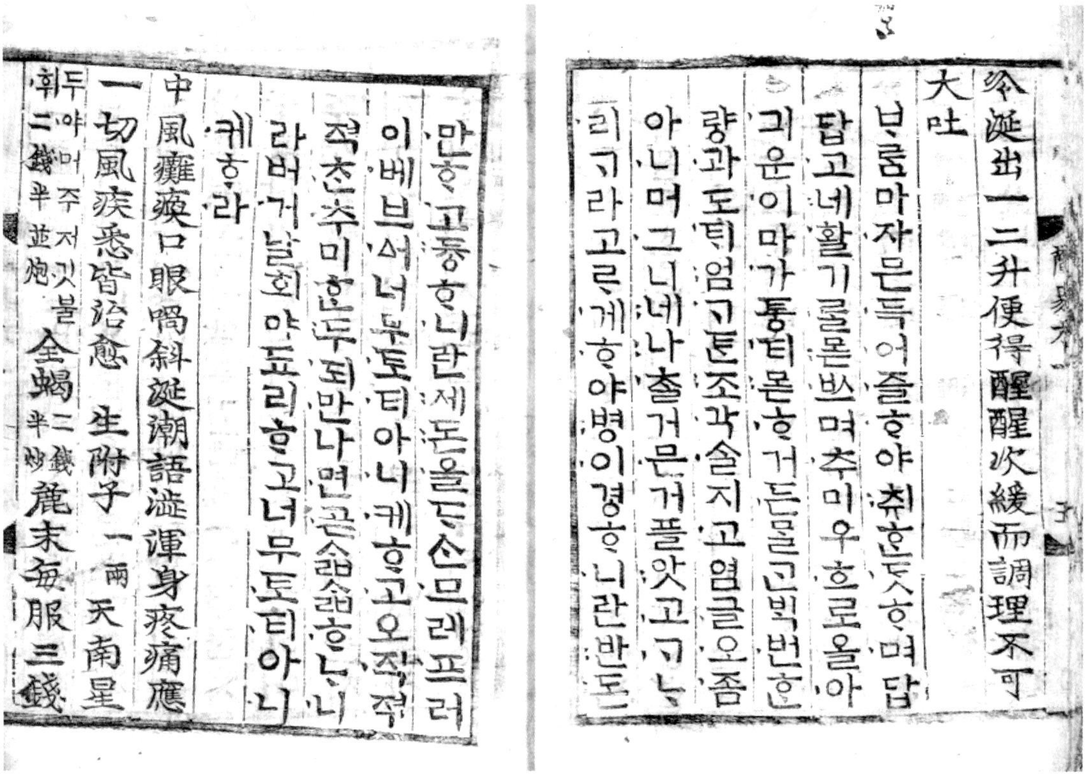
涎出一二升便得醒醒次緩而調理不可
大吐
ᄇᆞᄅᆞᆷ마자믄득어즐ᄒᆞ야취ᄒᆞᆫᄃᆞᆺᄒᆞ며답
답고네활기ᄅᆞᆯ몯ᄡᅳ며추미우흐로올아
긔운이마가통티몯ᄒᆞ거든믈군빅번ᄒᆞᆫ
량과도틔엄ᄀᆞᄐᆞᆫ조각솔지고염글오좀
아니머그니네나출거믄거플앗고ᄀᆞᄂᆞ
리ᄀᆞ라고ᄅᆞ게ᄒᆞ야병이경ᄒᆞ니란반돈
만ᄒᆞ고듕ᄒᆞ니란세돈을ᄃᆞ손므레프러
이베브ᅀᅥ너무토티아니케ᄒᆞ고오직젹젹
ᄎᆞᆫ추미ᄒᆞᆫ두되만나면곧ᄉᆞᆷᄉᆞᆷᄒᆞᄂᆞ니
라버거날회야됴리ᄒᆞ고너무토티아니
케ᄒᆞ라
中風癱瘓口眼喎斜涎潮語澁渾身疼痛應
一切風疾悉皆治愈 生附子 一兩 天南星
두야머주저깃불휘 二錢半並炮 全蝎 二錢半炒 麄末每服三錢

❀ 원문 텍스트

ᄇᆞᄅᆞᆷ 마자 믄득 어즐ᄒᆞ야 취ᄒᆞᆫ ᄃᆞᆺᄒᆞ며 답답고 네 활기ᄅᆞᆯ 몯 ᄡᅳ며 추미 우흐로 올아 긔운이 마가 통티 몯ᄒᆞ거든 믈군 빅번 ᄒᆞᆫ 량과 도틔 엄 ᄀᆞᄐᆞᆫ 조각 솔지고 염글오 좀 아니 머그니 네 나출 거믄 거플 앗고 ᄀᆞᄂᆞ리 ᄀᆞ라 고ᄅᆞ게 ᄒᆞ야 병이 경ᄒᆞ니란 반 돈만 ᄒᆞ고 듕ᄒᆞ니란 세 돈을 ᄃᆞ손 므레 프러 이베 브ᅀᅥ 너무 토티 아니케 ᄒᆞ고 오직 젹젹 ᄎᆞᆫ 추미 ᄒᆞᆫ두 되만 나면 곧 ᄉᆞᆷᄉᆞᆷᄒᆞᄂᆞ니라 버거 날회야 됴리ᄒᆞ고 너무 토티 아니케 ᄒᆞ라

❀ 현대어 역

바람 맞아 갑자기 어지러워 취한 듯하며 답답하고 사지를 못 쓰며 침이 위로 올라 기운이 막혀 통하지 못하거든 맑은 백반 한 냥과 돼지의 어금니 같은 조각 살지고 여물고 좀먹지 않은 것 네 개를 검은 껍질을 없애고 가늘게 갈아 고르게 하여 병이 경한 사람은 반 돈 정도 하고 중한 사람은 세 돈을 따뜻한 물에 풀어 입에 부어 너무 토하지 않게 하고 오직 조금씩 찬 침이 한두 되 정도 나오면 곧 정신이 맑아진다. 다음으로 천천히 조리하고 너무 토하지 아니하게 하라.

❀ 주석

▸ 어즐ᄒᆞ야: 어질하여. 어지러워. 어즐ᄒᆞ- + -야.

▸ 답답고: 답답하고. 답답ᄒᆞ- + -고.

• 어간 '답답ᄒᆞ-'에 연결어미 '-고'가 통합될 때 'ᄒᆞ-'가 탈락하여 '답답고'로 실현되는데 이처럼 어간의 끝음절 'ᄒᆞ'가 줄어드는 경우는 'ᄒᆞ' 앞의 받침 소리가 'ㄱ, ㄷ, ㅂ'일 때이다.

▸ 네 활기: 네 활개. 사지.

• '활기'는 '사람의 어깨에서 팔까지 또는 궁둥이에서 다리까지의 양쪽 부분'을 뜻하므로 "네 활기"는 '사람의 두 팔과 두 다리'를 이르는 말이다.

▸ ᄡᅳ며: 쓰며. 사용하며. ᄡᅳ- + -며.

• 중세 국어의 'ᄡᅳ다'는 '사용하다'를 뜻하고 '쓰다'는 '글씨를 쓰다'를 뜻한다.

▸ 올아: 올라. 올ㅇ- + -아.

• '올아'는 '올라'는 뜻하는 동사로 어간은 '올ㅇ-'으로 분석된다. '올ㅇ-'는 모음으로 시작하는 어미 앞에서 통합되었고 이형태인 '오르-'는 자음으로 시작되는 어미 앞에서 통합되었다. 이때 '올ㅇ-'과 '오르-'의 교체는 음운론적으로 설명할 수 없는 비자동적 교체 어간이다.

▸ 통티: 통하지. 통ᄒᆞ- + -디.

- ‘통티’는 어간 ‘통ᄒᆞ-’에 연결어미 ‘-디’가 통합할 때 ‘ᄒᆞ’의 ‘ㆍ’가 줄고 ‘ㅎ’이 다음 음절의 첫소리 ‘ㄷ’와 결합하여 거센소리로 된 경우이다.

▸ ᄇᆡᆨ번: 백반. 칼륨백반.

- ‘ᄇᆡᆨ번’은 ‘백반’(白礬), ‘명반’(明礬)을 말하며 흔히 황산알루미늄과 황산칼륨으로 된 흰색 또는 무색 팔면체의 결정인 ‘칼륨백반’을 이른다. 이 칼륨백반은 중풍으로 가래가 끓고 인사불성이 되는 증세에 약재로 쓰인다.

▸ 도틔: 돼지의. 돝 + -ᄋᆡ.

▸ 조각: 조각(皂角).

- ‘조각’은 쥐엄나무의 열매를 말린 한약재이다.

▸ 염글오: 여물고. 염글- + -오.

- ‘염글다’는 ‘여물다’를 뜻하는 동사이고 ‘-오’는 연결어미 ‘-고’의 ‘ㄱ’이 이른바 약화 탈락이 된 형태이다.

▸ 좀 아니 머그니: 좀먹지 않은 것.

- 여기에서 ‘머그니’는 ‘먹- + -은 # 이’로 분석되며 ‘먹은 것’을 뜻하여 “좀 아니 머그니”는 ‘좀먹지 않은 것’으로 해석된다.

▸ 경ᄒᆞ니란: 경한 사람은. 경ᄒᆞ- + -ㄴ # 이 + -란.

- ‘경ᄒᆞ니란’은 ‘경한 사람은’을 뜻하며 조사 ‘-란’은 후행하는 “듕ᄒᆞ니란”을 고려할 때 대조의 보조사로 해석된다.

▸ 반 돈만: 반 돈 정도. 반 돈쯤.

- 여기에서 조사 ‘-만’은 ‘알맞은 한도, 그만큼의 분량’을 뜻한다. 이 외에도 중세 국어에서 ‘-만’은 ‘한정’이나 조사 ‘-뿐’의 의미로도 사용되었다.

▸ 브ᅀᅥ: 부어. 븟- + -어.

- ‘븟다’는 ‘붓다’와 교체하며 ‘붓다’의 뜻으로 쓰였다.

▸ 토티: 토하지. 토ᄒᆞ- + -디.

▸ 젹젹: 조금씩.

▸ ᄉᆡᆨᄉᆡᆨᄒᆞᄂᆞ니라: 정신이 맑아진다. 소연해진다. ᄉᆡᆨᄉᆡᆨᄒᆞ- + -ᄂᆞ- + -니- + -라.

- ‘숣숣ᄒᆞ다’는 ‘정신이 맑다’, ‘소연하다’ 정도를 뜻하는데 여기에서는 동사로 쓰였다.

▸ 버거: 다음으로.

▸ 날회야: 천천히.

- ‘날회야’는 ‘천천히’를 뜻하는 부사로 쓰였는데 어간 ‘날회-’를 고려하면 연결어미 ‘-야’가 결합하여 부사화된 경우에 해당된다. 이와 같은 경우로 ‘비로서’, ‘더브러’ 등이 있다.

07.

번역박통사(飜譯朴通事)

❀ 해제

『번역박통사』는 한문본 『박통사』를 최세진이 언해하여 16세기(중정 연간)에 간행한 외국어 학습서이다. 책 제목의 '박통사'는 '박씨 성을 가진 통사, 통역관'이라는 의미를 가지고 있다. 이 책은 중국어 학습서인 『박통사』 한자 원문에 한글로 음을 달고 간행한 것인데 구체적인 간행 연도가 알려져 있진 않지만 『사성통해』(1517년)에 '번역노걸대박통사범례'가 실려 있는 것을 미루어보아 적어도 1517년(중종 12년) 이전에 간행된 것으로 추정한다.

『번역박통사』는 시기를 달리하여 언해한 『박통사언해』(1677)와 비교하여 국어 변화를 연구하기에 매우 중요한 자료이다. 이 외에도 '박통사'라는 이름을 포함하는 중국어 학습서를 우리말로 번역한 책으로 『박통사신석언해』(1765년, 영조 41년)가 있다. 특히 『박통사신석언해』는 조선 후기의 중국어 학습서인 『박통사신석』을 우리말로 번역한 책으로 김창조 등에 의해 한문본 『박통사신석』과 함께 평양에서 간행되었다. 『박통사언해』 편찬 이후 변화된 중국 사회의 모습과 변화된 언어의 모습을 반영하였으며 내용 면에서 많은 차이를 보이고 있다. 당시 중국의 풍속과 생활상을 연구하는 데에 중요한 의의를 지니고 있으며 특히 언해문을 중심으로 나타나는 국어학 특징은 『박통사』류의 우리말 번역본들과 비교 되어 의의가 크다.

이 책은 원전인 『박통사』와 마찬가지로 중국 사람의 생활 풍습과 풍물, 관습, 법과 제도 등을 문답 형식으로 표현한 회화체로 되어 있다. 그 내용의 범위가 외교상의 구체적 절차, 잡기, 보석 치장, 응대, 결혼 풍속, 계약의 절차, 문서 작성, 산후 조리, 활쏘기 등에 이르기까지 매우 방대하다. 대화 속에 등장하는 인물들은 주로 중국 사람들로 광범위한 중국의 사회상을 담고 있다.

『박통사』는 『노걸대』와 함께 고려시대부터 조선시대에 이르기까지 외국어의 번역 및 통역에 관한 일을 맡아보던 사역원에서 사용되었던 대표적인 중국어 학습서이다. 『노걸대』는 중국으로 물건을 팔러 가는 고려 상인이 중국 상인을 만나 동행하면서 나누는 여행, 무역과 관련된 대화 내용을 비교적 평이하게 다루고 있는 초급 수준의 학습서이다. 이에 비해 『박통사』는 담 쌓기, 전당 잡히기, 달 구경, 수수께끼 맞히기, 목욕하기, 결혼, 돌잔치, 산후 조리 등 다양한 내용을 다루는 고급 회화서로 평가받고 있다.

《번역박통사 상권, 2a-b》

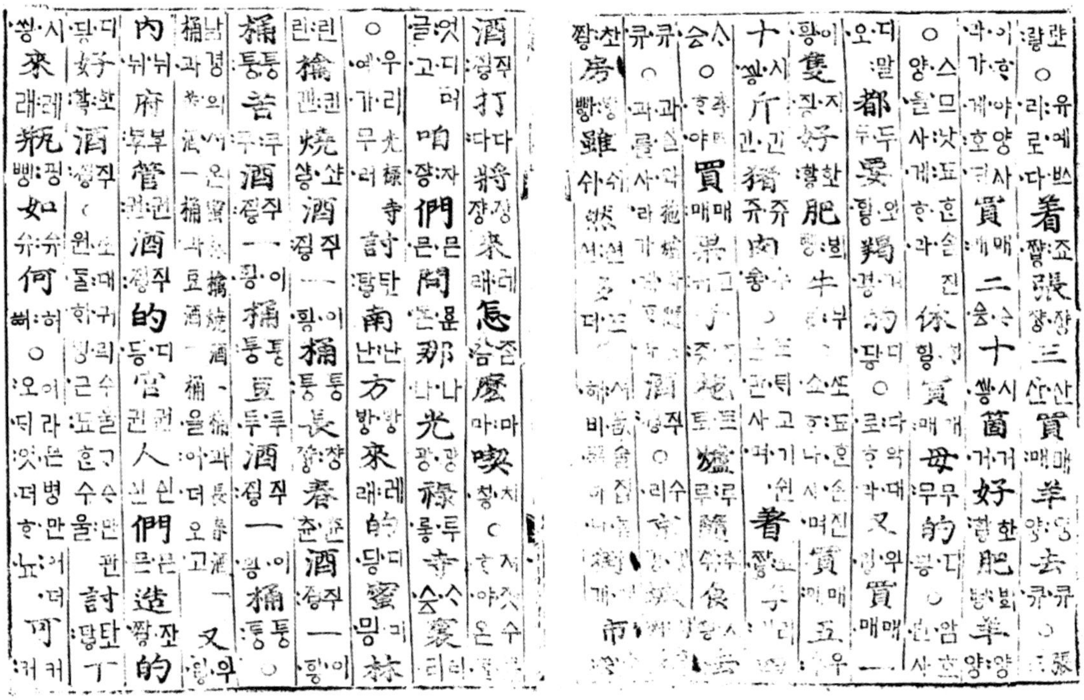

❀ 원문 텍스트

수리 셔욼 술집돌해 비록 하나 져젯 수를 ᄒᆞ야 온 돌 엇디 머글고 우리 光祿寺(광록사)예 가 무러 남경의셔 온 蜜林檎燒酒(밀림금소주) 一桶(일통)과 長春酒(장춘주) 一桶(일통)과 芳酒(방주) 一桶(일통)과 豆酒 一桶(두주일통)을 어더 오고 쏘 대궈릐 수울 ᄀᆞᅀᆞᆷ만 관원돌히 밍근 됴ᄒᆞᆫ 수울 여라믄 병만 어더 오듸 엇더ᄒᆞ뇨

❀ 현대어 역

술이 서울에 있는 술집들에 비록 많으나 시장의 술을 가져 온들 어찌 먹을꼬? 우리 광록사에 가서 물어 남경에서 가져온 밀림금화주 한 통과 장춘주 한 통과, 방주 한 통과 두주 한 통을 얻어 오고, 또 대궐의 술을 주관하는 관원들이 만든 좋은 술 여남은 병만 얻어 오는 것이 어떠하냐?

❀ 주석

▸ 수리: 술이. 술은. 술 + -이.

▸ 술집돌해: 술집들에. 술집 + -돌ㅎ + -애.

- '-돌ㅎ'은 복수 접미사로 'ㅎ'을 종성으로 가진 형태이다.

▸ 하나: 많으나. 하- + -나.

- '하다'는 '많다', '크다' 의 의미를 지닌 어형이다.

▸ 져젯: 시장의. 져제 + -ㅅ.

- '져제'는 '지장'을 뜻하는 명사이다. '져제', '져재', '져자' 등의 어형이 존재하였다.

▸ 온들: 온들. 오- + -ㄴ들.

- '-ㄴ들'은 '-ㄴ다고 할지라도' 정도의 뜻을 가진 양보 연결어미이며 의문문과 호응을 이룬다.

▸ 머글고; 먹을꼬. 먹- + -을고.

- '-을고'는 중세 국어의 'ᄒᆞ라체' 의문의 종결어미로 여기에서는 상대편의 의사를 묻는 의미로 쓰였다.

▸ 가ᅀᆞ만: 주관하는. 관리하는. 가ᅀᆞ말- + -ㄴ.

- '가ᅀᆞ말다'는 '주관하다', '관리하다'의 의미를 지닌 명사인데 주로 'ᄀᆞᅀᆞ말다'로 쓰였다. 여기에서는 '가ᅀᆞ말다'로 표기되어 있어 특기할 만하다. 어두 'ㆍ'와 'ㅏ'가 교체된 표기이므로 이례적인 경우라 하겠다.

▸ 여라믄: 여남은.

▸ 엇더ᄒᆞ뇨: 어떠하냐. 엇더ᄒᆞ- + -뇨.

• '-뇨'는 중세 국어의 'ᄒᆞ라체' 의문 종결어미로 설명 의문문에 쓰였다. 이 '-뇨'는 '-니-'와 '-오'로 분석하여 설명 의문문에 쓰인 '-고'와 그 관계를 설명하기도 하는데 '-오'가 어간에 직접 결합하는 예가 확인되는 일이 없고 항상 '-니-'나 '-리-'를 수반하기 때문에 '-뇨'를 분석하지 않기도 한다.

문법 tip 중세 국어 의문문과 의문법 종결어미

중세 국어에서는 판정 의문문과 설명 의문문의 종결어미가 다르게 나타났다. 판정 의문문은 '예/아니오'의 대답을 요구하는 의문문으로 '그딋 아바니미 잇ᄂᆞ닛가'와 같이 용언 어간 뒤에 결합하는 어미의 마지막 모음이 /ㅏ/ 계열로 끝나며, 설명 의문문은 의문사에 대하여 설명을 요구하는 의문문으로 'ᄆᆞᄉᆞ글 노ᄒᆞ라 ᄒᆞ시ᄂᆞ니잇고'와 같이 용언 어간 뒤에 결합하는 어미의 마지막 모음이 /ㅗ/ 계열로 나타났다. 한편, 중세 국어 의문문은 '이 ᄯᆞ리 너희 죵가' 혹은 '이 엇던 光明(광명)고'와 같이 체언 뒤에 의문 보조사가 결합하기도 하였는데 어미와 마찬가지로 /ㅏ/ 모음 계열인 '-가'는 판정 의문문에, /ㅗ/ 모음 계열인 '-고'는 설명 의문문에 쓰였다. 또한 중세 국어에서는 주어가 2인칭일 때 '네 ᄆᆞᄉᆞ글 가져 본다'(너가 무엇을 가져 보았느냐?)와 같이 의문문을 나타내는 종결 어미 '-ㄴ다', '-ㅭ다'가 나타났다.

《번역박통사 상권, 3a-b》

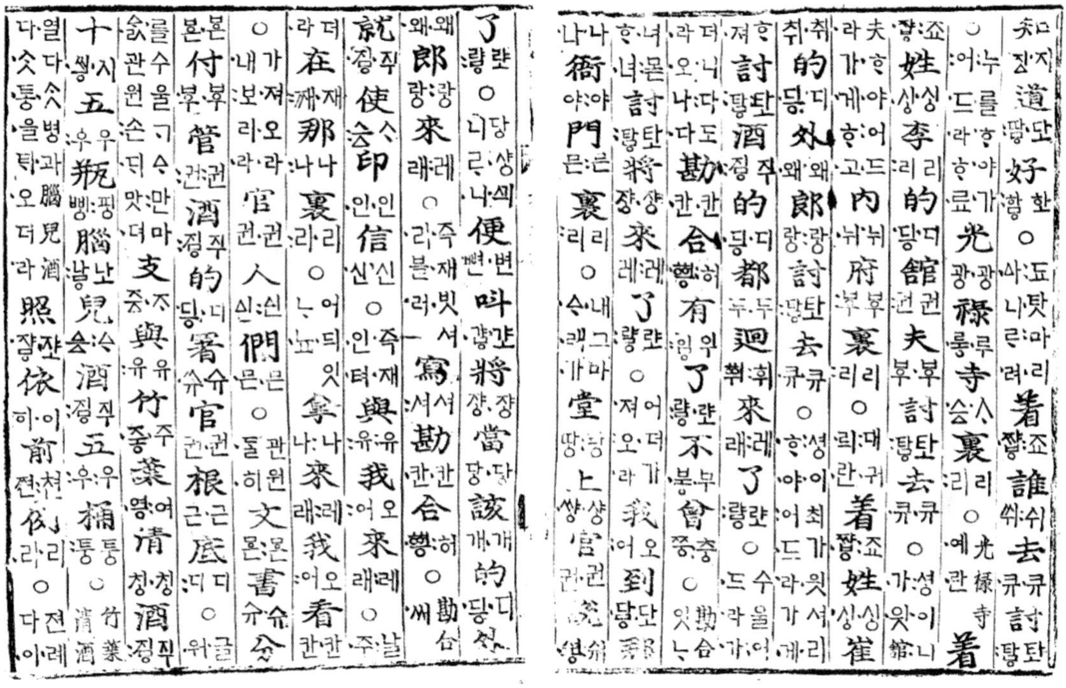

❀ 원문 텍스트

됴탓 마리ᅀᅡ 니ᄅᆞ려 누를 ᄒᆞ야 가 어드라 ᄒᆞ료 光祿寺(광록사)예란 셩이 니가읫 舘夫(관부) ᄒᆞ야 어드라 가게 ᄒᆞ고 대귀리란 셩이 최가읫 셔리 ᄒᆞ야 어드라 가게 ᄒᆞ져 수울 어드라 가더니 다 도라오나다 勘合(감합) 잇ᄂᆞ녀 몯ᄒᆞ녀 어더 가져오라 내 그 마ᄉᆞ래 가 당샹씌 니ᄅᆞ니 즉재 빗 셔리 블러 勘合(감합) 써 즉재 인 텨 날 주더라 어듸 잇ᄂᆞ뇨 가져오라 내 보리라 관원ᄃᆞᆯ히 글워를 수울 ᄀᆞᄉᆞ만 마ᄉᆞᆳ 관원손ᄃᆡ 맛뎌 竹葉清酒(죽엽청주) 열다ᄉᆞᆺ 병과 腦兒酒(뇌아주) 다ᄉᆞᆺ 통을 ᄐᆡ오더라

젼례다이

❀ 현대어 역

좋은 말을 말했구나. 누구를 시켜 가서 얻어 오라 할까? 광록사에는 성이 이가인 관부를 시켜 얻으러 가게 하고, 대궐에는 성이 최가인 서리를 시켜 얻으러 가게 하자. 술 얻으러 갔던 사람이 모두 돌아왔다. 감합 있느냐 없느냐? 얻어 가져 왔다. 내 그 마을에 가서 당상께 말하니, 즉시 서리를 불러 감합을 써 주고 즉시 도장을 찍어 나에게 주었다. 어디 있느냐? 가져 와라. 내 보겠다. 관원들이 그 글을 술 주관하는 마을 관원에게 맡겨 죽엽청주 열다섯 병과 뇌아주 다섯 통을 실었다. 전례대로

❀ 주석

▸ 됴탓 마리ᅀᅡ: 좋은 말을. 둏- + -다 + -ㅅ # 말 + -이 + -ᅀᅡ.

- "됴탓 마리ᅀᅡ 니ᄅᆞ려"는 '좋은 말이구나', 혹은 '좋은 말을 말했구나' 정도로 해석된다. '됴탓'은 '둏다'에 'ㅅ'이 통합한 구성인데 의미 맥락을 고려하면 '둏다'가 '말'을 수식하는 구성이므로 'ㅅ'이 관형의 의미 기능으로 보인다. 그런데 'ㅅ'이 종결어미 뒤에 통합한 구성이어서 관형격 조사나 관형사형 어미로 분류하기도 어려운 상황이므로 이를 통사적 파격이라고 그 용법을 규정하기도 한다. 그런데 국어에는 절이나 문장에 조사가 결합하는 경우가 없는 것은 아니다. 가령, '죽느냐 사느냐가 문제다'처럼 조사 '가'가 '죽느냐 사느냐'에 통합한 것을 고려하면 '됴탓'의 'ㅅ'도 이와 같은 측면에서 해석할 수도 있을 것이다.

▸ 누를 ᄒᆡ야: 누구를 시켜서. 누 + -를 # ᄒᆡ- + -야.

- 'ᄒᆡ야'는 '하게 하여', '시키어' 정도로 해석된다. '시키다'의 의미로 'ᄒᆡ이다'가 존재하였으므로 'ᄒᆡ야'를 'ᄒᆡ이- + -아'로 분석할 가능성도 있다.

▸ 어드라: 얻으러. 얻- + -으라.

- '-(으)라'는 의도나 목적의 의미를 지닌 연결어미이다.

▸ ᄒᆞ료: 할까. ᄒᆞ- + -료.

- '-료'는 중세 국어의 'ᄒᆞ라체' 의문 종결어미로 설명 의문문에 쓰였다. 이 '-료'는 '-리-'와 '-오'로 분석하여 설명 의문문에 쓰인 '-고'와 그 관계를 설명하기도 하는데 '-오'가 어간에 직접 결합하는 예가 확인되지 않고 항상 '-리-'나 '-니-'를 수반하기 때문에 '-료'를 분석하지 않기도 한다.

▸ 光祿寺예란: 광록사에는. 光祿寺 + -예 + -란.

- 조사 '-예'는 장소 명사 뒤에 쓰여 처격를 표시하는데 이 경우에는 그 분포가 예외적이다. '-예'가 주로 선행 명사의 모음이 반모음 'j'이거나 '이'일 때 분포하므로 '光祿寺(광록사)' 뒤에 '-예'가 통합한 것은 예외적이라 하겠다.
- 조사 '-(으)란'은 선행 명사가 주제나 대조의 의미를 지닐 때 쓰였다. 그래서 이 경우에도 '광록사에는'으로 해석하는 것이 자연스럽다.

▸ 니가읫: 이가인. 니 + -가 + -의 + -ㅅ.

- '-가'는 성씨를 가진 사람을 뜻하는 접미사이고 '읫'은 형태적으로 조사 '-의'와 '-ㅅ'이 통합한 것으로 분석된다. 이를 직역하자면 '이가에의', '이가 집안에서의' 정도로 해석되는데 이를 의역하여 '성이 이가인 관부'로 해석하였다.

▸ 가게 ᄒᆞ져: 가게 하자. 가- + -게 # ᄒᆞ- + -져.

- '-져'는 중세 국어 'ᄒᆞ라체' 청유형 종결어미이다.

▸ 가더니: 갔던 사람. 가- + -더- + -ㄴ # 이

▸ 오나다: 왔다. 오- + -나- + -다.

- '-나-'는 '-거-', '-어-'와 교체하는 선어말어미인데 '오나다'처럼 어간이 '오-'일 때 통합되었다. '-거-'는 자동사 뒤에서, '-어-'는 타동사 뒤에서 통합되었다. 근대 국어 이후 '가거늘'처럼 자동사 뒤에서 '-거-'가 오는 것을 따라 '오다' 뒤에도 '-거늘'이 통합한 '오거늘'이 나타나기 시작하였는데 이 변화의 기제를 유추라 한다. 즉 이 변화는 '가- : 가거늘 = 오- : x'와 같이 그 비례 형식으로 표시되는데 이처럼 유추는 불규칙적인 형태들을 규칙적인 것으로 만드는 작용을 한다.

▸ 勘合: 감합.

- '감합'은 발송할 문서의 한끝을 원본에 겹쳐 대고 그 위에 도장을 찍던 일, 또는 그 도장을 뜻한다.

▸ 몯ᄒᆞ녀: 없느냐. 몯ᄒᆞ- + -녀.

- 여기에서 '몯ᄒᆞ다'는 행동이 이루어지지 않거나 그것을 이룰 능력이 없음을 나타내는 뜻이 아니고 '감합'이 붙어 있는지 없는지를 뜻하는 말로 쓰였다.
- '-녀'는 중세 국어 'ᄒᆞ라체' 의문 종결어미로 판정 의문문에 쓰였다. 이 '-녀'는 '-니-'와 '-어'로 분석하여 판정 의문문에 쓰인 '-가'와 그 관계를 설명하기도 하는데 '-어'가 어간에 직접 결합하는 예가 확인되는 일이 없고 항상 '-니-'나 '-리-'를 수반하기 때문에 '-녀'를 분석하지 않기도 한다.

▸ 즉재: 즉시.

▸ 빗셔리: 서리.

▸ 인 텨: 도장을 찍어. 인 # 티- + -어.

- '인'은 '도장'을 의미하고 '인 티다'는 '도장을 찍다'를 뜻한다.

▸ 마ᅀᆞᆳ: 마을의. 마ᅀᆞᆯ + -ㅅ.

- '마ᅀᆞᆯ'은 '마을'의 중세 국어 어형이고 '마ᅀᆞᆯ 〉 마ᄋᆞᆯ 〉 마을'의 변화 과정을 겪었다.

▸ 관원손ᄃᆡ: 관원에게. 관원 + -손ᄃᆡ.

- '손ᄃᆡ'는 문맥적으로 '에게' 정도로 해석되는 형태이나 주로 여격 명사에 관형격 조사를 수반한 'NPᄋᆡ 손ᄃᆡ', 'NPㅅ 손ᄃᆡ'로 나타나 형식 명사로 분류된다. 여기에서는 관형격 조사 'ᄋᆡ'와 'ㅅ' 없이 통합한 것이 특징적이다.

▸ 맛뎌: 맡겨. 맛디- + -어.

- '맛디다'는 '맡기다'를 뜻하는 동사인데 '맛디다'는 '맜-'에 접미사 '-이'가 결합하여 형성되었다.

▸ ᄐᆡ오더라: 실었다. ᄐᆡ오- + -더- + -라.

- 'ᄐᆡ오다'는 '태우다', '싣다'의 뜻을 지닌 동사인데 어간 'ᄐᆡ오-'는 'ᄐᆞ- + -이- + -오-'와 같이 이중 접미사 구조를 가지고 있다.
- 중세 국어에서 '-더-'는 과거 시상 선어말어미로 기능하였는데 부정법 '∅'와 상적 대립 관계를 가지고 있었다. 즉 '-더-'가 과거의 비완료 상황에서 쓰였고 '∅'는 과거 완료 상황에서 쓰였다. 한편, 중세 국어에서 '-더-'는, 현대 국어와 달리, 화자의 과거 경험을 반드시 요구하는 것은 아니어서 화자가 주어인 경우에도 통합되었다.

《번역박통사 상권, 4a-b》

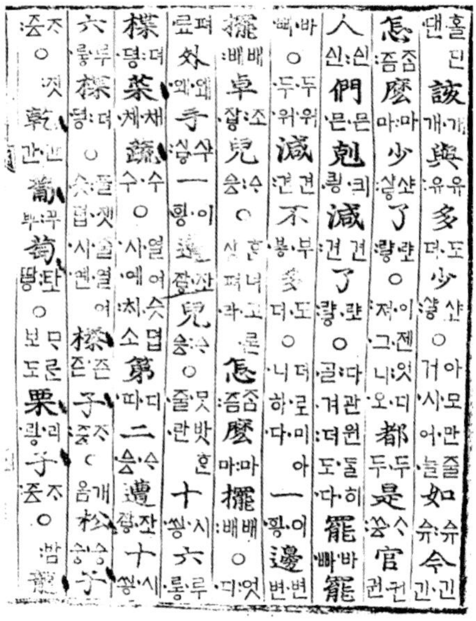

❀ 원문 텍스트

젼례다이 홀딘댄 아모만 줄 거시어늘 이젠 엇디 져그니오 다 관원돌히 골겨 더도다 두워 두워 더로미 아니하다

❀ 현대어 역

전례대로 할 것 같으면 얼마만큼 줄 것이거늘 이제는 어찌 적으냐? 다 관원들이 세차게 쳐서(가로채서) 적어졌다. 됐다. 괜찮다. 덜어간 것이 많지 않다.

❀ 주석

▸ 전례다이: 전례대로. 전례 + -다이.

- '다이'는 '답게', '대로' 정도를 뜻하는 형태로 15세기 '다ᄫᅵ'로 소급된다.

▸ 홀딘댄: 할 것 같으면. ᄒᆞ- + -을딘댄.

- '-(으)ㄹ딘댄'은 '-(으)ㄹ 것 같으면' 정도로 해석되는 접속어미이다.

▸ 아모만: 얼마만큼. 아모 + -만.

- '아모'는 '뚜렷이 밝히지 않는 수량이나 정도'를 의미하며, '만'은 '정도'를 뜻하는 의미로 쓰였다. 이때 '아모'의 쓰임이나 '아모만'의 쓰임은 현대 국어에서 찾아보기 어려운 점에서 특기할 만하다. 중세 국어 부정칭 '아모'(아무)는 현대 국어보다 그 의미 영역이 넓어서 특정한 대상이나 불특정한 대상을 비한정적으로 나타내는 경우 모두 나타났고 조사와의 결합 제약이나 문장의 제약이 없었다.

▸ 골겨: 세차게 쳐서(가로채서). 골기- + -어.

- '골기다'는 '세차게 치다'의 뜻을 지닌 단어인데 관원들이 술을 가로채기 위해 손을 쓴 행위의 의미로 보여 '가로채서'로 의역할 수 있다. 현대 국어의 '갈겨 먹다'(남의 재물을 가로채서 가지거나 써 없애다)의 '갈겨'와 관련된 것으로 추정된다.

▸ 두워 두워: 됐다 괜찮다. 그래 그래.

- 박통사나 노걸대에서 '두워 두워' 표현이 자주 등장하는데 주로 주어진 상황에 대한 수용 내지 용인 정도의 문맥에서 감탄사처럼 쓰였다. 이를 감안하여 여기에는 '됐다 괜찮다' 정도로 의역하였다.

문법 tip 동국정운식 한자음 표기

훈민정음은 우리말을 쉽게 적는다는 목적 이외에 당시의 한자음을 중국 원음에 가깝게 표기하려는 목적이 있었다. 이에 세종 30년, 중국 음운학의 기본이 되는 명나라의 〈홍무정운〉의 음운체계를 바탕으로 하여 〈동국정운〉을 간행하여 우리나라 한자음의 표준으로 삼았는데 〈훈민정음 언해〉, 〈석보상절〉, 〈월인천강지곡〉의 한자음 표기를 동국정운식 한자음이라고 한다. 그러나 이 한자음은 중국 한자음을 중심으로 하였기 때문에 현실에 통용되던 우리나라 한자음과는 거리가 먼 이상적 한자음으로 세조 이후(1485)에는 거의 쓰이지 않았다.

동국정운식 한자음은 중국의 원음에 가까운 표기로 'ㄲ, ㄸ, ㅃ, ㅉ, ㅆ, ㆆ, ㆆ. ㅿ' 등을 초성에 사용하였으며 초성, 중성, 종성을 반드시 갖추어 표기하였다. 예를 들어 '世'의 경우 종성의 발음이 나타나지 않지만 'ㅇ, ㅱ'을 붙여서 종성을 갖추어 표기하였다.

동국정운식 한자음 표기에서 '이영보래(以影補來)'에 주목해 볼 수 있는데, 'ㄹ' 받침으로 끝난 한자어에는 반드시 'ㆆ'을 붙여 'ㄹ'을 길게 발음하지 말고 빨리 발음을 끝내는 입성이 되도록 한다는 것이다. 즉 '영모(影母, ㆆ)'로써(以) '래모(來母, ㄹ)'를 불파음이 되도록 돕는다(補)는 뜻으로 'ㄹ'로 읽고 있는 한자들이 본래 중국 한자음으로는 '-t'[ㄷ]로 읽는 것이 올바르다고 판단하여 'ㅭ'으로 표기하였다.

《번역박통사 상권, 11a-b》

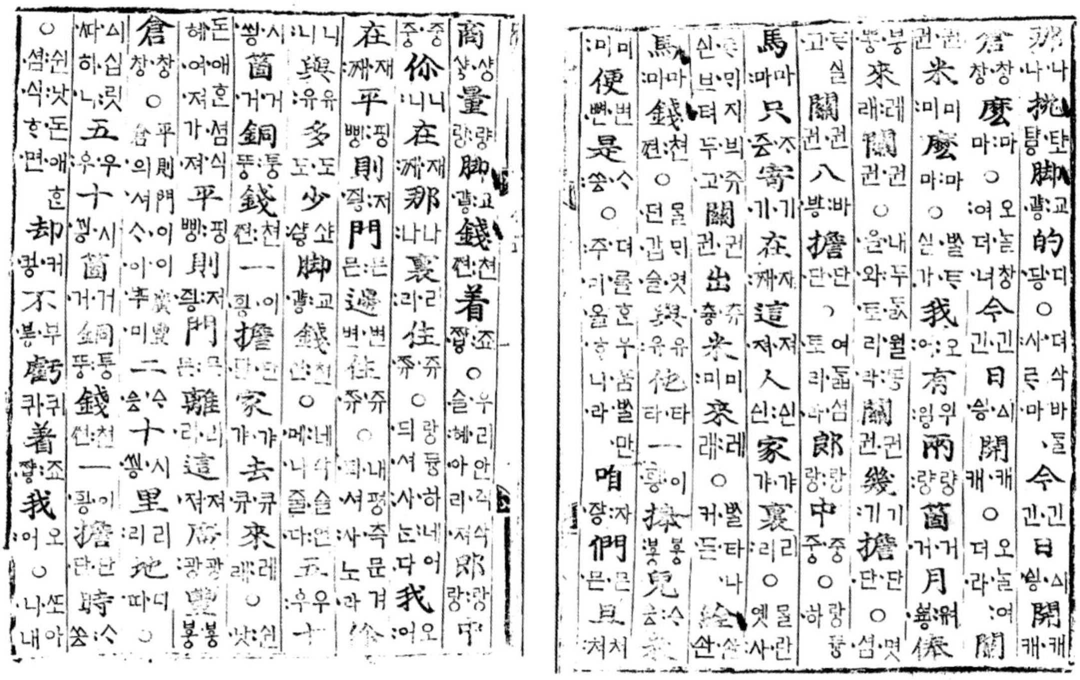

❀ 원문 텍스트

뎌 삭 바ᄃᆞᆯ 사ᄅᆞ마 오ᄂᆞᆯ 창 여더녀 오ᄂᆞᆯ 여더라 ᄡᆞᆯ ᄐᆞ실가 내 두 ᄃᆞᆳ 월봉을 와 토리라 몃 셤 ᄐᆞ실고 여ᄃᆞᆲ 셤 토리라 랑듕하 ᄆᆞᆯ란 옛사ᄅᆞᄆᆡ 지븨 쥬싄 브텨 두고 ᄡᆞᆯ 타 나커든 ᄆᆞᆯ ᄆᆡ엿던 갑슬 뎌를 ᄒᆞᆫ 우훔 ᄡᆞᆯ만 주미 올ᄒᆞ니라 우리 안직 삭슬 혜아리져 랑듕하 네 어듸셔 사ᄂᆞᆫ다 내 평측문 겨틔셔 사노라 네 삭슬 언메나 줄다 쉰 낫 돈애 ᄒᆞᆫ 셤식 혜여져 가져 平則門(평측문)이 이 廣豊倉(광풍창)의셔 ᄉᆞ이 ᄠᅳ미 ᅀᅵ십릿 ᄡᅡ히니 쉰 낫 돈애 ᄒᆞᆫ 셤식 ᄒᆞ면 ᄯᅩ 아니 내-게 셜우녀

❀ 현대어 역

저 삯 받을 사람아 오늘 창고 열었냐? 오늘 열었다. 쌀을 타실까? 내 두 달 월급을 와서 탈 것이다. 몇 섬 타실까? 여덟 섬 탈 것이다. 낭중아. 말은 옛사람의 집에 주인에게 맡겨 두고 쌀을 타서 나오거든 말 매었던 값으로 저에게 한 움큼 쌀만 주는 것이 옳다. 우리 잠깐 삯을 계산하자. 낭중아 너 어디에서 사느냐? 내 평측문 곁에서 산다. 네가 삯을 얼마나 주겠는가? 쉰 낫 돈에 한 섬씩 계산해서 가자. 평측문이 이 광풍창에서 사이가 벌어짐이 이십리 땅이니 쉰 낫 돈에 한 섬씩 하면 또 아니 내게 섭섭하냐?

❀ 주석

▸ 삭: 삯.

▸ 여더녀: 열었냐. 열- + -더- + -녀.

- '-녀'는 중세 국어의 'ᄒᆞ라체' 의문 종결어미로 판정 의문문에 쓰였다.

▸ 여더라: 열었다. 열- + -더- + -라.

- 중세 국어에서 '-더-'는 과거 시상 선어말어미로 기능하였는데 부정법 '∅'와 상적 대립 관계를 가지고 있었다. 즉 '-더-'가 과거의 비완료 상황에서 쓰였고 '∅'는 과거 완료 상황에서 쓰였다. 한편, 중세 국어에서 '-더-'는, 현대 국어와 달리, 화자의 과거 경험을 반드시 요구하는 것은 아니어서 화자가 주어인 경우에도 통합되었다.

▸ ᄡᆞᆯ: 쌀.

- 중세 국어에서 초성의 경우 자음이 2개까지 올 수 있었으며 '싸ᄒᆡ'(~ᄉᆞ나ᄒᆡ)처럼 'ㅅ'계 합용 병서와 'ᄠᅳᆮ', 'ᄡᆞᆯ'처럼 'ㅂ'계 합용 병서로 나뉜다. 'ㅅ'계 합용 병서는 'ㅻ'을 제외한 'ㅺ, ㅼ, ㅽ'은 하나의 자음인 경음을 나타낸 것으로 보지만 'ㅂ'계 합용 병서는 'ㅂ'이 실제 발음되었다고 본다.

▸ ᄐᆞ실가: 타실까. ᄐᆞ- + -시- + -ㄹ가.

- 'ᄐᆞ다'는 '쌀을 타다'로 쓰일 때 '몫으로 주는 돈이나 물건을 따위를 받다'로 해석된다.

• '-ㄹ가'는 중세 국어 'ᄒᆞ라체' 의문 종결어미로 판정 의문문에 쓰였으며 주로 독백이나 마음속의 의문을 표현하는 간접 의문문에 쓰였다.

▸ 토리라: 탈 것이다. 받을 것이다. ᄐᆞ- + -오- + -리- + -라.

• '-오-'는 주어인 '내'와 호응하는 1인칭 선어말어미로 주어가 1인칭일 때 서술어에 통합하였다. 이 선어말어미 뒤에서는 평서법 종결어미 '-라'로 통합하였다.

▸ ᄐᆞ실고: 타실까. 받으실까. ᄐᆞ- + -시- + -ㄹ고.

• '-ㄹ고'는 중세 국어 'ᄒᆞ라체' 의문 종결어미로 설명 의문문에 쓰였으며 주로 독백이나 마음속의 의문을 표현하는 간접 의문문에 쓰였다.

▸ 브텨 두고: 맡겨 두고. 븥- + -어 # 두- + -고.

• '븥다'는 '의지하다', '시작하다', '맞닿아 떨어지지 아니하다' 정도의 의미로 쓰였는데 여기에서는 의미가 전이된 '남에게 기대다' 정도의 의미로 해석된다.

▸ 나커든: 나오거든. 나- + - 거든.

▸ 뎌를: 저를. 저에게. 뎌 + -를.

▸ 우흠: 움큼.

▸ 안직: 잠깐.

• '안직'이 보통은 '아직', '가장' 정도로 쓰였는데 여기에서는 '잠깐' 정도로 해석된다.

▸ 혜아리져: 헤아리자. 계산하자. 혜아리- + -져.

• '-져'는 중세 국어의 해라체 청유형 어미로 쓰였다. 근대 국어 양성모음화 현상으로 '져 〉 쟈' 변화를 겪었다.

▸ 사는다: 사느냐. 살- + -ᄂᆞ- + -ㄴ다.

• '-ㄴ다'는 중세 국어 'ᄒᆞ라체' 의문 종결어미로 주어가 2인칭일 때 쓰였다. 시제에 따라서 현재 시제일 때는 '-는다'로, 과거 시제일 때는 '-던다'로, 미래 시제일 때는 '-ㅭ다'로 나타났다.

▸ 겨틔셔: 곁에서. 곁 + -의셔.

▸ 사노라: 산다. 살- + -ᄂᆞ- + -오- + -라.

• '-오-'는 주어 '내'와 호응하는 주어 1인칭 선어말어미이다. '-오-'는 선행 음절의 모음조화에 따라 '-우-'와 교체되었으며 서술격 조사 뒤에서는 '-로-'로 나타났다.

또한 선어말어미 '-더-'와 연결되면 '-다-'로 실현되었다. 한편, '-오-' 뒤에 평서법 종결어미가 직접 후행할 때는 '-라'가 통합되었다.

▸ 줄다: 주겠는가. 주- + -ㄹ다.

《번역박통사 상권, 12a-b》

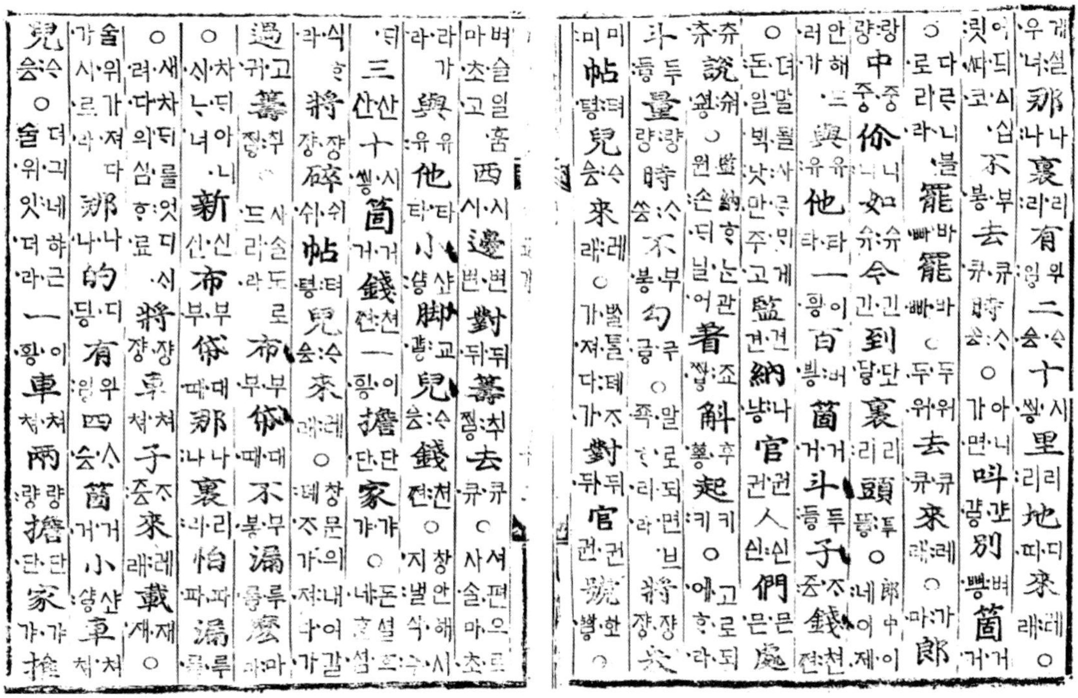

❀ 원문 텍스트

내-게 셜우녀 어듸 ᄉᆞ십릿 ᄡᅡ코 아니 가면 다ᄅᆞ니 블로리라 두워 두워 가마 郞中(낭중)이 네 이제 안해 드러가 뎌 말 될 사ᄅᆞᆷ미게 돈 일 빅 낫만 주고 監納(감납)ᄒᆞᄂᆞᆫ 관원손ᄃᆡ 닐어 고로 되에 ᄒᆞ라 말로 되면 브족ᄒᆞ리라 ᄡᆞᆯ 톨 뎨ᄌᆞ 가져다가 벼슬 일훔 마초고 셔편으로 사솔 마초라 가라 창 안해셔 지낼 삭 주ᄃᆡ 돈 셜흐네 ᄒᆞᆫ 셤식 ᄒᆞ라 창문의 내여 갈 뎨ᄌᆞ 가져다가 사솔 도로 드리라 차ᄃᆡ 아니 ᄉᆡᄂᆞ녀 새 차ᄃᆡ를 엇디 ᄉᆡ려 다 의심ᄒᆞ료 술위 가져다가 시르라 뎌긔 네 햐근 술위 잇더라

❀ 현대어 역

내게 섭섭하냐? 어찌 이십리 땅이라고 하는고? 안 가면 다른 이를 부를 것이다. 그래 그래 가마. 낭중이 너 이제 안에 들어가 저 말을 될 사람에게 돈 일백 낫만 주고 감납(감독)하는 관원에게 말하여 곡으로 되게 하라. 말로 되면 부족하리라. 쌀을 탈 보람 가져다가 벼슬 이름을 확인하고 서편으로 삿자리를 맞추러 가라. 창고 안에서 지낼 삯을 주되 돈 서른에 한 섬씩 하라. 창문에서 (쌀을) 내어 갈 보람을 가져다가 (쌀을 타고) 삿자리를 도로 드려라. 포대가 아니 새는가? 새 포대가 어찌 샌다고 의심하는고? 수레 가져다가 실어라. 저기 너의 적은 수레 있더라.

❀ 주석

▸ ᅀᅵ십릿: 이십리의. ᅀᅵ십리 + -ㅅ.

▸ ᄯᅡ코: 땅이고. ᄯᅡㅎ + -고.

- ‘ᄯᅡㅎ’은 ‘땅’을 뜻하는 ‘ㅎ’ 종성 체언이다. ‘ㅎ’ 종성 체언은 모음으로 시작하는 조사 앞에서는 종성의 ‘ㅎ’이 실현되었고 자음으로 시작하는 조사가 뒤따를 때는 ‘ㅎ’이 탈락되거나 후행하는 조사가 ‘-과’, ‘-도’일 때는 ‘하ᄂᆞᆯ콰’, ‘하ᄂᆞᆯ토’처럼 거센소리화가 일어나기도 하였다.

▸ 다ᄅᆞ니: 다른 이(사람). 다ᄅᆞ- + -ㄴ # 이.

▸ 블로리라: 부르겠다. 브르- + -오- + -리- + -라.

- 어간 ‘브르-’(부르다)는 모음으로 시작하는 어미 앞에서는 ‘블ㄹ-’로 교체되었다.

▸ 관원손ᄃᆡ: 관원에게. 관원 + -손ᄃᆡ.

- 여기에서 ‘손ᄃᆡ’는 처격 조사가 통합될 자리에 나타난 경우인데 주로 “沙門의 손ᄃᆡ 사ᄅᆞᆷ 브려 니른대”〈釋詳24:22a〉, “道人ㅅ 손ᄃᆡ 무로ᄃᆡ”〈月釋20:74a〉처럼 [-의 # 손ᄃᆡ], [-ㅅ # 손ᄃᆡ] 구성으로 실현되며 형식명사로 쓰였다. 또한 구문적으로는 화법 동사와 호응 관계를 보이는 특징을 보인다.

▸ 되에: 되게. 재게. 되- + -에.

• '-에'는 앞의 내용이 뒤에서 가리키는 사태의 목적이나 결과, 방식, 정도 따위가 됨을 나타내는 연결어미인데 '-게'가 '이' 모음과 반모음 'j', 'ㄹ' 뒤에서 'ㄱ'이 약화 탈락하여('-게' > '-에') 나타난 것이다. 이때 'ㅇ'은 음가를 지닌 유성후두마찰음([ɦ])으로 모음 앞의 'ㅇ'(가령, '오', '아' 등의 'ㅇ')과 구별된다.

▸ 뎨즈: 첩아(貼兒). 보람. 약간 드러나 보이는 표적. 다른 물건과 구별하거나 잊지 않기 위하여 표를 해 두는 표적.

▸ 사솔: 삿. 삿자리. 갈대를 엮어서 만든 자리.

▸ 차딕: 차대. 포대.

▸ 싀ᄂᆞ녀: 새는가. 싀- + -ᄂᆞ- + -녀.

• '-녀'는 중세 국어 'ᄒᆞ라체' 의문 종결어미로 판정 의문문에 쓰였다. 이 '-녀'는 '-니-'와 '-어'로 분석하여 판정 의문문에 쓰인 '-가'와 그 관계를 설명하기도 하는데 '-어'가 어간에 직접 결합하는 예가 확인되는 일이 없고 항상 '-니-'나 '-리-'를 수반하기 때문에 '-녀'를 분석하지 않기도 한다.

▸ 의심ᄒᆞ료: 의심하는고. 의심ᄒᆞ- + -료.

• '-료'는 중세 국어의 'ᄒᆞ라체' 의문 종결어미로 설명 의문문에 쓰였다. 이 '-료'는 '-리-'와 '-오'로 분석하여 설명 의문문에 쓰인 '-고'와 그 관계를 설명하기도 하는데 '-오'가 어간에 직접 결합하는 예가 확인되지 않고 항상 '-리-'나 '-니-'를 수반하기 때문에 '-료'를 분석하지 않기도 한다.

▸ 술위: 수레.

• '수레'를 뜻하는 단어는 '술위', '수뤼', '술의'가 있다.

《번역박통사 상권, 13a》

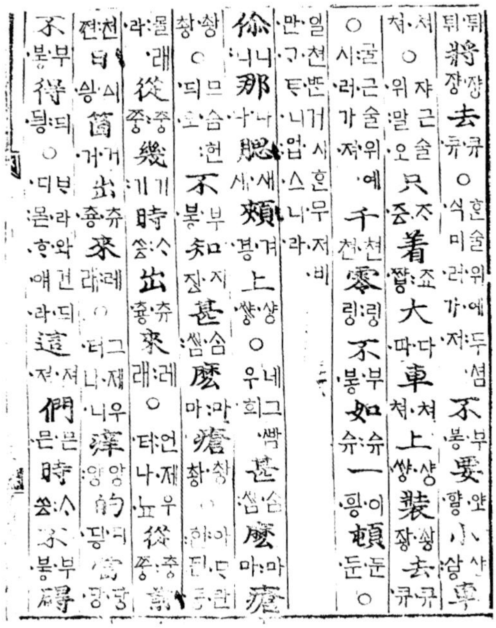

❀ 원문 텍스트

ᄒᆞᆫ 술위예 두 셤식 미러 가져 쟈근 술위 말오 굴근 술위예 시러 가져 일쳔 ᄠᆞᆫ 거시 ᄒᆞᆫ 무저비만 ᄀᆞᄐᆞ니 업스니라

❀ 현대어 역

한 수레에 두 섬씩 밀어 가자. 작은 수레 말고 큰 수레에 실어 가자. 천 개의 부스러기가 한 개의 무더기만 같은 것이 없다.

❀ 주석

▸ 말오: 말고. 말- + -오.

- 연결어미 '-오'는 'ㄹ' 뒤에서 연결어미 '-고'의 'ㄱ'가 약화된 표기이다. 중세 국어에서 'ㄱ'가 약화된 형태는 '알어늘'(알-어늘/거늘), '알오'(알-오/고)에서도 확인된다. 'ㄱ'가 약화된 유성후두마찰음 [ɦ]으로 선행하는 어간 'ㄹ'이 연철되지 않는 특성을 보인다.

▸ 굴근: 큰. 굵- + -은.

▸ 가져: 가자. 가- + -져.

- '-져'는 중세 국어 'ᄒᆞ라체' 청유형 종결어미이다.

▸ 일쳔 ᄠᅳᆫ 거시: 매우 많은 수의 부스러기.

- "일쳔 ᄠᅳᆫ 거시"는 "千零不如一頓(천령불여일돈)"을 언해한 것으로 '千榮(천령)'은 '천 개의 부스러기' 정도로 해석되고 '不如一頓'은 '무더기만 같은 것이 없다' 정도로 해석된다. 따라서 "일쳔 ᄠᅳᆫ 거시 ᄒᆞᆫ 무저비만 ᄀᆞᄐᆞ니 업스니라"는 '천 개의 부스러기가 한 개의 무더기만 같은 것이' 정도로 해석된다.

▸ 무저비: 무더기.

문법 tip 관형격조사

관형격 조사는 문장 내에서 체언과 체언의 관계를 표시하는 것으로 그것이 붙는 앞 말에 관형어의 자격을 부여하는 조사이다. 중세 국어의 관형격 조사는 '-ᄋᆡ/-의, -ㅅ, -ㅣ'이 있다.

1. '-ᄋᆡ/-의': 주로 유정 명사에 붙어서 실현

'ㅣ'로 끝나는 체언 뒤에서 실현될 경우 체언의 끝소리 /ㅣ/가 줄어진다.

음운환경	자음 뒤	
	양성	음성
형태	-ᄋᆡ	-의
용례	죵ᄋᆡ 서리예 : 종의 사이에 할ᄆᆡ ᄆᆞᅀᆞᄆᆞᆯ : 할미의 마음을	그려긔 발 ᄀᆞᄐᆞ시며 : 기러기 발 같으시며

단, /ㅣ/로 끝나는 체언에 관형격 조사가 붙어서 관형절 속의 의미상 주어로 쓰일 때에는 체언의 끝모음 /ㅣ/가 탈락하지 않는다.

ㄱ. 諸子ㅣ <u>아비의</u> 편안히 안ᄌᆞᆫ ᄃᆞᆯ 알오

2. -ㅅ: 무정 명사나 높임의 유정명사 뒤에서 실현

ㄱ. <u>나랏</u> 말ᄊᆞ미

ㄴ. <u>부텻</u> 모미

3. '-ㅣ': 앞 체언의 끝소리가 모음일 경우 '-ㅣ'도 관형격 조사로 실현 가능

ㄱ. <u>쇠</u> 머리 ᄀᆞᄐᆞᆯ씨

08.

소학언해(小學諺解)

❀ 해제

『소학언해』는 교정청에서 한문본 『소학』에 토를 달고 언해하여 1587년에 간행한 책이다. 중종 때인 1518년(중종 13)에 간행된 『번역소학』이 지나치게 의역된 점을 비판하면서 직역을 원칙으로 1587년(선조 20)에 간행한 것이다. 『번역소학』과 『소학언해』는 조선시대 번역의 원칙과 방법이 중요한 문제로 논의된 점에서 주목할 만하다. 『번역소학』이 구어에 가까운 당시 언어 현실을 보여 준다면 『소학언해』는 한자를 그대로 직역하였기 때문에 원문에 사용된 한자어를 그대로 사용한 경우가 많다는 것이 특징이다.

『소학』은 중국의 주자가 그의 제자 유자징에게 지시하여 편찬한 책으로 아동들에게 유학을 가르치기 위하여 만든 수신서이다. 일상생활의 예의범절, 수양을 위한 격언, 충신과 효자의 사적 등을 모아 놓은 책으로 우리나라에서도 사대부의 자제들뿐만 아니라 민간에까지 널리 읽혀 행동과 마음을 바르게 닦아 수행하도록 하였다. 조선에서는 성리학의 주요 경전 중에 가장 먼저 배워야 하는 것으로 『소학』을 꼽았으며 어린아이들도 쉽게 익히게 하고자 우리말로 번역하는 작업을 여러 번 시도하였다.

15세기에는 주로 불경의 언해에서 수립된 전통적인 번역 방식인 '직역'이 이루어졌다. 그러나 『번역소학』의 경우 자연스러운 우리말의 표현을 살리고 본문의 글자를 직역했을 때 이해하기 어려운 대목은 주석의 형식으로 보충 설명하였다. 이는 우리 국어의 특징을 반영하여 독자들의 이해를 도우려는 의도가 잘 나타난 것으로 이 책이 널리 읽히도록 하려는 간행 목적과도 연결된다. 그러나 의역을 통해서 『소학』을 공부한 사람들이 주자의 『소학』이 담고 있는 본래의 뜻을 온전히 알기 위해서는 또다시 『소학』을 봐야 한다는 점이 문제로 제기되었다. 원문을 직역하는 방식이 중시되었던 시기에 지나치게 의역으로 언해한 점 때문에 비판을 받았으나 지금은 오히려 의역한 부분이 우리 조상들의 고유어 사용, 조사나 어미 사용, 인물에 따른 경어법 등을 연구할 수 있는 우리 국어 연구의 귀중한 자료가 되고 있다고 보고 그 가치를 인정받고 있다.

한편, 이후 영조 때 『소학언해』를 다시 번역하여 『어제소학언해』가 간행되었는데, 『소학』을 번역한 이러한 책들은 같은 내용을 시대별로 간행한 것으로 중세 국어의 변천사를 살펴보기에 매우 좋은 자료라 할 수 있다.

《소학언해, 소학서제, 1a-b》

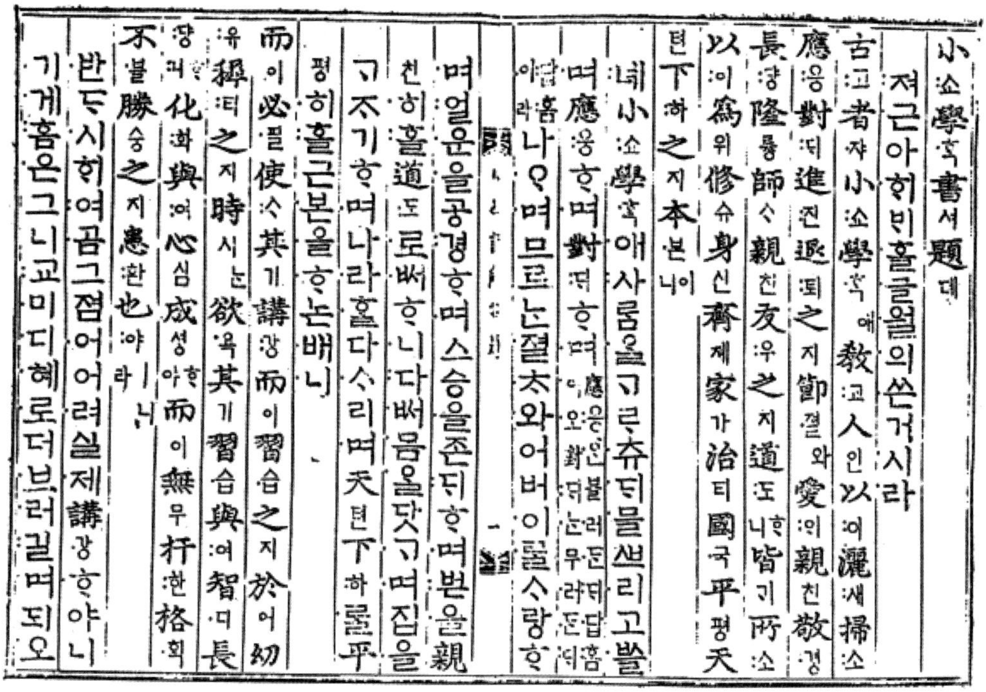

小學書題

져근아ᄒᆡ비홀글월의쓴거시라

古者小學에 教人以灑掃應對進退之節과 愛親敬長隆師親友之道ᄒᆞ니 皆所以爲修身齊家治國平天下之本이니

녜小學애사ᄅᆞᄆᆞᆯᄀᆞᄅᆞ츄ᄃᆡ믈ᄡᅳ리고ᄡᅳᆯ며應ᄒᆞ며對ᄒᆞ며 應은블러든ᄃᆡ답홈이오對ᄂᆞᆫ무러든ᄃᆡ답홈이라 나ᄋᆞ며므르ᄂᆞᆫ절ᄎᆞ와어버이ᄅᆞᆯᄉᆞ랑ᄒᆞ며얼운을공경ᄒᆞ며스승을존ᄃᆡᄒᆞ며벋을親히홀道로ᄡᅥᄒᆞ니다ᄡᅧ몸을닷ᄀᆞ며집을ᄀᆞᄌᆞ기ᄒᆞ며나라ᄒᆞᆯ다ᄉᆞ리며天下ᄅᆞᆯ平히홀근본을ᄒᆞᄂᆞᆫ배니

而必使其講而習之於幼穉之時ᄂᆞᆫ欲其習與智長而化與心成ᄒᆞ야而無扞格不勝之患也ㅣ니라

반ᄃᆞ시ᄒᆡ여곰그졈어어려실제講ᄒᆞ야니기게홈은그니교미디혜로더브러길며되오

❀ 원문 텍스트

져근 아ᄒᆡ 비홀 글월의 쓴 거시라

녜 小學(소학)애 사ᄅᆞᄆᆞᆯ ᄀᆞᄅᆞ츄ᄃᆡ 믈 ᄡᅳ리고 ᄡᅳᆯ며 應(응)ᄒᆞ며 對(대)ᄒᆞ며應(응)은 블러든 ᄃᆡ답홈이오 對(대)ᄂᆞᆫ 무러든 ᄃᆡ답홈이라 나ᄋᆞ며 므르ᄂᆞᆫ 절ᄎᆞ와 어버이ᄅᆞᆯ ᄉᆞ랑ᄒᆞ며 얼운을 공경ᄒᆞ며 스승을 존ᄃᆡᄒᆞ며 벋을 親(친)히 홀 道(도)로 ᄒᆞ니 다 ᄡᅧ 몸을 닷ᄀᆞ며 집을 ᄀᆞᄌᆞ기 ᄒᆞ며 나라ᄒᆞᆯ 다ᄉᆞ리며 天下(천하)ᄅᆞᆯ 平(평)히 홀 근본을 ᄒᆞᄂᆞᆫ 배니

반ᄃᆞ시 ᄒᆡ여곰 그 졈어 어려실 제 講(강)ᄒᆞ야 니기게 홈은 그 니교미 디혜로 더브러 길며 되오–미

❀ 현대어 역

어린 아이들이 배울 글을 쓴 것이다. 옛날 소학에 사람을 가르치되 물 뿌리고 쓸며 (물음에) 응하며 대답하며응은 불렀을 때 대답함이고 대는 물었을 때 대답함이다. 나아가며 물러나는 절차와 어버이를 사랑하며 어른을 공경하며 스승을 존경하며 벗을 친하게 지낼 도로 하니, 다 몸을 닦으며 집을 편안히 하며 나라를 다스리며 천하를 평화롭게 할 근본을 하는 바이니 반드시 그 어렸을 때 스스로 읽어 익히게 함은 그 익힘이 지혜로 더불어 자라며 됨이(교화됨이)

❀ 주석

▸ 져근: 작은. 어린.

▸ 아ᄒᆡ: 아이.

▸ 글월: 글.

▸ ᄀᆞᄅᆞ츄ᄃᆡ: 가르치되. ᄀᆞᄅᆞ치- + -우ᄃᆡ.

▸ ᄃᆡ답홈이오. 대답함이고. ᄃᆡ답ᄒᆞ- + -옴 + -이- + -오.

- '-옴'은 명사형 어미이다. 중세 국어에서 명사형 어미 '-옴'과 '-움'은 선행하는 음절 모음에 따라 교체되었다. '-옴'은 양성 모음이 선행할 때, '-움'은 음성 모음이 선행할 때 통합되었다. 중세 국어에서 명사형 어미로 쓰인 '옴/움'은 16세기 들어서면서 '옴/움'의 '오/우'가 소실되어 '(으)ㅁ'으로 나타났다. 한편, 중세 국어에서 명사 파생 접사 '(으)ㅁ'은 명사형 어미 '옴/움'과 구별되어 사용되었다. "됴ᄒᆞᆫ ᄡᅵ 심거든 됴ᄒᆞᆫ 여름 여루미"〈월석1:12〉에서 '여름'은 동사 '열-'에 명사 파생 접사 '-음'이 결합된 형태이고 '여루미'는 동사 '열-'에 명사형 어미 '-움'이 결합된 형태이다.
- 연결어미 '-오'는 'ㄹ' 뒤에서 연결어미 '-고'의 'ㄱ'가 약화된 형태이다. 중세 국어에서 'ㄱ'가 약화된 형태는 '알어늘'(알-어늘/거늘), '알오'(알-오/고)에서도 확인된다. 'ㄱ'가 약화된 유성후두마찰음 [ɦ]으로 선행하는 어간 'ㄹ'이 연철되지 않는 특성을 보인다.

▸ 나ᄋᆞ며: 나아가며. 나ᄋᆞ- + -며.

• 어간 '나ᄋᆞ-'는 중세 국어 'ᄂᆞᇫ-'(나아가다)이 '-며'와 통합될 때 '나ᅀᆞ며'로 활용되었는데 'ㅿ'의 소실로 '나ᅀᆞ며 > 나ᄋᆞ며'의 변화를 겪어 나타나게 된 것이다.

▸ 므르는: 물러나는. 므르- + -는.

• '므르다'는 '있던 자리에서 뒤로 옮기다'를 뜻한다.

▸ 졀ᄎᆞ: 절차. 예절.

▸ 얼운: 어른.

▸ ᄀᆞᄌᆞ기: 가지런히. 편안히.

▸ 졈어: 어리어. 졈- + -어.

• '졈다'는 '어리다'를 뜻한다.

▸ 니기게: 익히게. 닉이- + -게.

• '닉이다'는 '익히다'를 뜻한다.

▸ 길며: 자라다. 길- + -며.

• 중세 국어에서 '길다'는 현대 국어와 달리 "생장하거나 성숙하여지다."의 뜻을 지니고 있다.

▸ 되오미: 됨이. 교화됨이. 되- + -옴 + -이.

• 여기에서 '되다'는 '교화되다' 정도를 뜻한다.

《소학언해, 소학서제, 2a-b》

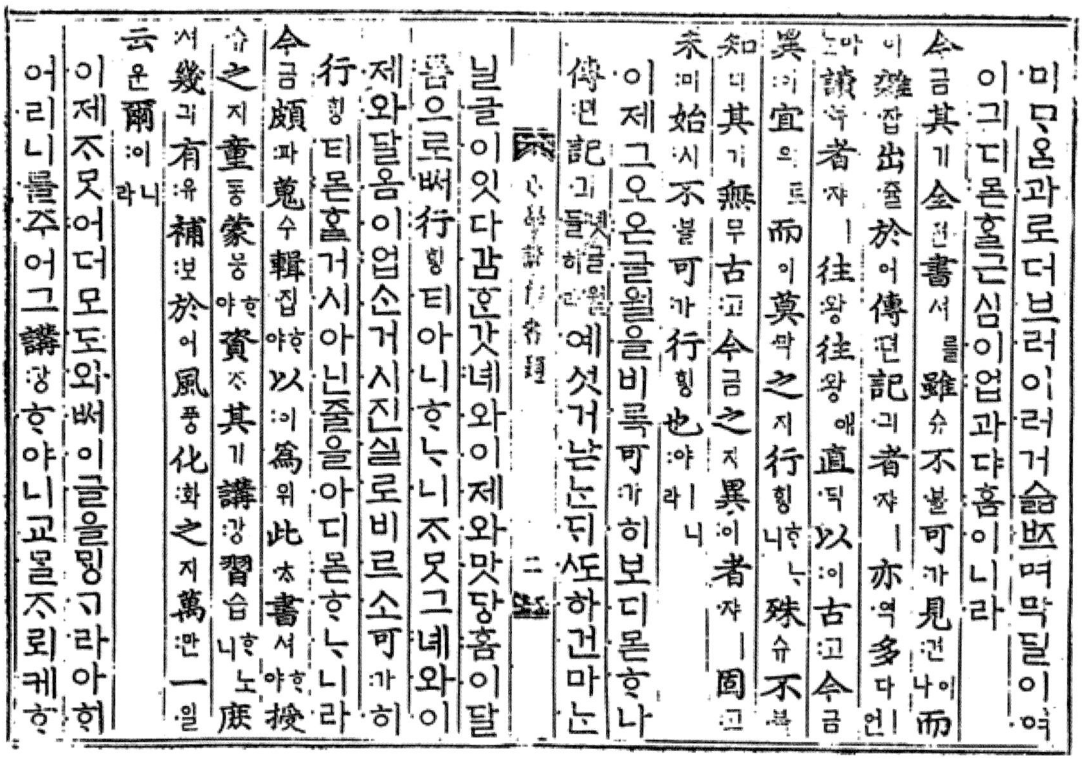

❀ 원문 텍스트

되오-미 ᄆᆞᅀᆞᆷ과로 더브러 이러 거슯ᄡᅳ며 막딜이여 이긔디 몯홀 근심이 업과댜 홈이니라 이제 그 오온 글월을 비록 可(가)히 보디 몯ᄒᆞ나 傳記(전기)녯 글월들히라예 섯거 낟ᄂᆞᆫ ᄃᆡ ᄯᅩ 하건마ᄂᆞᆫ 닐글 이 잇다감 혼갓 녜와 이제와 맛당홈이 달롬으로ᄡᅥ 行(ᄒᆡᇰ)티 아니ᄒᆞᄂᆞ니 ᄌᆞ못 그 녜와 이제와 달옴이 업ᄉᆞᆫ 거시 진실로 비르소 可(가)히 行(ᄒᆡᇰ)티 몯홀 거시 아닌 줄을 아디 몯ᄒᆞᄂᆞ니라 이제 ᄌᆞ못 어더 모도와 ᄡᅥ 이 글을 ᄆᆡᇰᄀᆞ라 아ᄒᆡ 어리니를 주어 그 講(강)ᄒᆞ야 니교ᄆᆞᆯ ᄌᆞ뢰케 ᄒᆞ노니

❀ 현대어 역

됨이 마음과 함께 이루어져서 거스르며 가로막히어 이기지 못할 근심이 없게 하고자 함이다. 이제 그 온전한 글을 비록 가히 보지 못하나 전기옛날 글들이다.에 섞이어 나오는 것이 또한 많건마는 읽을 이가 이따금 다만 옛날과 지금이 마땅함이 다름으로(다르다고 하여) 행하지 아니한다. 자못 그 옛날과 지금이 다름이 없는 것이 진실로 비로소 가히 행하지 못할 것이 아닌 줄을 알지 못한 것이다. 이제 자못 (자료를) 얻어 모아서 이 글을 만들어 아이 어린이에게 주어 그것을 읽어 익힘을 밑천으로 삼도록 하-니

❀ 주석

▸ ᄆᆞᄋᆞᆷ과로: 마음과. 마음으로. ᄆᆞᄋᆞᆷ + -과 + -로.

- “ᄆᆞᄋᆞᆷ과로”의 ‘-과로’는 조사 ‘-과’와 ‘-로’가 중첩된 구성인데 ‘NP(과)로 더브러’ 구성이 『번역소학』에서 처음 발견되는 것이 특징적이다. 서술어 ‘더브러’는 주로 ‘NP를 더브러’, ‘NP와 더브러’ 구성으로 나타났다.

▸ 거슯ᄧᅳ며: 거스르며. 거슯ᄧᅳ- + -며.

▸ 막달이어: 가로막히어. 막달이- + -며.

- ‘막달이다’는 ‘더 나아갈 수 없이 꽉 막혀 있다’ 정도를 뜻한다.

▸ 업과댜: 없게 하고자. 없- + -과댜.

- ‘-과댜’는 원망, 의도 등을 나타내는 연결어미이며 ‘-고져’, ‘-과ᄃᆡ여’ 등도 존재하였다. 그런데, ‘-고져’와 달리, ‘-과댜’(‘-과뎌’)는 타인의 동작이나 행동을 바라는 경우에 통합하는 경향이 있다. 가령, “ᄲᆞᆯ리 가고져 願ᄒᆞ노라”(빨리 가기를 원하노라)〈월석서:26b〉처럼 스스로의 동작이나 행동을 바라는 경우에 ‘-과댜’가 통합하는 일은 드물고, “부톄 ᄡᅢ혀시과뎌 願ᄒᆞ니라”(부처가 빼어내기를 원하였다.)〈능엄:22b〉처럼 주어가 3인칭일 때 통하는 일이 많다.

▸ 오온: 온. 온전한. 오올- + -ㄴ.

• '오올다'는 '온전하다'를 뜻하는 형용사이다.

▸ 잇다감: 이따금. 가끔.

▸ 달롬으로: 다름으로. 다르다고 하여. 달ㄹ- + -옴 + -으로.

• 중세 국어에서 '다ᄅᆞ다'는 '다ᄅᆞ-/달ㅇ-'으로 활용되어 명사형 어미 '-옴'과 직접 통합할 때는 '달옴'으로 활용되었다. 그런데 이 경우에는 '달롬'으로 활용되어 어간을 '달ㄹ-' 분석하였다.

▸ ᄌᆞ뭇: 자뭇. 생각보다 매우.

▸ 그 녜와 이제와 달옴이. 그 옛날과 지금이 다름이.

• 중세 국어에서 '다ᄅᆞ다'는 주로 'NP1이 NP2이 다ᄅᆞ다', 'NP1이 NP2와 다ᄅᆞ다'. 'NP1이 NP2에 다ᄅᆞ다' 구성으로 나타나는데 이 경우에는 'NP1와 NP2와 다ᄅᆞ다' 구성이어서 특기할 만하다.

▸ 모도와: 모아서. 모도- + -아.

▸ ᄌᆞ뢰케: 밑천으로 삼도록. 資賴(자뢰). ᄌᆞ뢰ᄒᆞ- + -게.

《소학언해, 소학서제, 3a》

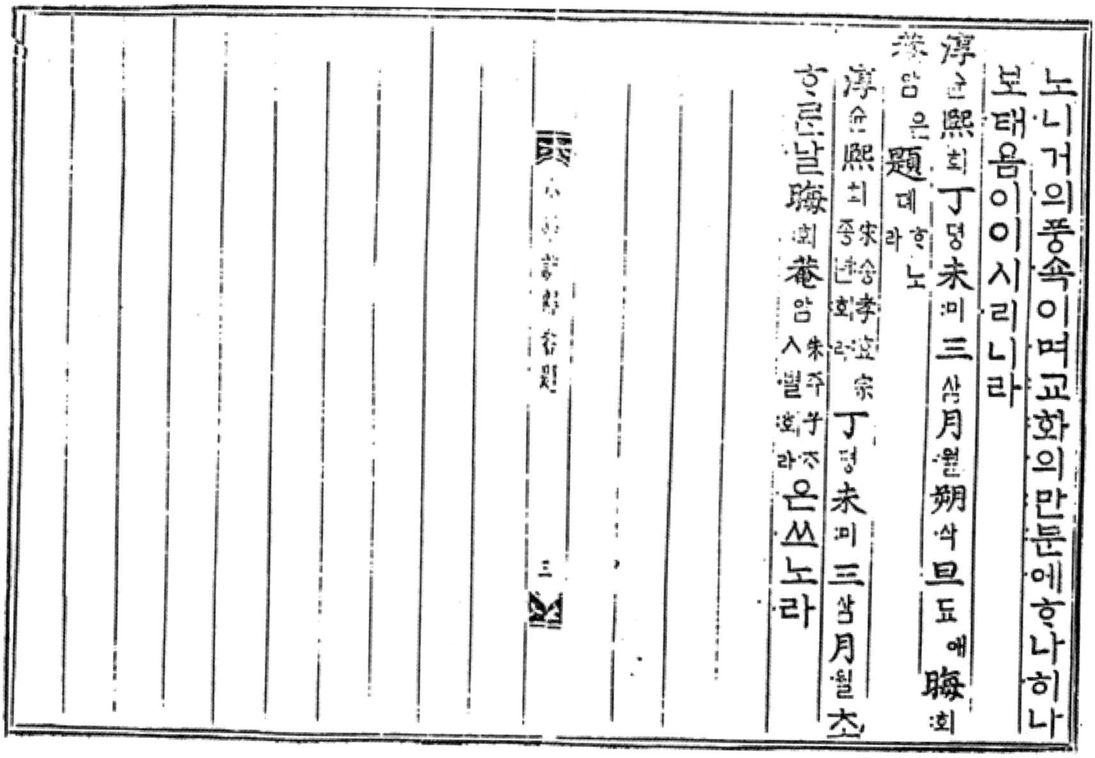
노니 거의 풍쇽이며 교화의 만분에 ᄒᆞ나히나
보태욤이 이시리니라
淳순熙희 丁뎡未미 三삼月월 朔삭旦됴애 晦회
菴암은 題뎨ᄒᆞ노라
淳순熙희 宋송孝효宗종ㅅ 年년號호ㅣ라 丁뎡未미 三삼月월 초
ᄒᆞᄅᆞᆫ날 晦회菴암은 朱주子ᄌᆞㅅ 별號호ㅣ라 쓰노라
小學諺解 三

❀ 원문 텍스트

ᄒᆞ-노니 거의 풍쇽이며 교화의 만분에 ᄒᆞ나히나 보태욤이 이시리니라 淳熙(순희)宋(송) 孝宗(효종) 년회라 丁未(정미) 三月(삼월) 초ᄒᆞ룬 날 晦庵(회암)朱子(주자)ㅅ 별회라은 쓰노라

❀ 현대어 역

하니 거의 풍속이며 교화의 만분의 하나이나마 보탬이 있을 것이다. 순희송나라 효종 연호이다. 정미 3월 초하룻날 회암주자의 별호이다.이 쓰노라.

❀ 주석

▸ 만분에: 만분의. 만분 + -에.

- 여기에서 조사 '-에'는 관형격으로 쓰였다.

▸ 보태욤이: 보탬. 보태- + -옴 + -이.

- '욤'은 명사형 어미 '-옴/움'에 반모음 'j'가 삽입된 경우인데 '-옴/움' 앞의 음이 반모음일 때 일어난 음운 현상이다.

▸ 주자: 주자. 주희.

- '주자'(朱子)는 주희를 높여 이르는 말이다. 중국 남송 때의 유학자인 주희는 주자학을 집대성하였다.

《소학언해, 소학제사, 1a-b》

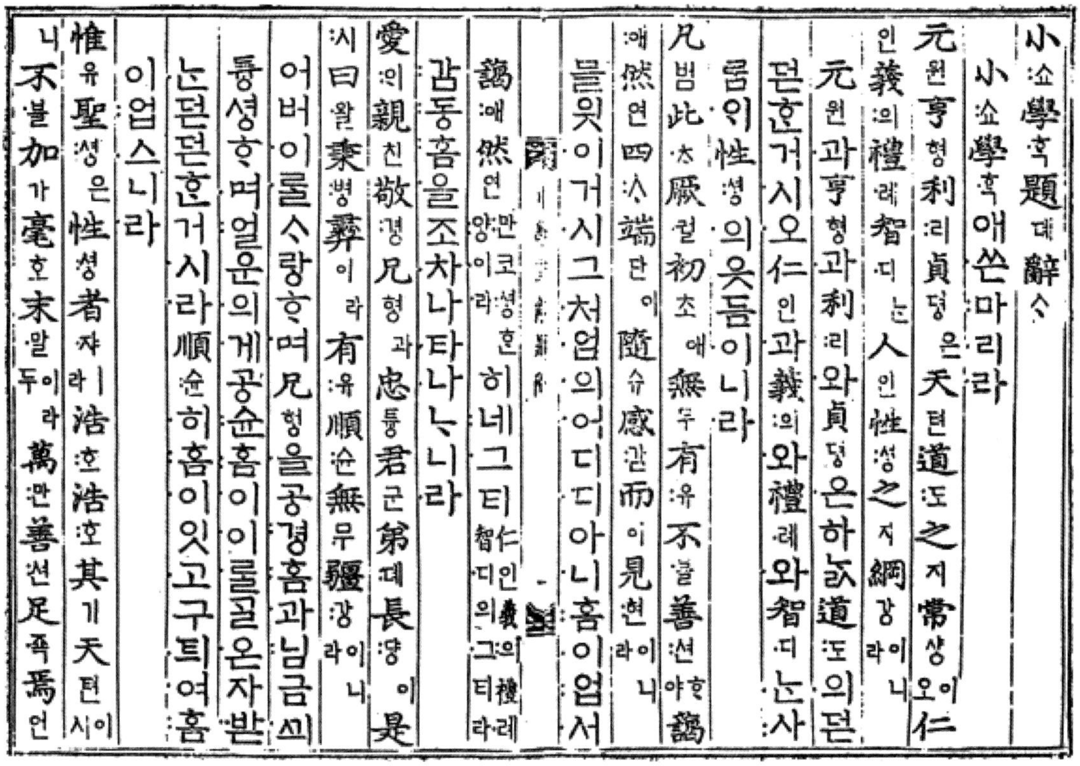
小學題辭
小學애 쓴 마리라
元亨利貞은 天道之常이오 仁義禮智는 人性之綱이니
元과 亨과 利와 貞은 하ᄂᆞᆳ 道의 덛덛ᄒᆞᆫ 거시오 仁과 義와 禮와 智ᄂᆞᆫ 사ᄅᆞᆷ의 性의 웃듬이니라
凡此厥初애 無有不善ᄒᆞ야 藹然四端이 隨感而見이니
믈읫 이 거시 그 처엄의 어디디 아니홈이 업서 藹然 만코 셩ᄒᆞᆫ 양이라 히 네 그티 仁義禮智의 그티라 감동홈을 조차 나타나ᄂᆞ니라
愛親敬兄과 忠君弟長이 是曰秉彝이라 有順無彊이니
어버이를 ᄉᆞ랑ᄒᆞ며 兄을 공경홈과 님금씌 튱셩ᄒᆞ며 얼운의게 공슌홈이 이를 ᄀᆞ온 자받ᄂᆞᆫ 덛덛ᄒᆞᆫ 거시라 順히 홈이 잇고 구틔여 홈이 업스니라
惟聖은 性者ㅣ라 浩浩其天이시니 不加毫末이라도 萬善이 足焉

❀ 원문 텍스트

小學(소학)애 쓴 마리라 元(원)과 亨(형)과 利(이)와 貞(정)은 하ᄂᆞᆳ 道(도)의 덛덛ᄒᆞᆫ 거시오 仁(인)과 義(의)와 禮(예)와 智(지)ᄂᆞᆫ 사ᄅᆞᆷ의 性(성)의 웃듬이니라 믈읫 이거시 그 처엄의 어디디 아니홈이 업서 藹然(애연)만코 셩ᄒᆞᆫ 양이라히 네 그티仁義禮智(인의예지)의 그티라 감동홈을 조차 나타나ᄂᆞ니라 어버이를 ᄉᆞ랑ᄒᆞ며 兄(형)을 공경홈과 님금씌 튱셩ᄒᆞ며 얼운의게 공슌홈이 이를 ᄀᆞ온 자받ᄂᆞᆫ 덛덛ᄒᆞᆫ 거시라 順(순)히 홈이 잇고 구틔여 홈이 업스니라

❀ 현대어 역

소학에 쓴(쓰여진) 말이다. 원(소생)과 형(자람)과 이(성숙)와 정(거둠)은 하늘의 도의 떳떳한 것이고 인과 의와 예와 지는 사람의 성의 으뜸이다. 무릇 이것이 그 처음의 어질지 아니함이 없어서 애연많고 왕성한 모양이다.하게 네 가지의 끝이인의예지의 끝이다. 감동함을 좇아 나타난다. 어버이를 사랑하며 형을 공경함과 임금께 충성하며 어른에게 공손함이 이를 이른바 타고난 떳떳한 것이다. 순히 함이 있고 구태여 함이 없다.

❀ 주석

▸ 小學애: 소학에. 小學 + -애.

- 조사 '-애'는 처소격 조사로 선행하는 모음이 양성일 때 나타났다. '-에'는 선행하는 음이 음성일 때 통합되었다.

▸ 덛덛ᄒᆞᆫ: 떳떳한. 한결같은. 덛덛ᄒᆞ- + -ㄴ.

- '덛덛ᄒᆞ다'는 '떳떳하다', '한결같다'를 뜻하였다.

▸ 읏듬: 으뜸.

▸ 믈읫: 무릇.

▸ 처엄: 처음.

- '처음'은 '처ᅀᅥᆷ 〉 처엄 〉 처음'의 변화 과정을 겪었다.

▸ 그티: 끝이. 귿 + -이.

- '귿'은 '끝'을 뜻하는 명사이다.

▸ 얼운의게: 어른에게. 얼운 + -의게.

- '얼운'은 '어른'을 뜻하는 명사로 쓰였다. 기원적으로는 '얼우-'(교합하게 하다)에 명사형 '-ㄴ'이 결합한 것으로 파악된다.
- '-의게'는 'NP이/의 # 그에/게'로 분석되는 구성이 조사 '-에게'로 발달되는 과정에 나타난 과도기적 형식이다. '그에/게'는 허사화되어 '-이/의게 〉 -에게'로 문법화된 것으로 보인다.

- ▸ ᄀᆞᆯ온: 이르기는. 이른바. ᄀᆞᆯ- + -오- + -ㄴ.
  - ‘ᄀᆞᆯ다’는 ‘말하다’를 뜻하는 동사로 쓰였다.
- ▸ 자받ᄂᆞᆫ: 타고난. 물려받은.
  - “자받ᄂᆞᆫ 덛덛ᄒᆞᆫ 것”(秉彝(병이))는 타고난 혹은 물려받은 천성을 뜻한다.
- ▸ 구틔여: 구태여. 일부러 애써.

《소학언해, 소학제사, 2a-b》

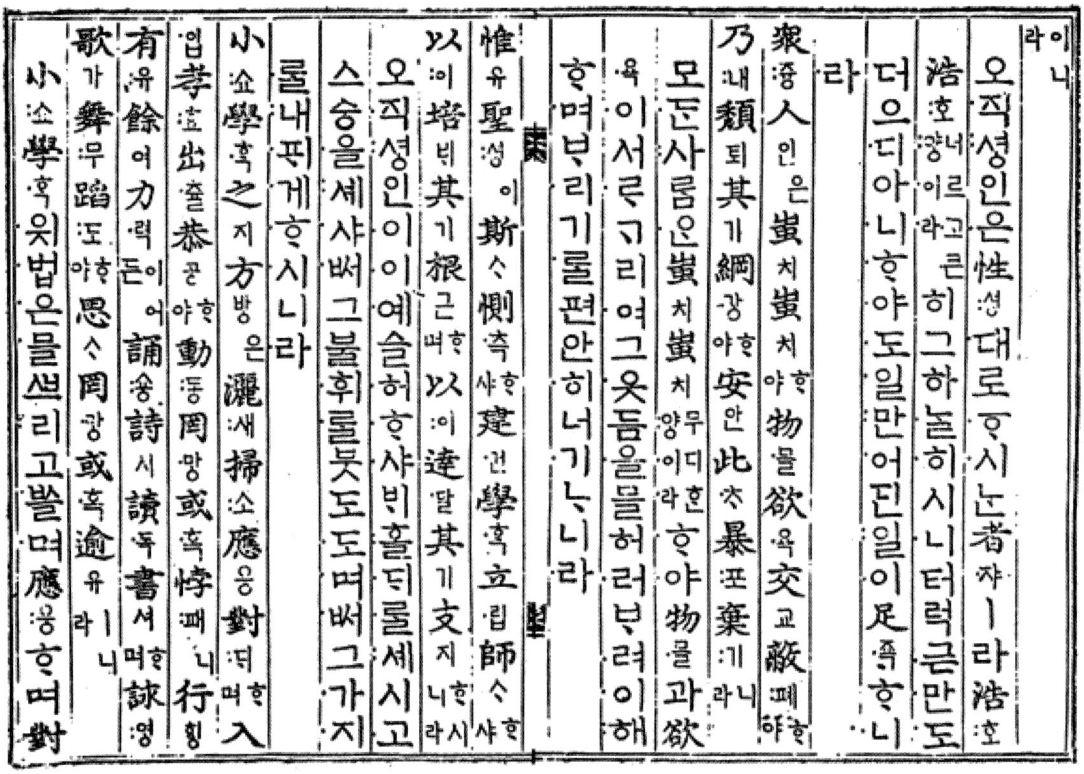

❀ 원문 텍스트

오직 셩인은 性(셩)대로 ᄒᆞ시ᄂᆞᆫ 者(쟈)ㅣ라 浩浩(호호)너르고 큰 양이라히 그 하ᄂᆞᆯ히시니 터럭 근만도 더으디 아니ᄒᆞ야도 일만 어딘 일이 足(족)ᄒᆞ니라 모ᄃᆞᆫ 사ᄅᆞᆷ은 蚩蚩(치치)무디ᄒᆞᆫ 양이라ᄒᆞ야 物(물)과 欲(욕)이 서ᄅᆞ ᄀᆞ리여 그 읏듬을 믈허러 ᄇᆞ려 이해ᄒᆞ며 ᄇᆞ리기ᄅᆞᆯ 편안히 너기ᄂᆞ니라 오직 셩인이 이예 슬허ᄒᆞ샤 ᄇᆡ홀 ᄃᆡᄅᆞᆯ 셰시고 스승을 셰샤 ᄡᅧ 그 불휘ᄅᆞᆯ 붓도도며 ᄡᅧ 그 가지ᄅᆞᆯ 내ᄢᅵ게 ᄒᆞ시니라 小學(소학)읫 법은 믈 ᄲᅳ리고 ᄡᅳᆯ며 應(응)ᄒᆞ며 對(대)-ᄒᆞ며

❀ 현대어 역

오직 성인은 성(천성)대로 하는 사람이다. 호호넓고 큰 모양이다.히 그 하늘이시니 털끝만큼도 더하지 아니하여도 일만 어진 일이 족하다. 모든 사람은 치치무지한 모양이다.하여 물과 욕이 서로 가려져서 그 으뜸을 무너뜨려 버려 이해하며 버리기를 편안히 여긴다. 오직 성인이 이에 슬퍼하시어 배울 곳을 세우시고 스승을 세우시어 그 뿌리를 북돋우며 그 가지를 뻗어나가게 하시니라. 소학의 법은 물 뿌리고 쓸며, 응하고 대하며.

❀ 주석

▸ 너르고: 넓고. 너르고

▸ 하ᄂᆞᆯ히시니: 하늘이시니. 하늘과 같으시니. ᄒᆞᄂᆞᆯㅎ + -이- + -시- + -니.

▸ 터럭: 털.

▸ 더으디: 더하지. 더으- + -디.

- '더으다'는 '더하다'를 뜻하는 형용사이다.

▸ 믈허러: 무너뜨려. 믈헐- + -어.

- '물헐다'는 '무너뜨리다'를 뜻하는 동사이다.

▸ 슬허ᄒᆞ샤: 슬퍼하시어. 슬허ᄒᆞ- + -시- + -아.

- '슬허ᄒᆞ다'는 어간 '슳-'에 '-어 ᄒᆞ-'가 결합한 동사이다.

▸ 셰시고: 세우시고. 셰- + -시- + -고.

- 어간 '셰-'는 '셔-'에 파생접미사 '-ㅣ'가 결합한 파생 동사이다. 현대 국어의 '세우다'는 파생어 '세-'에 다시 파생접미사 '-우-'가 결합한 이중 사동 구조로 파악된다.

▸ 붓도도며: 북돋우며. 붓도도- + -며.

▸ 내픠게: 뻗어나가게. 내픠- + -게.

- '내픠다'는 어간 '내-'와 '픠-'가 결합한 합성어로 '내어 패다' 정도를 뜻하는데 '패다'는 '가지나 곡식의 이삭 따위가 나오는 것'을 의미한다.

▸ 小學읫: 소학의. 小學 + -의 + -ㅅ.

- '-읫'은 조사가 중첩된 구조이다.

▸ 믈 쁘리고 쓸며 應ᄒᆞ며 對ᄒᆞ며: 물 뿌리고 쓸며 응하고 대하며.

- "믈 쁘리고 쓸며 應ᄒᆞ며 對ᄒᆞ며"은 '灑掃應對進退'(쇄소응대진퇴)를 언해한 것으로 예절의 삼절이라고 하여 세상을 살아가는 데 가져야 하는 몸가짐이나 행동의 기본 처신을 말하는 것이다.

《소학언해, 소학제사, 3a-b》

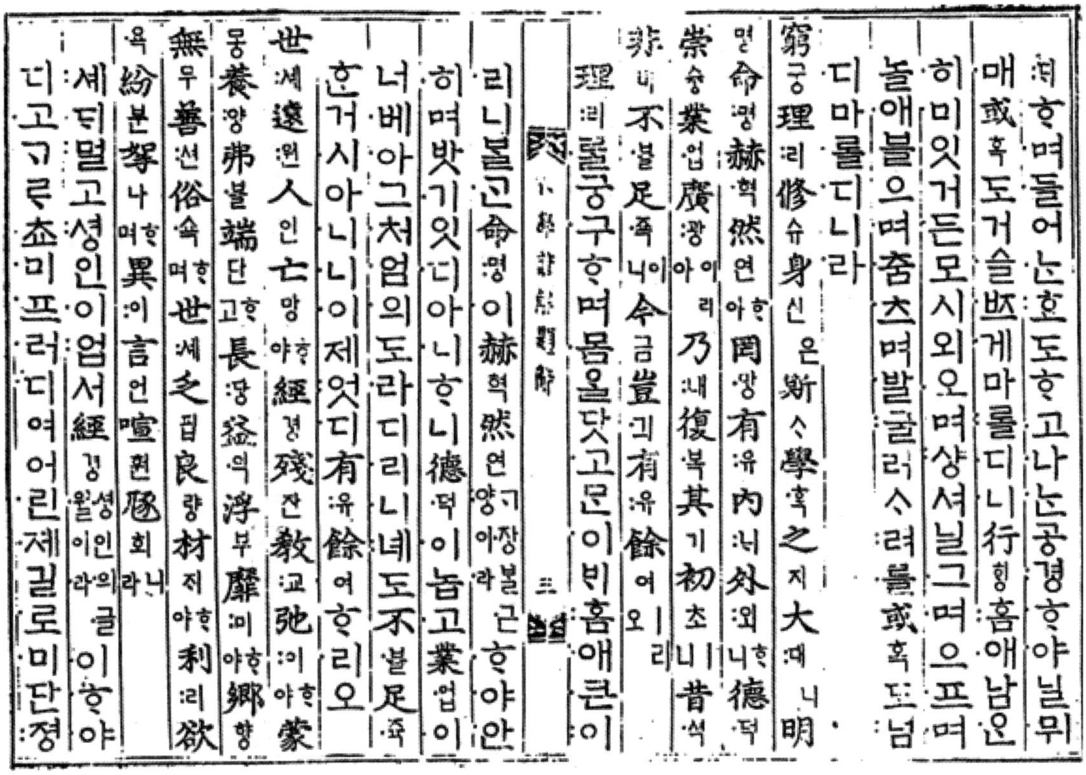

❀ 원문 텍스트

對(대)-ᄒᆞ며 들어ᄂᆞᆫ 효도ᄒᆞ고 나ᄂᆞᆫ 공경ᄒᆞ야 닐뮈매 或(혹)도 거슬ᄡᅳ게 마롤디니 行(행)홈애 남ᄋᆞᆫ 히미 잇거든 모시 외오며 샹셔 닐그며 으프며 놀애 블으며 춤츠며 발 굴러 ᄉᆞ려를 或(혹)도 넘디 마롤디니라 里(이)를 궁구ᄒᆞ며 몸올 닷고ᄆᆞᆫ 이 ᄇᆡ홈애 큰 이리니 ᄇᆞᆯ곤 命(명)이 赫然(혁연)ᄀᆞ장 ᄇᆞᆯ근 양이라ᄒᆞ야 안히며 밧기 잇디 아니ᄒᆞ니 德(덕)이 놉고 業(업)이 너베아 그 처엄의 도라디리니 녜도 不足(부족)ᄒᆞᆫ 거시 아니니 이제 엇디 有餘(유여)ᄒᆞ리오 셰ᄃᆡ 멀고 셩인이 업서 經(경)셩인의 글월이라이 ᄒᆞ야디고 ᄀᆞᄅᆞ쵸미 프러디여 어린 제 길로미 단졍-티 아니ᄒᆞ고

❀ 현대어 역

대하며 들어와서는 효도하고 나아가서는 공경하여 행동함에 혹시라도 거스르게 말지니 행함에(이것을 행하고도) 남은 힘이 있거든 모시를 외우고 상서를 읽으며 읊으며, 노래를 부르며 춤추며 발 굴러 사려를 혹시라도 넘지 말 것이다.(생각을 혹시라도 넘음이 없게 하라). 이치를 궁구하며 몸을 닦음은 이 배움에 큰 일이니 밝은 명이 혁연가장 밝은 모양이다.하여 안이며 밖이 있지 아니하니 덕이 높고 업이 넓어야 그 처음에 돌아갈 것이니 예도 부족한 것이 아니니 이제 어찌 여유하겠는가(남음이 있겠는가). 세대가 멀어져 성인이 없어 경성인의 글이다.이 해어지고 가르침이 풀어져서 어린 때 기름이(가르침)이 단정치 아니하고

❀ 주석

▸ 들어ᄂᆞᆫ: 들어와서는. 들- + -어 + -ᄂᆞᆫ.

- '들다'는 '들어오다', '들어가다' 정도를 뜻한다. '들어ᄂᆞᆫ'은 어간에 연결어미 '-어'가 통합되었고 그 뒤에 보조사 '-ᄂᆞᆫ'이 통합된 구성이다.

▸ 나ᄂᆞᆫ: 나아가서는. 나- + -아 + -ᄂᆞᆫ.

- '나다'는 '나아가다' 정도를 뜻한다. '나ᄂᆞᆫ'은 어간에 연결어미 '-아'가 통합되었고 그 뒤에 보조사 '-ᄂᆞᆫ'이 통합된 구성이다.

▸ 닐뮈매: 움직임에. 행동함에. 닐뮈- + -ㅁ + -애.

- '닐뮈다'는 '움직이다', '동작하다'를 뜻하는 동사인데 여기에서는 '행동하다' 정도로 해석된다.

▸ 모시: 모시(毛詩).

- '모시'(毛詩)는 '시경'(詩經)을 달리 이르는 말인데 모형(毛亨)이 전하였다 하여 그렇게 이른 것이다. '시경'은 고대 중국의 시가를 모아 엮은 오경(五經)의 하나이다.

▸ 샹셔: 상서(尙書).

- '서경'(書經)을 달리 이른 말이다. 오경(五經) 중의 하나이며 고대 중국의 정치를 기록한 책이다.

▸ 으프며: 읊으며. 읖- + -으며.

• '읖다'는 '읊다'를 뜻하는 동사인데 '읖다', '읊다' 모두 확인된다.

▸ 블으며: 부르며. 브르- + -며.

• 어간 '브르-'가 '-며'와 통합될 때 '블으며'로 활용된 것은 과도 분철의 표기인 것으로 보인다. 중세 국어에서 '브르-'는 '블ㄹ-'과 교체되는 비자동적 교체 어간으로 '-며', '-고', '-니'와 통합할 때는 '브르며', '브르고', '브르니'로 활용되었다.

▸ ᄉᆞ려를: 사려(思慮)를. ᄉᆞ려 + -를.

▸ 너베아: 넓어야. 넙- + -에아.

• 중세 국어에서 '넙다'는 '넓다', '너르다'를 뜻하는 형용사로 쓰였다. '-에아'는 '-어야' 정도를 뜻하는 어미로 해석되는데 '-에아'로 실현된 것은 매우 예외적이라 할 만하다. 중세 국어에서 '-에아'가 기원형으로 보이는 '-에ᅀᅡ'가 나타나는 일이 있는데 이는 '後에ᅀᅡ'처럼 명사 뒤에서이다.

▸ 도라디리니: 돌아갈 것이니. 돌아갈 수 있으니. 도라디- + -ㄹ # 이 + -이- + -니.

• '도라디다'는 어간 '돌-'과 '디-'가 결합한 합성어이다. '돌아지다', '돌아가다' 정도를 뜻한다.

▸ 셰ᄃᆡ: 세대(世代).

▸ ᄒᆞ야디고: 해어지고. ᄒᆞ야디- + -고.

• 'ᄒᆞ야디다'는 '해어지다'(닳아서 떨어지다.)를 뜻한다.

▸ 프러디여: 풀어지어서.

《소학언해, 소학제사, 4a-b》

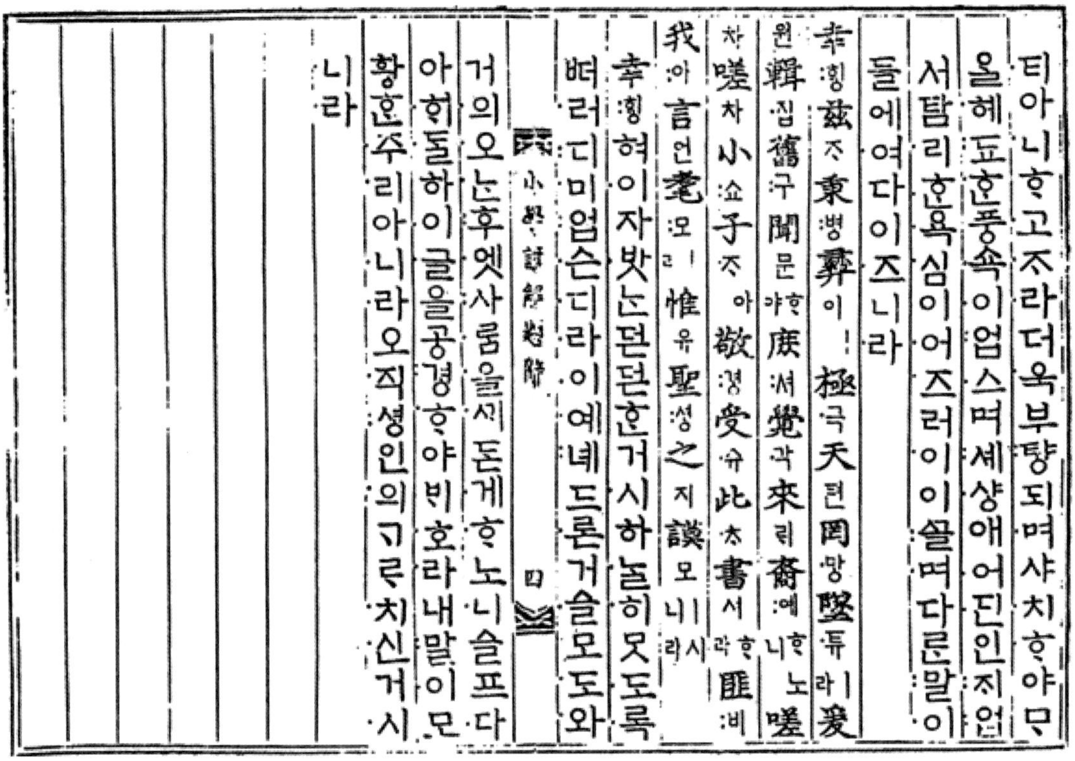

❀ 원문 텍스트

단졍-티 아니ᄒᆞ고 ᄌᆞ라 더욱 부탕되며 샤치ᄒᆞ야 ᄆᆞ올헤 됴ᄒᆞᆫ 풍쇽이 업스며 셰샹애 어딘 인지 업서 탐리ᄒᆞᆫ 욕심이 어즈러이 이ᄢᅳᆯ며 다ᄅᆞᆫ 말이 들에여 다 이즈니라 幸(ᄒᆡᇰ)혀 이 자밧ᄂᆞᆫ 뎓뎓ᄒᆞᆫ 거시 하ᄂᆞᆯ히 ᄆᆞᆺ도록 ᄠᅥ러디미 업슨디라 이예 녜 드론 거슬 모도와 거의 오ᄂᆞᆫ 후엣 사ᄅᆞᆷ을 ᄭᆡ돋게 ᄒᆞ노니 슬프다 아ᄒᆡ돌하 이 글을 공경ᄒᆞ야 ᄇᆡ호라 내 말이 모황ᄒᆞᆫ 주리 아니라 오직 셩인의 ᄀᆞᄅᆞ치신 거시니라

❀ 현대어 역

단정치 아니하고 자라서는 더욱 경박해지며 사치하여 마을에 좋은 풍속이 없어지며 세상에 어진 인재가 없어져서 탐리한(탐욕한) 욕심이 어지러이 이끌며, 다른 말이 떠들어 다 이지러졌다. 행여 이 타고난 떳떳한 것이 하늘이 다하도록 떨어짐이 없는 것이라서 이에 옛날에 들은 것을 모아서 거의 (뒤에) 오는 훗사람을 깨닫게 하노니. 슬프다. 아이들아 이 글을 공경하여 배워라. 내 말이 모황한 것이 아니라 오직 성인이 가르치신 것이니라.

❀ 주석

▸ ᄌᆞ라: 자라서는. ᄌᆞ라- + -아.

▸ 부탕되며: 경박해지며. 가벼워지며. 부탕되- + -며.

- '부탕되며'는 '浮靡(부미)'(가볍고 화려한 것)가 언해된 것인데 여기에서는 행동이 가볍고 경박한 모습을 뜻하는 것으로 해석된다.

▸ ᄆᆞ올헤: 마을에는. ᄆᆞ올ㅎ + -에.

- 'ᄆᆞ올ㅎ'은 'ㅎ' 종성 체언으로 중세 국어의 'ᄆᆞᅀᆞᆶ'의 'ㅿ'이 소실된 형태이다.

▸ 들에여: 떠들어. 떠들게 들어와. 들에- + -여.

- '들에다'는 '떠들다'를 뜻하는데 여기에서는 다른 말이 떠들게 들어와 정도로 해석된다.

▸ 이즈니라: 이지러졌다. 잊- + -으니- + -라.

- '잊다'는 '이지러지다'를 뜻하는 형용사이다.

▸ 맛도록: 마치도록. 다하도록. 맛- + -도록.

▸ 모황ᄒᆞᆫ: 늙어서 황당한. 노망든.

문법 tip 'ㅎ' 종성 체언

중세 국어 체언 가운데에는 조사와 결합할 때 특수한 교체를 보이는 예들이 있었다. 대표적으로 'ㅎ' 종성 체언을 들 수 있는데, 'ㅎ' 종성 체언은 '짜히(>땅이), 하놀히(>하늘이)'와 같이 모음으로 시작하는 조사와 결합할 때는 'ㅎ'이 연철되어 나타났지만 '짜(>땅), 하놀(>하늘)'과 같이 단독으로 쓰일 때는 'ㅎ' 이 나타나지 않았다. 그런데 '짜콰(>땅과), 짜토(>땅도)'와 같이 조사 '과', '도'가 결합할 때에는 'ㅎ'이 후행하는 음과 축약되어 거센소리화가 일어나가기도 하였다.

'ㅎ' 종성 체언으로는 '하놀ㅎ/하놀, 짜ㅎ/짜, 길ㅎ/길, 내ㅎ/내, 우ㅎ/우, 뒤ㅎ/뒤, 안ㅎ/안, 뫼ㅎ/뫼, 나라ㅎ/나라, 암ㅎ/암, 수ㅎ/수' 등 80여개가 있으며 현대 국어에는 '암탉, 수탉, 머리카락' 등의 합성어에 그 흔적이 남아 있다.

《소학언해 1권, 1a-b》

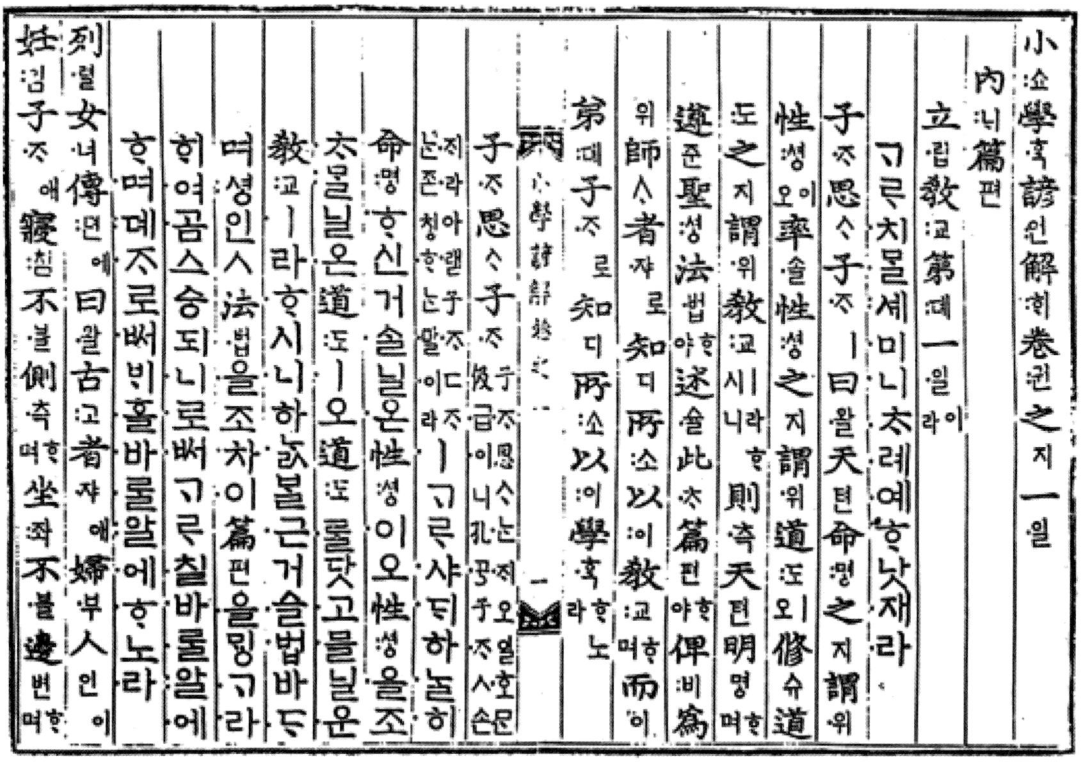

小쇼學ᅘᅡᆨ諺언解ᄒᆡ卷권之지一일

內ᄂᆡ篇편

立립敎교第뎨一일이라

ᄀᆞᄅᆞ치믈셰미니ᄎᆞ례예ᄒᆞ낫재라

子ᄌᆞ思ᄉᆞ子ᄌᆞㅣ曰왈天텬命명之지謂위性셩이오率솔性셩之지謂위道도ㅣ오修슈道도之지謂위敎교ㅣ니라ᄒᆞ니則측天텬明명ᄒᆞ며遵준聖셩法법ᄒᆞ야述술此ᄎᆞ篇편ᄒᆞ야俾비爲위師ᄉᆞ者쟈로知디所소以이敎교ᄒᆞ며而이弟뎨子ᄌᆞ로知디所소以이學ᅘᅡᆨᄒᆞ노라

小學諺解卷之一 一

子ᄌᆞ思ᄉᆞ子ᄌᆞ子思ᄉᆞᄂᆞᆫ 지오 일호ᄆᆞᆫ 伋급이니 孔공子ᄌᆞㅅ 손ᄌᆞ라 아랟 子ᄌᆞᄃᆞᆫ 존칭ᄒᆞᄂᆞᆫ 말이라ㅣ ᄀᆞᄅᆞ샤ᄃᆡ하ᄂᆞᆯ히命명ᄒᆞ신거ᄉᆞᆯ닐온性셩이오性셩을조ᄎᆞ믈닐온道도ㅣ오道도ᄅᆞᆯ닷고ᄆᆞᆯ닐운敎교ㅣ라ᄒᆞ시니하ᄂᆞᆶ 볼근거ᄉᆞᆯ법바ᄃᆞ며셩인ㅅ法법을조차이篇편을ᄆᆡᇰᄀᆞ라ᄒᆡ여곰스승되니로ᄡᅥᄀᆞᄅᆞ칠바ᄅᆞᆯ알에ᄒᆞ며뎨ᄌᆞ로ᄡᅥ비홀바ᄅᆞᆯ알에ᄒᆞ노라

列렬女녀傳뎐에曰왈古고者쟈에婦부人인이妊임子ᄌᆞ애寢침不블側측ᄒᆞ며坐좌不블邊변ᄒᆞ며

❀ 원문 텍스트

ᄀᆞᄅᆞ치믈 셰미니 ᄎᆞ례예 ᄒᆞ낫재라 子思子(자사자)子思(자사)ᄂᆞᆫ 지오 일호ᄆᆞᆫ 伋(급)이니 孔子(공자)ㅅ 손ᄌᆞ라 아랟 子(자)ᄃᆞᆫ 존칭ᄒᆞᄂᆞᆫ 말이라ㅣ ᄀᆞᄅᆞ샤ᄃᆡ 하ᄂᆞᆯ히 命(명)ᄒᆞ신 거ᄉᆞᆯ 닐온 性(성)이오 性(성)을 조ᄎᆞ믈 닐온 道(도)ㅣ오 道(도)ᄅᆞᆯ 닷고ᄆᆞᆯ 닐운 敎(교)ㅣ라 ᄒᆞ시니 하ᄂᆞᆶ 볼근 거ᄉᆞᆯ 법 바ᄃᆞ며 셩인ㅅ 法(법)을 조차 이 篇(편)을 ᄆᆡᇰᄀᆞ라 ᄒᆡ여곰 스승 되니로ᄡᅥ ᄀᆞᄅᆞ칠 바ᄅᆞᆯ 알에 ᄒᆞ며 뎨ᄌᆞ로ᄡᅥ 비홀 바ᄅᆞᆯ 알에 ᄒᆞ노라

❀ 현대어 역

가르침을 세움이니 차례에 첫째이다. 자사자자사는 자이고 이름은 급이니 공자의 손자이다. 아래 자의 자는 존칭하는 말이다.가 이르시되 하늘이 명하신 것을 이른바 성이고 성을 따름을 이른바 도이고 도를 닦음을 이른바 교이다 하시니 하늘의 밝은 것을 본받으며 성인의 법을 좇아 이 편을 만들어 스승 된 이로 하여금 가르칠 바를 알게 하며 제자로 하여금 배울 바를 알게 하노라.

❀ 주석

▸ 셰미니: 세움이니.

▸ ᄒᆞ낫재라: 하나째라. 첫째라. 하나 + ㅅ + 자히 + -라.

- '자히'는 '째'를 의미하는 의존명사이다.

▸ 子思子: 자사자.

- 노나라의 학자로 『중용』의 저자인 자사를 존칭하여 이르는 말이다. 공자의 손자이다.

▸ 법바ᄃᆞ며: 법받으며. 본받으며. 법받- + -ᄋᆞ며.

- '법받다'는 '법받다', '본받다' 정도를 뜻하는 동사이다.

▸ 되니: 된 이. 되- + -ㄴ # 이.

▸ 알에: 알게. 알- + -에.

- '-에'는 앞의 내용이 뒤에서 가리키는 사태의 목적이나 결과, 방식, 정도 따위가 됨을 나타내는 연결어미인데 '-게'가 '이' 모음과 반모음 'j', 'ㄹ' 뒤에서 'ㄱ'이 약화 탈락하여('-게' 〉 '-에') 나타난 것이다. 이때 'ㅇ'은 음가를 지닌 유성후두마찰음([ɦ])으로 모음 앞의 'ㅇ'(가령, '오', '아' 등의 'ㅇ')과 구별된다.

《소학언해 1권, 2a-b》

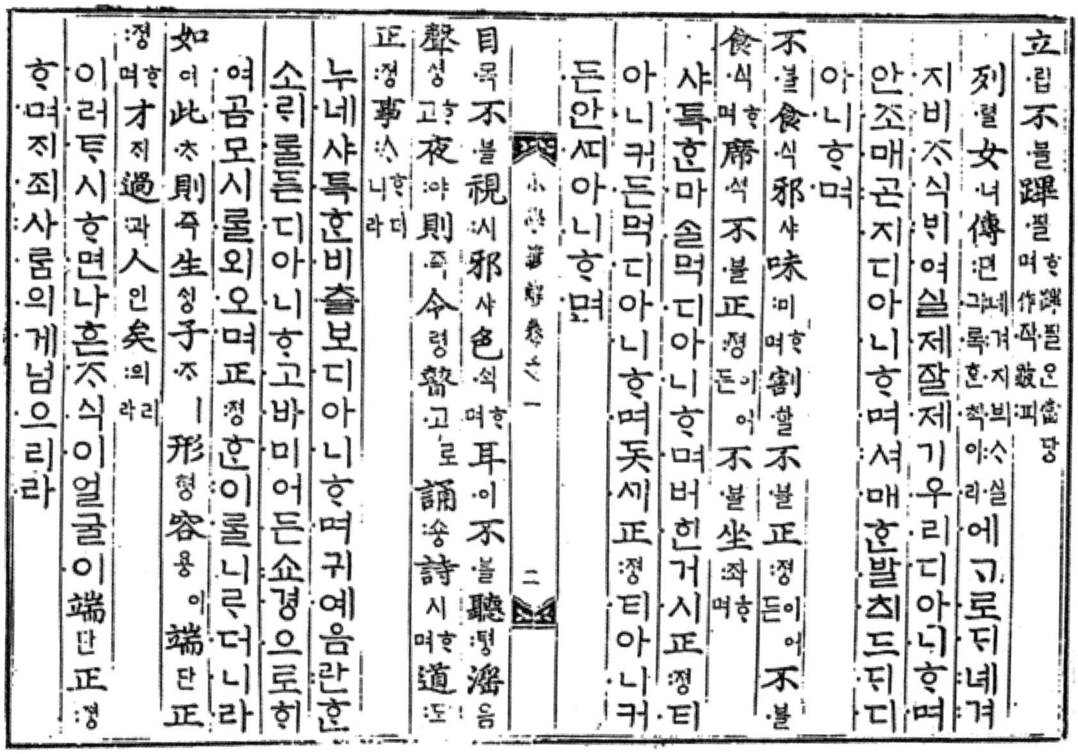

❀ 원문 텍스트

列女傳(열녀전)녜 겨지븨 ᄉᆞ실 긔록ᄒᆞᆫ ᄎᆡᆨ이라에 ᄀᆞ로ᄃᆡ 녜 겨지비 ᄌᆞ식 ᄇᆡ여실 제 잘 제 기우리디 아니ᄒᆞ며 안조매 곧지디 아니ᄒᆞ며 셔매 ᄒᆞᆫ 발 최드ᄃᆡ디 아니ᄒᆞ며 샤특ᄒᆞᆫ 마ᄉᆞᆯ 먹디 아니ᄒᆞ며 버힌 거시 正(정)티 아니커든 먹디 아니ᄒᆞ며 돗ᄭᅵ 正(정)티 아니커든 안ᄶᅵ 아니ᄒᆞ며 누네 샤특ᄒᆞᆫ 비ᄎᆞᆯ 보디 아니ᄒᆞ며 귀예 음란ᄒᆞᆫ 소릐ᄅᆞᆯ 듣디 아니ᄒᆞ고 바미어든 쇼경으로 ᄒᆡ여곰 모시ᄅᆞᆯ 외오며 正(정)ᄒᆞᆫ 이ᄅᆞᆯ 니ᄅᆞ더니라 이러ᄐᆞ시 ᄒᆞ면 나ᄒᆞᆫ ᄌᆞ식이 얼굴이 端正(단정)ᄒᆞ며 ᄌᆡ조 사ᄅᆞᆷ의게 넘으리라

❀ 현대어 역

열녀전옛날 여자의 사실을 기록한 책이다.에 이르되 옛날 여자가 자식을 배었을 때 잠잘 때 기울이지 아니하며 앉음에 치우치지 아니하며 설 때 한 발로 치우쳐 디디지 아니하며 사특한 맛을 먹지 아니하며 벤 것이 반듯하지 아니하거든 먹지 아니하며 자리가 반듯하지 아니하거든 앉지 아니하며 눈에 사특한 빛을 보지 아니하며 귀에 음란한 소리를 듣지 아니하고 밤이거든 소경으로 하여금 모시를 외우게 하며 정한 일을 일렀다. 이렇듯이 하면 낳은 자식 얼굴이 단정하며 재주가 다른 사람보다 뛰어날 것이다.

❀ 주석

▸ 빈여실: 배어 있을. 배었을. 빈- + -어시- + -ㄹ.

- '-어시-'는 '-엇/앗-'으로도 나타났는데 결과 상태 지속의 의미로 해석된다. 이 '-어시-'는 '-아/어 잇/이시-'에서 발달된 형식으로 보는 견해도 있고 연결어미 '-어'에 어간 '시-'(이시다)가 통합한 구 구성으로 보는 견해도 있다.

▸ 잘 제: 잠잘 때. 자- + -ㄹ # 제.

▸ 기우리디: 기울이지. 옆으로 눕지. 기우리- + -디.

▸ 곧지디: 치우치지. 곧지- + -디.

- '곧지다'는 '치우치다'를 뜻하는 동사이다.

▸ 츼드딕디: 치우쳐 디디지. 츼드딕- + -디.

- '츼드딕다'는 어간 '츼-'와 '드딕-'가 결합한 합성어로 '치우쳐 디디다'를 뜻한다.

▸ 버힌: 벤. 버히- + -ㄴ.

▸ 돗끼: 자리. 돗ㄱ + -이.

- '돗ㄱ'은 '돗자리', '자리'를 뜻하고 '-이'는 주격 조사이다.

▸ 사름의게: (다른) 사람보다. 사름 + -의게.

- 여기에서 '-의게'는 '보다'를 뜻하는 의미로 쓰였다.

《소학언해 1권, 3a-b》

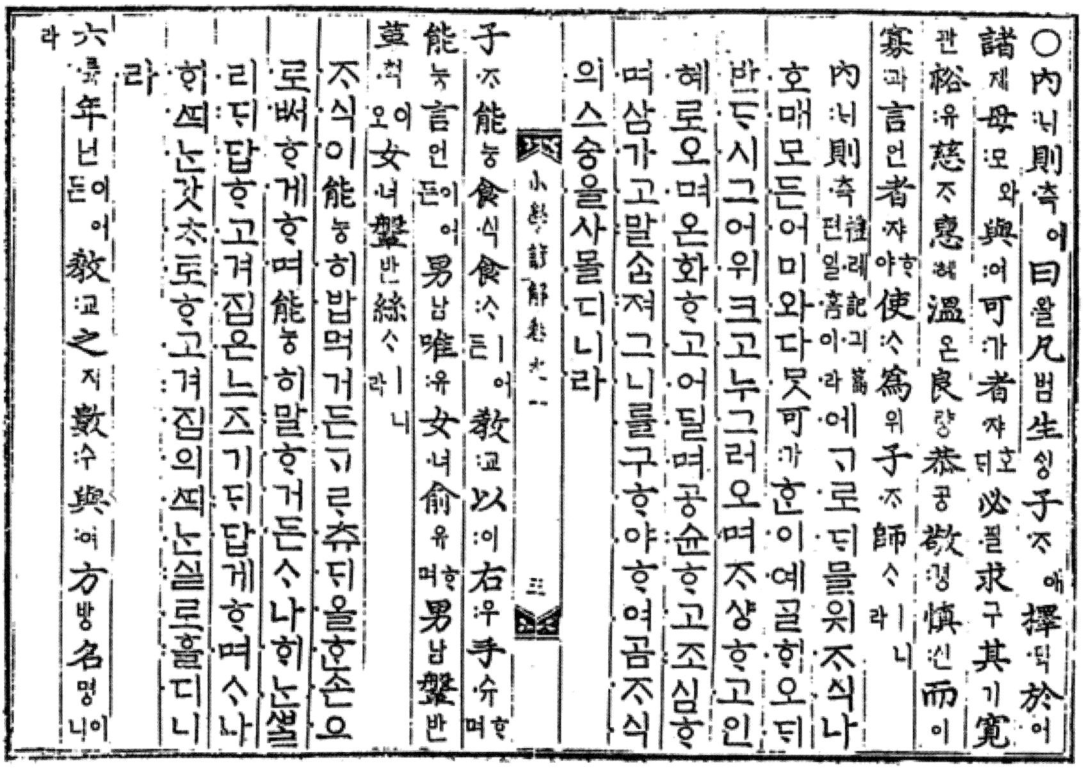

❀ 원문 텍스트

內則(내칙)禮記(예기) 篇(편) 일홈이라에 ᄀᆞ로ᄃᆡ 믈읫 ᄌᆞ식 나호매 모든 어미와 다ᄆᆞᆺ 可(가)ᄒᆞᆫ 이예 골히오ᄃᆡ 반ᄃᆞ시 그 어위크고 누그러오며 ᄌᆞ샹ᄒᆞ고 인혜로오며 온화ᄒᆞ고 어딜며 공슌ᄒᆞ고 조심ᄒᆞ며 삼가고 말ᄉᆞᆷ 져그니를 구ᄒᆞ야 ᄒᆞ여곰 ᄌᆞ식의 스승을 사몰디니라 ᄌᆞ식이 能(능)히 밥 먹거든 ᄀᆞᄅᆞ츄ᄃᆡ 올ᄒᆞᆫ 손으로ᄡᅥ ᄒᆞ게 ᄒᆞ며 能(능)히 말ᄒᆞ거든 ᄉᆞ나ᄒᆡᄂᆞᆫ ᄲᆞᆯ리 ᄃᆡ답ᄒᆞ고 겨집은 느즈기 ᄃᆡ답게 ᄒᆞ며 ᄉᆞ나ᄒᆡ ᄯᅴᄂᆞᆫ 갓ᄎᆞ로 ᄒᆞ고 겨집의 ᄯᅴᄂᆞᆫ 실로 홀디니라

❀ 현대어 역

내칙예기 편 이름이다.에 이르되 무릇 자식 낳으매, 모든 어미와 함께 가한 이에서 가리되 반드시 그 (마음이) 넓고 크며 너그러우며 자상하고 인혜하며 온화하고 어질며 공손하고 조심하며 삼가고 말이 적은 이를 구하여 그로 하여금 자식의 스승을 삼을지니라. 자식이 능히 밥 먹거든 가르치되 오른손으로 하게 하며 능히 말하거든 사나이는 빨리 대답하고 여자는 느리게 대답하게 하며 사나이의 띠는 가죽으로 하고 여자의 띠는 실로 할지니라.

❀ 주석

▸ 다뭇: 더불어. 함께.

▸ 골희오듸: 가리되. 골희- + -오듸.

- '골희다'는 '가리다', '구분하다' 정도를 뜻한다.

▸ 어위크고: 넓고 크고. 어위크- + -고.

▸ 인혜로오며: 인혜로우며.

▸ 져그니: 적은 사람. 젹- + -은 # 이.

▸ ᄀᆞᄅᆞ츄듸: 가르치되. ᄀᆞᄅᆞ치- + -우듸.

- 연결어미 '-우듸'는 '-오듸'와 교체되었는데 음성 모음과 'ㅣ' 모음 뒤에서 '-우되'가 나타났고 선행하는 어간의 모음이 'ㅣ'일 때는 'ᄀᆞᄅᆞ츄되'처럼 앞의 'ㅣ' 모음과 축약되어 활용되었다.

▸ ᄉᆞᄂᆞᆡ히: 사나이.

▸ 느즈기: 느직이. 느리게.

▸ 씌는: 띠는. 씌 + -는.

▸ 갓ᄎᆞ로: 가죽. 갓ㅊ + -ᄋᆞ로.

- '갓ㅊ'은 '가죽'을 뜻하는 명사로 중세 국어의 '갗'이 후행하는 '-(ᄋᆞ)로'와 통합하면서 중철 표기와 음절말끝소리가 반영된 표기이다.

《소학언해 1권, 4a-b》

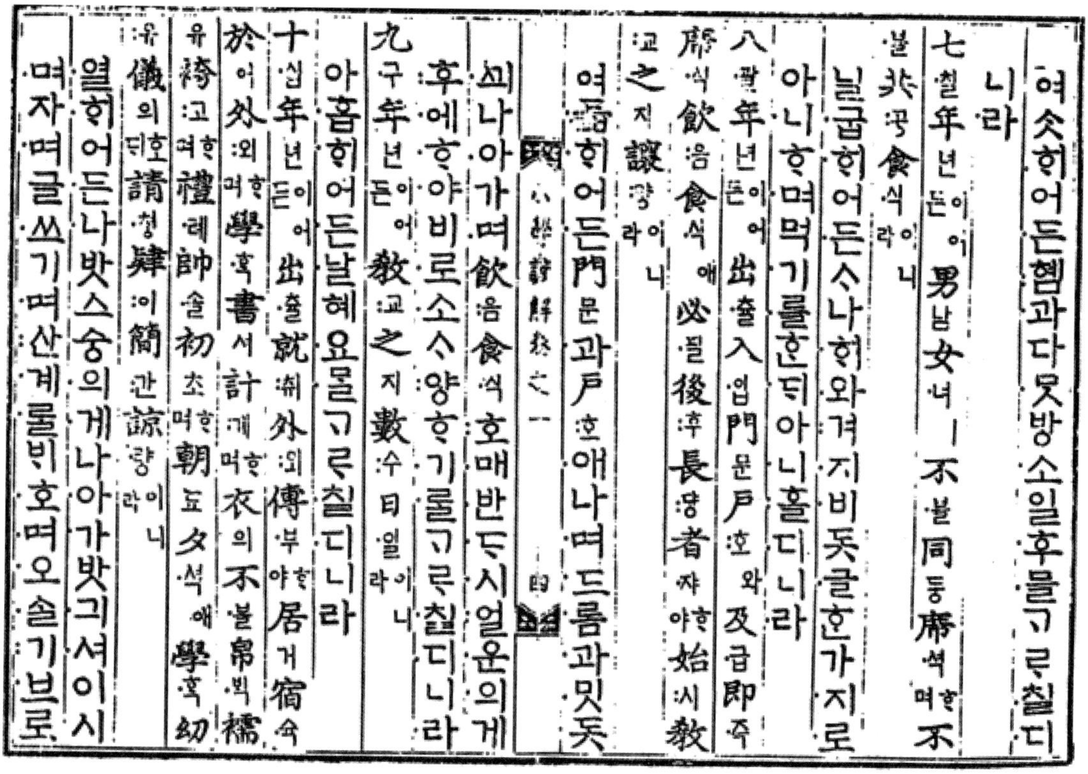

❀ 원문 텍스트

여ᄉᆞᆺ ᄒᆡ어든 혬과 다ᄆᆞᆺ 방소 일후믈 ᄀᆞᄅᆞ칠디니라 닐굽 ᄒᆡ어든 ᄉᆞ나ᄒᆡ와 겨지비 돗글 ᄒᆞᆫ가지로 아니ᄒᆞ며 먹기를 ᄒᆞᆫ ᄃᆡ 아니홀디니라 여ᄃᆞᆲ ᄒᆡ어든 門(문)과 戶(호)애 나며 드롬과 밋 돗ᄭᅴ 나아가며 飮食(음식)호매 반ᄃᆞ시 얼운의게 후에 ᄒᆞ야 비로소 ᄉᆞ양ᄒᆞ기를 ᄀᆞᄅᆞ칠디니라 아홉 ᄒᆡ어든 날 혜요ᄆᆞᆯ ᄀᆞᄅᆞ칠디니라 열 ᄒᆡ어든 나 밧 스승의게 나아가 밧긔셔 이시며 자며 글쓰기며 산계를 ᄇᆡ호며 오솔 기브로

❀ 현대어 역

여섯 해거든(해가 되면) 셈과 더불어 방위의 이름을 가르칠지니라. 일곱 해거든 사나이와 여자가 자리를 함께 아니하며 먹기를 한 곳에서 아니할지니라. 여덟 해거든 문과 방에 나며 듦과 및 자리에 나아가며 음식함에 반드시 어른보다 후에 하며 비로소 사양하기를 가르칠지니라. 아홉 해거든 날짜 세는 것을 가르칠지니라. 열 해거든 (집에서 나가) 바깥에 있는 스승에게 나아가 밖에서 있으면서 자며 글쓰기며 산계(계산)를 배우고 옷을 비단으로

❀ 주석

- 여ᄉᆞᆺ: 여섯.
- ᄒᆡ어든: 해거든. 해가 되면.
- 혬과: 셈과. 숫자와. 혬 + -과.
    - '혬'의 어기 '혜다'는 '세다'를 뜻하는 동사이고, '혬'은 접미사 '-ㅁ'이 결합한 '셈', '숫자'를 뜻하는 명사이다.
- 방소: 방향과 장소. 방위.
- 돗글: 자리를. 도ᇧ + -을.
- ᄒᆞᆫ가지로: 함께.
- 얼운의게: 어른보다. 얼운 + -의게.
    - 여기에서 '-의게'는 비교격 '보다' 정도로 해석된다.
- 밧: 밖.
- 밧긔셔: 밖에서. 바ᇧ + -의셔.
    - '바ᇧ'은 '밖'을 뜻하는 명사로 '밧긔셔'처럼 모음으로 시작하는 조사 앞에서는 음절 말의 'ㄱ'이 연철되었다. 그런데 단독으로 쓰이거나 자음으로 시작하는 조사 앞에서는 '밧'으로 실현되었다.
- 혜요ᄆᆞᆯ: 세는 것. 혜- + -옴 + -올.

• '혜욤'은 어간 '혜-'에 명사형 어미 '-옴'이 결합할 때 반모음 'j'이 삽입된 표기이다.

▸ 기브로. 깁으로. 깁 + -으로.

• '깁'은 '명주실로 바탕을 조금 거칠게 짠 비단'을 뜻한다.

《소학언해 1권, 5a-b》

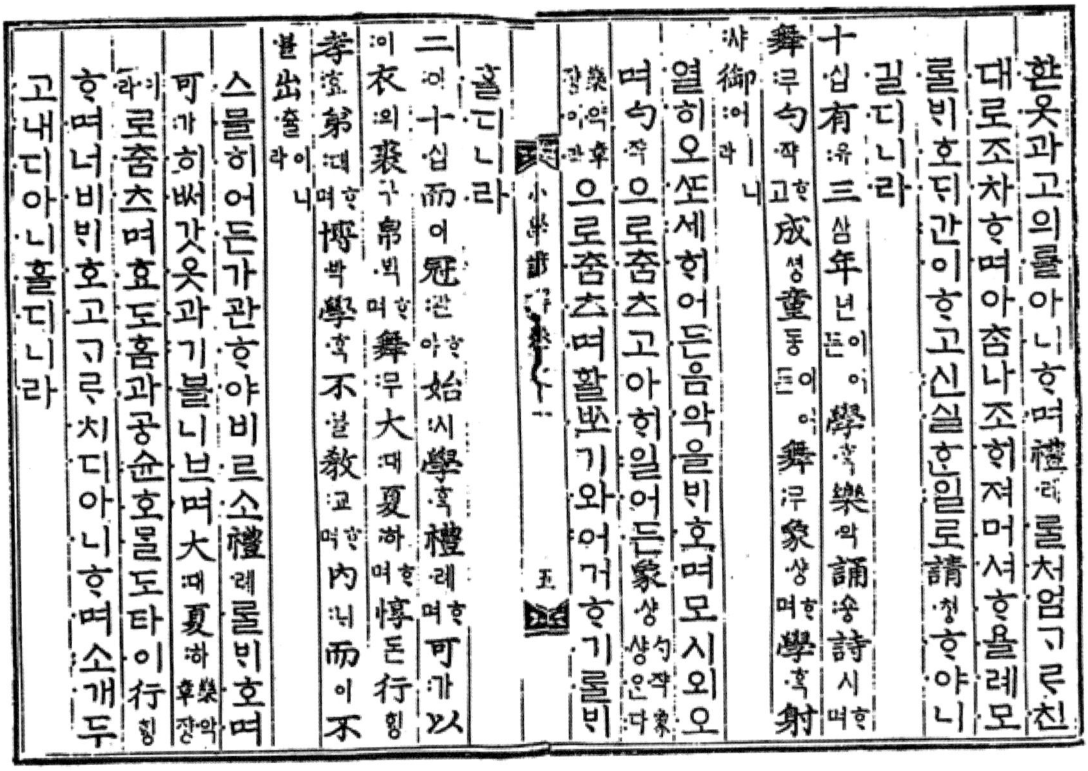

❀ 원문 텍스트

한옷과 고의를 아니ᄒᆞ며 禮(예)를 처엄 ᄀᆞᄅᆞ친 대로 조차ᄒᆞ며 아ᄎᆞᆷ 나조ᄒᆡ 져머셔 ᄒᆞ욜 례모ᄅᆞᆯ ᄇᆡ호ᄃᆡ 간이ᄒᆞ고 신실ᄒᆞᆫ 일로 請(청)ᄒᆞ야 니길디니라 열히오 ᄯᅩ 세 ᄒᆡ어든 음악을 ᄇᆡ호며 모시 외오며 勺(작)으로 춤츠고 아ᄒᆡ 일어든 象(상)勺象(작상)은 다 樂章(악장)이라으로 춤츠며 활ᄡᅩ기와 어거ᄒᆞ기ᄅᆞᆯ ᄇᆡ홀디니라 스믈히어든 가관ᄒᆞ야 비르소 禮(예)ᄅᆞᆯ ᄇᆡ호며 可(가)히 ᄡᅧ 갓옷과 기블 니브며 大夏(대하)樂章(악장)이라로 춤츠며 효도홈과 공슌호ᄆᆞᆯ 도타이 行(행)ᄒᆞ며 너비 ᄇᆡ호고 ᄀᆞᄅᆞ치디 아니ᄒᆞ며 소개 두고 내디 아니홀디니라

❀ 현대어 역

핫옷과 고의를 아니하며 예를 처음 가르친 대로 따르게 하며 아침저녁에 어린 때에 하게 할 예모를 배우되 간단하고 신실한 일로 청하여 익힐지니라. 열이고 또 세 해거든(열세살이 되면) 음악을 배우며 모시 외우며 작으로 춤추고 아이가 크거든 상작상은 다 음악이다.으로 춤추며 활쏘기와 어거하기를 배울지니라. 스물 해거든 가관하여 비로서 예를 배우며 가히 갖옷과 비단옷을 입으며 대하악장이다.로 춤추며 효도함과 공손함을 돈돈히 행하며 널리 배우고 가르치지 아니하며 속에 두고 내지 아니할지니라.

❀ 주석

- 핟옷: 핫옷. 안에 솜을 두어 만든 옷.
- 고의: 고의. 홑바지.
- 나조ᄒᆡ: 저녁에. 나조ㅎ + -ᄋᆡ.
- ᄒᆡ욜: 하게 할. ᄒᆞ이- + -오- + -ㄹ.
- 례모ᄅᆞᆯ: 예모를.
    - '예모'(禮貌)는 '예절에 맞는 몸가짐'을 뜻한다.
- 열히오 ᄯᅩ 세 ᄒᆡ어든: 열세 살이거든. 열세 살이 되면.
- 일어든: 크거든. 일- + -어든.
- 활ᄡᅩ기: 활쏘기. 활ᄡᅩ- + -기.
    - 중세 국어에서 명사 파생 접미사 '-기'는 매우 제한적으로 결합하였는데 '활ᄡᅩ기', '글쓰기', 'ᄆᆞᆯ보기'처럼 몇몇 어형에서만 확인된다.
- 어거ᄒᆞ기: 어거하기. 말 부리기. 어거ᄒᆞ- + -기.
- 가관ᄒᆞ야: 가관하여. 성년식을 행하여 처음 갓을 쓰며.
- 갓옷: 가죽옷.
- 도타이: 도타이. 돈독히.
- 너비: 널리. 넓게.

《소학언해 1권, 6a-b》

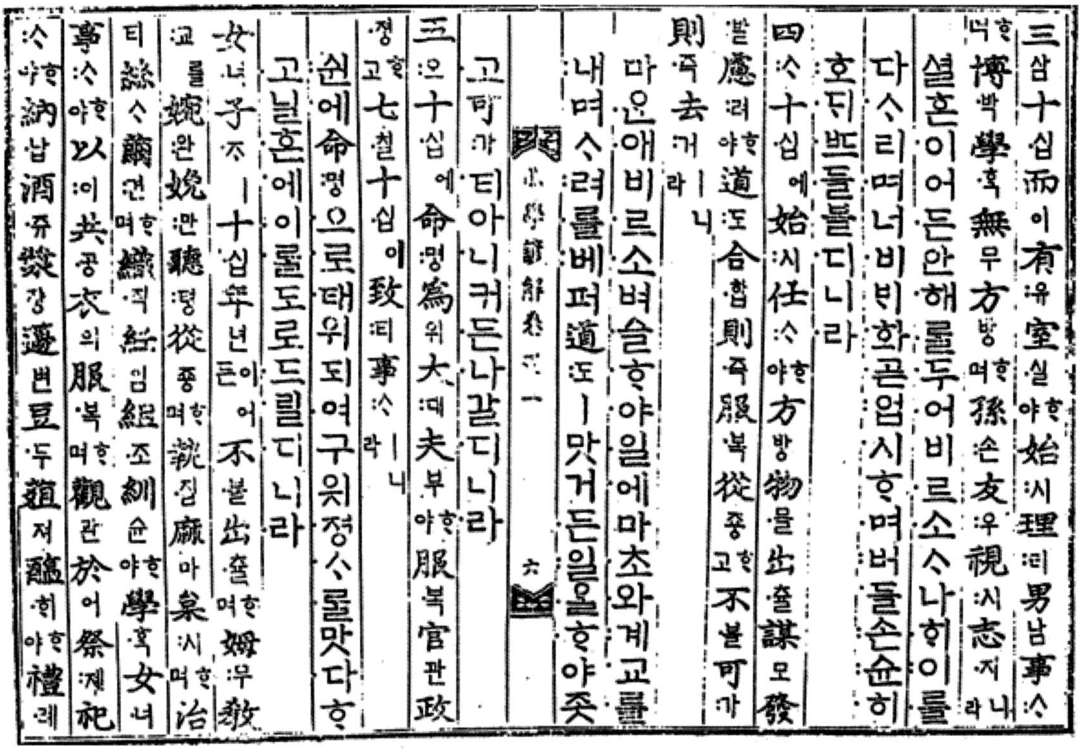

❀ 원문 텍스트

셜흔이어든 안해를 두어 비르소 ᄉᆞ나ᄒᆡ 이를 다ᄉᆞ리며 너비 ᄇᆡ화 곧 업시ᄒᆞ며 버들 손슌히 호ᄃᆡ ᄠᅳ들 볼디니라 마ᄋᆞᆫ애 비르소 벼슬ᄒᆞ야 일에 마초와 계교를 내며 ᄉᆞ려를 베퍼 道(도)ㅣ 맛거든 일ᄋᆞᆯ ᄒᆞ야 좃고 可(가)티 아니커든 나갈디니라 쉰에 命(명)으로 태위 되여 구읫 졍ᄉᆞ를 맛다 ᄒᆞ고 닐흔에 이를 도로 드릴디니라

❀ 현대어 역

서른 살이거든 아내를 두어 비로소 사나이의 일을 다스리며 널리 배우며, 장소가 없이하며(장소에 얽매이지 않으며), 벗을 손순하게 하되 뜻을 살필지니라. 마흔에 비로소 벼슬하여 일에 맞추어 계교를 내며 사려를 베풀어 도가 맞거든 일을 하여 따르고 가하지 아니하거든 나갈지니라. 쉰 살이 되면 명으로 태위가 되어 나라의 정사를 맡아 하고 일흔에 이를 도로 드릴지니라.

❀ 주석

▸ 안해를: 아내를. 안해 + -를.

• '안해'는 '아내'를 뜻하는 명사이다.

▸ 손순히: 손순하게.

• '손순히'는 '남을 존중하고 자기를 내세우지 않는 태도'를 뜻한다.

▸ 마초와: 맞추어. 마초오- + -아.

• '마초오다'는 '맞추다'를 뜻하는 동사이다.

▸ 베퍼: 베풀어. 펴서. 베프- + -어.

• '베프다'는 근대 국어에 와서 'ㄹ'이 첨가되어 현대 국어 '베풀다'의 형태로 바뀌었다.

▸ 태위: 태위. 대부.

• '태위'는 삼공(三公)의 하나로 정일품 최고의 무관직 벼슬을 말한다.

▸ 구윗: 관청의. 나라의. 구위 + ㅅ.

• '구위'는 '관청', '관리'. '나라'를 뜻하는 명사로 쓰였다.

• 이때 '-ㅅ'은 관형격 조사다. 중세 국어에서 관형격 조사는 '-ㅅ'과 '-익/의'가 대표적으로 쓰였는데 '-ㅅ'는 무정 체언이거나 존칭의 유정 체언 뒤에 통합되었고 '-익/의'는 비존칭의 유정 체언 뒤에 통합되었다. '-익'와 '-의'는 선행 체언의 모음(양성과 음성)에 따라 교체되었다.

제2부

근대 국어 한글 문헌

2부에서는 근대 국어 한글 문헌으로 구성하였다. 근대 국어는 16세기 말(임진왜란 1592년)부터 19세기 말(갑오개혁 1894년)까지의 국어를 말한다. 근대 국어 한글 문헌은 중세 국어에 비해 다양한 문헌이 간행되었다. 계층의 특성이 반영된 문헌 자료, 지역어가 반영된 문헌 자료, 한글 편지의 서식 문헌, 한글 고소설, 최초의 국어 교과서 등 다양한 문헌이 존재하여 다양한 언어 양상을 확인할 수 있다. 특히 중세 국어에 간행된 책들을 근대 국어 시기에 다시 간행한 경우가 있는데 이 경우에 중세 국어와 근대 국어를 비교할 수 있어 그 가치가 매우 높다. 근대 국어의 대표적 특징으로 우선 표기의 변화를 들 수 있다. 연철 표기는 물론 분철 표기, 재음소화 표기 등 다양한 표기가 등장하며, '·'의 변화에 따른 음운 현상, 이중모음의 단모음화, 구개음화 현상 등도 나타난다. 유성 자음의 소실과 어두자음군의 변화, 성조의 소실 등도 확인된다. 문법적으로는 겸양법 선어말어미의 형태 및 의미 변화, 선어말어미 '-오-'의 소실, '하오'체의 형성과 종결어미화 현상, 연결어미의 소멸과 형성 등 다양한 문법 변화도 일어났다.

09.

동국신속삼강행실도 (東國新續三綱行實圖)

❀ 해제

『동국신속삼강행실도』는 1617년(광해군 9년) 우리나라 역대 삼강(임금과 신하, 어버이와 자식, 남편과 아내 사이에 마땅히 지켜야 할 도리)의 사례를 모아 18권 18책으로 간행되었다. 『삼강행실도』와 『속삼강행실도』의 속편으로 이들의 문헌에 포함되어 있는 사례는 물론 임진왜란 이후의 사적까지 포함되어 있다. 『동국신속삼강행실도』에 포함된 『삼강행실도』는 세종의 명에 의해 설순 등이 1434년(세종 16년)에 한문본으로 편찬 간행한 책으로 우리나라와 중국의 역대 문헌에서 효자, 충신, 열녀 등 행실이 뛰어난 사람을 각각 110명 가려서 그림과 한문 설명 찬시를 붙여 3권 3책으로 간행한 것이다. 이후 1481년(성종 12년)에 효자, 충신, 열녀의 수를 각각 35명으로 줄이고 위쪽에 언해를 붙여 3권 1책으로 간행한 것이 언해본 『삼강행실도』이다. 한편, 1514년(중종 9년)에 신용개가 왕명을 받아 편찬한 『속삼강행실도』는 『삼강행실도』의 속편으로 세종 때 편찬된 『삼강행실도』 이후 새로운 효자와 충신, 열녀의 기록을 정리하여 보충하기 위해 만들어진 책이다. 형식은 그대로 유지하였으나 『삼강행실도』 이후 유명한 효자 36명, 충신 6명, 열녀 28명을 추가로 수록하고, 그 행실을 각각 한시 2수로 기록하였다.

『삼강행실도』와 『속삼강행실도』의 속편 성격을 가진 『동국신속삼강행실도』는 전체 18권 18책의 방대한 분량을 담고 있어서 중앙에서 한 번에 간행하기에는 막대한 경비로 인한 부담이 컸다. 이에 각 도의 경제력을 고려하여 전라도 6책, 경상도 4책, 공홍도(충청도) 4책, 황해도 3책, 평안도 1책씩 지방 5도로 분담시켜 1617년(광해군 9년)에 간행이 완료되었다.

『동국신속삼강행실도』는 임진왜란 이후 황폐해진 백성들의 윤리적 가치를 회복시키기 위해 우리나라 인물에 보다 주목하고 있다. 전체 18권 가운데 권1~8은 『효자도』, 권9는 『충신도』, 권10~17은 『열녀도』이며 부록으로 권 18에는 『삼강행실도』와 『속삼강행실도』에 실린 사적 가운데 우리나라의 사례만 뽑아서 72가지를 가려 수록하였다. 각 사례에 대한 구성은 『삼강행실도』, 『속삼강행실도』와 마찬가지로, 각 사례마다 한 장의 그림으로 그 행적을 보인 후 본문에 한문 원문과 그에 대한 언해를 함께 실었다.

이 책은 근대 국어 초기의 자료로서 중세 국어에서 근대 국어로 교체되는 시기의 여러 가지 언어 변화를 보여준다는 점에서 국어의 역사를 연구하는데 매우 중요한 자료이다. 우선 합용 병서로 'ㅄ'계, 'ㅂ'계, 'ㅅ'계가 모두 나타나는데 'ㅄ'계는 'ㅂ' 또는 'ㅅ'계와 혼용되어 기록되기도 하며, 각자 병서로 'ㅃ, ㅆ' 등이 나타나기도 한다. 다음으로 음절 말의 't'는 '벋디(脫), 수짇고(罵)'에서와 같이 'ㄷ'으로 표기되었으며, 어두 음절의 'ㆍ'는 그대로 유지되어 있으나 2음절 이하에 나타나는 'ㆍ'의 경우, '가만이, 흙, 소매'에서처럼 'ㅏ'나 'ㅡ' 또는 'ㅗ'로의 변화를 보여준다. 또한, 움라우트 현상을 반영한 '지애비(지아비)'나 'ㅿ'의 발달과 관련한 '므섯(무엇), 아스니(奪)' 등 방언과 관련된 표기도 등장하고 있어 방언사 연구 측면에서도 주목할 만하다.

《동국신속삼강행실도 효 1권, 1b》

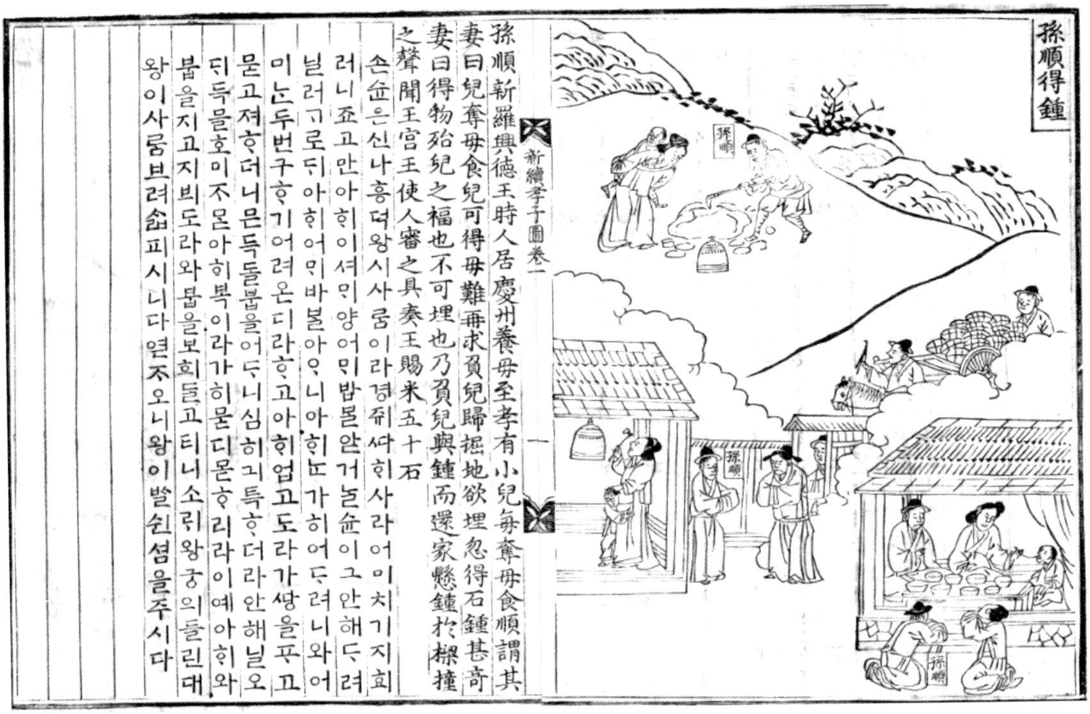

❀ 원문 텍스트

[孫順得鍾(손순득종)]

손슌은 신나 흥덕왕 시 사롬이라 경쥐 싸힛 사라 어미 치기 지회러니 죠고만 아히 이셔 미양 어믜 밥볼 앋거놀 슌이 그 안해ᄃᆞ려 닐러 ᄀᆞ로ᄃᆡ 아히 어믜 바볼 아ᄋᆞ니 아히ᄂᆞᆫ 가히 어ᄃᆞ려니와 어미ᄂᆞᆫ 두 번 구ᄒᆞ기 어려온디라 ᄒᆞ고 아히 업고 도라가 짱을 ᄑᆞ고 묻고져 ᄒᆞ더니 믄득 돌붑을 어ᄃᆞ니 심히 긔특ᄒᆞ더라 안해 닐오ᄃᆡ 득믈호미 ᄌᆞ몬 아히 복이라 가히 묻디 몯ᄒᆞ리라 이에 아히와 붑을 지고 지븨 도라와 붑을 보희 ᄃᆞᆯ고 티니 소릐 왕궁의 들린대 왕이 사롬 브려 숣피시니다 엳ᄌᆞ오니 왕이 ᄡᆞᆯ 쉰 셤을 주시다

❀ 현대어 역

순순은 신라 흥덕왕 때 사람이다. 경주 땅에 살아 어미 봉양함이 지효이었더니 조그마한 아이가 있어 매양(때마다) 어미의 밥을 빼앗거늘 순이 그 아내에게 말하되 아이가 어미의 밥을 앗아 가니 아이는 다시 얻을 수 있지만 어미는 두 번 구하기 어렵다 하고 아이를 업고 돌아가 땅을 파고 묻고자 하였더니 문득 석종을 얻으니 심히 기이하였다. 아내가 말하되 득물함은 자못 아이가 복이어서 가히 묻지 못하리라. 이에 아이와 종을 지고 집에 돌아와 종을 들보에 달고 치니 소리가 왕궁에 들려 왕이 사람을 시켜 살피시니 다 여쭈오니 왕이 쌀 쉰 섬을 주셨다.

❀ 주석

▸ 시: 시(時). 때. 시대.

▸ 사ᄅᆞᆷ이라: 사람이다. 사ᄅᆞᆷ + -이- + -라.

  • ‘사ᄅᆞᆷ이라’처럼 근대 국어 시기에는 분철 표기 양상이 두드러지게 나타났으며 이 외에도 ‘높피’처럼 중철 표기나 ‘놉히’와 같은 재음소화 표기도 등장하였다.

▸ 치기: 봉양하기. 치- + -기.

  • 여기에서 ‘치다’는, 현대 국어와 달리, ‘부모를 받들어 모시다’의 의미로 쓰였다.

▸ 지ᄒᆈ: 지효(至孝)가. 지효 + -ㅣ.

  • 지효(至孝)는 ‘정성을 다하는 효도’를 뜻한다.

▸ 죠고만: 조그마한.

▸ 밥ᄇᆞᆯ: 밥을. 밥 + -ᄋᆞᆯ.

  • ‘밥ᄇᆞᆯ’은 ‘밥’의 종성이 중철된 표기이다.

▸ 앋거ᄂᆞᆯ: 앗거늘. 빼앗거늘. 앋- + -거ᄂᆞᆯ.

  • ‘앋다’는 중세 국어 ‘앗다’의 종성 ‘ㅅ’이 ‘ㄷ’으로 표기된 것인데 근대 국어 시기 종성에서 ‘ㅅ’, ‘ㄷ’이 서로 혼용되는 양상을 보였다.

▸ 안해드려: 아내더러. 안해 + -드려.

• '-드려'는 현대 국어 '-더러'의 기원 형태이다.

▸ 어믜: 어미의. 어미 + -의.

• '어믜'는 '어미 + -의'가 통합한 것인데 이때 '어미'의 'ㅣ' 모음이 탈락한 것이 특징적이다. '아븨'(아비 + -의)도 그와 같은 음운 현상이 일어난다.

▸ 아으니: 앗으니.

• '아으니'는 중세 국어의 '아ᅀᆞ니' 활용형에서 어간의 'ㅿ'이 소실된 활용형이다. '아ᅀᆞ니 > 아으니'의 변화를 겪었다.

▸ 짱을: 땅을. 짱 + -을.

• '짱'은 '쌓 > 짱'의 변화를 겪은 것인데 종성의 'ㅎ'이 소실된 다른 'ㅎ' 종성 체언과 달리 '짱'으로 변화된 것이 특징적이다. 그런데 이 문헌은 앞의 '짜히'처럼 'ㅎ'이 그대로 남아 있는 경우도 존재한다.

▸ 돌붑: 돌로 만든 종. 석종(石鐘).

▸ 긔특ᄒᆞ더라: 기특하였다. 기이하였다. 긔특ᄒᆞ- + -더- + -라.

▸ ᄌᆞ몯: 자못.

▸ 붑: 종.

▸ 보희: 들보에. 보ㅎ + -의.

• '보ㅎ'은 '들보'를 뜻한다.

《동국신속삼강행실도 효 1권, 3b》

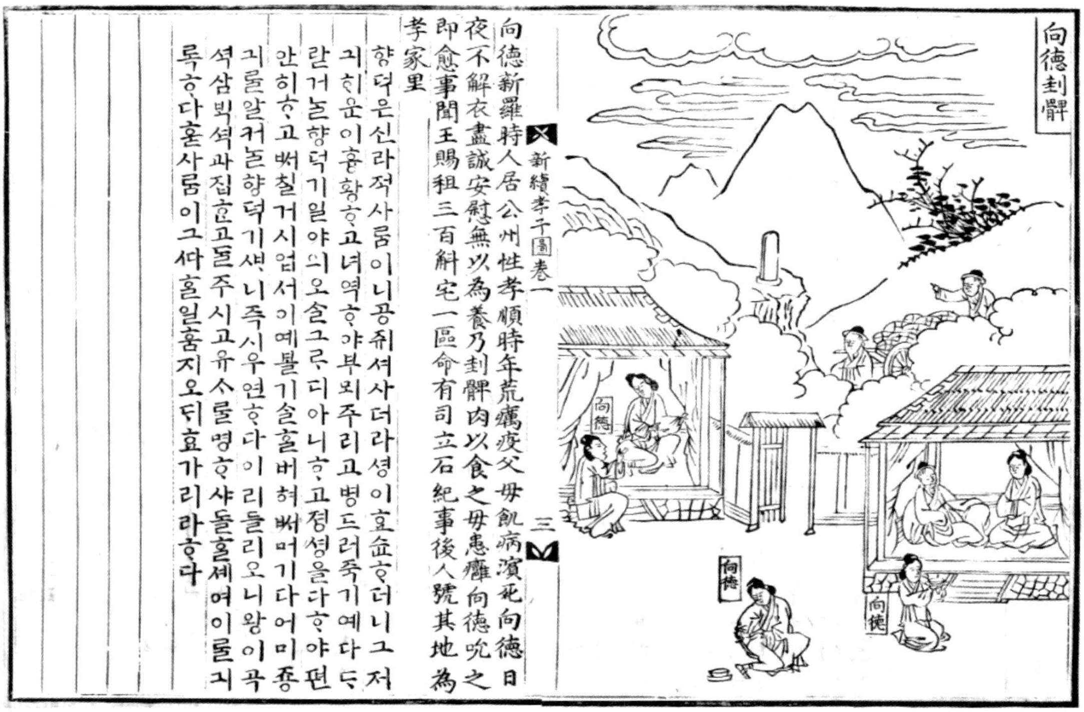

❀ 원문 텍스트

[向德刲髀(향덕규비)]

향덕은 신라 적 사룸이니 공쥐셔 사더라 셩이 효순ᄒᆞ더니 그저긔 히운이 흉황ᄒᆞ고 녀역ᄒᆞ야 부뫼 주리고 병드러 죽기예 다ᄃᆞ랃거늘 향덕기 일야의 오술 그ᄅᆞ디 아니ᄒᆞ고 졍셩을 다ᄒᆞ야 편안히 ᄒᆞ고 뻐 칠 거시 업서 이예 볼기 솔홀 버혀 뻐 머기다 어미 죵긔를 알커늘 향덕기 ᄲᅡ니 즉시 우연ᄒᆞ다 이리 들리오니 왕이 곡셕 삼빅 셕과 집 ᄒᆞᆫ 고돌 주시고 유ᄉᆞ룰 명ᄒᆞ샤 돌홀 셰여 이룰 긔록ᄒᆞ다 훋사룸이 그 ᄯᅡ홀 일홈지오ᄃᆡ 효가리라 ᄒᆞ다

❀ 현대어 역

향덕은 신라 때 사람이니 공주에서 살았다. 성(성품)이 효순하였는데 그때 해운이 흉황하고 여역하여 부모가 주리고 병들어 죽기에 다다랐거늘 향덕이 일야에 옷을 가리지 아니하고 정성을 다하여 편안히 하고 봉양할 것이 없어 이에 볼기 살을 베어 (부모에게) 먹였다. 어미가 종기를 앓거늘 향덕이가 빠니 즉시 우연하였다. 이리 들리니 왕이 곡식 삼백 석과 집 한 곳을 주시고 유사를 명하여 돌을 세워 이를 기록하였다. 훗사람이 그 땅을 이름짓되 효가리라 하였다.

❀ 주석

- 적: 적. 때.
- 효순ᄒᆞ더니: 효순하였는데. 효순ᄒᆞ- + -더- + -니.
    - '효순ᄒᆞ다'는 '효성이 있고 유순하다'를 뜻한다.
- 해운: 해運. 그 해의 운수.
- 흉황ᄒᆞ고: 흉황하고. 흉황ᄒᆞ- + -고.
    - '흉황ᄒᆞ다'는 '곡식 농사가 잘 안 되어 농사가 결딴남'을 뜻한다.
- 녀역ᄒᆞ야: 여역하여. 여역ᄒᆞ- + -야.
    - '여역ᄒᆞ다'는 '전염성 열병이 퍼지는 것'을 뜻한다.
- 부뫼: 부모가. 부모 + -ㅣ.
- 우연ᄒᆞ다: 병이 낫다[愈].
- 유사: 유사(有司). 사무를 맡아보는 직무.
- 셰여: 세워. 셰- + -여.
    - '셰다'는 어간 '서-'에 사동 접미사 '-ㅣ'가 결합한 파생 동사이다.
- 효가리: 효가리(孝家里).

《동국신속삼강행실도 효 1권, 4b》

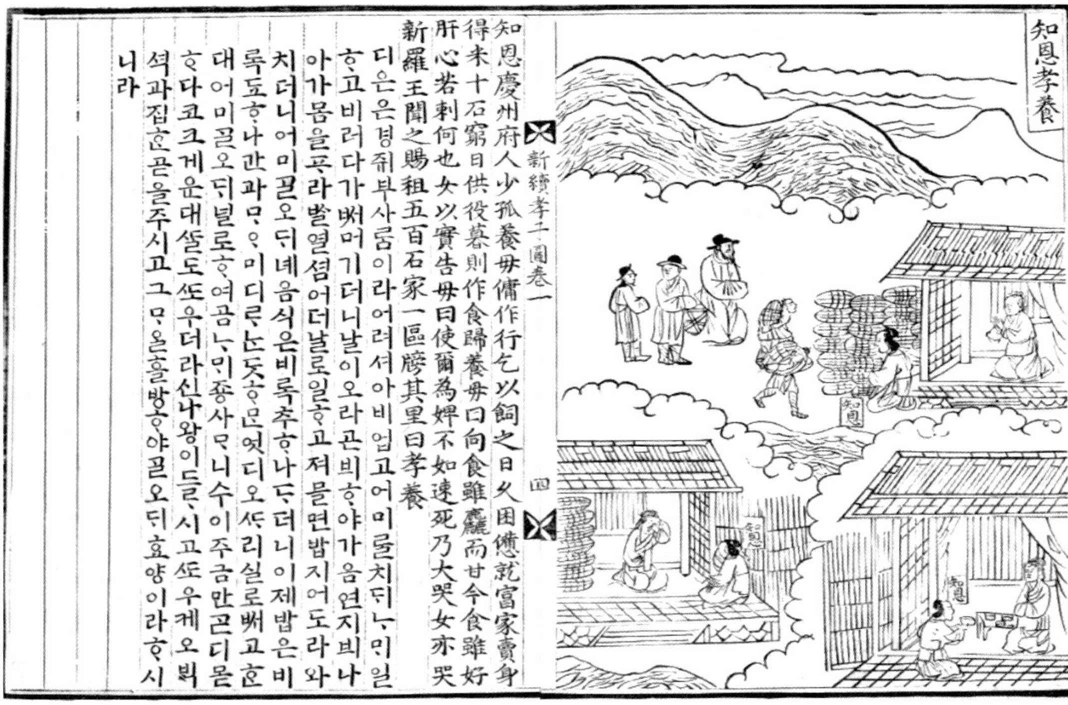

❀ 원문 텍스트

[知恩孝養(지은효양)]

디은은 경쥐부 사룸이라 어려셔 아비 업고 어미롤 치딕 누믹 일호고 비러다가 뼈 머기더니 날이 오라 곤븨호야 가음연 지븨 나아가 몸을 푸라 벌 열 셤 어더 날로 일호고 져믈면 밥지어 도라와 치더니 어미 골오딕 녜 음식은 비록 추호나 두더니 이제 밥은 비록 됴호나 간과 모우미 디루는 둣호믄 엇디오 ᄯᅡ리 실로뼈 고혼대 어미 골오딕 널로 호여곰 누믹 죵 사무니 수이 주금만 곧디 몯호다 코 크게 운대 ᄯᆞᆯ도 ᄯᅩ 우더라 신나왕이 드루시고 ᄯᅩ 우케 오뵉 셕과 집 혼 곧을 주시고 그 무올흘 방호야 골오딕 효양이라 호시니라

❀ 현대어 역

지은은 경주부 사람이다. 어려서 아비가 없고 어미를 봉양하되 남의 일하고 빌어다가 먹이었는데 날이 오랫동안 곤비하여(가난하여) 가음연(부자인) 집에 가서 몸을 팔아 쌀 열 섬을 얻어 날로 일하고 저물면 밥지어 돌아와 봉양하니 어미가 말하되 옛날 음식은 비록 추하나 달더니 지금의 밥은 비록 좋으나 간과 마음이 지리는 듯함은 어찌 그러하리오. 딸이 실로 고한대(사실대로 말하니) 어미 말하되 너로 하여금 남의 종 삼으니 쉬이 죽음만 같지 못하다 하고 크게 우니 딸도 또 울었다. 신라왕이 들으시고 또 벼 오백 석과 집 한 곳을 주시고 그 마을을 방하여(이름하여/고시하여) 말하되 효양이라고 하시었다.

❀ 주석

▸ 비러다가: 빌어다가. 빌- + -어다가.

▸ 가음연: 부자인. 가음열- + -ㄴ.

- '가음열다'는 '부(富)하다'를 뜻하며 중세 국어 '가ᅀᅳᆷ열다'의 'ᅀ' 소실을 겪은 형용사이다.

▸ 지븨: 집에. 집 + -의.

- 여기에서 조사 '-의'는 관형격 조사가 아닌 처소격 조사로 쓰였다.

▸ 몯ᄒᆞ다 코: 못하다 하고.

- '코'는 'ᄒᆞ고'가 축약된 형태이다.

▸ 우케: 벼알. 벼.

《동국신속삼강행실도 열 1권, 4b》

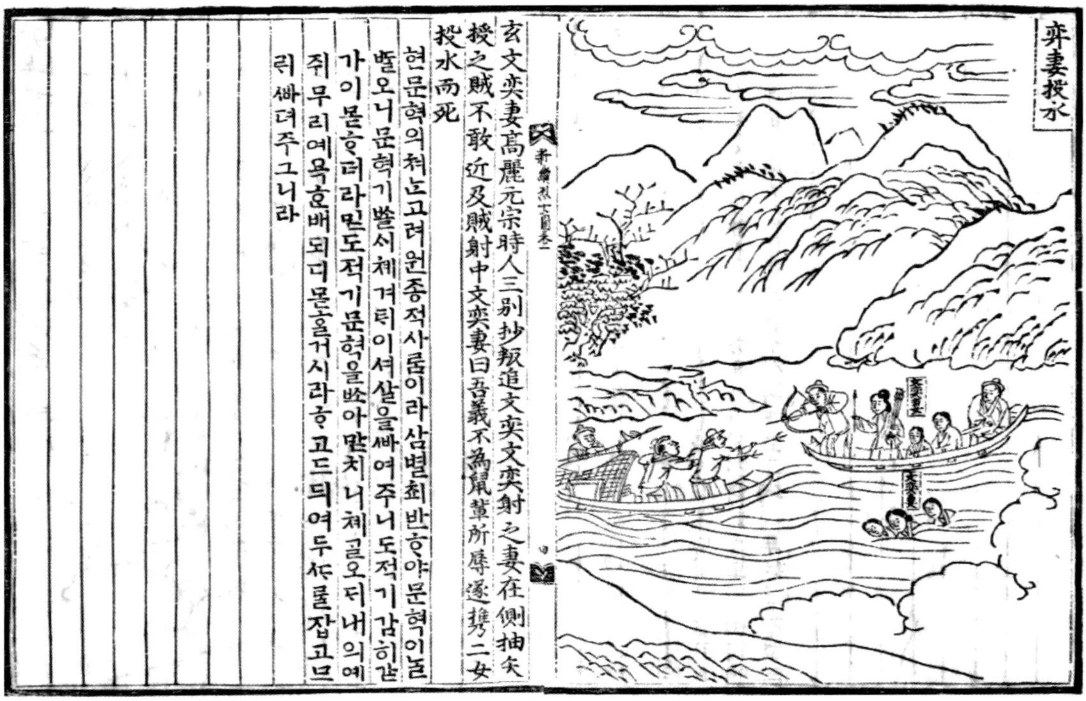

❀ 원문 텍스트

[奕妻投水(혁처투수)]

현문혁의 쳐ᄂᆞᆫ 고려 원종 적 사ᄅᆞᆷ이라 삼별쵸 반ᄒᆞ야 문혁이놀 뽈오니 문혁기 뽈시 쳬 겨틔 이셔 살을 ᄲᅡ여 주니 도적기 감히 갇가이 몯ᄒᆞ더라 믿 도적기 문혁을 뽀아 맏치니 쳬 골오ᄃᆡ 내 의예 쥐 무리예 욕ᄒᆞᆫ 배 되디 몯홀 거시라 ᄒᆞ고 드듸여 두 ᄯᆞᄅᆞᆯ 잡고 ᄆᆞ릐 ᄲᅡ뎌 주그니라

❀ 현대어 역

현문혁의 처는 고려 원종 때 사람이다. 삼별초가 반하여(난을 일으켜) 문혁이를 따라오니 문혁이가 (화살을) 쏘니 처가 곁에 있어 화살을 빼어 주니 도적이 감히 가까이 (오지) 못하였다. 도적이 문혁을 쏘아 맞히니 처가 말하되 내가 의에(절의를 지켜) 쥐 무리에 욕한 바 되지 못할 것이라 하고 드디어 두 딸을 잡고 물에 빠져 죽었다.

❀ 주석

▸ ᄠᆞᆯ오니: 따르니. 따라오니. ᄠᆞᆯ오- + -니.

• 'ᄠᆞᆯ오다'는 '따르다'를 뜻하는 동사이다.

▸ ᄡᆞᆯᄉᆡ: 쏠새. ᄡᆞ- + -ᆯᄉᆡ.

• '-ᆯᄉᆡ'는 원인을 나타내는 연결어미이다.

▸ 쳬: 처가. 쳐 + -ㅣ.

▸ ᄡᅢ여: 빼. ᄡᅢ이- + -어.

• 'ᄡᅢ이다'는 '빼다'를 뜻하는 동사이다. 'ᄡᅢ히다', 'ᄡᅢ혀다' 모두 '빼다'의 의미로 쓰였다.

▸ 갇가이: 가까이.

• '갇가이'는 중세 국어 '갓가이'(갓갑다)인데 종성이 'ㄷ'으로 표기된 것은 근대 국어 시기 종성 'ㅅ'과 'ㄷ'의 혼기로 인한 것이다.

▸ 드듸여: 드디어.

▸ 므ᄅᆡ: 물에. 믈 + -ᄋᆡ.

▸ ᄡᅡ뎌: 빠져. ᄡᅡ디- + -어.

《동국신속삼강행실도 열 1권, 11b》

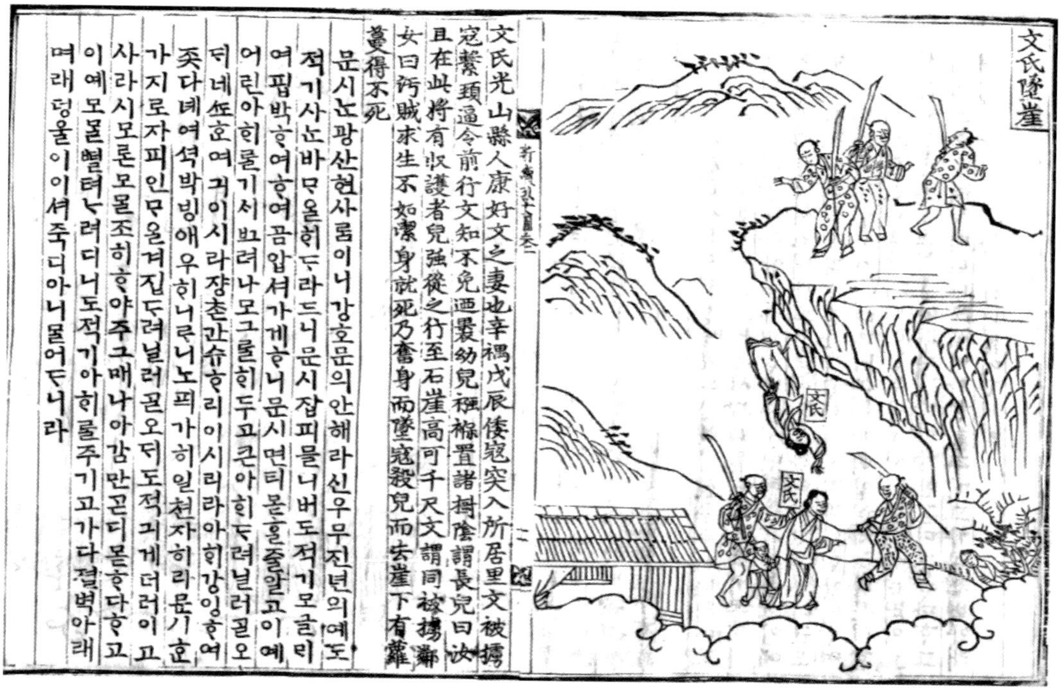
文氏墜崖

文氏光山縣人康好文之妻也辛禑戊辰倭寇突入所居里文被擄寇縶頸逼令前行文知不免洒置幼兒襁褓置諸樹陰謂長兒曰汝且在此將有收護者兒強從之行至石崖高可千尺文謂同被擄婦女曰汚賊求生不如潔身就死乃奮身而墜寇殺兒而去崖下有蘿蔓得不死

문시ᄂᆞᆫ광산현사ᄅᆞᆷ이니강호문의안해라신우무진년의예도적기사ᄂᆞᆫ바ᄆᆞ올헤ᄃᆞ라드니문시잡피믈니버도적기모글ᄆᆡ여핍박ᄒᆞ여ᄒᆞ여곰압셔가게ᄒᆞ니문시면티몯홀줄알고이예어린아ᄒᆡ롤기ᄉᆡ ᄡᅳ려나모그롤ᄒᆡ두고큰아ᄒᆡᄃᆞ려닐러ᄀᆞᆯ오ᄃᆡ네ᄯᅩᄒᆞᆫ여긔이시라쟝ᄎᆞᆫ간슈ᄒᆞ리이시리라아ᄒᆡ강잉ᄒᆞ여좃다녀여셕박빙애우ᄒᆡ니ᄅᆞ니노ᄑᆡ가히일쳔자히라문시ᄒᆞᆫ가지로자피인ᄆᆞ올겨집ᄃᆞ려닐러ᄀᆞᆯ오ᄃᆡ도적긔게더러이고사라시모론모몰조히ᄒᆞ야주그매나아감만곧디몯ᄒᆞ다ᄒᆞ고이예모몰ᄲᅧ텨ᄂᆞ려디니도적기아ᄒᆡ롤주기고가다절벽아래며래덩울이이셔죽디아니몰어ᄃᆞ니라

❀ 원문 텍스트

[文氏墜崖(문씨추애)]

문시ᄂᆞᆫ 광산현 사ᄅᆞᆷ이니 강호문의 안해라 신우 무진년의 예 도적기 사ᄂᆞᆫ 바 ᄆᆞ올헤 ᄃᆞ라드니 문시 잡피믈 니버 도적기 모글 ᄆᆡ여 핍박ᄒᆞ여 ᄒᆞ여곰 압셔 가게 ᄒᆞ니 문시 면티 몯홀 줄 알고 이예 어린 아ᄒᆡ롤 기ᄉᆡ ᄡᅳ려 나모 그롤ᄒᆡ 두고 큰 아ᄒᆡᄃᆞ려 닐러 ᄀᆞᆯ오ᄃᆡ 네 ᄯᅩᄒᆞᆫ 여긔 이시라 쟝ᄎᆞᆫ 간슈ᄒᆞ리 이시리라 아ᄒᆡ 강잉ᄒᆞ여 좃다 녀여 셕박 빙애 우ᄒᆡ 니ᄅᆞ니 노ᄑᆡ 가히 일쳔 자히라 문시 ᄒᆞᆫ가지로 자피인 ᄆᆞ올 겨집ᄃᆞ려 닐러 ᄀᆞᆯ오ᄃᆡ 도적긔게 더러이고 사라시모론 모몰 조히 ᄒᆞ야 주그매 나아감만 곧디 몯ᄒᆞ다 ᄒᆞ고 이예 모몰 ᄲᅧ텨 ᄂᆞ려디니 도적기 아ᄒᆡ롤 주기고 가다 절벽 아래 며래 덩울이 이셔 죽디 아니몰 어ᄃᆞ니라

❀ 현대어 역

문씨는 광산현 사람이니 강호문의 아내다. 신우가 무진년에 왜 도적이 사는 곳 마을에 달려드니 문씨가 잡힘을 입어(당해) 도적이 목을 매어 핍박하여 하여금 앞서가게 하니 문씨 면치 못할 줄 알고 이에 어린아이를 강보에 싸서 나무 그늘에 두고 큰아이에게 일러 말하되 너는 또한 여기 있어라. 장차 간수할 이가 있을 것이다. 아이가 강잉하여(마지못해 그대로 하여) 좇았다가서 석벽 벼랑 위에 이르니 높이가 가히 일천 자라 문씨가 함께 잡힌 마을 여자에게 일러 말하되 도적에게 더럽히고 살아있음은 몸을 깨끗이 하여 죽음에 나아감만 못하다 하고 이에 몸을 떨쳐 떨어지니 도적이 아이를 죽이고 갔다. 절벽 아래 머루 덩굴이 있어 죽지 아니함을 얻었다.

❀ 주석

▸ 예 도적기: 왜 도적이.

▸ ᄃᆞ라드니: 달려드니. ᄃᆞ라들- + -니.

- 'ᄃᆞ라들다'는 '달려들다'를 뜻하는 동사이다.

▸ 기ᄉᆡ: 강보에. 깃 + -ᄋᆡ.

- '깃'은 '강보'를 뜻하는 명사이다.

▸ ᄞᅳ려: 안아. ᄞᅳ리- + -어.

- 'ᄞᅳ리다'는 '안다', '싸다'를 뜻하는 동사이다.

▸ 간슈ᄒᆞ리: 간수할 사람이. 보호할 사람이. 간슈ᄒᆞ- + -ㄹ # 이.

▸ 녜여: 가서. 가니. 녜- + -어.

- 여기에서 '녜다'는 '가다'의 뜻으로 쓰였다.

▸ 빙애: 벼랑.

▸ 우ᄒᆡ: 우에. 우ㅎ + -ᄋᆡ.

▸ 노ᄑᆡ: 높이.

- '노ᄑᆡ'는 어간 '높-'에 명사 파생 접미사 '-의'가 붙어 형성된 파생 명사이다. 중세

국어에서 접미사 '-의'는 '길-', '크-'와 같이 주로 척도 관련 형용사에 제한적으로 결합되어 파생 명사를 만들었다. 이렇게 형성된 파생 명사가 근대 국어에서도 그대로 쓰인 것이다.

▸ 더러이고: 더럽히고. 더러이- + -고.

- '더러이다'는 중세 국어의 어간 '더러ᇦ-'에 접미사 '-이'가 결합된 '더러ᄫᅵ다'가 'ᄫ'의 변화를 겪은 어형이다. 중세 국어의 'ᄫ'은 일반적으로 [w]으로 변하였는데 'ᄫᅡ 〉 와', 'ᄫᆞ 〉 오', 'ᄫᅵ 〉 이' 등으로 변화하였다.

▸ 사라시모론: 살아 있음으로는. 살아 있음은. 살- + -아 시- + -ㅁ + -으로 + -ㄴ.

- 여기에서 '-아시-'는 결과 상태 지속의 의미로 해석된다. 이 '-아시-'는 '-아/어 잇/이시-'에서 발달된 형식으로 보는 견해도 있고 연결어미 '-어'에 어간 '시-'(이시다)가 통합된 구 구성으로 보는 견해도 있다.

▸ 조히ᄒᆞ야: 깨끗이하여. 조히ᄒᆞ- + -야.

- '조히ᄒᆞ다'는 '깨끗이하다'를 뜻한다.

▸ 뼐텨: 떨어뜨려. 떨쳐. 뼐티- + -어.

▸ 며래: 쐐기풀과에 속한 여러해살이풀

《동국신속삼강행실도 충 1권, 2b》

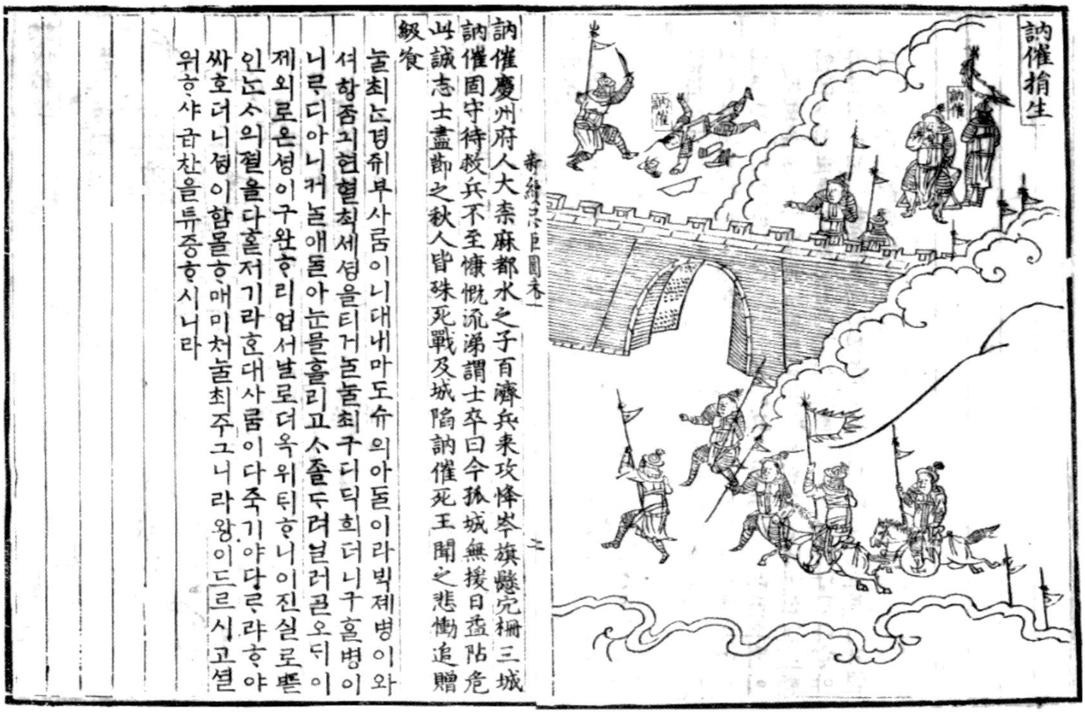

❀ 원문 텍스트

[訥催捐生(눌최연생)]

눌최는 경쥐부 사름이니 대내마 도슈의 아둘이라 빅졔 병이 와셔 항좀 긔현 혈칙 세 셩을 티거놀 눌최 구디 딕희더니 구훌 병이 니루디 아니커놀 애돌아 눈믈 흘리고 수졸두려 닐러 골오디 이제 외로온 셩이 구완호리 업서 날로 더옥 위티호니 이 진실로 쁟 인는 수의 졀을 다홀 저기라 혼대 사름이 다 죽기야 다루랴 호야 싸호더니 셩이 함몰호매 미처 눌최 주그니라 왕이 드르시고 셜워호샤 급찬을 튜증호시니라

❀ 현대어 역

눌최는 경주부 사람이니 대내마 도수의 아들이다. 백제 병사가 와서 항잠(봉잠), 기현, 혈책, 세 성을 치거늘 눌최가 굳게 지키더니 구할(구해 줄) (지원) 병력이 이르지 아니하거늘 애달파 눈물 흘리고 사졸에게 일러 말하되 이제 외로운 성이 구완할 사람이 없어 날로 더욱 위태하니 이 진실로 뜻있는 선비의 절개를 다할 때라 한대 사람이 다 죽기야 다르랴 하여(사람이 죽는 것은 다를 바가 없다고 하여 죽기를 각오하고) 싸우더니 성이 함몰하매 이르러 눌최가 죽었다. 왕이 들으시고 서러워하여 급찬을 추증하셨다.

❀ 주석

▸ 대내마: 대내마(大奈痲).

- ‘대나마’는 ‘신라 때에 둔 십칠 등급 가운데 열째 등급’을 말한다.

▸ 항ᄌᆞᆷ: 항잠. 봉잠(烽岑). 합천 부근.

▸ 긔현: 기현(旗懸). 합천 부근.

▸ 혈ᄎᆡᆨ: 혈책(穴柵). 산청군 단성면.

▸ 티거ᄂᆞᆯ: 치거늘. 티- + -거ᄂᆞᆯ.

▸ 구디: 굳게.

▸ 딕희더니: 지키더니. 딕희- + -더- + -니.

- ‘딕희다’는 ‘지키다’를 뜻하는 동사이다.

▸ 구완ᄒᆞ리: 구완할 사람이. 구완ᄒᆞ- + -ㄹ # 이.

- ‘구완ᄒᆞ다’는 ‘아픈 사람을 간호하다’를 뜻하는 동사이다.

▸ ᄉᆞ의 절: 사절(士節).

- ‘사절’은 ‘사대부로서의 절개. 또는 선비의 절개’를 뜻한다.

▸ 급찬: 급찬(級飡).

- ‘급찬’은 ‘신라 때 둔 삽칠 관등 가운데 아홉째 등급’(급벌찬)을 뜻한다.

▸ 튜증: 추증(追贈).

- '추증'은 '나라에 공로가 있는 벼슬아치가 죽은 뒤에 품계를 높여 주던 일'을 뜻한다.

《동국신속삼강행실도 충 1권, 4b》

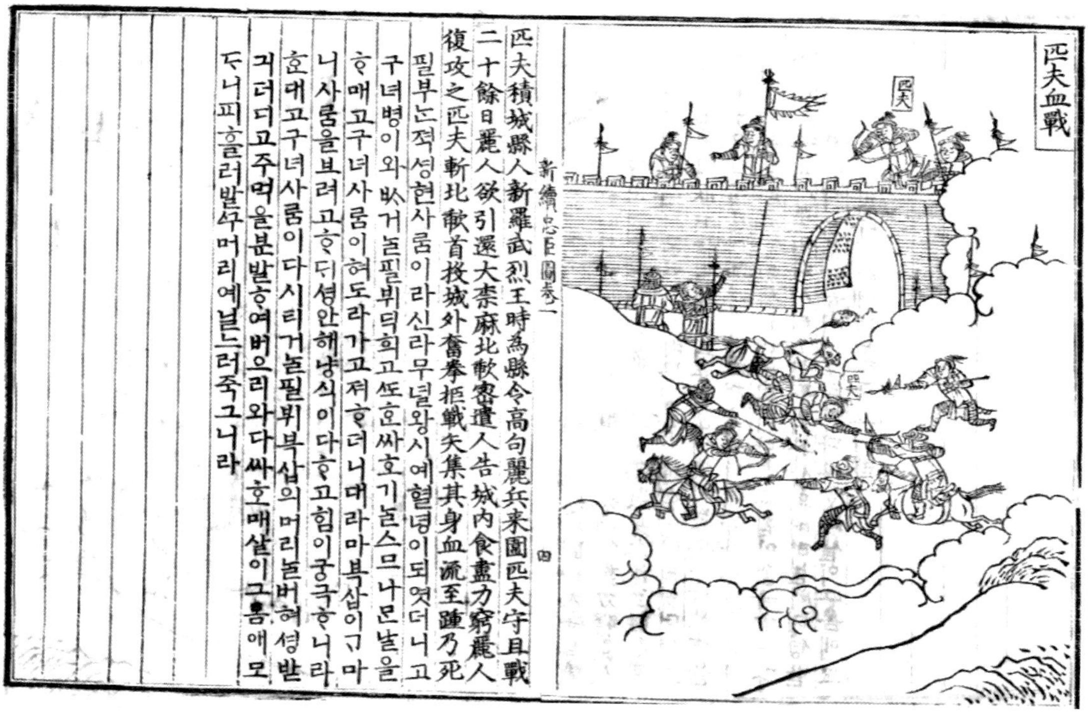

❀ 원문 텍스트

[匹夫血戰(필부혈전)]

필부ᄂᆞᆫ 적셩현 사ᄅᆞᆷ이라 신라 무녈왕 시예 혈령이 되엿더니 고구녀 병이 와 ᄡᅡ거ᄂᆞᆯ 필뷔 딕희고 ᄯᅩᄒᆞᆫ 싸호기ᄅᆞᆯ 스므나ᄆᆞᆫ 날을 ᄒᆞ매 고구녀 사ᄅᆞᆷ이 혀 도라가고져 ᄒᆞ더니 대라마 븍삽이 ᄀᆞ마니 사ᄅᆞᆷ을 브려 고ᄒᆞ듸 셩 안해 냥식이 다ᄒᆞ고 힘이 궁극ᄒᆞ니라 ᄒᆞᆫ대 고구녀 사ᄅᆞᆷ이 다시 티거ᄂᆞᆯ 필뷔 븍삽의 머리ᄅᆞᆯ 버혀 셩 받긔 더디고 주먹을 분발ᄒᆞ여 버으리와다 싸호매 살이 그 몸애 모ᄃᆞ니 피 흘러 발ᄡᆞ머리예 닐ᄂᆞ러 죽그니라

❀ 현대어 역

필부는 적성현 사람이다. 신라 무열왕 때에 현령이 되었더니 고구려 군대가 쳐들어 와서 (주위를) 둘러싸거늘 필부가 지키고 또한 싸우기를 스무남은 날을 하매(20여 일을 하니) 고구려 사람이 (군사를) 이끌고 돌아가고자 하니 (첩자인) 대내마 북삽이 가만히 사람을 시켜 (고구려 군대에게) 고하되 성 안의 양식이 다하고 힘이 궁극하다(소진되었다) 하니 고구려 사람이 다시 치거늘 필부가 복삽의 머리를 베어 성 밖에 던지고 주먹을 불끈 쥐고 막아서며 싸우매 화살이 그 몸에 모이니 피 흘려 발꿈치에 늘어져 죽었다.

❀ 주석

▸ 혈녕: 현령(縣令).

▸ ᄡᆞ거늘: 싸거늘. ᄡᆞ- + -거늘.

- ‘ᄡᆞ다’는 ‘어떤 물체의 주위를 가리거나 막다’를 뜻하는 동사이다.

▸ ᄀᆞ마니: 가만히.

▸ 궁극ᄒᆞ니라: 궁극하니라. 궁극ᄒᆞ- + -니- + -라.

- ‘궁극ᄒᆞ다’는 ‘생활이 더할 나위 없이 빈궁하다’를 뜻하는 형용사이다.

▸ 머리놀: 머리를. 머리 + -놀.

- ‘-놀’은 목적격 조사 ‘-롤’의 오표기로 보인다.

▸ 받긔: 밖에. 받ㄱ + -의.

- ‘받ㄱ’은 중세 국어의 ‘밨’을 표기한 것인데 ‘밧ㄱ’의 종성 ‘ㅅ’이 근대 국어에서 ‘ㄷ’과 혼기되어 ‘받ㄱ’으로 표기된 것이다.

▸ 주먹을 분발ᄒᆞ여: 주먹을 불끈 쥐고(奮拳(분권)).

▸ 버으러와다: 막아서며. 거부하며. 버으러왇- + -아.

- ‘버으러왇다’는 ‘거부하다’, ‘막아서다’ 정도로 해석된다.

▸ 살: 화살.

▸ 모ᄃᆞ니: 모이니. 몯- + -ᄋᆞ니.

• '몯다'는 '모이다'를 뜻하는 동사이다.

▸ 발ᄭᅮ머리예: 발꿈치에.

10. 첩해신어(捷解新語)

❀ 해제

『첩해신어』는 조선 선조 때 역관이었던 강우성이 일본어 학습을 위한 교재로 지은 책이다. 1676년에 10권 10책으로 간행되었다. 『개수첩해신어』의 범례에 1618년(광해군 10년)에 원고가 만들어진 것으로 되어 있으나 이 시기에는 원고의 일부만 만들어진 것으로 본다. 현존하는 활자본에 '강희 15년(1676년)'으로 기록된 것으로 보아 책으로 간행된 시기를 1676년(숙종 2년)으로 보고 있으며 이를 『첩해신어 원간본』이라고 한다. 『첩해신어』는 1678년(숙종 4년)부터 일본어 통역을 담당하는 관리를 뽑는 시험 과목으로 사용되었다.

『첩해신어』의 '첩해신어'는 '새 말을 빨리 깨우친다'를 뜻하는데 이때 '신어'는 임진왜란 후 변화된 일본어를 의미한다. 조선 시대 사역원에서 일본어를 학습하기 위한 교재로 사용하였던 옛 일본어 교재에 대하여 새로운 일본어 교재를 만들었다는 의미에서 '신어'라는 단어를 사용하였다.

『첩해신어』는 히라가나로 된 본문 옆에 작은 글씨로 한글 발음을 적었으며 어구마다 두 줄로 우리말 해설을 옮겨 놓았기 때문에 처음 접하는 사람도 쉽게 읽고 해독할 수 있도록 되어 있다. 권1에서 권4, 권9의 전반부는 동래와 부산포의 조선 관리와 조선에 거주하는 일본인이 자주 사용하는 대화 내용을 중심으로 만남, 접대, 무역과 관련된 회화를 문답체로 제시하였다. 권5에서 권8은 조선 통신사 일행이 부산포를 떠나 대마도, 오사카, 에도를 다녀

오는 동안에 일어난 일을 대화 형식으로 엮어 일본어 회화를 학습하게 하였으며, 권9의 후반부에는 당시 일본의 8주(州) 이름과 그에 속한 66군의 수를 제시하고 있다. 권10은 당시 일본과의 관계에 사용하였던 각종 공문서나 편지의 양식을 제시하고 있다. 권1과 권10의 마지막 부분에는 본문에 나타난 일본식 한자어의 의미를 해석하여 모아놓았다. 약 100년이 지난 1748년(영조 24년), 언어의 변화로 인해 기존의 『첩해신어』로는 한국인과 일본인의 대화가 어려워지자 최학령이 『첩해신어』를 개수하여 목판본으로 출간하였는데, 이를 『개수첩해신어』 혹은 『첩해신어 개수본』이라고 한다.

당대에는 일본 통신사를 수행하였던 역관들이 임무를 수행하는 데 있어서 지침서 역할을 하였으며, 현대에는 17·18세기 국어 연구의 귀중한 자료이자 국어 음운사 연구, 17·18세기 일본어 연구에 매우 중요한 가치를 지니고 있다. 특히 원간본 『첩해신어』와 『개수첩해신어』 그리고 『중간첩해신어』 등 약 100년간의 시간적 차이를 두고 같은 내용이 존재하고 있기 때문에 한국어사 및 일본어사의 자료로서 중요한 의미를 지니고 있으며, 문어를 반영하고 있는 대부분의 다른 자료들과는 달리 당시의 생생한 구어를 반영하고 있다는 점에서 그 가치를 높이 평가받고 있다.

『첩해신어』의 저자 강우성(1581~?)은 임진왜란 때 진주성이 함락되면서 12살 어린 나이에 일본에 납치되었다가 10년 만에 귀국하였다. 일본어와 일본 풍속에 매우 밝았기 때문에 왜학훈도, 즉 일본어 교육을 담당하는 관직을 맡아 일본과의 외교 임무를 수행하였으며 1617년과 1624년, 1636년 세 차례 일본에 다녀왔다.

《첩해신어 1권, 1a-b》

❀ 원문 텍스트

아므가히 이리 오라 네 代官(대관)의 가 내 말로 그적긔 여긔 ᄂᆞ려와 어제라도 오올 거ᄉᆞᆯ 路次(노차)의 ᄀᆞᆺ브매 이제야 문ᄭᆞ지 왓ᄉᆞᆸᄂᆡ 안ᄒᆡ 계시면 오려 ᄒᆞ여 案內 ᄉᆞᆯ오시ᄃᆞ라 니ᄅᆞ고 오라

❀ 현대어 역

아무개 이리 와라. 네가 대관에게 가서 내 말로 그저께 여기 내려와 어제라도 올 것을 노차에(도중에) 가쁘매 이제야 문까지 왔네. 안에 계시면 찾아뵈려 하여 안내를 아뢴다고 말하고 와라.

❀ 주석

▸ 아므가히: 아무개.

▸ 代官의: 대관에게. 代官 + -의.

▸ 말로: 말로. 전갈로.

▸ 그적긔: 그저께.

▸ ᄂᆞ려와: 내려와. ᄂᆞ려오- + -아.

▸ 오올 거ᄉᆞᆯ: 올 것을. 찾아뵐 것을.

▸ 路次: 노차. (길 가는) 도중에. 길의 가운데.

▸ ᄀᆞᆺ브매: 가쁘매. ᄀᆞᆺ브- + -매.

- 'ᄀᆞᆺ브다'는 '숨이 몹시 차다' 내지 '힘에 겹다'를 뜻하는 형용사이며 여기에서는 노차(路次)로 인한 피로감을 의미하는 것으로 해석된다.

▸ 왓ᄉᆞᆸᄂᆡ: 왔네. 왔습니다. 오- + -앗- + -ᄉᆞᆸ- + -ᄂᆡ.

- '-ᄉᆞᆸ-'은 중세 국어의 객체 높이의 '-ᅀᆞᆸ-'의 기능 달리 청자에 대한 화자의 겸양을 뜻하는 것으로 해석된다. 그런데 이때 '-ᄉᆞᆸ-'을 단순히 청자 높임으로 해석하는 견해도 있다. 한편 '-ᄂᆡ'는 구어성이 강한 간찰 자료에 주로 나타나는 종결 표현인데 선어말어미 '-ᄂᆞ-'에 종결의 '-이'가 결합된 것으로 분석하기도 하고, '-ᄉᆞᆸᄂᆡ다'에서 '-다'가 생략된 것으로 분석하기도 한다.
- 근대 국어 시기에 과거 시제로 쓰인 '-앗-'은 중세 국어의 결과 상태 지속 의미로 쓰였던 '-아/어/야 # 잇-'이 '-앳/엣/얫- 〉 -앗/엇/엿-'으로 발달하여 형성되었다.

▸ 오려 ᄒᆞ여: 오려 하여. 찾아뵈려 하여.

《첩해신어 1권, 2a-b》

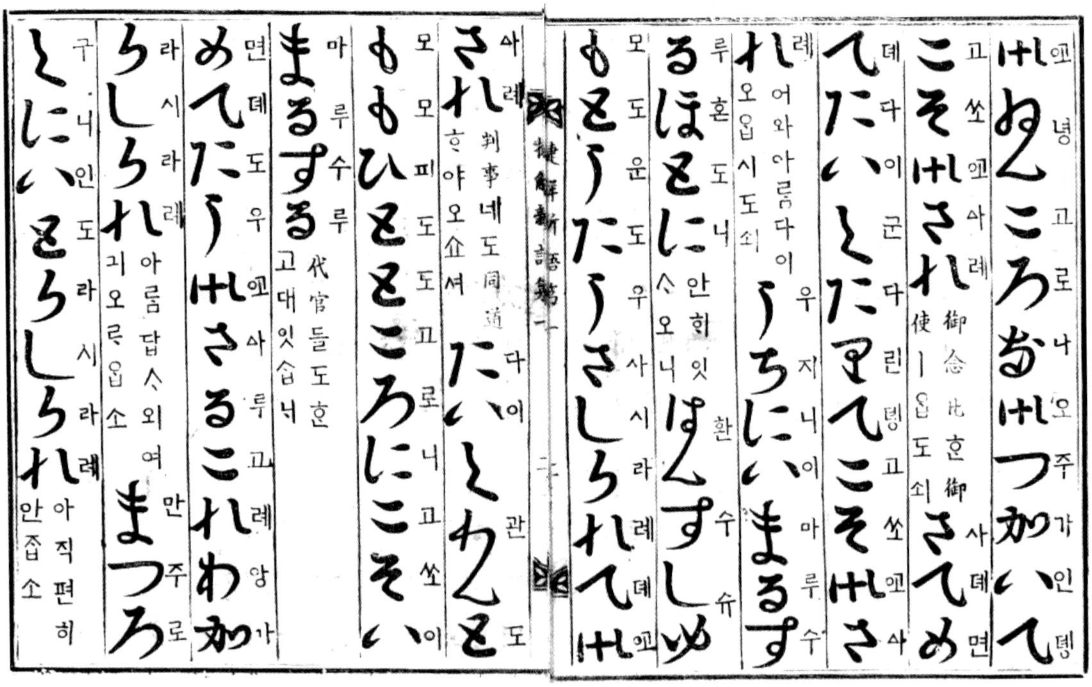

❀ 원문 텍스트

御念比(어념비)훈 御使(어사)ㅣ 옵도쇠 어와 아름다이 오옵시도쇠 안히 잇ᄉᆞ오니 判事(판사)네도 同道(동도)ᄒᆞ야 오쇼셔 代官(대관)들도 혼 고대 잇숩ᄂᆡ 아름답ᄉᆞ외 여긔 오ᄅᆞ옵소 아직 편히 안줍소

❀ 현대어 역

극진한 어사입니다. 가히 경사스럽게 오셨습니다. 안에 계시니 판사(통역관)들도 동행하여 오십시오. 대관들도 한 곳에 있습니다. 경사스럽습니다. 여기 오르시오. 우선 편히 앉으시오.

❀ 주석

▸ 御念比훈: 어염비한. 극진한.

- '念比'는 '친절하고 공손한 모양'을 뜻하는 일본어이다.

▸ 御使ㅣ옵도쇠: 어사. 임금의 심부름을 하는 관리. 御使+ -ㅣ- + -옵- + -도쇠.

- '-도쇠'는 감탄의 종결 표현으로 '-도소- + -ㅣ'로 분석하기도 하고 '-도쇠다'에서 '-다'가 생략된 것으로 분석하기도 한다. '-도소-'는 중세 국어에서 감탄의 선어말 어미로 쓰였다.

▸ 어와: 가히.

▸ 아름다이: 아름답게. 경사스럽게. 잘.

- '아름다이'는 중세 국어의 '아름다비'가 변화된 형태이다. 순경음 'ㅸ'이 15세기 중반 이후에 반모음 [w]로 변화하였는데 '비'가 대체로 '이'로 바뀌었다.

▸ 오옵시도쇠: 오셨습니다. 오셨소. 오- + -옵시- + -도쇠.

- '-옵시-'는 주체가 극존칭일 때 주로 나타났는데 여기에서는 御使(어사)를 극진히 대우하고자 쓰인 것으로 해석된다.

▸ 判事네도: 판사(통역관)들도.

▸ 잇숩닉: 있습니다. 있으오. 잇- + -숩- + -닉.

▸ 아룸답ᄉ외: 경사스럽습니다. 경사스럽소. 아룸답- + -ᄉ외.

- '-ᄉ외'는 평서법 종결 표현으로 '-ᄉ외다'에서 '-다'가 생략되어 형성된 것으로 해석하기도 하고 '-ᄉ오- + -이'로 분석하여 종결의 '-이'가 통합된 것으로 해석하기도 한다.

▸ 오ᄅᆞ옵소: 오르시오. 오ᄅᆞ- + -옵- + -소.

▸ 아직: 우선.

- '아직'은 '어떤 일에 앞서' 정도로 해석된다. 현대 국어의 '아직'과는 뜻이 다르게 쓰였다.

▸ 안줍소: 앉으시오. 앉- + -줍- + -소.

- '안줍소'의 '-소'는 근대 국어에 출현한 명령형 종결어미로 중세 국어의 'ᄒᆞ야쎠'체를 대치한 높임 등급으로 해석된다. 현대 국어의 '하오체' 등급에 해당된다.

《첩해신어 1권, 3a-b》

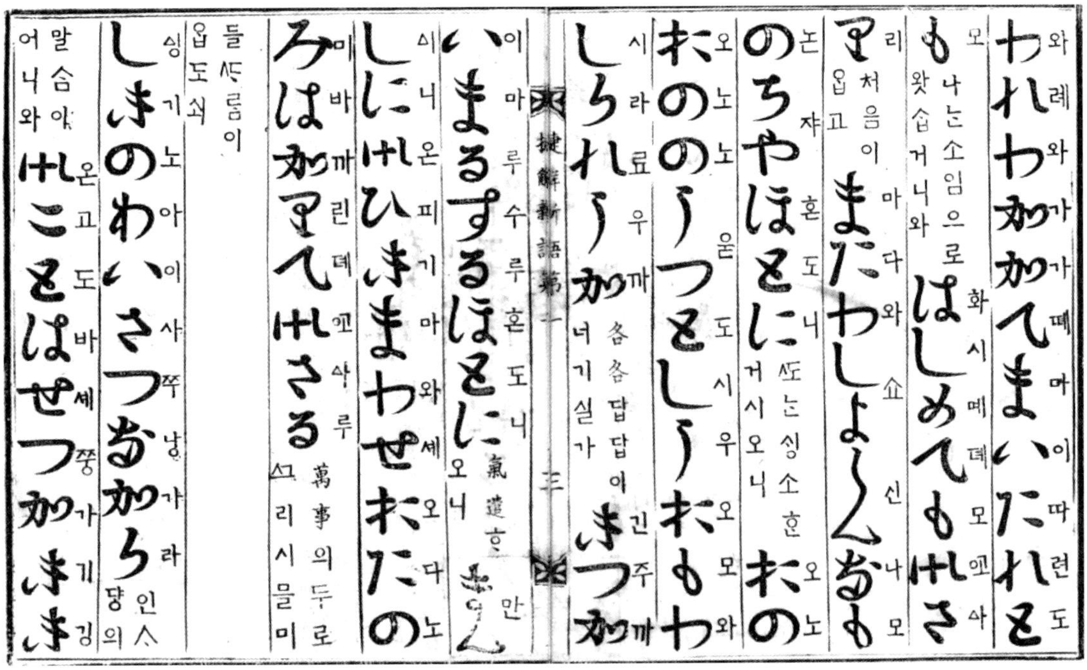

❀ 원문 텍스트

나는 소임으로 왓습거니와 처음이옵고 또는 싱소훈 거시오니 各各(각각) 답답이 너기실가 氣追(기추)ᄒᆞ오니 萬事(만사)의 두로 ᄰᅳ리시믈 미들 ᄯᆞ롬이옵도쇠 인ᄉᆞ당의 말숨이어니와

❀ 현대어 역

나는 소임으로 왔습니다만 처음이고 또 생소한 것이니 각각 답답하게 여기실까 걱정하오니 만사에 두루 이끌어주심을 믿을 따름입니다. 인사의 말씀인데

❀ 주석

▸ 왓숩거니와: 왔습니다만. 오- + -앗- + -숩- + -거니와.

• '-거니와'는 선행 사태를 인정하면서 관련된 다른 사실을 이어주는 연결어미이다.

▸ 답답이: 답답하게.

▸ 너기실가: 여기실까. 너기- + -시- + -을가.

▸ 氣追: 기추. 걱정.

• '氣追'는 '걱정'을 뜻하는 일본어이다.

▸ 두로: 두루.

▸ 쓰리시믈: 이끄심을. 이끌어주심을. 쓰리- + -시- + -ㅁ + -을.

• '-ㅁ'은 명사형 어미로 중세 국어의 '-옴'에서 '오'가 소실되어 형성된 것이다. '쓰리다'는 '이끌다'를 뜻하는 동사이다.

《첩해신어 1권, 4a-b》

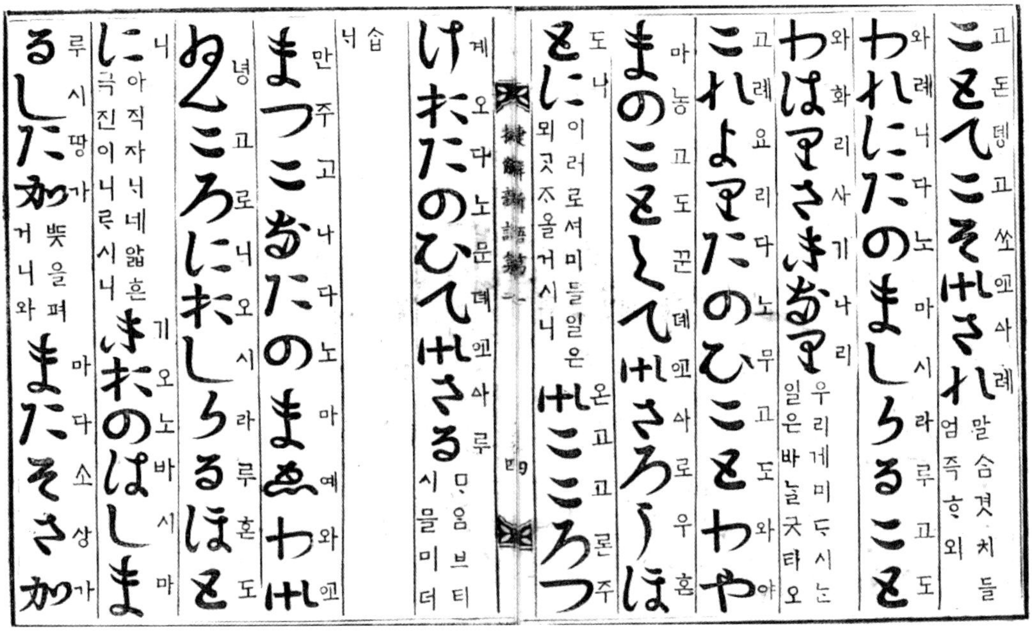

❀ 원문 텍스트

말ᄉᆞᆷ 겻치 들엄 즉ᄒᆞ외 우리게 미ᄃᆞ시ᄂᆞᆫ 일은 바ᄂᆞᆯ 긋티오 이러로셔 미들 일은 뫼 ᄀᆞᆺᄌᆞ올 거시니 ᄆᆞ음 브티시믈 미더ᄉᆞᆸᄂᆡ 아직 자ᄂᆡ네 앏흔 극진이 니ᄅᆞ시니 ᄠᅳᆺ을 펴거니와

❀ 현대어 역

말씀 구절이 들을 만합니다. 우리에게 믿으시는 일은(부탁하는 일은) 바늘 끝이고(매우 작은 것이고) 이쪽에서 믿으실 일은(부탁할 일은) 산 같은 것이니 마음 의지하심을(배려하심을) 부탁합니다. 전에는 당신들이 극진히 말씀하셔서 뜻을 폈거니와

❀ 주석

▸ 겻치: 입겿, 구절. 겿 + -이.

- '겻치'는 중철과 음절말끝소리 표기가 반영된 형태이다.

▸ 들엄즉ᄒᆞ외: 들을 만합니다. 들을 만하오. 들엄즉ᄒᆞ- + -외.

- '들엄즉ᄒᆞ다'는 어간 '듣-'에 '-엄 즉ᄒᆞ-'가 통합된 구성으로 '들을 만하다' 정도로 해석된다.

▸ 미ᄃᆞ시ᄂᆞᆫ: 믿으시는. 부탁하시는. 믿- + -ᄋᆞ시- + -ᄂᆞ- + -ㄴ.

- 여기에서 '믿다'는 '의탁하다', '부탁하다' 정도로 해석된다.

▸ 바ᄂᆞᆯ 긋티오: 바늘 끝이고. 매우 작은 것이고.

- "바ᄂᆞᆯ 긋티다"는 극히 작은 것을 비유적으로 표현한 것이다.

▸ 이러로셔: 이곳에서. 여기에서. 이러 + -로셔.

- '이러'는 '이곳', '여기' 정도로 해석된다. '-로셔'는 어떤 동작이 일어나거나 시작되는 곳을 나타낸다.

▸ ᄀᆞᆺᄌᆞ올 거시니: 같을 것이니. ᄀᆞᇀ- + -ᄌᆞ오- + -ㄹ # 것 + -이- + -니.

- 어간 'ᄀᆞᇀ-'이 'ᄀᆞᆺ'으로 실현된 것은 음절말끝소리 표기가 반영된 것인데 근대 국어 시기 'ㅅ'과 'ㄷ'의 혼기로 'ㅅ'이 표기되었다.

▸ ᄆᆞᄋᆞᆷ 브티시믈: 마음에 의지함을. 배려하심을.

▸ 자ᄂᆡ네: 자네들. 당신들. 자ᄂᆡ + -네.

- '-네'는 복수 접미사로 쓰였다.

▸ 앏흔: 앞은. 앒 + -은.

- '앒'이 '앏ㅎ'으로 표기된 것은 종성 'ㅍ'이 'ㅂ'과 'ㅎ'으로 재음소화된 표기이다.
- "아직 자ᄂᆡ네 앏흔"은 직역하면 "우선 당신들의 앞은"으로 해석되는데 맥락으로 고려할 때 "우선, 이전에 당신들이", "우선, 전에는 당신들이" 정도로 해석된다.

▸ 니ᄅᆞ시니: 말씀하셨으니. 말씀하셔서. 니ᄅᆞ- + -시- + -니.

《첩해신어 1권, 5a-b》

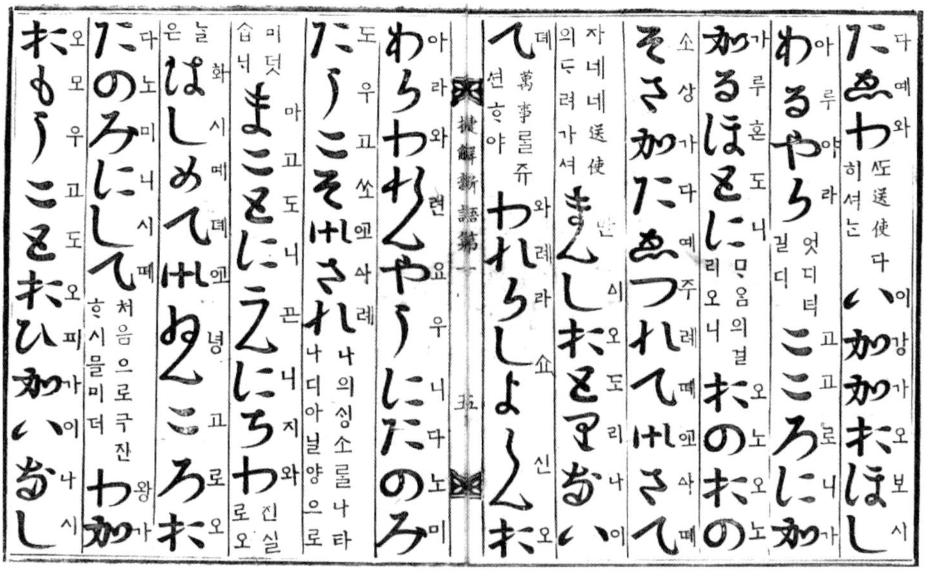

❀ 원문 텍스트

또 送使(송사) 다히셔는 엇디 녀길디 ᄆᆞ옴의 걸리오니 자네네 送使(송사)의 ᄃᆞ려가셔 萬事(만사)롤 쥬션ᄒᆞ야 나의 싱소롤 나타나디 아닐 양으로 미덧ᄉᆞᆸᄂᆡ 진실로 오늘은 처음으로 극진ᄒᆞ시믈 미더

❀ 현대어 역

또한 송사 편에서는 어찌 여길지 마음에 걸리오니 당신들(대관)이 송사에게 가서 만사를 주선하여 나의 미숙함이 나타나지 않도록 부탁합니다. 진실로 오늘은 처음으로 극진하심을 믿어(의지하여)

❀ 주석

▸ 다히셔는: 편에서는. 다히 + -셔 + -는.

- '다히'는 '편'을 뜻하는 명사이다.

▸ 送使의 ᄃᆞ려: 송사에게. 送使 + -의 + -ᄃᆞ려.

- '-ᄃᆞ려'는 'ᄃᆞ리다'의 활용형이 조사화되는 중간 단계 형식으로 해석된다. 'NP를 ᄃᆞ려'가 'NP ᄃᆞ려' 형식으로 나타나다가 'NPᄃᆞ려'(NP에게)로 조사화 단계를 거치는데 여기 "送使의 ᄃᆞ려"도 그 변화 단계를 보여주는 것으로 보인다.

▸ 싱소: 생소(生疏). 익숙하지 못하고 서투름.

▸ 아닐 양으로: 않을 모양으로. 않도록.

《첩해신어 1권, 6a-b》

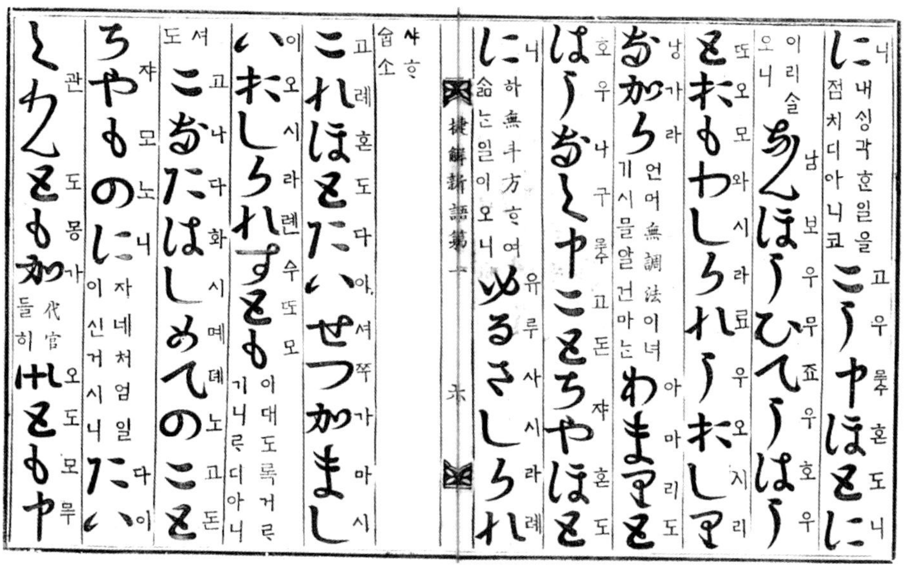

❀ 원문 텍스트

내 싱각훈 일을 점치디 아니코 이리 술오니 언머 無調法(무조법)이 녀기시믈 알건마는 하 無놔方(무두방)ᄒᆞ여 숣는 일이오니 샤ᄒᆞ숍소 이대도록 거ᄅᆞ기 니ᄅᆞ디 아니셔도 자네 처엄 일이신 거시니 代官(대관)들히

❀ 현대어 역

내가 생각한 일을 점치지(미리 판단하지) 않고 이리 아뢰니 (대관들이 저를) 너무 서투르다고 여기심을 알면서 너무도 터무니없이 말씀드리는 것이니 용서하십시오. 이렇게까지 거룩하게 말하지 아니하셔도 자네는 처음으로 하는 일이신 것이니 대관들이

❀ 주석

▸ 점치디: 미리 판단하지. 점치- + -디.

- ‘점치다’의 뜻이 분명하지는 않지만 문자대로 보면 ‘앞의 일을 내다보아 미리 판단하다’ 정도로 해석되는데 여기에서는 어떤 일 혹은 사건에 대해 부끄럽게 생각하지 않고 마음껏 행동하는 정도로 해석된다. 『개수첩해신어』에서 “멈치지 아니코”로 언해된 것도 참고할 수 있다.

▸ 아니코: 아니하고. 않고.

▸ 솔오니: 아뢰니. 말하니.

▸ 언머: 너무. 얼마나.

▸ 無調法: 무조법. 서투름. 미흡함.

- ‘無調法’은 ‘서투르고 미흡함’을 뜻하는 일본어다.

▸ 하: 많이. 너무도.

- 여기에서 ‘하’는 ‘수효나 분량, 정도 따위가 일정한 기준보다 넘게’의 의미보다는 ‘너무’의 의미로 해석하는 것이 자연스럽다.

▸ 無斗方: 무두방. 터무니없이. 비할 바 없이.

- ‘無斗方’은 ‘터무니없이’, ‘비할 바 없이’ 정도를 뜻하는 일본어다.

▸ 숣는: 아뢰는. 숣- + -는.

- ‘숣다’(아뢰다/사뢰다)가 ‘숣-’으로 실현된 것은 후행하는 비음(‘ㄴ’)에 의해 비음화가 일어난 것을 표기에 반영한 것이다.

▸ 이대도록: 이렇게까지. 이토록.

▸ 거루기: 거룩하게. 공손하게.

《첩해신어 1권, 7a-b》

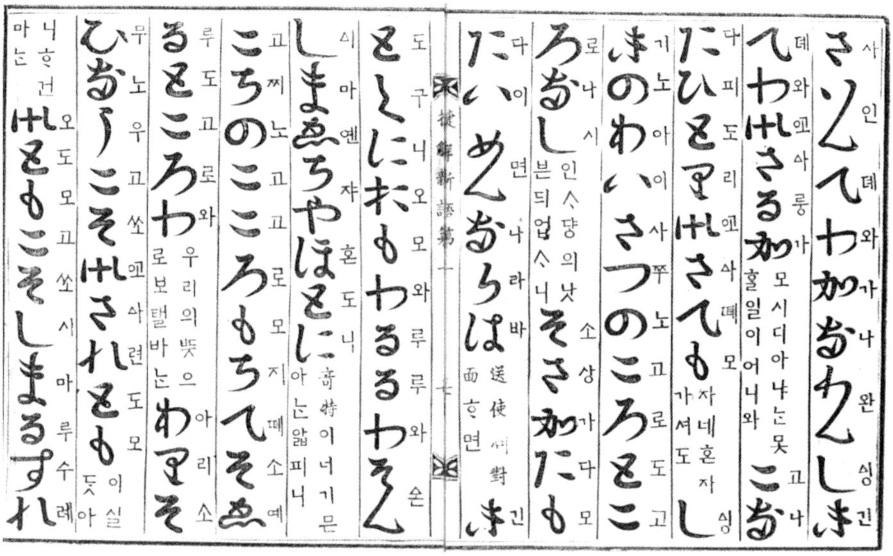

❀ 원문 텍스트

대관들이 – 모시디 아냐ᄂᆞᆫ 못홀 일이어니와 자네 혼자 가셔도 인ᄉᆞ당의 낫븐 듸 업ᄉᆞ니 送使(송사)ᄭᅴ 對面(대면)ᄒᆞ면 奇特(기특)이 너기믄 아ᄂᆞᆫ 앏피니 우리의 ᄠᅳᆺ으로 보탤 바ᄂᆞᆫ 이실 ᄃᆞᆺ 아니ᄒᆞ건마ᄂᆞᆫ

❀ 현대어 역

대관들이 모시지 않아서는 못할 일이겠지만 자네가 혼자 (송사에게) 가셔도 인사에 부족한 곳이 없으니 송사를 대면하면 (송사께서) 기특하게 여김은 이미 아는 것이니 우리의 뜻으로 보탤 바는 있을 것 같지는 않지만

❀ 주석

- 모시지: 모시지. 함께하지.
- 아냐ᄂᆞᆫ: 않아서는.
- 인ᄉᆞ댱: 인사. 인사로 응대하는 일.
- 낫븐 ᄃᆡ: 부족한 곳. 나쁜 곳.
    - 여기에서 '낫브다'는 '어떤 일을 하기에 상황이 적절하지 않다' 정도로 해석된다.
- 아ᄂᆞᆫ ᄋᆞᆲ피니: 이미 아는 것이니.

《첩해신어 1권, 8a-b》

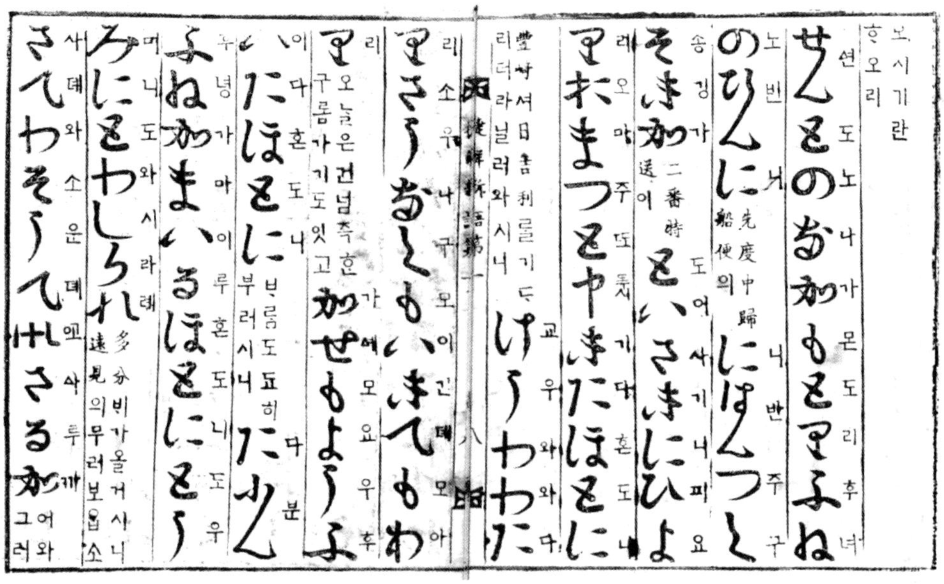

❀ 원문 텍스트

모시기란 ᄒᆞ오리 先度(선도) 中歸船(중귀선) 便(편)의 二番(이번) 特送(특송)이 豊岐(풍기)셔 日(일) 吉利(길리)를 기ᄃᆞ리더라 닐러 와시니 오늘은 건넘즉ᄒᆞᆫ 구롬 가기도 잇고 ᄇᆞ롬도 됴히 부러시니 多分(다분) 비가 올 거시니 遠見(원견)의 무러 보ᄋᆞᆸ소 어와 그러-ᄒᆞ온가

❀ 현대어 역

(송사께 가는 길을) 모시기는 하겠습니다. 선도 중귀선 편(앞서 돌아오는 배 편)에 2번 특송이 풍기(도이사키)에서 길한 날씨를 기다린다고 일러 왔으니 오늘은 건널 만한 구름 모양도 있고 바람도 좋게 부르니 아마 배가 올 것이니 원견(망꾼)에게 물어 보십시오. 가히 그러-한가.

❀ 주석

▸ ᄒᆞ오리: 하겠습니다. 하리오. ᄒᆞ- + -오- + -리.

- ‘ᄒᆞ오리’는 ‘ᄒᆞ오리이다’나 ‘ᄒᆞ오리다’ 정도에서 후행하는 어미가 생략된 것으로 해석된다.

▸ 닐러 와시니: 일러 왔으니. 말해 왔으니.

▸ 구름 가기: 구름 모양. 흘러가는 구름 모양.

▸ 多分: 다분. 아마.

- ‘多分’은 ‘아마’를 뜻하는 일본어다.

▸ 遠見: 원견. 망꾼. 망보는 사람.

11.

음식디미방(飮食知味方)

해제

『음식디미방』은 경북 안동과 영양 일대에 살았던 안동 장씨, 장계향(1598~1680)이 저술한 음식 조리서로 17세기 중엽 우리 조상들의 식생활을 잘 알려 주는 문헌이다. 장씨 부인이 직접 쓴 친필본으로 앞뒤 표지 2장을 포함하여 전체가 30장으로 되어 있다.

> 이 ᄎᆡᆨ을 이리 눈 어두온ᄃᆡ 간신히 써시니 이 ᄯᅳᄌᆞᆯ 아라 이대로 시ᄒᆡᆼᄒᆞ고 ᄯᆞᆯᄌᆞ식들은 각각 벗겨 가오ᄃᆡ 이 ᄎᆡᆨ 가뎌 갈 ᄉᆡᆼ각을안 ᄉᆡᆼ심 말며 부ᄃᆡ 샹치 말게 간쇼ᄒᆞ야 수이 ᄯᅥ러 ᄇᆞ리디 말라.
>
> (이 책을 이렇게 눈이 어두운데 간신히 썼으니, 이 뜻을 알아 이대로 시행하고, 딸자식들은 각각 베껴 가되, 이 책을 가져 갈 생각일랑 절대로 내지 말며, 부디 상하지 않게 간수하여 빨리 떨어져 버리게 하지 말아라.)

장씨 부인이 직접 쓴 필사기를 보면 '이리 눈 어두온ᄃᆡ 간신히 써시니'라는 문구가 나타난다. 이 문구로 장씨가 말년에 쓴 것으로 보아 장씨의 생몰 연도를 고려하여 1670년~1680년 사이에 지어졌을 것으로 추정하고 있다. 책의 상태나 외형적 특징 또한 이 책이 17세기 자료임을 보여준다.

이 책의 표지에는 '閨壼是議方(규곤시의방)'이라는 표지서명이 붓으로 적혀 있으며, 책 본문 첫머리에 쓴 책 제목(권두 서명)은 '음식디미방'(飮食知味方)이다. 표지에 저술자인 장씨 부인의 이름은 나타나 있지 않은데, 집안에 간직해 두고 집안의 부녀들에게 전해 주려는 목적으로 지은 것이기 때문으로 추정한다. 즉, 집안 사람들이 보는 책에 굳이 글쓴이의 성을 밝힐 필요가 없다고 판단한 것으로 추정하며 덧붙여 조선 시대에는 여성들이 책을 저술하여 남기는 일이 사회적 통념에 어긋난다는 인식에 기인한 것으로도 추정할 수 있다. 또한 표지에 쓰인 '규곤시의방' 한자어 명칭은 책이 지어진 후, 장씨의 남편이나 자손들이 책의 품격을 높이기 위해 새로 지어 붙인 것으로 추정되며 저자인 장씨 부인이 직접 지은 이름은 '음식디미방'이다.

'규곤시의방'의 '규곤(閨壼)'은 여성들이 거처하는 공간인 '안방과 안뜰'을 의미하며, '시의방(是議方)'은 '올바르게 풀이한 글'이라는 뜻이다. 따라서 '규곤시의방'의 의미는 '부녀자에게 필요한 것을 올바르게 풀이한 글'이라고 볼 수 있다. 또한 '음식디미방'의 '디미'의 한자어는 '知味'로 보는 것이 적합하며 의미는 '미각이 예민하여 맛을 잘 앎, 혹은 음식의 맛을 봄' 정도로 해석할 수 있다. 결국 '음식디미방'은 '좋은 음식 맛을 내는 글'로 풀이할 수 있다.

이 책에는 총 146가지의 조리법이 설명되어 있는데, 면병류가 18개 항목, 어육류가 74개 항목, 주류 및 초류가 54개 항목으로 모두 합쳐 146개 항목으로 구성되어 있다. 술에 관한 항목은 모두 51개이나 이 중 2개는 누룩 빚는 법이어서 실제 술을 만드는 것과 관련된 항목은 49개이다.

이 책은 우리나라 전통 음식사 연구뿐만 아니라 17세기 국어의 모습, 특히 경상북도 방언의 음운·문법·어휘 등을 연구할 수 있는 매우 중요한 자료이다. 특히 당시에는 한문을 한글로 번역한 책이 대부분이었다면 이 책은 한문의 제약에서 벗어나 우리말을 바로 문장화한 자료라는 점에서도 가치가 높으며 음식 재료와 관련된 각종 명사, 조리와 관련된 동사, 형용사 등 국어 어휘사 연구에 매우 중요한 자료로 평가받고 있다.

▣ 더 알아보기

우리나라 2대 궁중 음식 기능 보유자 황혜성은 『음식디미방』의 소식을 듣고 재령 이씨 종손 댁을 찾아 버스를 탔는데, 거기서 그 댁 종손인 이돈 씨를 만났다. 이후 제사에 참석하며 인연이 시작되었다. 황혜성은 이 책에 기록된 음식을 손수 재현하는 것은 물론 현대어 번역까지 도맡아 책으로 출간하면서 『음식디미방』의 존재를 세상에 알렸다. 『음식디미방』에는 오늘날 사용되는 재료나 음식도 있고, 아예 사라졌거나 전혀 다른 음식으로 변한 것도 있다. 고추가 음식에 널리 사용되기 전에 쓰인 책이기 때문에 음식에 고추나 고춧가루가 전혀 등장하지 않는 반면, 마른 해삼, 마른 전복, 자라, 꿩, 참새, 웅장 등 오늘날 흔히 사용되지 않는 재료의 손질법이나 조리법이 종종 등장한다.

《음식디미방, 만두법》

❀ 원문 텍스트

만두법

모밀ᄀᆞᄅᆞ 쟝만ᄒᆞ기롤 마치 조ᄒᆞᆫ 면ᄀᆞᄅᆞ ᄀᆞ치 ᄀᆞ는 모시예나 깁의 뇌여 그 ᄀᆞᄅᆞᆯ 더러 플ᄡᅮᄃᆡ 의이쥭 ᄀᆞ치 ᄡᅮ어 그 푸릐 눅게 ᄆᆞ라 개곰 낫마곰 ᄢᅦ예 비ᄌᆞ라 만도ᄡᅩ 쟝만키ᄂᆞᆫ 무ᄋᆞᆯ ᄀᆞ장 무ᄅᆞ ᄲᆞᆯ마 낫 업시 ᄡᅩ사 ᄉᆡᆼ치 무ᄅᆞᆫ 술홀 ᄌᆞ쳐 지령기롬의 봇가 ᄇᆡᆨᄌᆞ와 호쵸쳔쵸 ᄀᆞᄅᆞᆯ 약념ᄒᆞ야 녀허 비저 ᄡᆞᆯ몰 제 새용의 쟉쟉 녀허 ᄒᆞᆫ 분게 잡ᄉᆞ오리식 ᄡᆞᆯ마 초지령의 ᄉᆡᆼ강즙 ᄒᆞ야 잡ᄉᆞ오라 ᄉᆡᆼ치 업거든 황육을 힘줄 업ᄉᆞᆫ 술을 지령기롬의 니겨 ᄡᅩ아 녀허도 죠ᄒᆞ니라 황육을 아니 니겨 ᄡᅩ으면 한ᄃᆡ 엉긔여 못ᄒᆞᄂᆞ니라 만도의 녹도ᄀᆞᄅᆞᆯ 녀흐면 죠치 아니ᄒᆞ니라 소만도ᄂᆞᆫ 무을 그리 ᄡᆞᆯ마 표고 송이 셩이 버ᄉᆞ술 줄게 ᄡᅩ아 기롬을 두은이 녀허 ᄇᆡᆨᄌᆞ 두ᄃᆞ려 지령의 봇가 녀허도 죠ᄒᆞ니라 밀로도 ᄀᆞᄅᆞᆯ 졍히 샹화 샹화 ᄀᆞᄅᆞ ᄀᆞ치 지허 모밀 만도소 ᄀᆞ치 쟝만ᄒᆞ야 초지령 ᄉᆡᆼ각즙 ᄒᆞ면 죠ᄒᆞ니라 ᄉᆡᆼ강이 업ᄉᆞ면 마롤도 죠ᄒᆞᄃᆡ 만롤은 내 나모ᄅᆞ로 ᄉᆡᆼ강만 못ᄒᆞ다 ᄒᆞᄂᆞ니라

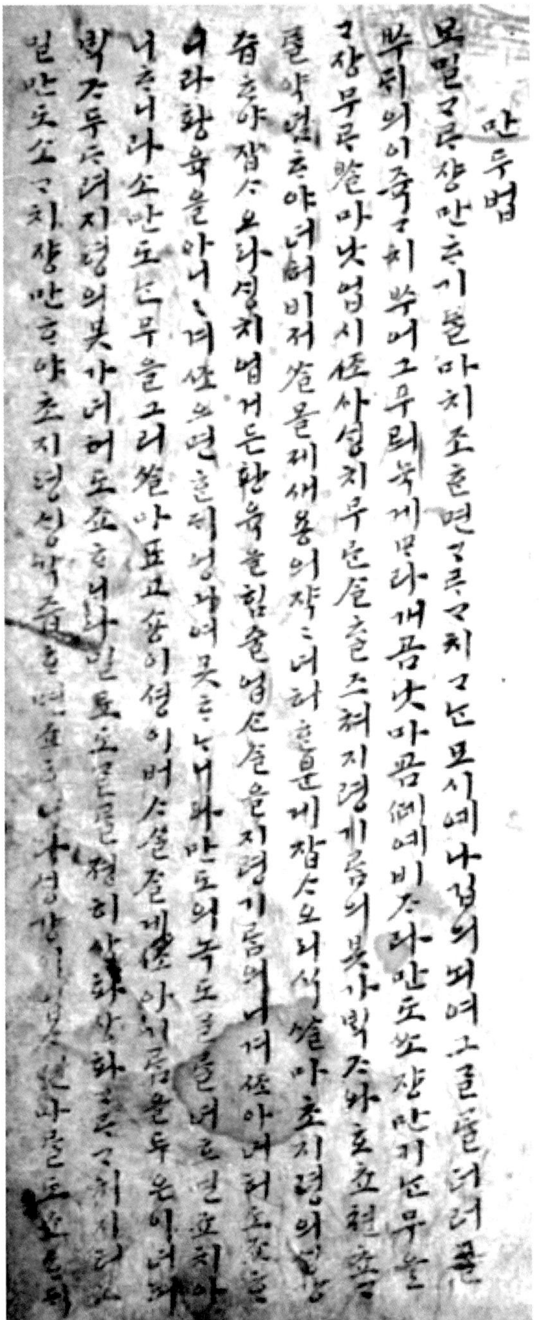

❀ 현대어 역

만두법

메밀가루 장만하기를 마치 깨끗한 면가루같이 가는 모시나 비단에 다시 (쳐서) 그 가루를 덜어 풀을 쑤되 율무죽같이 쑤어서 그 풀을 눅게 반죽하여 개암알 크기만큼 떼어 빚어라. 만두소 장만하기는 무를 아주 무르게 삶아 덩어리 없이 쪼아서 꿩고기의 연한 살을 다져서 기름간장에 볶아 잣과 후추, 천초 가루를 양념하여 넣어 빚어 삶을 때 번철(무쇠그릇)에 적당히 넣어 한 사람이 먹을 만큼씩 삶아 초간장에 생강즙을 넣어 (만든 초간장에 찍어서) 먹어라. 꿩고기가 없거든 소고기의 힘줄 없는 살을 기름간장에 익혀 쪼아 넣어도 좋다. 소고기를 익히지 않고 다지면 한데 엉기어 못한다(못 쓴다). 만두에 녹두가루를 넣으면 좋지 아니하다. 소만두는 무를 그릇(앞에서와 같이) 삶아 표고, 송이, 석이버섯을 잘게 쪼아 기름을 흥건히 넣어 잣을 두드려 간장물에 볶아 넣어도 좋다. 밀가루를 곱게 상화가루처럼 찧어 메밀 만두소같이 장만하여 초간장에 생강즙을 넣으면 좋다. 생강이 없으면 마늘도 좋지만 마늘은 냄새가 나서 생강만 못하다고 한다.

❀ 주석

▸ 모밀ᄀᆞᄅᆞ: 메밀가루.

- ‘ᄀᆞᄅᆞ’는 ‘가루’를 뜻하는 명사이다.

▸ 조ᄒᆞᆫ: 깨끗한. 좋- + -ᄋᆞᆫ.

- ‘좋다’는 ‘깨끗하다’를 뜻하는 형용사이다.

▸ ᄀᆞ치: 같이.

- ‘ᄀᆞ치’는 어간 ‘ᄀᆞᇀ-’의 종성이 ‘-이’를 만나 구개음화가 반영된 표기이다.

▸ 깁: 비단

▸ 뇌여: 다시.

- ‘뇌여’는 ‘ᄂᆞ외’, ‘ᄂᆞ외야’, ‘노여’, ‘노외’, ‘노외야’ 등으로도 나타났다. 여기서는 ‘더 보드랍게 하기 위하여 가루를 다시 체로 친다’정도로 해석된다.

▸ 의이쥭: 율무로 만든 죽.

- '의이'(薏苡)는 '율무'를 말한다.

▸ 푸릐: 풀에. 풀 + -의.

- 여기에서 조사 '-의'는 처소격 조사로 쓰였다. '-의'가 관형격 조사로 쓰이는 일이 많으나 '푸릐'처럼 처소격 조사로 쓰이는 일이 존재하였는데 20세기 초 자료에까지 그 쓰임이 나타난다.

▸ 개곰낫마곰: 개암 낟알만큼. 개곰 # 낫 + -마곰.

- '개곰'(榛)은 개암나무의 열매를 뜻하는데 '개옴'으로도 나타났다. '낫'은 '낟알'을 뜻하는 명사이고 '-마곰'은 '-만큼'을 뜻하는 조사이다.

▸ 쎄예: 떼여. 쎄- + -예.

- '-예'는 연결어미 '-여'의 변화형 내지 방언형으로 보인다.

▸ 만두쏘: 만두소. 만두 + ㅅ + 소

▸ 무ᄅᆞ: 무르게.

- '무ᄅᆞ'는 어간 '무ᄅᆞ-'의 영파생으로 형성된 부사인데 중세 국어의 'ᄆᆞᄅᆞ다'가 원순모음화를 겪어 '무ᄅᆞ다'로 나타났다.

▸ ᄲᆞᆯ마: 삶아. ᄲᆞᆱ- + -아.

- 'ᄲᆞᆱ다'는 '삶다'를 뜻하는 동사로 중세 국어 'ᄉᆞᆱ다'의 후대형이다. 그런데 어두 자음군 'ㅄ'이 실현된 것이 특징적인데 "쏠몰"처럼 'ㅆ'으로 표기하기도 하였다. "쏠몰"과 "플 ᄲᅮᆫ듸"를 고려해 보면 '삶다'의 두음을 된소리로 발음한 것이 반영된 것으로 추정된다.

▸ 쏘사: 쪼아서. 쏫- + -아.

- '쏫다'는 '쳐서 찍다' 정도를 뜻하는데 중세 국어의 'ᄌᆞᆺ다'의 후대형으로 어간 두음이 된소리화된 것이 특징적이다.

▸ 싱치: 생치. 익히거나 말리지 않은 꿩고기.

▸ 무른: 연한.

▸ ᄉᆞᆯ홀: 살을. ᄉᆞᆯㅎ + -올.

- 'ᄉᆞᆯㅎ'은 '살'을 뜻하는 'ㅎ' 종성 체언으로 'ㅎ'이 소실되지 않고 남아 있어 남아 있어 특기할 만하다.

▸ 즈쳐: 마구 쳐서. 다져서. 즈치- + -어.

- '즈치다'는 '마구 치다' 내지 '다지다' 정도로 해석된다. 중세 국어의 '즛치다'의 변화형이다.

▸ 지령: 간장.

- '지령기롬'은 '기름을 친 간장'을 뜻한다.

▸ 봇가: 볶아. 봈- + -아.

▸ 빅자: 백자(柏子). 잣. 잣알.

▸ 호쵸: 호초(胡椒). 후추.

▸ 쳔쵸: 천초(川椒). 산초.

▸ 약념: 양념.

▸ 새용: 번철. 무쇠 그릇.

▸ 쟉쟉: 적당히.

▸ 잡ᄉᆞ오리식: 잡수실 만큼씩. 먹을 만큼씩. 잡ᄉᆞ오- + -ㄹ # 이 + -식.

- '잡ᄉᆞ오다'는 '잡수다', '먹다'를 뜻하는 동사이다.

▸ 초지령: 초간장.

▸ 황육: 소고기.

▸ 니겨: 익혀. 닉이- + -어.

▸ 만도: 만두.

▸ 소만도: 소만두.

- '소만도'는 '고기없이 채소 따위로 소를 넣어 빚은 만두'를 말한다.

▸ 표고 숑이 셩이: 표고버섯 송이버섯 석이버섯.

▸ 두은이: 의미 미상.

- 다른 문헌에서 찾아볼 수 없는 부사로 문맥상 '흥건히' 또는 '약간 질게'의 의미로 기름의 양을 표현하는 것으로 파악된다.

▸ 지허: 찧어. 짛- + -어.

▸ 내 나모ᄅᆞ로: 냄새가 나므로.

- '나모ᄅᆞ로'는 '나모로'의 오기로 보인다.

《음식디미방, 별미》

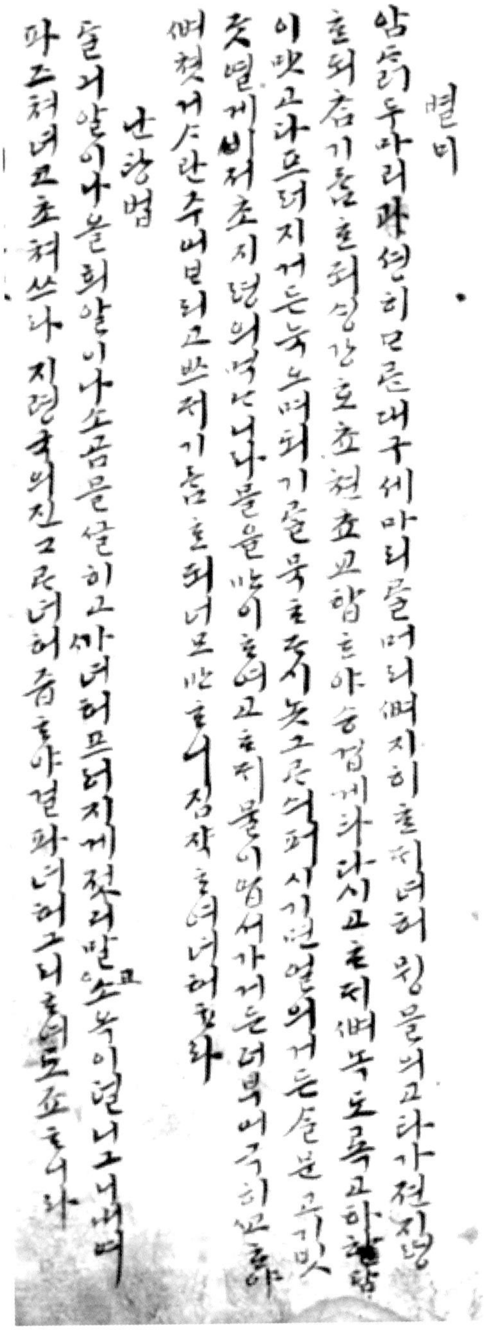

❀ 원문 텍스트

별미

암ᄃᆞᆰ 두 마리과 셩히 ᄆᆞ론 대구 세 마리ᄅᆞᆯ 머리ᄲᅧ 지히 ᄒᆞᆫᄃᆡ 녀허 뮝믈의 고타가 젼지령 ᄒᆞᆫ 되 ᄎᆞᆷ기ᄅᆞᆷ ᄒᆞᆫ 되 ᄉᆡᆼ강 호쵸 쳔쵸 교합ᄒᆞ야 승겁게 타 다시 고ᄒᆞᄃᆡ ᄲᅧ 녹도록 고하 함담이 맛고 다 프러지거든 눅으며 되기ᄅᆞᆯ 묵 ᄒᆞᄃᆞ시 놋그ᄅᆞ싀 퍼 시기면 얼의거든 ᄉᆞᆯ문 고기 빗ᄃᆞᆺ 열게 쎄저 초지령의 먹ᄂᆞ니라 믈을 만이 ᄒᆞ여 고ᄒᆞᄃᆡ 물이 업서 가거든 더 부어 극히 ᄉᆞᆫᄒᆞ야 ᄲᅧ쳣거ᄉᆞ란 주어 ᄇᆞ리고 쓰ᄃᆡ 기ᄅᆞᆷ ᄒᆞᆫ 되 너모 만ᄒᆞ니 짐쟉ᄒᆞ여 녀허 ᄒᆞ라

❀ 현대어 역

별미

암탉 두 마리와 잘 마른 대구 세 마리를 머리뼈까지 한데 넣어 맹물에 고다가 진간장 한 되 참기름 한 되, 생강, 후추, 산초를 섞어 싱겁게 타서 다시 고아라. 뼈가 녹도록 고아서 간이 알맞고 다 풀어지거든 (반죽의 정도가) 눅으며 되기를 묵 하듯이

하여 놋그릇에 퍼 식혀 엉기거든 삶은 고기를 자르듯 얇게 삐져 초간장을 찍어 먹는다. 물을 많이 해서 고되 물이 줄어들면 더 부어 매우 고아 뼈와 같은 것들은 주워 버리고 쓰되, 참기름 한 되는 너무 많으니 짐작해서 만들어라.

❀ 주석

▸ 암ᄃᆞᆰ: 암탉.

▸ 셩히: 성히. 멀쩡히. 잘.

• 여기에서 '셩히'는 '본 모습대로 멀쩡히' 정도로 해석된다.

▸ 머리쎠지히: 머리뼈까지. 머리쎠 + -지히.

• '-지히'는 '-까지' 정도로 해석되는 조사로 쓰였다.

▸ 고타가: 고다가. 곻- + -다가.

• 중세 국어에서 '고다'는 '고으다', '고오다'로 실현되었는데 여기에서는 '곻다'로 어간이 실현된 것이 특징적이다. "다시 고ᄒᆞ되", "고하"를 고려하면 '고타가'는 어간 '고ᄒᆞ-'와 어미 '-다가'가 축약되면서 실현된 것으로 추정된다.

▸ 젼지령: 진간장.

▸ 승겁게: 싱겁게. 승겁- + -게.

▸ 함담: 함담(鹹淡). 짜고 싱거움.

• "함담이 맛고"는 '짜고 싱거움이 알맞고' 내지 '간이 알맞고' 정도로 해석된다.

▸ 시기면: 식히면. 식이- + -면.

▸ 얼의거든: 엉기거든. 얼의- + -거든.

▸ 빗ᄃᆞᆺ: 자르듯. 삐지듯. 빗- + -ᄃᆞᆺ.

• '빗다'는 '칼 따위로 물건을 얇고 비스듬하게 잘라 내다' 정도로 해석된다.

▸ 쎄저: 삐져. 쎄지- + -어.

• '쎄지다'는 앞의 '빗다'와 같이 '칼 따위로 물건을 얇고 비스듬하게 잘라 내다' 정도로 해석된다. 현대 국어의 '삐지다'로 이어진다.

▸ 쌔쳣거ᄉᆞ란: 뼈 등속의 것은. 뼈 따위의 것은. 쌔 + 쳐 + -ㅅ # 것 + -ᄋᆞ란.

- '쳐'는 '등속', '따위' 등을 의미하는 명사로 중세 국어의 '톄'의 변화형이다. 한편, 조사 '-ᄋᆞ란'은 대체로 선행하는 명사가 목적어일 때 결합하며 대조의 '-은'과 같이 해석된다.

《음식디미방, 청주, 감향주》

❀ 원문 텍스트

졈감챵쥬

ᄎᆞᆸᄡᆞᆯ ᄒᆞᆫ 말을 ᄇᆡᆨ셰ᄒᆞ여 쥭 수어 ᄎᆞ지 아니ᄒᆞ여서 죠흔 누록 두 되를 닝슈에 섯거 또 쥭에 프러 핫거ᄉᆞ로 두터이 싸 ᄒᆞᄅᆞ밤 자여 닉거ᄃᆞᆫ 싸 쓰라

감향쥬

뫼ᄡᆞᆯ ᄒᆞᆫ 되를 ᄇᆡᆨ셔 작말ᄒᆞ여 구멍떡 ᄆᆡᆫᄃᆞ라 닉게 ᄉᆞᆯ마 시기고 ᄲᆞᆷ던 믈 ᄒᆞᆫ 사발애 국말 ᄒᆞᆫ 되 구무떡 ᄒᆞᆫᄃᆡ 석거 쳐 ᄀᆞ장 관단지예 녀코 ᄎᆞᆸᄡᆞᆯ ᄒᆞᆫ 말 ᄇᆡᆨ셰ᄒᆞ여 밋술 ᄒᆞᄂᆞᆫ 날 ᄃᆞᆷ갓다가 사흘 만애 닉게 쪄 식지 아냐셔 밋술 내여 섯거 항의 녀코 더운 방의 항 밧긔 ᄆᆞ이 싸 둣다가 닉거든 쓰라 쁜 마시 잇게 ᄒᆞ려 ᄒᆞ면 항을 ᄲᆞ지 말고 서늘ᄒᆞᆫ ᄃᆡ 두라 만이 비ᄌᆞ려 ᄒᆞ면 이 법을 츄이ᄒᆞ여 비ᄌᆞ라

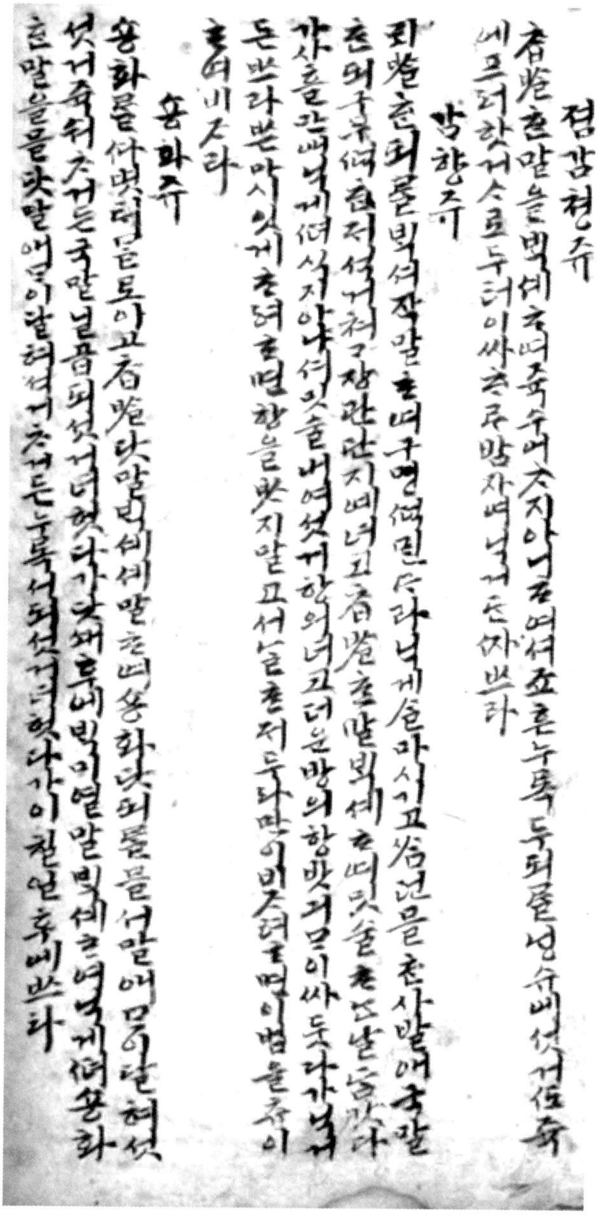

❀ 현대어 역

점감청주

찹쌀 한 말을 깨끗이 씻어 죽을 쑤어라. (죽이) 차지(식지) 아니했을 때 좋은 누룩 두 되를 냉수에 (찬물에) 섞어 다시 죽에 풀어 솜옷이나 솜이불로 두터이 싸서 하룻밤 재워 익거든 짜서 써라.

감향주

멥쌀 한 되를 깨끗이 씻어 가루를 내어 구멍떡을 만들어 익도록 삶아 식히고 삶던 물 한 사발에 누룩가루 한 되를 구멍떡에 함께 섞어 쳐서 가득 관단지에 넣고, 찹쌀 한 말 깨끗이 씻어 밑술 하는 날 담갔다가 사흘 후에 익게(익도록) 쪄서 식지 않았을 때 밑술 내어(퍼내어) 섞어 항아리에 넣고 더운 방에서 항아리 주변을 많이 싸 두었다가 익거든 써라. 쓴맛이 있게 하려면 항아리를 싸지 말고 서늘한 곳에 두어라. 많이 빚으려 하면 이 법을 적용하여 빚어라.

❀ 주석

- ᄎᆞᆸᄡᆞᆯ: 찹쌀.
    - '찹쌀'은 찰벼를 찧은 쌀을 말하는데 중세 국어에서는 'ᄎᆞᆯᄡᆞᆯ'(ᄎᆞᆯ + ᄡᆞᆯ)이 존재하였다. 'ᄎᆞᆯᄡᆞᆯ 〉 ᄎᆞᄡᆞᆯ 〉 ᄎᆞᆸᄡᆞᆯ'의 발달 과정을 겪은 것으로 보인다.
- 빅셰ᄒᆞ여: 깨끗이 씻어.
- 핫거ᄉᆞ로: 핫것으로. 핫것 + -ᄋᆞ로.
    - '핫것'은 솜을 두어서 만든 옷이나 이불 따위를 말하며, '핟옷'의 종성이 'ㅅ'과 혼기되어 나타난 것이다.
- ᄒᆞᄅᆞ밤: 하룻밤. ᄒᆞᄅᆞ + 밤.
- 자여: 재어. 자이- + -어.
    - '자이다'는 '재다'를 뜻하는 동사로 '자히다'의 'ㅎ'이 탈락한 형태이다.
- 닉거ᄃᆞᆫ: 익거든.

- ▸ 싸: 짜서.
- ▸ 뫼ᄡᆞᆯ: 멥쌀.
- ▸ 작말ᄒᆞ여: 가루로 만들어.
- ▸ 구멍썩: 구멍떡. 물송편.
    - '구멍떡'은 쌀가루 반죽을 조금씩 쥐어 끓는 물에 삶은 후 곧 꺼내어 찬물에 담갔다가 건져 낸 떡으로 송편 같이 빚어서 물송편이라고도 한다.
- ▸ 믠ᄃᆞ라: 만들어. 믠ᄃᆞᆯ- + -아.
    - '믠ᄃᆞᆯ다'는 '만들다'를 뜻하는데 '밍ᄃᆞᆯ다 〉 믠ᄃᆞᆯ다〉'의 변화를 겪었다.
- ▸ 구무썩: 구멍떡. 물송편.
    - '구무'는 '구멍'을 뜻하는 명사로 '구무'와 '구멍'이 함께 쓰였던 것으로 보인다.
- ▸ 관단지: 술독, 술항아리.
- ▸ ᄀᆞ장: 가장. 가득.
    - 여기에서 'ᄀᆞ장'은 현대 국어의 그 쓰임과 달리 한도에 꽉 찬 모양을 뜻한다.
- ▸ 아냐셔: 아니하여서. 아니ᄒᆞ- + -아서
- ▸ 밋술: 밑술.
- ▸ 만에: 후에.
    - 여기에서는 '사흘 후'의 의미로 단순히 '동안'의 의미보다는 '그 뒤'의 의미로 해석하는 것이 자연스럽다.
- ▸ 항의: 항아리에.
- ▸ ᄆᆞ이: 많이.
    - '많이'에서 'ㅎ'과 'ㄴ'이 탈락한 경우로 방언형에서 주로 나타난다.
- ▸ ᄡᆞ지: 싸지
- ▸ 만이: 많이.
    - '많이'에서 'ㅎ'이 탈락한 경우로 'ㅎ' 종성이 모음을 만날 때 탈락하는 현상을 보여주는 예이다.
- ▸ 츄이ᄒᆞ여: 짐작하여.
    - '츄이'는 '추이(推移)'이다.

12.

신한첩(宸翰帖)

❀ 해제

여기에 실은 계명대학교 동산 도서관 소장본 『(숙휘)신한첩 곤』은 조선의 국왕과 왕비 등이 작성한 친필 한글 편지로서 한 편 한 편이 귀중한 자료로 평가되어 지난 2010년 1월에 보물 1629호로 지정되었다. 이 책은 3인의 국왕과 4인의 왕비, 즉 효종(2편), 현종(3편), 숙종(6편), 장렬왕후(2편) 인선왕후(16편), 명성황후(1편), 인현왕후(5편)가 출가한 숙휘공주와 그의 남편 정제현(鄭齊賢)에게 한글로 쓴 편지이다. 이 편지를 숙휘공주의 5대손인 정진석(鄭晋錫)이 황공경지(惶恐敬識)한 마음으로 성첩한 것이다.

서문의 말미에 있는 "당져이년임슐즁츄의 외예신진셕황공경지"(當宁二年壬戌仲秋에 外裔臣晋錫惶恐敬識)에서 숙휘공주의 5대손인 정진석(鄭晋錫)이 순조 2년(壬戌) 중추(仲秋)에 성첩한 자료라는 것을 알 수 있다.

숙휘공주(1642~1696)는 1653년 당시 12세 나이로 정몽주의 후손인 정제현(鄭齊賢)과 혼인하였는데 남편이 병이 들어 앓다가 1662년 21세 나이로 죽었다. 숙휘공주가 44세가 되던 해(1685년)에 아들 태일이 25세 나이로 요절하였고, 첫째 아들과 셋째 딸도 요절하였는데 이러한 사연들이 편지에 고스란히 담겨져 있다.

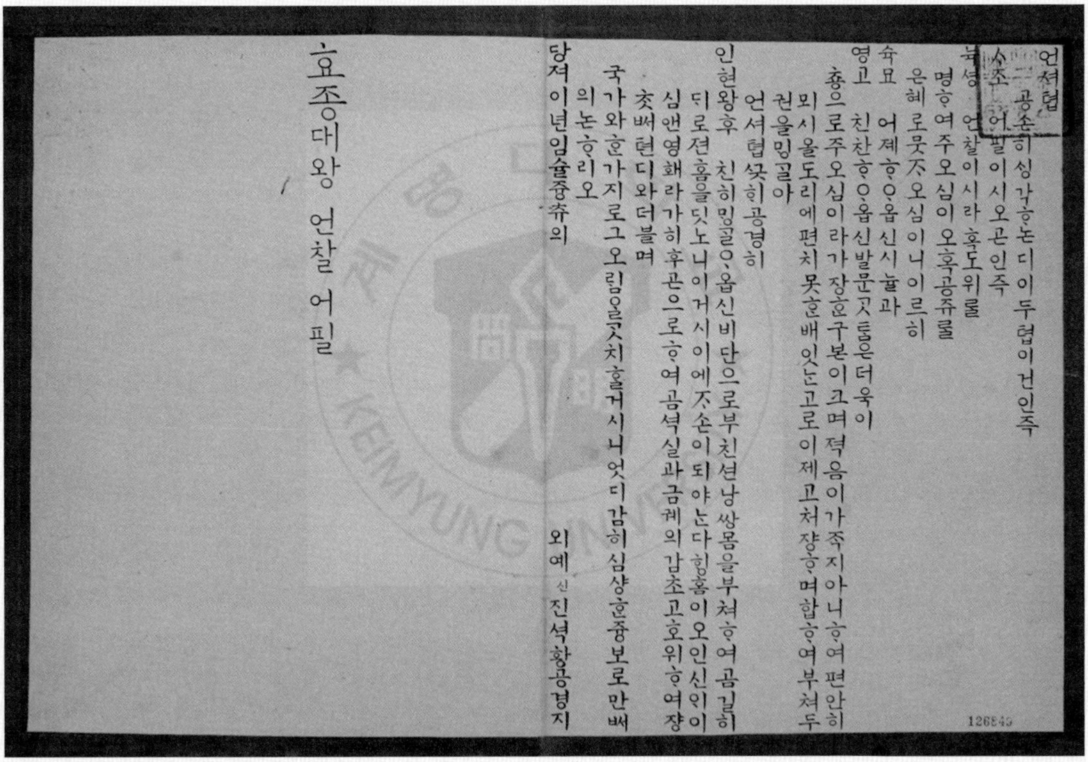
효종대왕 언찰 어필

언셔텹
슉조 공손히 ᄉᆡᆼ각ᄒᆞ논디 이 두 텹이 건인즉
언[illegible]이시오 곤인즉
뉵셩 언찰이시라 ᄒᆞ옥도위ᄅᆞᆯ
명ᄒᆞ여 주오심이오 ᄒᆞ옥공쥬ᄅᆞᆯ
은혜로 뭇ᄌᆞ오심이니 이르히
슉묘 어졔ᄒᆞᄋᆞᆸ신 시ᄂᆞᆯ과
영고 친찬ᄒᆞᄋᆞᆸ신 발문ᄀᆞᆺᄐᆞᆫ 더욱이
춍으로 주오심이라 가장ᄒᆞᆫ 구본이 크며 젹음이 가죡지 아니ᄒᆞ여 편안히
뫼시올 도리에 편치 못ᄒᆞᆫ 배 잇ᄂᆞᆫ 고로 이제 고쳐 쟝ᄒᆞ며 합ᄒᆞ여 부쳐 두
권을 ᄆᆡᆼ길아
언셔텹 ᄉᆞᆺ히 공경히
인현왕후 친히 ᄆᆡᆼ길ᄋᆞᆸ신 비단으로 부친 션낭 쌍몸을 부쳐ᄒᆞ여 곰길히
디로 젼홈을 딧노니 이거시 이에 ᄌᆞ손이 되야 ᄂᆞᆫ다 힘홈이 오인신이 이
심앤 영홰라 가히 후곤으로 ᄒᆞ여 곰셕실과 금궤의 감초고 호위ᄒᆞ여 쟝
ᄎᆞᆺ뼈 련디와 더블며
국가와 ᄒᆞᆫ가지로 그 오림을 ᄀᆞᆺ치 ᄒᆞᆯ거시니 엇디 감히 심샹ᄒᆞᆫ 죵보로 만뼈
의논ᄒᆞ리오
당져 이년 임슐 중츄의 외예 신 진셕황 공경지

126845

『(숙휘)신한첩 곤』은 17세기 중·후기 자료로 보인다. 숙휘공주의 5대손인 정진석이 1802년에 성첩한 것은 사실이지만 숙휘공주가 살아 있는 동안 받은 편지이고 남편의 죽음과 아들 태일의 죽음에 관한 일이 편지의 주 내용인 것으로 보아 이 편지의 문헌적 시대를 17세기 중·후기로 보는 것이 마땅하다.

근대 국어 시기에 국어의 변화는 역동적으로 일어나는데 표기부터 음운, 형태, 통사, 의미까지 많은 언어 변화를 겪었다. 이 역사적 변화는 중세 국어와 현대 국어의 관계를 말해줄 뿐 아니라 언어 변화의 과정을 보여주기 때문에 국어사 측면에서 매우 중요한 시기이다. 17세기 자료인 『(숙휘)신한첩 곤』은 근대 국어의 역동적 언어 변화 양상을 살펴볼 수 있으며 왕실가의 편지라는 점에서 왕실 언어의 일면을 엿볼 수 있다.

《신한첩, 효종 편지》

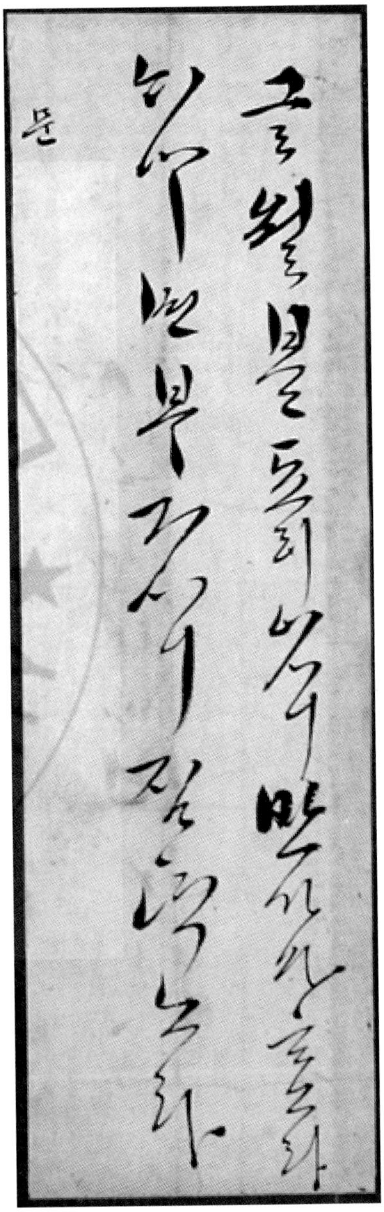
글월 보고 됴히 이시니반가와ᄒᆞ노라
ᄂᆡ일면 볼 거시니 잠 뎍노라
문

❀ 원문 텍스트

글월 보고 됴히 이시니반가와ᄒᆞ노라

ᄂᆡ일면 볼 거시니 잠 뎍노라

　문

❀ 현대어 역

글을 보고, 좋게 있으니(잘 지내고 있다고 하니) 반갑구나.

내일이면 볼 것이니 잠깐(짧게) 적는다.

[참고]

효종이 숙휘공주의 문안 인사 편지에 간단히 답장한 것이다. 편지의 왼쪽 면이 오른쪽 면에 비해 비스듬하고 고르지 않은 것으로 보아 숙휘공주가 보낸 편지의 오른쪽 여백을 활용하여 답신한 것으로 추정된다. 이 편지의 작성 시기는 숙휘공주가 출가한 이후로 보이므로 효종 4년(1653) 이후가 될 것이다.

❀ 주석

▸ 글월 보고 됴히 이시니: '글월 보고'의 주체와 '이시니'의 주체가 다르다. '글월 보고'의 주체는 효종이고 '됴히 이시니'의 주체는 숙명공주로서 "글을 보니, (네가) 좋게 있다 하니" 정도로 해석된다.

▸ 반가와ᄒᆞ노라: 반가워하노라.

▸ ᄂᆡ일면: 내일이면. ᄂᆡ일 + -(이)면.

- '-이면'의 '-이'가 생략되었다.

▸ 잠: 잠깐.

- '잠'은 '잠간'에서 후행 음절이 생략된 형태이다. 여기에서 '잠'은 '잠깐'이라는 시간의 의미로도 해석이 되고 글 분량, 즉 '짧게'로도 해석할 수 있다.

▸ 문: 문안.

- 언찰의 세 번째 줄 위 '문'은 '문안'의 줄음말로 숙휘공주가 보낸 편지 앞부분에 '문'으로 써 놓은 것인데 효종이 이 편지에 답장을 적어 보내면서 답장 편지에 남겨진 것이다. 이 표식은 '숙명공주신한첩'에서도 확인된다.

《신한첩, 현종 편지》

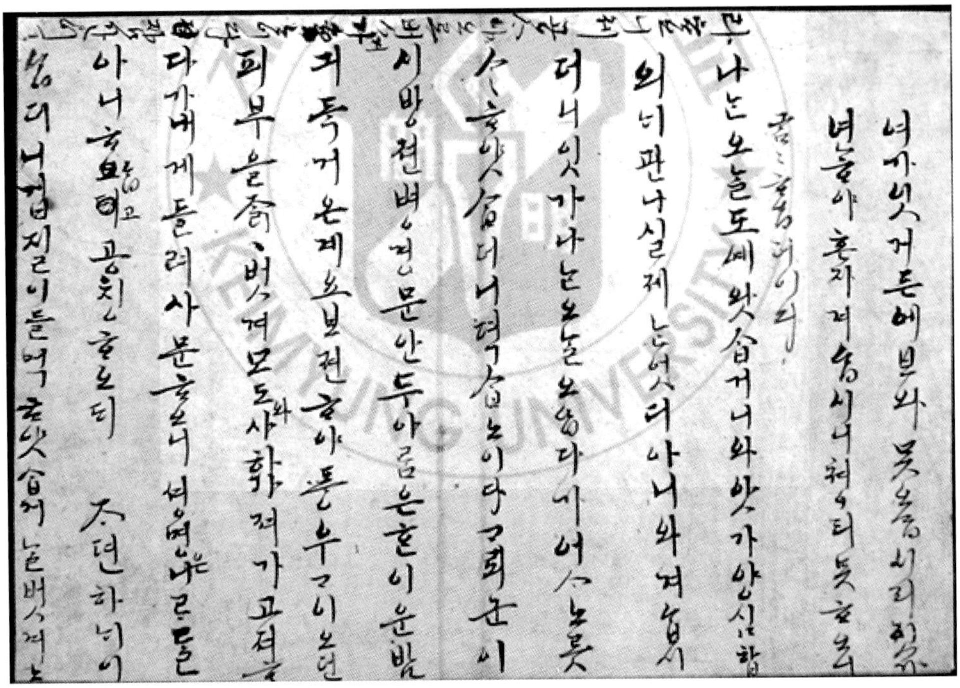

❀ 원문 텍스트

나ᄂᆞᆫ 오늘도 예 왓습거니와 앗가 양심합의 ᄂᆡ관 나실 제ᄂᆞᆫ 엇디 아니와 겨옵시더니잇가 나ᄂᆞᆫ 오늘 오옵다가 어ᄉᆞ 노릇ᄉᆞᆯ ᄒᆞ얏습더니 뎍습노이다 ᄀᆞ뢰군이 시방 젼 병경문 안 두 아ᄅᆞᆷ은 ᄒᆞᆫ이운 밤긔 둑거온 계요 보젼ᄒᆞ야 풍우 ᄀᆞ이오던 피부을 ᄌᆞᆰ〱 벗겨 모도와 사하 가져 가고져 ᄒᆞ다가 내게 들려 사문ᄒᆞ오니 셩명은 니ᄅᆞ돌 아니ᄒᆞ옵고 공칭ᄒᆞ오ᄃᆡ ᄌᆞ뎐하 ᄂᆡ이옵더니 겁질이 들먹ᄒᆞ얏습거놀 벗겨노라 ᄒᆞ오니 제 공ᄉᆞ 아오로 벗겨 가노이다 잠간 일여가 잇거든 에 보와 못 오옵시리잇가 년ᄒᆞ야 혼자 겨옵시니 쳥티 못ᄒᆞ오니 굼〱ᄒᆞ옵더이다

❀ 현대어 역

나는 오늘도 여기에 왔었는데 아까 양심합의 내관에 나갈 때는 어찌 아니 와 계셨습니까? 나는 오늘 왔다가 어사 노릇을 하였는데 (이를) 적습니다. 가뢰군이 지금 전의 병경문 안 두 아름은 한 이운 밤나무의 두꺼운 것을 겨우 보전하여 풍우 가리오던 껍질을 잘게 잘게 벗겨 모아서 싸서 가져 가고자 하다가 내게 들키어 사문하오니 성명은 말하지 아니하고 공칭하되 자전 하내의이더니 껍질이 들먹거려 벗겼다고 하오니 제 공사 함께 벗겨 갑니다. 잠깐 일 있거든 틈을 보아 못 오시겠습니까? 연하여 혼자 계시니 청하지 못하오니 궁금합니다.

[참고]

"ᄌᆞ뎐"에서 보듯이 이 편지는 현종이 어머니 인선왕후에게 보낸 편지이다. 인선왕후에게 보낸 편지라는 점은 문장의 "겨옵시더니잇가", "뎍숩노이다", "못 오옵시리잇가", "굼〃ᄒᆞ옵더이다"와 같은 종결 표현에서도 알 수 있다. 궁궐 안 밤나무의 껍질을 벗겨 가던 사람을 조사하였는데 어머니의 내의인 사실을 알고서 이 내용을 중심으로 모후에게 안부를 묻고 있다. 조정의 바쁜 업무로 어머니를 뵙지 못한 안타까움에 잠깐 들러 주기를 바라는 내용도 마지막 부분에 실려 있다.

❀ 주석

▸ 왓숩거니와: 왔었는데. 오- + -앗- + -숩- + -거니와.

- 선어말어미 '-숩-'은 높임 대상(인선왕후)에 대한 화자(현종)의 겸양을 나타낸다. 이와 같이 연결어미 앞에 통합한 '-숩-'은 근대 국어 후기 이후에 점차 사라져 현대 국어에서는 찾아보기 어렵다.

▸ 양심합: 양심합(養心閤).

- 창덕궁 대조전 남쪽 별각으로 필요에 따라 다양한 용도로 사용되었다. 왕이 신하를 소대(임금이 아무 때나 신하들을 불러 경전에 대해 물어보거나 의견을 듣는 일.)하

고 경연하는 장소, 책을 보관하는 서고, 왕이 치료를 받는 장소, 대비 승하 후 왕이 삼가하며 지내는 장소 등으로 사용되었다.

▸ 겨웁시더니잇가: 계시었습니까. 겨웁시- + -더- + -니- + -잇- + -가.

- 어간 '겨웁시-'는 단독으로 쓰인 '겨-'를 확인할 수 없고 항상 '겨시-', '겨옵시-' 정도로 나타나기 때문에 하나의 어간으로 분석한 것인데 중세 국어의 '겨시-'를 고려하면 '겨시-'에 '-옵-'이 끼어 들어간 것으로 보고 어간을 '겨시-'로 분석할 수도 있다.

▸ ᄒᆞ얏숩더니: 하였는데. ᄒᆞ- + -얏- + -숩- + -더니.

- 이 서술어에 통합한 '-더니'는 과거의 사태나 행동에 뒤이어 일어난 상황을 이어주는 연결어미로 분석된다. 시기적으로 볼 때 연결어미 '-더니'의 쓰임을 보인 초기의 예로 추정된다.

▸ 뎍숩노이다: 적습니다. 뎍- + -숩- + -노- + -이- + -다.

- '-노-'는 기원적으로 '-ᄂᆞ-'와 '-오-'가 통합한 형식으로 중세 국어에서 보인 1인칭 주어 제약을 유지하고 있으나 '-오-'를 근대 국어 선어말어미 형태로 분석하기는 어렵다. '-오-'의 단독 형태가 확인되지 않기 때문이다.

▸ ᄀᆞ뢰군: 미상.

- 'ᄀᆞ뢰군'의 지시 대상이 분명하지는 않으나 문맥을 고려할 때 'ᄀᆞ뢰군'이 '보젼ᄒᆞ야'의 주어로 판독되는 것이 자연스러우므로 '궁중에서 천한 일을 하는 일꾼'으로 판단된다.

▸ 병경문: 미상.

- 궁궐 내 문의 이름으로 추정된다.

▸ 이운 밤긔: 시든 밤나무에. 이울- + -ㄴ # 밤ㄱ + -의.

- 명사 '밤ㄱ'는 '밤+남ㄱ'에서 '남'이 탈자한 것으로 보는 논의가 있는데 이를 따라 '밤나무'로 해석하였다. 현재로서는 이렇게 해독하는 것이 가장 자연스럽게 보인다.

▸ 계요: 겨우.

▸ ᄀᆞ이오던: 가리던. ᄀᆞ이오- + -던.

- 어간 'ᄀᆞ이오-'는 형태로만 보면 무엇을 지시하는지 명확하지 않으나 맥락을 고려할 때 '가리던' 정도로 해석된다.

▸ 들려: 들키어. 들리- + -어.

- "내게 들려"를 '내게 들리어'로 해석 가능하지만 후행절의 "사문ᄒᆞ오니"를 고려하면 '내게 들키어'로 해석하여 '내게 들키어 사문하니' 정도로 보는 것이 자연스럽다.

▸ 니ᄅᆞ돌: 말하지를. 니ᄅᆞ- + -돌.

- 이때 '-돌'은 '-지를' 정도로 쓰이는 어말어미이다.

▸ 공칭ᄒᆞ오ᄃᆡ: 공칭하되. 공칭ᄒᆞ- + -오ᄃᆡ.

- '공칭'은 '공적으로 일컫다'의 의미이다.

▸ ᄌᆞ뎐: 자전(慈殿).

- 자전이 시작되는 곳에 한 글자 정도의 칸을 비어둔 것을 확인할 수 있다. 이는 대우격식의 하나로서 높여야 할 대상과 관련된 체언 바로 위에 글자 간격만큼의 빈칸을 두어 존자를 높이는 방식(간자법)이다.

▸ ᄂᆡ이ᄋᆞᆸ더니: 내의이었더니. ᄂᆡ이 + -ᄋᆞᆸ- + -더- + -니.

- 'ᄂᆡ이'는 '내의(內醫)'로 추정된다.

▸ 들먹ᄒᆞ얏ᄉᆞᆸ더니: 들먹거렸더니. 들먹ᄒᆞ- + -얏- + -ᄉᆞᆸ- + -더- + -니.

- 껍질이 들먹들먹한 상태를 이르는 것으로 해석된다.

▸ 아오로: 아울러. 겸하여.

▸ 굼굼ᄒᆞᄋᆞᆸ더이다: 궁금하옵더니. 굼굼ᄒᆞ- + -ᄋᆞᆸ- + -더- + -이- + -다.

- 어간 '굼굼ᄒᆞ-'는 '궁금하다'로 해석된다.

▸ 편지 공백을 활용하여 사연을 적은 흔적도 확인된다. 이 편지는 위 공백과 지면의 앞 공백을 활용하였다. 공백의 활용 순서는 위 공백을 채우고 앞 공백을 채우는 회문식 순서를 따르고 있다.

《신한첩, 숙종 편지》

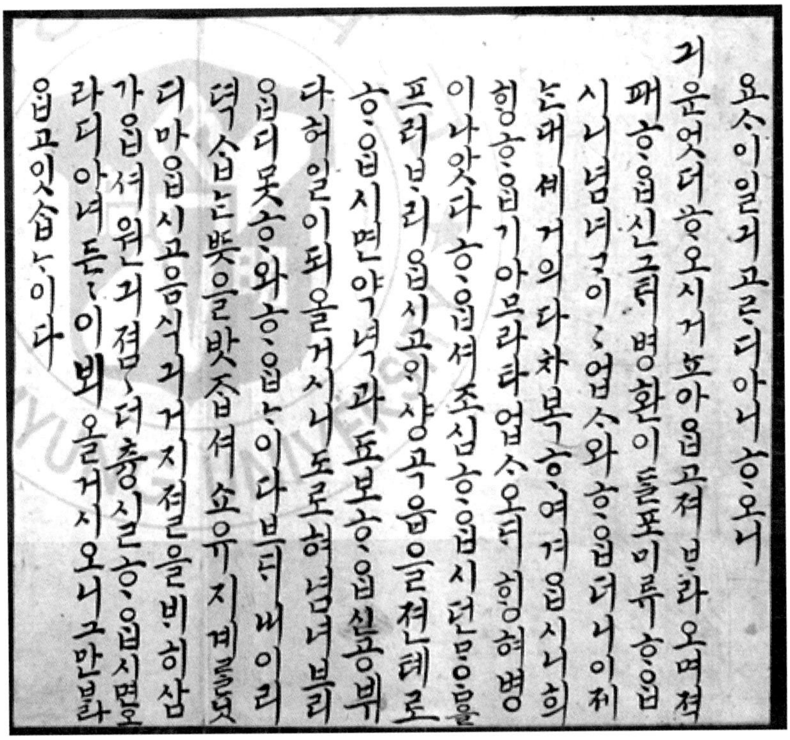

❀ 원문 텍스트

요ᄉᆞ이 일긔 고ᄅᆞ디 아니ᄒᆞ오니 긔운 엇더ᄒᆞ오시거뇨 아옵고져 ᄇᆞ라오며 젹 패ᄒᆞ옵신 그ᄐᆡ 병환이 돌포 미류ᄒᆞ옵시니 념녀 ᄀᆞ이〱 업ᄉᆞ와ᄒᆞ옵더니 이제ᄂᆞᆫ 대셰 거의 다 차복ᄒᆞ여 겨옵시니 희힝ᄒᆞ옵기 아므라타 업ᄉᆞ오ᄃᆡ 힝혀 병이 나앗다 ᄒᆞ옵셔 조심ᄒᆞ옵시던 ᄆᆞ음을 프러 ᄇᆞ리옵시고 ᄋᆡ샹곡읍을 젼테로 ᄒᆞ옵시면 약녁과 됴보ᄒᆞ옵신 공뷔 다 허일이 되올 거시니 도로혀 념녀 브리옵디 못ᄒᆞ와 ᄒᆞ옵ᄂᆞ이다 브ᄃᆡ 내 이리 뎍ᄉᆞᆸᄂᆞᆫ ᄠᅳᆺ을 밧ᄌᆞᆸ셔 쇼유지계를 닛디 마옵시고 음식 긔거 지졀을 ᄇᆡ히 삼가옵셔 원긔 졈〱 더 츙실ᄒᆞ옵시면 오라디 아녀 든〱이 뵈올 거시오니 그만 ᄇᆞ라옵고 잇ᄉᆞᆸᄂᆞ이다

❀ 현대어 역

요사이 일기가 고르지 아니한데 기운은 어떠하십니까? 알고자 바라오며 적패하신 끝에 병환이 달포나 미류하시니 염려가 이루 말할 수 없습니다. 이제는 대세가 거의 다 차복하여 있으시니 희행하기 뭐라 이를 바가 없습니다. 행여 병이 나았다 하시어 조심하시던 마음을 풀어버리시고 애상곡읍을 전처럼 하시면 약력과 병을 애써 조리한 공이 다 헛일이 될 것이니 도리어 염려를 풀지 못하겠습니다. 부디 내가 이렇게 적는 뜻을 받잡아 소유지계를 잊지 마시고 음식 기거지절을 바이 삼가시어 원기가 점점 더 충실하시면 오래지 아니하여 든든히 뵈올 것이니 그만 바라옵고 있습니다.

[참고]

숙종이 숙휘공주에게 쓴 편지이다. 편지 내용으로 볼 때, 숙휘공주가 아들 정태일의 죽음 이후에 몸을 관리하지 않아 병이 지속되자 숙종이 이를 걱정하여 보낸 편지로 보인다. “요ᄉᆞ이 일긔 고ᄅᆞ디 아니ᄒᆞ오니 ...... 념녀 ᄀᆞ이ᄾ 업ᄉᆞ와ᄒᆞᄋᆞᆸ더니”에서 알 수 있듯이 숙종은 숙휘공주의 병환을 매우 근심하는 안부로 시작하여 마지막까지 숙휘공주의 안위를 위해 염려하는 마음을 담고 있다. 한편, “ᄋᆡ샹곡읍을 전톄로 ᄒᆞᄋᆞᆸ시면”에서 볼 수 있듯이 숙휘공주는 정태일의 죽음 이후에 슬픔에서 벗어나지 못하고 사가에서 매일 슬피 울며 지냈던 것으로 보인다.

❀ 주석

- 엇더ᄒᆞ오시거뇨: 어떠하십니까. 엇더ᄒᆞ- + -오- + -시- + -거뇨.
    - ‘-거뇨’는 ‘하네체’ 종결어미이라는 점에서 주목된다. 숙종은 숙휘공주를 ‘합니다체’로 높임을 유지하고 있기 때문에 ‘-거뇨’의 높임 등급이나 그 쓰임을 현대 국어와는 다른 관점에서 접근할 필요가 있다.
- 젹패: 적패(積敗). 몹시 지쳐 있다.
- 미류: 미류(彌留). 병이 오래 낫지 않다.

▸ 대셰: 대세(大勢). 병이 위급하다.

▸ 차복: 차복(差復). 병이 나아서 회복되다.

▸ 희힝: 희행(喜幸). 기쁘고 다행스럽다.

▸ 이샹곡읍: 애상곡읍(哀喪哭泣).

- 상사를 당하여 소리를 내어 슬피 우는 것을 의미한다.

▸ 젼톄로: 전처럼. 전 + -톄로.

- '톄로'는 '톄로 〉 텨로 〉 처로'로 변화하여 근대 국어 후기에 '처럼'으로 발달하였다.

▸ 약녁: 약력(藥力). 약의 효력.

▸ 됴보: 조보(調保). 병을 조리하다.

▸ 공부: 미정.

- "약녁과 됴보ᄒᆞ옵신 공뷔 다 허일이 되올 거시니"의 앞뒤 맥락을 고려하면 '노력' 정도로 해석하는 것이 자연스럽다.

▸ 쇼유지계: 미상.

- 의미는 분명하지 않으나 "소유지계(少幼之戒)"로 아랫사람의 충고나 경계하는 말을 의미한 것으로 추정된다.

▸ 긔거지졀: 기거지절(起居之節). 먹고 자는 따위의 일상적인 삶의 부분.

《신한첩, 인선왕후 편지》

❀ 원문 텍스트

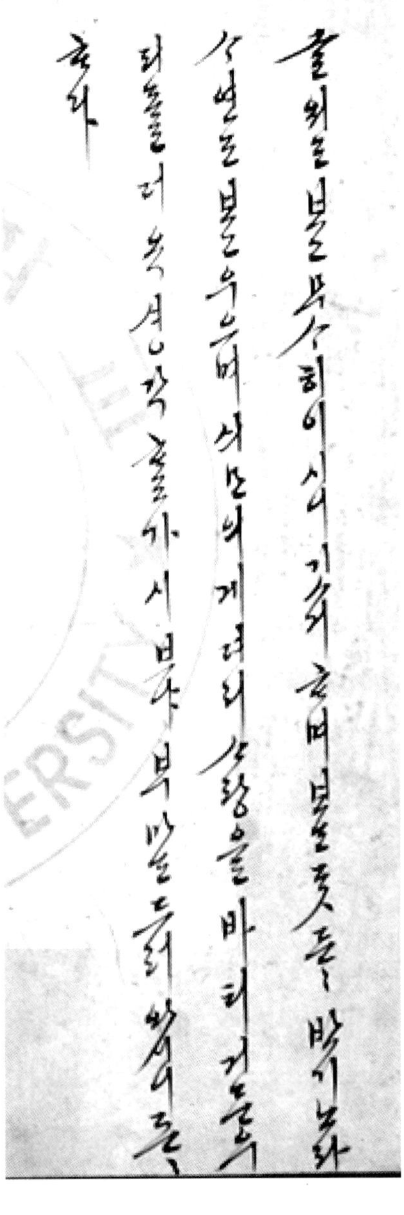

글월 보고 무ᄉᆞ히 이시니 깃거ᄒᆞ며 보ᄂᆞᆫ ᄃᆞᆺ 든〱 반기노라
ᄉᆞ연도 보고 우으며 싀모의게 뎌리 ᄉᆞ랑을 바티거든
우리ᄅᆞᆯ 더옥 ᄉᆡᆼ각ᄒᆞᆯ가 시브냐 부마도 드러 와시니 든〱
ᄒᆞ다

❀ 현대어 역

글을 보고, 무사히 있으니 기뻐하며 보는 듯 든든 반기노라. 사연도 보고 웃으며 시모에게 저리 사랑을 바치는데 우리를 더욱 생각할까 싶으냐. 부마도 들어왔으니 든든하다.

[참고]

"글월 보고"를 통해 인선왕후가 숙휘공주의 편지에 대해 쓴 답장인 것을 알 수 있다. 하가(→ 공주나 옹주가 귀족이나 신하에게로 시집감을 이르던 말)한 숙휘공주가 시모에게 사랑을 받는다는 편지 내용을 보고 인선왕후가 기뻐하며 '친정 사람을 생각하겠느냐.'며 딸에게 농담을 던지는 내용이 실려 있다. 사랑하는 딸에 대한 모성애를 느낄 수 있다. 작성 시기는 숙휘공주가 하가한 직후가 아닐까 한다.

❀ 주석

▸ 깃거ᄒᆞ며: 기뻐하며. 깄- + -어 # ᄒᆞ- + -며.

- 어간 '깃거ᄒᆞ-'는 형용사 '깄-'에 '-어ᄒᆞ-'가 결합하여 동사로 파생된 형태이다.

▸ 우으며: 웃으며. 우- + -으며.

- 중세 국어 '우ᅀᅳ며'에서 'ㅿ'의 소멸로 나타난 활용형이다.

▸ 바티거든: 바치는데. 바티- + -거든.

- 접속어미 '-거든'이 조건으로 쓰이지 않고 선행절을 배경으로 하는 기능으로 쓰이는 점이 특징적이다.

《신한첩, 인선왕후 편지》

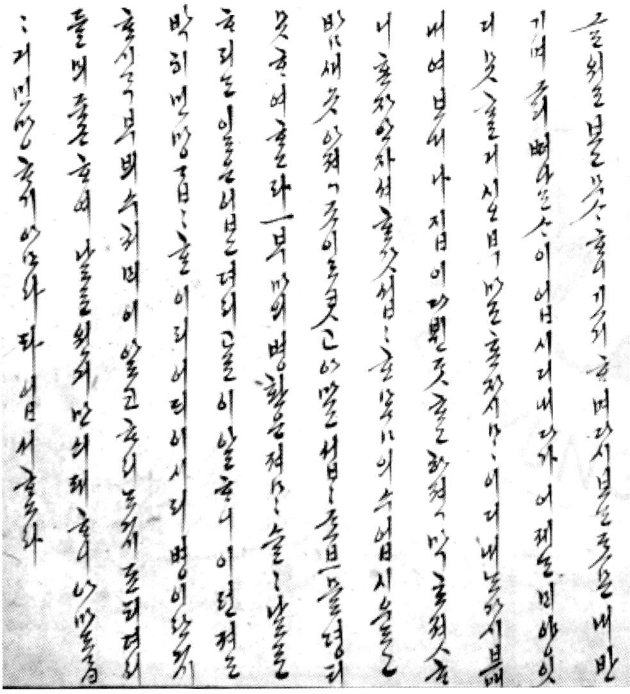

❀ 원문 텍스트

글월 보고 무ᄉᆞᄒᆞ니 깃거ᄒᆞ며 다시 보ᄂᆞᆫ ᄃᆞᆺ 몬내 반기며 그리 ᄠᅥ날 ᄉᆞ이 업시 디내다가 어제ᄂᆞᆫ ᄆᆡ양 잇디 못ᄒᆞᆯ 거시오 부마도 혼자 심〻이 디내ᄂᆞᆫ가 시브매 내여 보내나 집이 다 뷘 ᄃᆞᆺᄒᆞ고 하 젹막 호졋ᄒᆞ니 혼자 안자셔 ᄒᆞᆫ갓 섭〻ᄒᆞᆫ ᄆᆞ음의 수업시 울고 밤새ᄀᆞᆺ 아젹ᄀᆞᆺ 일ᄏᆞᆺ고 아마도 섭〻 ᄀᆞᆺ브믈 뎡티 못ᄒᆞ여 ᄒᆞ노라 ㅣ 부마의 병환은 졈〻 슬〻 날로 ᄒᆞ리ᄂᆞᆫ 일은 업고 뎌리 고로이 알ᄒᆞ니 이런 졀박히 민망 ᄀᆞᆸ〻ᄒᆞᆫ 이리 어듸 이시되 병이란 거시 ᄒᆞᆫ 시ᄀᆞᆨ 부븨수쳐 ᄆᆡ이 알코 ᄒᆞ리ᄂᆞᆫ 거시 됴티 뎌리들 ᄆᆡ죽근ᄒᆞ여 날로 원긔만 쇠패ᄒᆞ니 아마도 ᄀᆞᆸ〻긔 민망ᄒᆞ기 아ᄆᆞ라타 업서ᄒᆞ노라

❀ 현대어 역

글을 보고, 무사하니 기뻐하며 다시 보는 듯 못내 반기며 그리 떠날 사이 없이 지내다가 어제는 매양 잊지 못할 것이고, 부마도 혼자 심심히 지내는가 싶으매 내어 보내나 집이 다 빈 듯하고 매우 적막하며 호젓하니 혼자 앉아서 한갓 섭섭한 마음에 수없이 울고 밤새부터 아침까지 걱정하고 매우 섭섭하고 심란한 마음을 정하지 못하고 있노라. 부마의 병환은 점점 슬슬 날로 낫는 일이 없고 저리 괴로이 앓고 있으니 이런 절박하게 민망하고 갑갑한 일이 어디 있으되 병이란 것이 한 시각 몹시 앓고 낫는 것이 좋지. 저리들 미지근하여 날로 원기만 쇠패하니 매우 갑갑하기 민망하기 무어라 할 말이 없다.

[참고]

인선왕후가 숙휘공주에 쓴 답장으로, 출가한 공주들이 입궁하여 지내다가 다시 출궁할 때면 항상 홀로 남아 있는 듯한 적막함에 슬퍼하고 있는 사연과 부마(공주의 남편)의 병환을 걱정하는 내용이 실려 있다.

❀ 주석

▸ ᄆᆞᄋᆞᆷ의: 마음에. ᄆᆞᄋᆞᆷ + -에.

- 조사 '-의'는 중세 국어와 근대 국어 시기에 관형격 조사로 쓰였지만 처격 조사로도 쓰였다.

▸ 일ᄏᆞᆮ고: 말하고. 걱정하고.

- '일ᄏᆞᆮ고'는 '말하고'의 의미로 쓰였지만 이 언간의 "밤새긋 아젹긋 일ᄏᆞᆮ고"에서는 '말하다'의 의미보다는 '걱정하다'의 의미가 더 자연스럽게 해석되는 예도 있다.

▸ 아마도: 매우.

- 여기에서 '아마도'는 추측이나 가능성의 의미보다는 정도 부사 '매우'로 해석하는 것이 더 자연스럽다.

▸ 굿브믈: 심란하다. 굿브- + -ㅁ + -을.

• '굿브다'는 '심란하다'의 뜻으로 해석되며 언간 자료에서는 흔히 확인되는 형용사이다.

▸ ᄒᆞ리ᄂᆞᆫ: 낫는.

• 'ᄒᆞ리다'는 '낫다'를 뜻한다.

▸ 졀박이: 절박하게.

• 현대 국어에서 '절박'은 '절박하다'로 쓰이는 일이 많고 부사로 쓰이는 일은 없으나 인현왕후 편지의 "졀박이 민망 ᄒᆞᆸ〻"에서는 '졀박이'가 부사로 쓰였다.

▸ ㅣ: 단락을 구분하는 부호이다. 이 부호의 앞뒤는 인선왕후의 섭섭함과 부마의 병환을 염려하는 내용으로 구분된다.

▸ 부븨수쳐: 몹시 부대끼어. 부븨숯- + -어.

• 어간 '부븨숯-'은 '부븨-'와 '숯-'가 결합한 비통사적 합성어이다. '부븨-'는 '비비다' 정도의 의미이고 '숯-'는 '들레다(야단스럽게 떠들다)' 정도의 의미이다.

▸ 믜쥭근ᄒᆞ여: 미지근하여.

《신한첩, 인현왕후 편지》

❀ 원문 텍스트

야간
평안ᄒᆞ오신 일 아옵고져 ᄒᆞ오며 어제 뎍ᄉᆞ오시니 보옵고 친히 뵈옵ᄂᆞᆫ ᄃᆞᆺ 든〱 반갑ᄉᆞ오미 아ᄆᆞ라타 업ᄉᆞ와ᄒᆞ오ᄃᆡ ᄯᅩ 평티 못ᄒᆞ오신가 시브오니 민망 념녀 ᄀᆞ이업ᄉᆞ와ᄒᆞ옵ᄂᆞ이다 약 볼긔ᄂᆞᆫ 즉시〱 아ᄋᆞ오시긔 ᄒᆞ와ᄉᆞ오니 드옵거든 보내오리이다

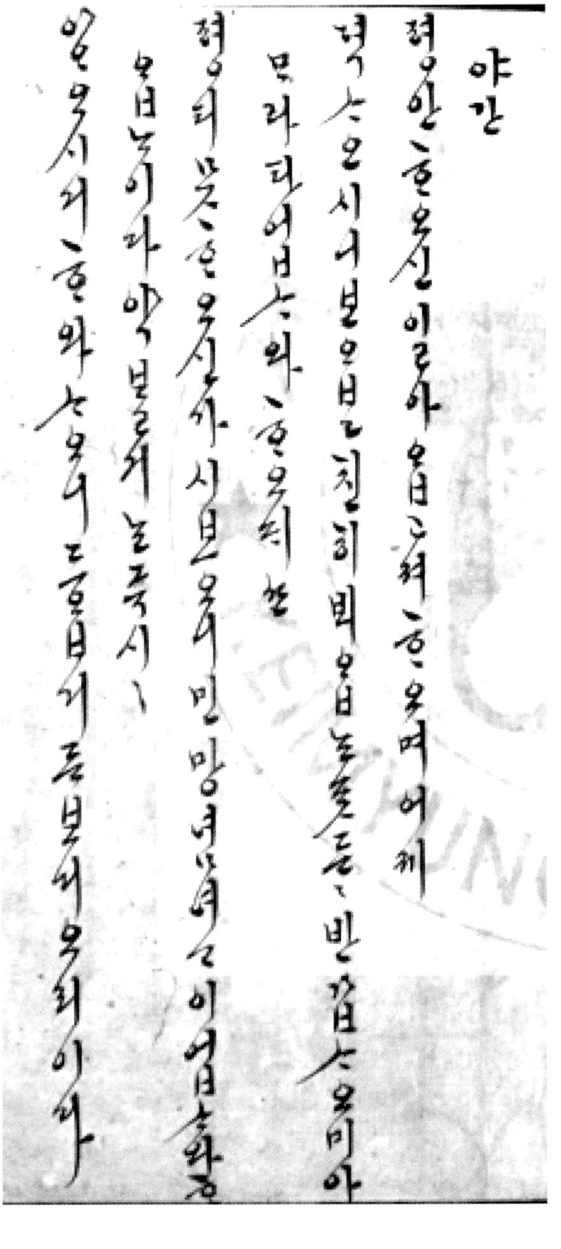

❀ 현대어 역

밤사이 평안하신 일 알고자 하오며 어제 적으신 것을 보고 친히 뵈옵는 듯 든든하고 반가움이 이루 말할 수 없으며 또 평안치 못하신가 싶으오니 민망하고 염려가 그지없습니다. 약 발기는 즉시, 즉시 아시게 하였으니 들어오면 보내겠습니다.

[참고]

인현왕후가 숙휘공주에게 쓴 답장이다. 숙휘공주가 보낸 편지를 받고 바로 그 다음날에 답장을 한 사실을 알 수 있다("어제 뎍ᄉᆞ오시니 보옵고"). 숙휘공주는 인현왕후에게 약재를 부탁하였는데("약 불긔는 즉시 즉시 아ᄋᆞ오시긔 ᄒᆞ와ᄉᆞ오니 드옵거든 보내오리이다") 당시 사가에서는 구하기 힘든 약재를 궁궐에서는 보다 쉽게 구할 수 있었기 때문에 귀한 약재는 부탁을 많이 하였던 것으로 보인다. 숙휘공주의 편지에도 약재나 어의 관련 내용이 많이 있다.

❀ 주석

▸ 뎍ᄉᆞ오시니 보옵고: 적으신 것으로 보고.

- 숙휘공주가 쓴 편지에 대한 답장 형식을 취하고 있다.

▸ 평티: 평안하지(平安).

- '평티'는 '평안'의 '안'이 누락된 표기로 추정된다.

▸ 약 블긔: 약 발기(처방).

▸ 아ᄋᆞ오시긔: 아시게. 아- + -ᄋᆞ오- + -시- + -긔.

- 'ᄋᆞ오'는 중세 국어 'ᄉᆞᇦ 〉 ᄋᆞ오 〉 오'의 중간 형태이다.

▸ ᄒᆞ와ᄉᆞ오니: 하였으니. ᄒᆞ- + -오- + -아(앗)- + -ᄉᆞ오- + -니.

- 겸양 선어말어미 '-오-'가 '-아-'(-앗-)의 앞뒤에 통합한 것은 매우 특징적인 현상인데 이는 '-아-'(-앗-)의 전신형인 '-어#잇-' 구성에서 비롯된 것으로 추정된다. 중세 국어에서 겸양 선어말어미 '-ᅀᆞᇦ-'은 접속 구성뿐만 아니라 보조용언 구성에서도 선행 서술어와 후행 서술어에 모두 통합하는 일이 있는데 이 "ᄒᆞ와ᄉᆞ오니"는 보조용언의 '-어#잇-' 구성에 '-ᅀᆞᇦ-'이 선·후행절 서술어에 모두 통합한 구성에서 발달한 것이다.

13.

천로역정(天路歷程)

❀ 해제

『천로역정』은 영국의 종교 작가 존 번연(1628~1688)의 원작 『The Pilgrim's Progress』(1678년)의 1부를 1894년 한국에서 선교 활동 중이던 게일(1863~1937)이 한글로 번역하여 1895년 목판본으로 인쇄 출판한 책이다. 책의 서문 끝에 '구세쥬강싱 일쳔팔빅구십ᄉ년 원산셩회 긔일셔'라고 되어 있는 것으로 볼 때 서문은 1894년에 씌어졌으나, 책의 표지에는 '구셰쥬강싱 일쳔팔빅구십오년'이라 되어 있어 1895년에 간행된 것으로 보고 있다.

『천로역정』이라는 책이름은 1853년 중국어로 번역하는 과정에서 붙여진 이름인데, 이후 한국이나 일본 등에서도 이를 따라 번역하였다. 『천로역정』의 번역은 게일의 부인 해리어트(1860-1908)의 도움과 게일의 한국말 선생이었던 이창직(1866-1936)의 교정으로 이루어질 수 있었다. 이 책은 우리말로 번역된 근대 최초의 번역 소설이라는 점에서 의의가 있으며 책에 수록된 조선 배경의 삽화도 주목할 만하다. 원작의 배경이 영국임에도 불구하고 수록된 삽화에 등장하는 인물의 생김새, 복장, 배경 등이 조선으로 그려져 있는데, 묘사의 특징을 근거로 한말의 풍속 화가였던 김준근이 그린 것으로 추정한다.

『천로역정』은 순례자(巡禮者)가 천신만고 끝에 천국에 이르게 되는 여정을 그리고 있는데, 인간이 지은 극심한 죄악과 하나님의 무한한 은총을 대비하여 묘사한 기독교 문학의 우수 작품으로 평가받고 있다. 또한 개화기 최초의 번역 문학으로 국문학사 연구에 있어 당시의 한글문체를 알 수 있는 중요한 책자이며 기산(箕山) 김준근(金俊根)의 삽화는 조선의 전통을 반영한 최초의 한국 개신교 미술로 국어학·개신교·미술사적인 면에서도 가치가 크다. 한편, 목판본과 신활자본 두 종의 판으로 동시에 발행한 사례는 우리나라 인쇄출판사상 희귀한 경우로 중요한 의미를 지닌다.

이 책은 1910년에 『텬로력졍』이라는 제목으로 재판되었으며, 1919년에 3판, 1926년에 4판이 나왔다. 1684년에 간행된 『The Philgrim's Progress』 2부는 Underwood 부인이 번역하였는데, 1920년에 《텬로력졍 데이권 부제: 긔독도부인 려힝록》이라는 제목으로 조선야소교서회에서 발행되었다.

《텬로력뎡 상, 1a-b》

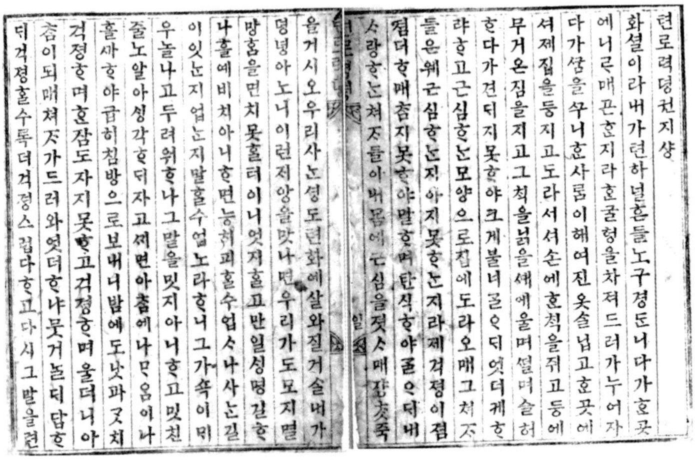

❀ 원문 텍스트

화셜이라 내가 텬하 널흔 들노 구경 ᄃᆞᆫ니다가 ᄒᆞᆫ 곳에 니ᄅᆞ매 곤ᄒᆞᆫ지라 ᄒᆞᆫ 굴형을 차져 드러가 누어 자다가 ᄭᅮᆷ을 ᄭᅮ니 ᄒᆞᆫ 사ᄅᆞᆷ이 해여진 옷슬 닙고 ᄒᆞᆫ 곳에셔 제 집을 등지고 도라서셔 손에 ᄒᆞᆫ 칙을 쥐고 등에 무거온 짐을 지고 그 칙을 닑을 ᄯᅢ에 울며 ᄯᅥᆯ며 슬허ᄒᆞ다가 견ᄃᆡ지 못ᄒᆞ야 크게 불너 ᄀᆞᆯᄋᆞᄃᆡ 엇더케 ᄒᆞ랴 ᄒᆞ고 근심ᄒᆞᄂᆞᆫ 모양으로 집에 도라오매 그 쳐ᄌᆞ들은 웨 근심ᄒᆞᄂᆞᆫ지 아지 못ᄒᆞᄂᆞᆫ지라 제 걱졍이 졈졈 더ᄒᆞ매 ᄎᆞᆷ지 못ᄒᆞ야 말ᄒᆞ며 탄식ᄒᆞ야 ᄀᆞᆯᄋᆞᄃᆡ 내 ᄉᆞ랑ᄒᆞᄂᆞᆫ 쳐ᄌᆞ들아 내 몸에 근심을 졋ᄉᆞ매 쟝ᄎᆞᆺ 죽을 거시오 우리 사ᄂᆞᆫ 셩도 텬화에 살와질 거슬 내가 뎡녕 아노니 이런 ᄌᆡ앙을 맛나면 우리가 도모지 멸망홈을 면치 못ᄒᆞᆯ 터이니 엇지ᄒᆞᆯ고 만일 ᄉᆡᆼ명길 ᄒᆞ나흘 예비치 아니ᄒᆞ면 능히 피ᄒᆞᆯ 수 업ᄉᆞ나 사ᄂᆞᆫ 길이 잇ᄂᆞᆫ지 업ᄂᆞᆫ지 말ᄒᆞᆯ 수 업노라 ᄒᆞ니 그 가쇽이 ᄆᆡ우 놀나고 두려워ᄒᆞ나 그 말을 밋지 아니ᄒᆞ고 밋친 줄노 알아 ᄉᆡᆼ각하ᄃᆡ 자고 ᄭᆡ면 아ᄎᆞᆷ에나 ᄆᆞ음이 나흘ᄭᅡ ᄒᆞ야 급히 침방으로 보내니 밤에도 낫과 ᄀᆞᆺ치 걱졍ᄒᆞ며 ᄒᆞᆫ잠도 자지 못ᄒᆞ고 걱졍ᄒᆞ며 울더니 아ᄎᆞᆷ이 되매 쳐ᄌᆞ가 드러와 엇더ᄒᆞ냐 뭇거ᄂᆞᆯ ᄃᆡ답ᄒᆞᄃᆡ 걱졍ᄒᆞᆯ수록 더 걱졍스럽다 ᄒᆞ고 다시 그 말을 련-ᄒᆞ야

❀ 현대어 역

화설이다. 내가 천하 너른 들로 구경 다니다가 한 곳에 이르매 곤한지라. 한 구렁(동굴)을 찾아 들어가 누워 자다가 꿈을 꾸니 한 사람이 해어진 옷을 입고 한 곳에서 제 집을 등지고 돌아서서 손에 한 책을 쥐고 등에 무거운 짐을 지고 그 책을 읽을 때에 울며 떨며 슬퍼하다가 견디지 못하여 크게 불러 말하되 어떻게 하랴 하고 근심하는 모양으로 집에 돌아오매 그 처자들은 왜 근심하는지 알지 못하는지라. 제 걱정이 점점 더하매 참지 못하여 탄식하여 말하되 내 사랑하는 처자들아 내 몸의 근심을 두려워하여 장차 죽을 것이오. 우리 사는 성도 천화에 사라질 것을 내가 정녕 아노니 이런 재앙을 만나면 우리가 도무지 멸망함을 면하지 못할 터이니 어찌할꼬. 만일 생명 길 하나를 예비하지 아니하면 능히 피할 수 없으나 사는 길이 있는지 없는지 말할 수 없노라 하니 그 가속이 매우 놀라고 두려워하나 그 말을 믿지 아니하고 미친 줄로 알아 생각하되 자고 깨면 아침에나 마음이 나을까 하여 급히 침방으로 보내니 밤에도 낮과 같이 걱정하며 한잠도 자지 못하고 걱정하며 울더니 아침이 되매 처자가 들어와 어떠하냐 묻거늘 대답하되 걱정할수록 더 걱정스럽다 하고 다시 그 말을 이어서

❀ 주석

▸ 화셜: 화설(話說).

- '화설'은 고대 소설에서 이야기를 시작할 때는 쓰는 상투적 표현이다.

▸ 널흔: 너른. 너르- + -ㄴ.

- '널흔'은 어간 '너르-'와 관형사형 어미 '-ㄴ'가 통합할 때 과도 분철 표기가 일어나고 'ㅎ'이 첨가된 것인데 여기에서의 'ㅎ' 첨가는 예외적이라 할 만하다.

▸ 들노: 들로. 들 + -로.

- 후기 근대 국어 시기에 'ㄹㄹ' 연쇄할 때 'ㄹㄴ'으로 표기되는 경향이 있는데 '들노'도 그러한 표기 경향을 따른 것이다.

▸ ᄃᆞᆫ니다가: 다니다가. ᄃᆞᆫ니- + -다가.

- ‘ᄃᆞᆫ니다’는 ‘다니다’의 중세 국어 형태이다. ‘ᄃᆞᆫ니다’는 ‘ᄃᆞᆮ다’와 ‘니다’가 결합한 합성어이다.

▸ 굴헝: 구렁.

- ‘굴헝’은 중세 국어 ‘굴헝’에서 음절 말의 ‘ㆁ’이 ‘ㅇ’으로 표기되고, 18세에 들어와서 ‘ㄹ’과 모음 사이의 ‘ㅎ’이 탈락하여 ‘굴엉’으로 실현되었다. 이후 1음절의 ‘ㄹ’이 연철되어 ‘구렁’으로 표기되었다.

▸ ᄭᅮᆷ: 꿈.

- 된소리 표기가 ‘ㅅ’계 합용병서로 표기되어 ‘ᄭᅮᆷ’, ‘ᄯᅥᆯ며’, ‘ᄯᅩ’, ‘ᄲᅡ지다’ 등으로 나타났다.

▸ 슬허ᄒᆞ다가: 슬퍼하다가. 슬허ᄒᆞ- + -다가.

- ‘슬허ᄒᆞ다’는 ‘슬퍼하다’를 뜻하는 동사로 어간 ‘슳-’에 ‘-어 ᄒᆞ-’가 결합한 것이다.

▸ 견ᄃᆡ지: 견디지.

▸ 져ᄉᆞ매: 두려워하매. 졋- + -ᄋᆞ매.

- ‘졋다’는 ‘두려워하다’ 정도로 해석되는데 중세 국어의 ‘젛-’에서 비롯된 것이다.

▸ 텬화: 천화(天火).

▸ 살와질: 사라질. 살오- + -아 지- + ㄹ.

- ‘살오다’는 ‘사르다’를 뜻하는 동사로 중세 국어의 어간 ‘ᄉᆞᄅᆞ-’에 사동 접미사 ‘-오-’가 결합한 ‘ᄉᆞᆯ오다’의 후대형이다. ‘ᄉᆞᆯ오다’의 ‘ㆍ’의 소실로 ‘살오다’가 형성된 것이다.

▸ ᄒᆞ나흘: 하나를. ᄒᆞ나ㅎ + -을.

- ‘하나흘’은 중세 국어의 ‘ㅎ’ 종성이 그대로 표기된 형태이다.

▸ 밋지: 믿지. 밋- + -지.

- ‘밋지’는 ‘믿다’의 종성 ‘ㄷ’이 ‘ㅅ’으로 표기된 것이다. 근대 국어 시기에 종성의 ‘ㄷ’과 ‘ㅅ’이 혼기를 보였는데 19세기에는 종성의 ‘ㄷ’이 ‘ㅅ’으로 통일되어 나타나는 경향이 있다.

《천로역정 상, 2a-b》

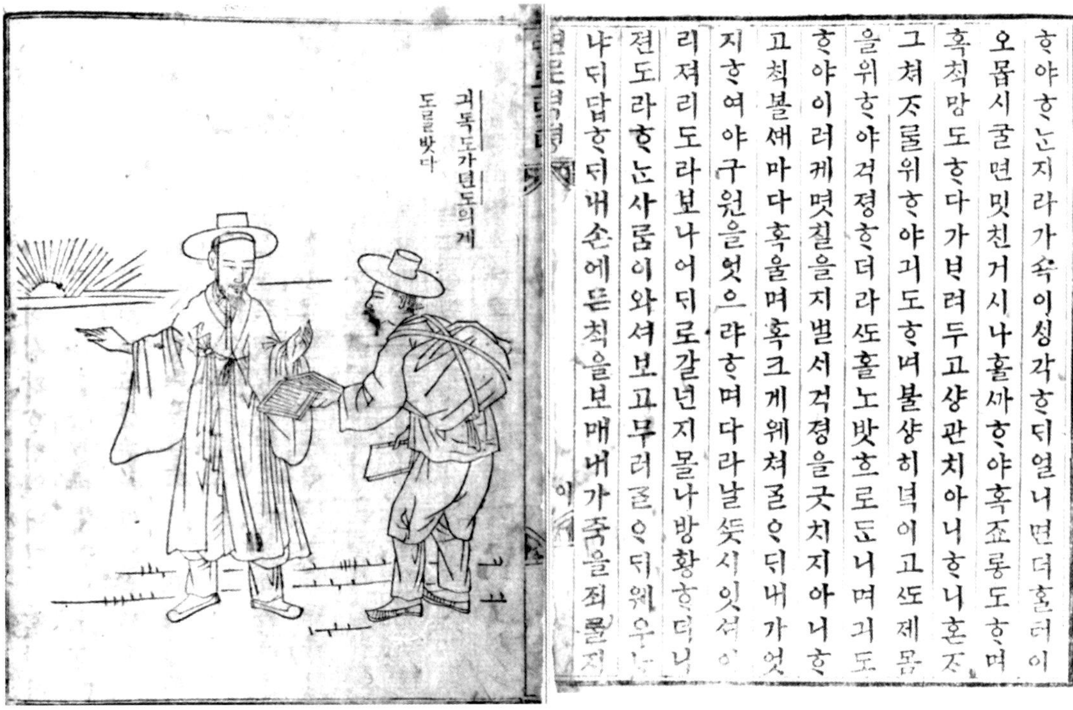

❀ 원문 텍스트

련-ᄒᆞ야 ᄒᆞᄂᆞᆫ지라 가쇽이 ᄉᆡᆼ각ᄒᆞᄃᆡ 얼니면 더홀 터이오 몹시굴면 밋친 거시 나흘ᄶᆞ ᄒᆞ야 혹 죠롱도 ᄒᆞ며 혹 ᄎᆡᆨ망도 ᄒᆞ다가 ᄇᆞ려두고 샹관치 아니ᄒᆞ니 혼ᄌᆞ 그 쳐ᄌᆞᄅᆞᆯ 위ᄒᆞ야 긔도ᄒᆞ며 불샹히 녁이고 ᄯᅩ 제 몸을 위ᄒᆞ야 걱정ᄒᆞ더라 ᄯᅩ 홀노 밧흐로 ᄃᆞᆫ니며 긔도ᄒᆞ야 이러케 몃칠을 지낼ᄉᆡ 걱정을 긋치지 아니ᄒᆞ고 ᄎᆡᆨ 볼 ᄯᅢ마다 혹 울며 혹 크게 웨쳐 ᄀᆞᆯᄋᆞᄃᆡ 내가 엇지ᄒᆞ여야 구원을 엇으랴 ᄒᆞ며 다라날 ᄯᅳᆺ시 잇셔 이리져리 도라보나 어ᄃᆡ로 갈넌지 몰나 방황ᄒᆞ더니 젼도라 ᄒᆞᄂᆞᆫ 사ᄅᆞᆷ이 와셔 보고 무러 ᄀᆞᆯᄋᆞᄃᆡ 웨 우ᄂᆞ냐 ᄃᆡ답ᄒᆞᄃᆡ 내 손에 든 ᄎᆡᆨ을 보매 내가 죽을 죄ᄅᆞᆯ 지-엿ᄉᆞ니

❀ 현대어 역

이어서 하는지라. 가속이 생각하되 어르면 더할 터이고 학대하면 미친 것이 나을까 하여 혹 조롱도 하며 혹 책망도 하다가 버려두고 상관치 아니하니 혼자 그 처자를 위하여 기도하며 불쌍히 여기고 또 제 몸을 위하여 걱정하더라. 또 홀로 밖으로 다니며 기도하여 이렇게 며칠을 지낼새 걱정을 그치지 아니하고 책 볼 때마다 혹 울며 혹 크게 외쳐 말하되 내가 어찌하여야 구원을 얻으랴 하며 달아날 뜻이 있어 이리저리 돌아보나 어디로 갈는지 몰라 방황하더니 전도라 하는 사람이 와서 보고 물어 말하되 왜 우느냐? 대답하되 내 손에 든 책을 보매 내가 죽을 죄를 지-었으니

❀ 주석

▸ 얼니면: 어르면. 얼니- + -면.

- '얼니다'는 '어르다'의 뜻하는 동사이며 북한 방언 '얼리다'에서 'ㄹㄹ' 연쇄가 'ㄹㄴ'으로 표기된 것이다.

▸ 몹시굴다: 학대하다.

- '몹시굴다'는 '학대하다'의 평안북도 방언이다.

▸ 밧흐로: 밭으로. 밧ㅎ + -으로.

- '밧ㅎ'은 '밭'의 재음소화 표기(ㅌ → ㄷ+ㅎ)와 음절말 'ㄷ'이 'ㅅ'으로 대치되는 표기가 반영된 형태이다.

▸ 뜻시: 뜻이. 뜻 + -이.

- 이 문헌에서는 '뜻시'처럼 받침의 중철 표기가 흔하게 나타났다.

▸ 갈넌지: 갈는지.

문법 tip 중세 국어, 근대 국어, 현대 국어의 종성 표기

중세, 근대 국어는 소리나는 대로 이어 적는 것을 원칙으로 하였다. 종성 표기에 있어서 이러한 표음주의적 표기가 잘 나타나는데, 훈민정음 창제 후 17세기에 이르기까지 종성 표기로 'ㄱ, ㆁ, ㄷ, ㄴ, ㅂ, ㅁ, ㅅ, ㄹ' 8자가 사용되었으며 이를 8종성법이라고 한다. 즉, 종성에서 8 자음이 발음되었고 그 발음이 표기에 그대로 반영되어 종성에 8개 자음만 표기된 것이다. 그런데 점차 종성에서 'ㄷ'과 'ㅅ'의 발음상 구별이 어려워지자 17세기 말부터 20세기 초까지 종성의 'ㄷ'과 'ㅅ' 표기도 혼기 양상을 보이기도 하였다. 이러한 표기 경향에 이끌려 본래 'ㄷ' 받침이었던 단어가 'ㅅ'으로 바뀐 경우도 있다. 가령 중세 국어의 'ᄠᅳᆮ'은 근대 국어 시기 'ᄠᅳᆮ, ᄠᅳᆺ, ᄯᅳᆮ, ᄯᅳᆺ' 등으로 나타나다가 지금의 '뜻'으로 정착되었다.

한편, 근대 국어 시기 종성의 'ㅅ' 발음이 사라지자 'ㄷ'만 남게 되면서 현재는 'ㄱ, ㄴ, ㄷ, ㄹ, ㅁ, ㅂ, ㅇ' 7개로만 발음하게 되었다. 이를 칠종성법(혹은 음절말끝소리현상)이라고 한다. 그런데 현대 국어의 표기는 형태를 밝혀 적는 표기도 취하였기 때문에 칠종성법에 7종성 외의 다른 자음이나 겹자음도 종성에 표기되고 있다.

《천로역정 상, 3a-b》

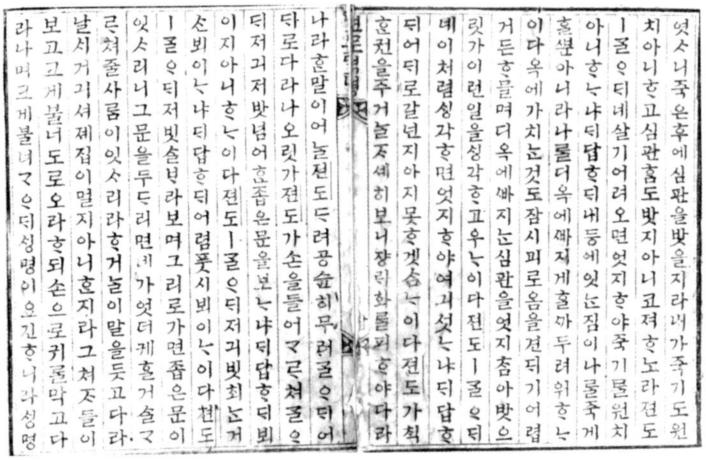

❀ 원문 텍스트

지-엿ᄉᆞ니 죽은 후에 심판을 밧을지라 내가 죽기도 원치 아니ᄒᆞ고 심판ᄒᆞᆷ도 밧지 아니코져 ᄒᆞ노라 젼도ㅣ 골ᄋᆞᄃᆡ 네 살기 어려오면 엇지ᄒᆞ야 죽기를 원치 아니ᄒᆞᄂᆞ냐 ᄃᆡ답ᄒᆞᄃᆡ 내 등에 잇ᄂᆞᆫ 짐이 나를 죽게 ᄒᆞᆯ ᄲᅮᆫ 아니라 나를 디옥에 ᄲᅡ지게 ᄒᆞᆯ싸 두려워ᄒᆞᄂᆞ이다 옥에 가치ᄂᆞᆫ 것도 잠시 괴로옴을 견ᄃᆡ기 어렵거든 ᄒᆞ믈며 디옥에 ᄲᅡ지ᄂᆞᆫ 심판을 엇지 ᄎᆞᆷ아 밧으릿가 이런 일을 ᄉᆡᆼ각ᄒᆞ고 우ᄂᆞ이다 젼도ㅣ 골ᄋᆞᄃᆡ 네 이처럼 ᄉᆡᆼ각ᄒᆞ면 엇지ᄒᆞ야 여긔 섯ᄂᆞ냐 ᄃᆡ답ᄒᆞᄃᆡ 어ᄃᆡ로 갈넌지 아지 못ᄒᆞ겟ᄉᆞᆸᄂᆞ이다 젼도가 칙 ᄒᆞᆫ 권을 주거ᄂᆞᆯ ᄌᆞ셰히 보니 쟝릐 화를 피ᄒᆞ야 다라나라 ᄒᆞᆫ 말이어ᄂᆞᆯ 젼도ᄃᆞ려 공슌히 무러 골ᄋᆞᄃᆡ 어ᄃᆡ로 다라나오릿가 젼도가 손을 들어 ᄀᆞᄅᆞ쳐 골ᄋᆞᄃᆡ 저긔 저 밧 넘어 ᄒᆞᆫ 좁은 문을 보ᄂᆞ냐 ᄃᆡ답ᄒᆞᄃᆡ 뵈이지 아니ᄒᆞᄂᆞ이다 젼도ㅣ 골ᄋᆞᄃᆡ 저긔 빗최ᄂᆞᆫ 거ᄉᆞᆫ 뵈이ᄂᆞ냐 ᄃᆡ답ᄒᆞᄃᆡ 어렴풋시 뵈이ᄂᆞ이다 젼도ㅣ 골ᄋᆞᄃᆡ 저 빗ᄉᆞᆯ ᄇᆞ라보며 그리로 가면 좁은 문이 잇ᄉᆞ리니 그 문을 두ᄃᆞ리면 네가 엇더케 ᄒᆞᆯ 거ᄉᆞᆯ ᄀᆞᄅᆞ쳐 줄 사ᄅᆞᆷ이 잇ᄉᆞ리라 ᄒᆞ거ᄂᆞᆯ 이 말을 듯고 다라날ᄉᆡ 거긔셔 졔 집이 멀지 아니ᄒᆞᆫ지라 그 쳐ᄌᆞ들이 보고 크게 불너 도로 오라 ᄒᆞ되 손으로 귀를 막고 다라나며 크게 불너 ᄀᆞᄋᆞᄃᆡ ᄉᆡᆼ명이 요긴ᄒᆞ니라 ᄉᆡᆼ명-이

❀ 현대어 역

지었으니 죽은 후에 심판을 받을지라. 내가 죽기도 원치 아니하고 심판함도 받지 아니하고자 하노라. 전도가 말하되 네가 살기 어려우면 어찌하여 죽기를 원치 아니하느냐? 대답하되 내 등에 있는 짐이 나를 죽게 할 뿐 아니라 나를 지옥에 빠지게 할까 두려워합니다. 옥에 갇히는 것도 잠시 괴로움을 견디기 어렵거든 하물며 지옥에 빠지는 심판을 어찌 차마 받을꼬 이런 일을 생각하고 웁니다. 전도가 말하되 네가 이처럼 생각하면 어찌하여 여기 서 있느냐? 대답하되 어디로 갈는지 알지 못하겠습니다. 전도가 책 한 권을 주거늘 자세히 보니 장래 화를 피하여 달아나라 한 말이거늘 전도에게 공손히 물어 말하되 어디로 달아나오리까? 전도가 손을 들어 가리키어 말하되 저기 저 밭 넘어 한 좁은 문을 보느냐? 대답하되 보이지 아니합니다. 전도가 말하되 저기 비치는 것은 보이느냐? 대답하되 어렴풋이 보입니다. 전도가 말하되 저 빛을 바라보며 그리로 가면 좁은 문이 있으리니 그 문을 두드리면 네가 어떻게 할 것을 가르쳐 줄 사람이 있을 것이다. 하거늘 이 말을 듣고 달아나므로 거기서 제 집이 멀지 아니한지라. 그 처자들이 보고 크게 불러 도로 오라 하되 손으로 귀를 막고 달아나며 크게 불러 말하되 생명이 요긴하니라 생명이

❀ 주석

▸ 젼도ㅣ: 전도가. 젼도 + -ㅣ.

- 조사 '-ㅣ'는 중세 국어의 주격 조사가 그대로 사용된 경우인데 이 시기에는 체언 명사의 말음이 모음일 때 '-ㅣ'가 나타나기도 하고 '-가'가 나타나기도 하였다. 주격 조사 '-가'는 근대 국어 시기에 형성되어 주격 조사 '-ㅣ'가 나타날 자리에 출현하였는데 어느 시기까지는 '-가'와 '-ㅣ' 두 형태가 공존하다가 점차 개신형인 '-가'가 그 세력을 확장하면서 '-ㅣ'는 사라지게 되었다.

▸ 못ᄒᆞ겟솜ᄂᆞ이다: 못하겠습니다. 못ᄒᆞ- + -겟- + -솜ᄂᆞ이다.

- 선어말어미 '-겟-'은 19세기에 형성되어 '-리-'가 나타날 자리를 대신하게 되었다.

'-숩ᄂᆞ이다'는 현대 국어 '-습니다'의 선대형이다.

▸ 다라나오릿가: 달아나오리까. 다라나- + -오릿가.

- '-오릿가'는 동작이나 상태에 대한 상대편의 의향을 묻는 형식으로 '-오-'는 중세 국어의 '-ᅀᆞᇦ-'의 후대형이다.

▸ 밧: 밭.

- '밧'은 '밭'에 음절말끝소리 현상과 음절말 'ㄷ'이 'ㅅ'으로 대치되는 표기가 반영된 형태이다.

▸ 빗최ᄂᆞᆫ: 비치는. 빗최- + -ᄂᆞᆫ.

- '빗최다'는 '비치다'를 뜻하는 동사인데 중세 국어의 '비최다', '비취다'에서 비롯된 형태이다.

▸ ᄒᆞ되: 하되. ᄒᆞ- + -되.

▸ 요긴ᄒᆞ니라: 요긴하니라. 중요하니라.

《천로역정 상, 4a-b》

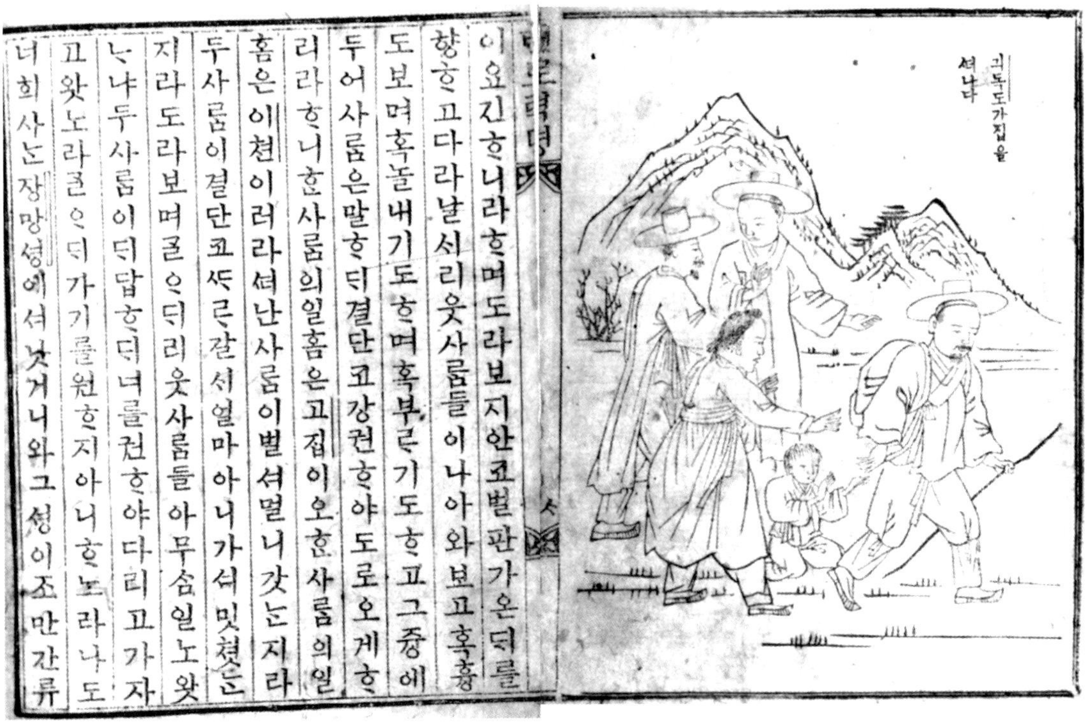

❀ 원문 텍스트

싱명-이 요긴ᄒᆞ니라 ᄒᆞ며 도라보지 안코 벌판 가온ᄃᆡ를 향ᄒᆞ고 다라날ᄉᆡ 리웃 사ᄅᆞᆷ들이 나아와 보고 혹 흉도 보며 혹 놀내기도 ᄒᆞ며 혹 부ᄅᆞ기도 ᄒᆞ고 그 즁에 두어 사ᄅᆞᆷ은 말ᄒᆞᄃᆡ 결단코 강권ᄒᆞ야 도로 오게 ᄒᆞ리라 ᄒᆞ니 ᄒᆞᆫ 사ᄅᆞᆷ의 일홈은 고집이오 ᄒᆞᆫ 사ᄅᆞᆷ의 일홈은 이쳔이러라 쪄난 사ᄅᆞᆷ이 벌셔 멀니 갓ᄂᆞᆫ지라 두 사ᄅᆞᆷ이 결단코 ᄯᆞᄅᆞ갈ᄉᆡ 얼마 아니 가셔 밋쳣ᄂᆞᆫ지라 도라보며 ᄀᆞᆯᄋᆞᄃᆡ 리웃 사ᄅᆞᆷ들아 무ᄉᆞᆷ 일노 왓ᄂᆞ냐 두 사ᄅᆞᆷ이 ᄃᆡ답ᄒᆞᄃᆡ 너를 권ᄒᆞ야 다리고 가자고 왓노라 ᄀᆞᆯᄋᆞᄃᆡ 가기를 원ᄒᆞ지 아니ᄒᆞ노라 나도 너희 사ᄂᆞᆫ 장망셩에셔 낫거니와 그 셩이 조만간 류-황과 불노 살옴이 될지라

❀ 현대어 역

생명이 요긴하니라 하며 돌아보지 않고 벌판 가운데를 향하고 달아나므로 이웃 사람들이 나와서 보고 혹 흉도 보며 혹 놀래기도 하며 혹 부르기도 하고 그 중에 두어 사람은 말하되 결단코 강권하여 도로 오게 하리라 하니 한 사람의 이름은 고집이고 한 사람의 이름은 이천이더라. 떠난 사람이 벌써 멀리 갔는지라. 두 사람이 결단코 따라가므로 얼마 아니 가서 미쳤는지라. 돌아보며 말하되 이웃 사람들아 무슨 일로 왔느냐? 두 사람이 대답하되 너를 권하여 데리고 가자고 왔노라. 말하되 가기를 원하지 아니하노라. 나도 너희 사는 장망성에서 나왔거니와 그 성이 조만간 유-황과 불로 사름이 될지라.

❀ 주석

▸ 리웃: 이웃.

- '이웃'은 중세 국어 시기에도 '이웃', '이웆'으로 쓰였기 때문에 어두음에 'ㄹ'이 나타날 이유가 없는데도 '리웃'으로 표기되었다. 이는 북한 방언이 반영되었거나 오표기일 가능성이 높다.

▸ 고집이오: 고집이고. 고집 + -이- + -오.

- 연결어미 '-오'는 '-고'의 이형태로 '이' 모음이나 반모음 'j', 선행음 'ㄹ' 뒤에서 나타났다.

▸ 무숨: 무슨.

- 여기에서 '무숨'은 의문 관형사로 쓰였는데 중세 국어 시기에 '무숨'(므슴)은 의문 관형사와 의문 대명사로 모두 쓰였다.

▸ 다리고: 데리고.

《천로역정 상, 5a-b》

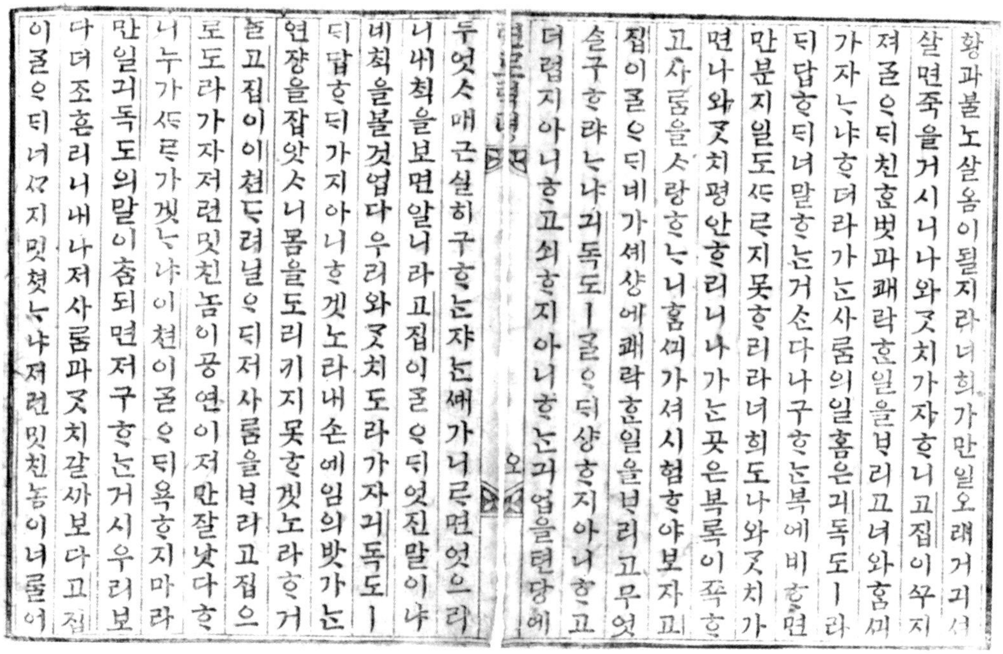

❀ 원문 텍스트

류-황과 불노 살옴이 될지라 너희가 만일 오래 거긔셔 살면 죽을 거시니 나와 ᄀᆞᆺ치 가자 ᄒᆞ니 고집이 ᄉᆞ지져 ᄀᆞᆯᄋᆞᄃᆡ 친ᄒᆞᆫ 벗과 쾌락ᄒᆞᆫ 일을 ᄇᆞ리고 너와 홈ᄭᅴ 가자ᄂᆞ냐 ᄒᆞ더라 가ᄂᆞᆫ 사ᄅᆞᆷ의 일홈은 긔독도ㅣ라 ᄃᆡ답ᄒᆞᄃᆡ 너 말ᄒᆞᄂᆞᆫ 거ᄉᆞᆫ 다 나 구ᄒᆞᄂᆞᆫ 복에 비ᄒᆞ면 만분지일도 ᄯᆞᄅᆞ지 못ᄒᆞ리라 너희도 나와 ᄀᆞᆺ치 가면 나와 ᄀᆞᆺ치 평안ᄒᆞ리니 나 가ᄂᆞᆫ 곳은 복록이 족ᄒᆞ고 사ᄅᆞᆷ을 ᄉᆞ랑ᄒᆞᄂᆞ니 홈ᄭᅴ 가셔 시험ᄒᆞ야 보자 고집이 ᄀᆞᆯᄋᆞᄃᆡ 네가 셰샹에 쾌락ᄒᆞᆫ 일을 ᄇᆞ리고 무엇ᄉᆞᆯ 구ᄒᆞ랴ᄂᆞ냐 긔독도ㅣ ᄀᆞᆯᄋᆞᄃᆡ 샹ᄒᆞ지 아니ᄒᆞ고 더럽지 아니ᄒᆞ고 쇠ᄒᆞ지 아니ᄒᆞᄂᆞᆫ 긔업을 텬당에 두엇ᄉᆞ매 근실히 구ᄒᆞᄂᆞᆫ 쟈ᄂᆞᆫ ᄯᅢ가 니ᄅᆞ면 엇으리니 내 칙을 보면 알니라 고집이 ᄀᆞᆯᄋᆞᄃᆡ 엇진 말이냐 네 칙을 볼 것 업다 우리와 ᄀᆞᆺ치 도라가자 긔독도ㅣ ᄃᆡ답ᄒᆞᄃᆡ 가지 아니ᄒᆞ겟노라 내 손에 임의 밧 가ᄂᆞᆫ 연쟝을 잡앗ᄉᆞ니 몸을 도리키지 못ᄒᆞ겟노라 ᄒᆞ거ᄂᆞᆯ 고집이 이쳔ᄃᆞ려 닐ᄋᆞᄃᆡ 저 사ᄅᆞᆷ을 ᄇᆞ리고 집으로 도라가자 저런 밋친 놈이 공연이 저만 잘낫다 ᄒᆞ니 누가 ᄯᆞᄅᆞ가겟ᄂᆞ냐 이쳔이 ᄀᆞᆯᄋᆞᄃᆡ 욕ᄒᆞ지 마라 만일 긔독도의 말이 ᄎᆞᆷ되면 저 구ᄒᆞᄂᆞᆫ 거시 우리보다 더 조흔 리니 내나 저 사ᄅᆞᆷ과 ᄀᆞᆺ치 갈싸 보다

❀ 현대어 역

유황과 불로 사름이 될지라. 너희가 만일 오래 거기서 살면 죽을 것이니 나와 같이 가자 하니 고집이 꾸짖어 말하되 친한 벗과 쾌락한 일을 버리고 너와 함께 가자고 하느냐 하였다. 가는 사람의 이름은 기독도이다. 대답하되 너 말하는 것은 다 나 구하는 복에 비하면 만분지일도 따르지 못할 것이다. 너희도 나와 같이 가면 나와 같이 평안할 것이니 내가 가는 곳은 복록이 족하고 사람을 사랑하니 함께 가서 시험하여 보자. 고집이 말하되 네가 세상에 쾌락한 일을 버리고 무엇을 구하려 하느냐? 기독도가 말하되 상하지 아니하고 더럽지 아니하고 쇠하지 아니하는 기업을 천당에 두었으매 근실히 구하는 자는 때가 이르면 얻으리니 내 책을 보면 알리라. 고집이 말하되 어떤 말이냐? 네 책을 볼 것 없다. 우리와 같이 돌아가자. 기독도가 대답하되 가지 아니하겠노라. 내 손에 임의 밭 가는 연장을 잡았으니 몸을 돌이키지 못하겠노라 하거늘 고집이 이천에게 말하되 저 사람을 버리고 집으로 돌아가자. 저런 미친놈이 공연히 저만 잘났다 하니 누가 따르겠느냐? 이천이 말하되 욕하지 마라. 만일 기독도의 말이 참되면 저 구하는 것이 우리보다 더 좋을 것이니 나도 저 사람과 같이 갈까 보다.

❀ 주석

▸ 살옴: 사름. 살오- + -ㅁ.

- '살오-'는 '사르다'를 뜻하는 동사인데 중세 국어에서는 'ᄉᆞᆯ다'로 쓰이다가 'ᄉᆞᆯ다 〉 ᄉᆞ로다'의 변화를 겪었다. '살오다'는 'ᄉᆞ로다'의 과도분철 표기로 해석된다.

▸ ᄀᆞᆺ치: 같이.

• ‘ᄀᆞᆺ치’는 중세 국어 ‘ᄀᆞ티’(ᄀᆞᇀ- + -이)의 근대 국어 이표기인데 분철과 중철, 그리고 구개음화가 반영된 표기 형태이다.

▸ 가자ᄂᆞ냐: 가자 하느냐.

▸ 복록: 복록(福祿).

• ‘복록’은 ‘복되고 영화로운 삶’을 이르는 말이다.

▸ 구ᄒᆞ랴ᄂᆞ냐: 구하려 하느냐.

▸ 근실히: 근실(勤實)히.

• ‘근실히’는 ‘부지런하고 진실하게’를 뜻하는 말이다.

▸ 엇으리니: 얻으리니. 엇- + -으리- + -니.

• ‘엇다’는 ‘얻다’의 종성 ‘ㄷ’이 ‘ㅅ’으로 표기된 형태이다.

▸ 업다: 없다. 업- + -다.

• ‘업다’는 ‘없다’에 음절말끝소리 현상이 반영된 형태이다.

▸ 내나: 나도. 내 + -나.

• 여기에서 조사 ‘-나’가 조사 ‘-도’ 정도로 해석되는 것이 특기할 만하다. 이 예문은 문맥적으로 ‘나도 저 사람과 같이 갈까 보다’ 정도로 해석하는 것이 자연스럽다.

14. 신정심상소학(新訂尋常小學)

❀ 해제

『신정심상소학』은 1896년 2월, 오늘날의 '교육부'에 해당하는 '학부' 편집국에서 편찬·발행한 '소학교용(지금의 초등학교용)' 국어과 교과서이다. 1895년(고종 32년)에 신학문을 가르치기 위하여 소학교령이 공포(칙령제145호)되었는데, 이 책은 그 이듬해에 편찬된 것으로 우리나라 최초의 국어 교과서인 『국민소학독본』보다 약 6개월 뒤에 출판되었다.

책 이름에 '신정(新訂)'이라는 말은 새롭게 고친다는 뜻으로 『신정심상소학』 이전에 『심상소학』이 간행되었을 것으로 추정할 수 있다. 그러나 초판본 『심상소학』은 현재까지 발견되지 않고 있으며 이러한 이유로 원고 상태에서 최종본으로 고쳐서 편집하는 과정에 '신정'을 덧붙인 것으로 추정하기도 한다.

『신정심상소학』은 국어과 교과서로 분류하지만 한글 표기를 확대한 것 외에 국어 교과서라고 보기만은 어렵다. 농업, 공업, 상업뿐만 아니라 동식물에 관한 것, 자연 현상과 사회생활에 관한 것, 역사 이야기 등 여러 내용이 실려 있다. 이 책은 신문물에 관한 지식을 학생들에게 소개하고자 한 것으로 제도, 풍습, 바람직한 학생에 이르기까지 새로운 시야를 열어 주어 학생들뿐만 아니라 전 국민의 교육 계몽에 많은 영향을 끼쳤다.

이 책은 국민 계몽과 관련하여 두 가지 측면에서 주목해 볼 수 있다. 일제의 교육 침탈 의도가 이미 이 책을 통하여 드러나고 있다는 점, 하지만 조선 정부가 편찬 및 보급을 관장했고, 본문의 많은 부분에 걸쳐 애국심을 고취하고, 민족적인 학습 내용을 두루 담고 있다는 점이다. 우선 국가 표상과 관련되는 단원이 많은 비중을 차지하였는데, 특히 대한제국 및 황제 칭호의 채택은 자주·독립 국가로서의 의지를 대내외적으로 밝히고 국정 교과서를 통해 새로운 이념을 보급하는 역할을 담당했다고 볼 수 있다. 또한 책머리에 한글의 자모표를 넣어 이것을 먼저 익혀야 하는 의의를 내보이고자 하였으며 서문에 세종대왕의 '훈민정음' 창제 업적을 소개하는 등 민족적인 내용을 통해 애국심을 고취시키고자 하였다.

반면 『신정심상소학』을 기점으로 하여 일본식 문물의 반영이 이전에 비해 현저히 높아졌다고 볼 수 있는데 이 책의 서문에 나타나 있듯이 일본인 편찬 보좌원에 의한 자문이 책 전반에 개입되고 있었다. 대한제국의 체제와 성격을 표방하는 '만수성절' 단원에는 집집마다 태극기를 꽂은 모습이 그림으로 수록되어 있는데, 그림 속에 집이 일본식 가옥으로 나타나 있어 주목할 만하다. 또한 조선 내 일본인의 거주지를 지도로 표시하고 있을 뿐만 아니라 위인의 소개에 있어서도 일본의 학자들까지 두루 소개하고 있다. 따라서 이러한 교섭과 공존 양상은 조선의 정체성을 과시하거나 국가주의 창안을 위해 노력했던 학부의 의지와 함께 교과서의 실질적 체제에 간여하는 일본의 교육·편집 전략이 서로 교차하는 모습이라 볼 수 있다.

『신정심상소학』에서는 소학생들에게 쉽고 친숙하게 다가가기 위하여 문장 종결 어미를 '해라체'로 하지 않고 아주 높임의 '하쇼셔체'로 사용하고 있다. 당시의 문헌들과 비슷하게 띄어쓰기는 나타나지 않지만 몇 어절 단위마다 글자의 오른쪽 하단에 권점(◦)을 찍어 끊어 읽기를 돕고 있으며 대체로 문장 단위로 행을 바꾸어 기술하고 있다.

이 책은 개화기의 현실적인 표기상을 반영한다는 점에서 개화기 국어 및 표기법 연구에 귀중한 자료가 되며 교육학에서도 근대 교육 초기의 교과서 연구에 중요한 자료가 된다. 그러나 음절의 경계를 잘못 잡고 있거나 구개음화, 조사 사용 등 표기의 혼란이 두드러지고 오자도 눈에 띄므로 자료로 이용할 때에 유의하여야 한다.

《신정심상소학 서, 1a-b》

❀ 원문 텍스트

ㄱㄴㄷㄹㅁㅂㅅㅣㅇ

나냐 너녀 노뇨 누뉴 느니 ᄂᆞ

라랴 러려 로료 루류 르리 ᄅᆞ

바뱌 버벼 보뵤 부뷰 브비 ᄇᆞ

아야 어여 오요 우유 으이 ᄋᆞ

차챠 처쳐 초쵸 추츄 츠치 ᄎᆞ

타탸 터텨 토툐 투튜 트티 ᄐᆞ

하햐 허혀 호효 후휴 흐히 ᄒᆞ

좌줘 콰쿼 톼퉈 퐈풔 화훠

가갸 거겨 고교 구규 그기 ᄀᆞ

다댜 더뎌 도됴 두듀 드디 ᄃᆞ

마먀 머며 모묘 무뮤 므미 ᄆᆞ

사샤 서셔 소쇼 수슈 스시 ᄉᆞ

자쟈 저져 조죠 주쥬 즈지 ᄌᆞ

카캬 커켜 코쿄 쿠큐 크키 ᄏᆞ

파퍄 퍼펴 포표 푸퓨 프피 ᄑᆞ

과궈 돠둬 솨숴 와워 좌줘

❀ 현대어 역

ㄱㄴ ㄷ ㄹ ㅁ ㅂ ㅅ ㅣ ㅇ

나냐 너녀 노뇨 누뉴 느니 나

라랴 러려 로료 루류 르리 라

바뱌 버벼 보뵤 부뷰 브비 바

아야 어여 오요 우유 으이 아

차챠 처쳐 초쵸 추츄 츠치 차

타탸 터텨 토툐 투튜 트티 타

하햐 허혀 호효 후휴 흐히 하

좌줘 콰쿼 톼퉈 퐈풔 화훠

가갸 거겨 고교 구규 그기 가

다댜 더뎌 도됴 두듀 드디 다

마먀 머며 모묘 무뮤 므미 마

사샤 서셔 소쇼 수슈 스시 사

자쟈 저져 조죠 주쥬 즈지 자

카캬 커켜 코쿄 쿠큐 크키 카

파퍄 퍼펴 포표 푸퓨 프피 파

과궈 돠둬 솨숴 와워 좌줘

❀ 주석

▸ ᄀᆞ: 가.

- 이 시기의 'ㆍ' 표기는 음가를 지닌 음소 표기가 아니고 표기의 보수성이 드러난 것이다. 'ㆍ'는 16세기 비어두음절과 18세기 어두음절에서 소실되어 더 이상 음소로 존재하지 않았으나 그 표기는 20세기 초까지 쓰였다.

《신정심상소학 1, 1a-b》

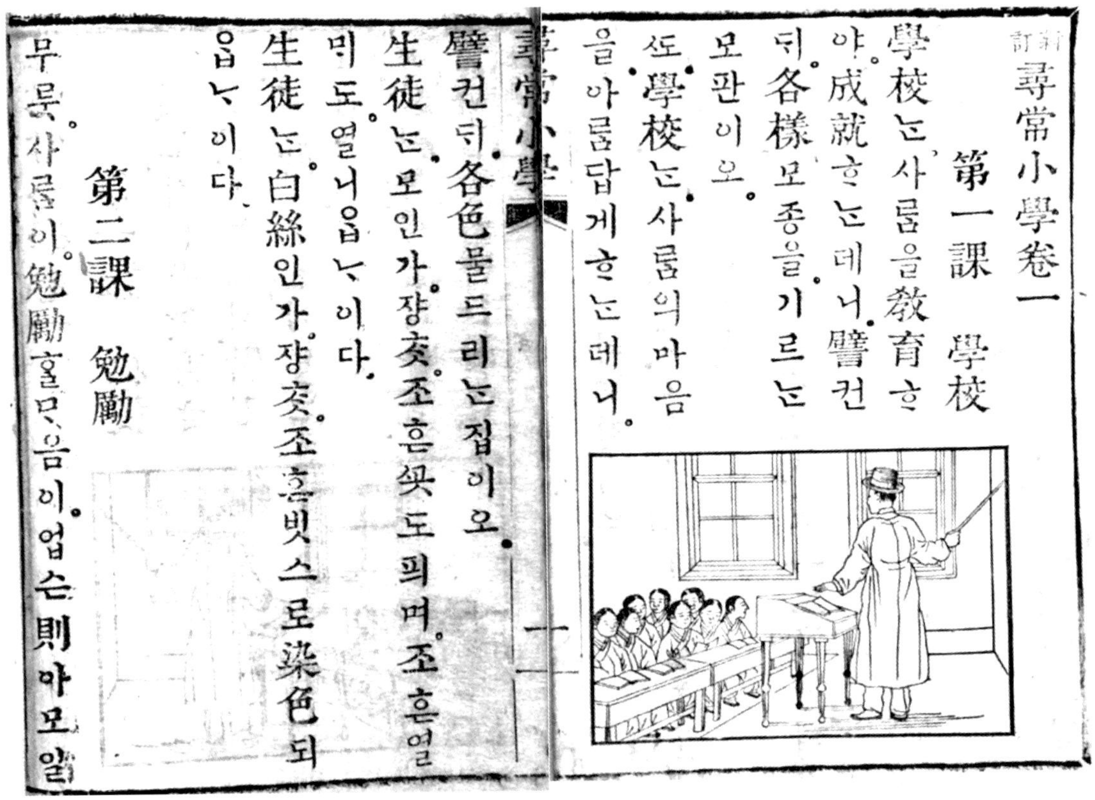

❀ 원문 텍스트

第一課(제일과) 學校(학교)

學校(학교)ᄂᆞᆫ 사ᄅᆞᆷ을 教育(교육)ᄒᆞ야 成就(성취)ᄒᆞᄂᆞᆫ 데니 譬(비)컨ᄃᆡ 各樣(각양) 모종을 기르ᄂᆞᆫ 모판이오 또 學校(학교)ᄂᆞᆫ 사ᄅᆞᆷ의 마음을 아ᄅᆞᆷ답게 ᄒᆞᄂᆞᆫ 데니 譬(비)컨ᄃᆡ 各色(각색) 물드리ᄂᆞᆫ 집이오 生徒(생도)ᄂᆞᆫ 모인가 쟝ᄎᆞᆺ 조흔 쏫도 픠며 조흔 열ᄆᆡ도 열니웁ᄂᆞ이다 生徒(생도)ᄂᆞᆫ 白絲(백사)인가 쟝ᄎᆞᆺ 조흔 빗스로 染色(염색) 되웁ᄂᆞ이다

❀ 현대어 역

제일과 학교

학교는 사람을 교육하여 성취하는 데니 비컨대 각양 모종을 기르는 모판이오 또 학교는 사람의 마음을 아름답게 하는 데니 비컨대 각색 물들이는 집이오. 생도는 모인가 장차 좋은 꽃도 피며 좋은 열매도 열립니다. 생도는 백사인가 장차 좋은 빛으로 염색됩니다.

❀ 주석

- 데니: 데니. 곳이니. 데 + 니
- 모판이오: 모판이고. 모판 + -이- + -고.
    - 연결어미 '-고'는 중세 국어 시기때부터 쓰였는데 선행음이 'ㄹ'이거나 '이', 반모음 'j'일 때는 '-오'가 나타났다. 현대 국어의 연결어미 '-요'의 선대형이다.
- 물드리ᄂᆞᆫ: 물들이는. 물들이- + -ᄂᆞᆫ.
- 집이오: 집이오. 집 + -이- + -오.
    - 여기에서 '-오'는 하오체 종결어미이다.
- 쟝ᄎᆞᆺ: 장차.
- ᄭᅩᆺ: 꽃.
    - 'ᄭᅩᆺ'의 'ㅺ'은 된소리 'ㄲ'를 표기한 'ㅅ'계 합용병서이며 'ᄭᅩᆺ'의 받침은 음절말끝소리가 반영된 것이다. 이 시기 음절말의 'ㄷ' 소리는 'ㅅ'으로 표기되는 일이 많다.
- 열니옵ᄂᆞ이다: 열립니다. 열니- + -옵ᄂᆞ이다.
    - '열니다'의 어간이 '열니-'로 표기된 것은 이 시기 'ㄹㄹ' 연쇄가 'ㄹㄴ'으로 표기되는 경향이 반영된 것이며 '-옵ᄂᆞ이다'는 '-ㅂ니다' 정도에 해당되는 종결 형식이다. '-옵ᄂᆞ이다'는 기원적으로 '-옵- + -ᄂᆞ- + -이- + -다'로 분석할 수 있다.
- 白絲: 백사. 흰 실.
- 빗스로: 빛으로. 빗 + -으로.
    - '빗스로'는 음절말끝소리와 중철표기가 반영된 표기이다.

《신정심상소학 1, 4a-b》

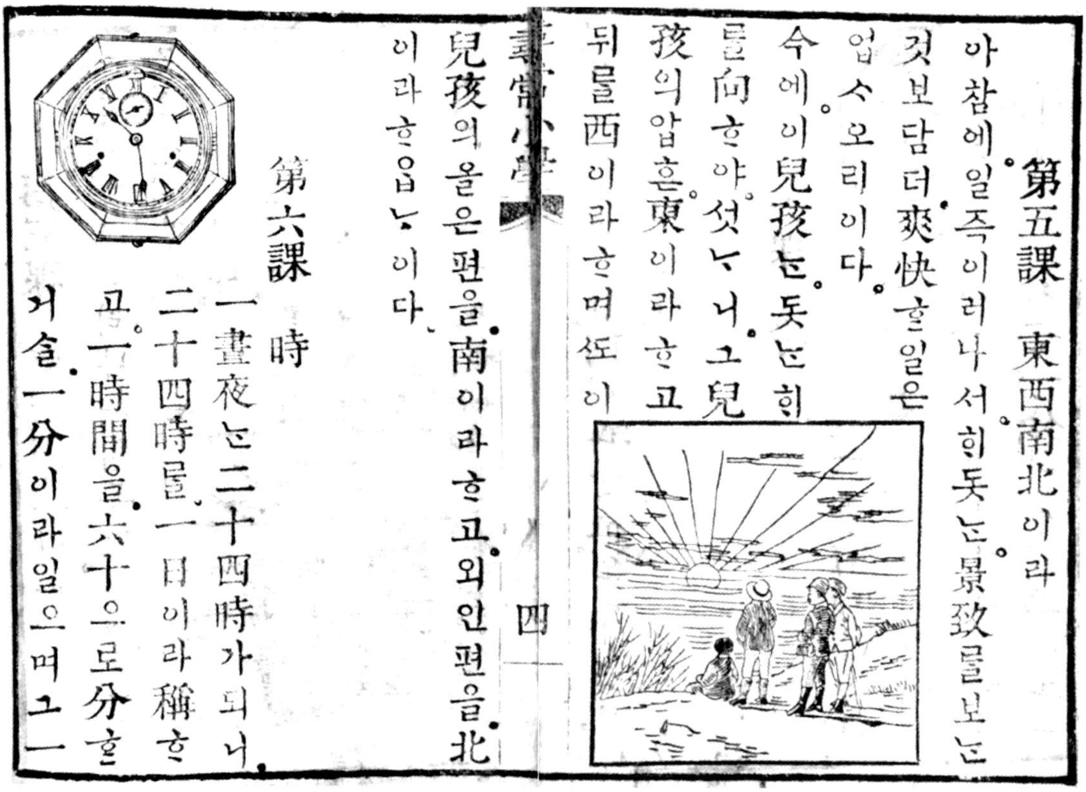
第五課 東西南北이라
아참에일즉이러나서히돗는景致를보는것보담더爽快ᄒᆞᆫ일은업ᄉᆞ오리이다。今에이兒孩는。돗는히를向ᄒᆞ야。섯ᄂᆞ니。그兒孩의압흔東이라ᄒᆞ고뒤를西이라ᄒᆞ며또이兒孩의올은편을南이라ᄒᆞ고외인편을北이라ᄒᆞᄋᆸᄂᆞ이다。

四

第六課 時
一晝夜는二十四時가되니。二十四時를一日이라稱ᄒᆞ고。一時間을六十으로分ᄒᆞᆫ거슬。一分이라일으며그一

❀ 원문 텍스트

第五課(제오과) 東西南北(동서남북)이라

아참에 일즉 이러나서 히 돗는 景致(경치)를 보는 것보담 더 爽快(상쾌)ᄒᆞᆫ 일은 업ᄉᆞ오리이다 今(금)에 이 兒孩(아해)는 돗는 히를 向(향)ᄒᆞ야 섯ᄂᆞ니 그 兒孩(아해)의 압흔 東(동)이라 ᄒᆞ고 뒤를 西(서)이라 ᄒᆞ며 또 이 兒孩(아해)의 올은편을 南(남)이라 ᄒᆞ고 외인편을 北(북)이라 ᄒᆞᄋᆸᄂᆞ이다

❀ 현대어 역

제5과 동서남북이라

아침에 일찍 일어나서 해 돋는 경치를 보는 것보다 더 상쾌한 일은 없을 것입니다. 지금 이 아이는 돋는 해를 향하여 섰으니 그 아이의 앞은 동이라 하고 뒤를 서라 하며 또 이 아이의 오른쪽을 남이라 하고 왼쪽을 북이라 합니다.

❀ 주석

▸ 아참: 아침.

▸ 일즉: 일찍

▸ 돗는: 돋는. 돗- + -는.

- '돗다'는 '돋다'를 뜻하는데 본래 어간이 '돋-'이나 근대 국어 시기에 종성의 'ㅅ'과 'ㄷ' 표기가 혼기를 보이다가 근대 국어 후기 'ㅅ'으로 통일되는 경향이 나타나게 되는데 이 '돗는'도 그러한 경향이 반영된 표기이다.

▸ 보담: 보다.

- '보담'은 보조사 '보다'에 'ㅁ'이 첨가된 형식으로 19세기에 이와 같이 조사에 'ㅁ'이 첨가된 예가 '부텀'에서도 확인된다.

▸ 업ᄉᆞ오리이다: 없을 것입니다. 없- + ᄉᆞ오리이다.

- '업ᄉᆞ오리다'의 '업-'은 '없-'의 7종성 표기에 따라 표기된 것이고, '-ᄉᆞ오리이다'는 기원적으로 '-ᄉᆞ오- + -리- + -이- + -다'로 분석된다. 그런데 '-ᄉᆞ오-'는 중세 국어와 달리 화자 겸양(혹은 청자 대우)의 기능으로 변화되었고 현대 국어에서는 의고체에서만 볼 수 있다.

▸ 압흔: 앞은. 앞 + -은.

- '압흔'은 '앞'의 'ㅍ'을 'ㅂ'과 'ㅎ'으로 나누어 표기한 재음소화 표기가 나타난 경우로 근대 국어 표기의 특징이라 하겠다.

▸ ᄒᆞᄋᆞᆸᄂᆞ이다: 합니다. ᄒᆞ- + -ᄋᆞᆸᄂᆞ이다.

- '-ᄋᆞᆸᄂᆞ이다'는 '-ㅂ니다'를 뜻하는 종결 형식인데 기원적으로는 '-ᄋᆞᆸ- + -ᄂᆞ- + -이- + -다'로 분석된다. '-ᄋᆞᆸ-'은 중세 국어의 객체 높임의 '-ᄉᆞᆸ-'의 후대형이나 근대 국어에 들어서면서 화자 겸양(혹은 청자 대우)의 기능으로 변화되었다.

문법 tip 현대 국어의 상대높임 '-습니다'

현대 국어의 '하소서체'(합니다체) '-습니다' 종결어미는 상대 높임의 의미 기능을 지니고 있는데 이 '-습니다'는 '-ᄉᆞᆸᄂᆞ니이다 〉 ᄉᆞᆸᄂᆞ니이다 〉 ᄉᆞᆸᄂᆞ니다 〉 습느니다(ᄉᆞᆸᄂᆡ다 〉 습니다)'의 변화 과정을 거쳐 형성되었다.

《신정심상소학 1, 8a-b》

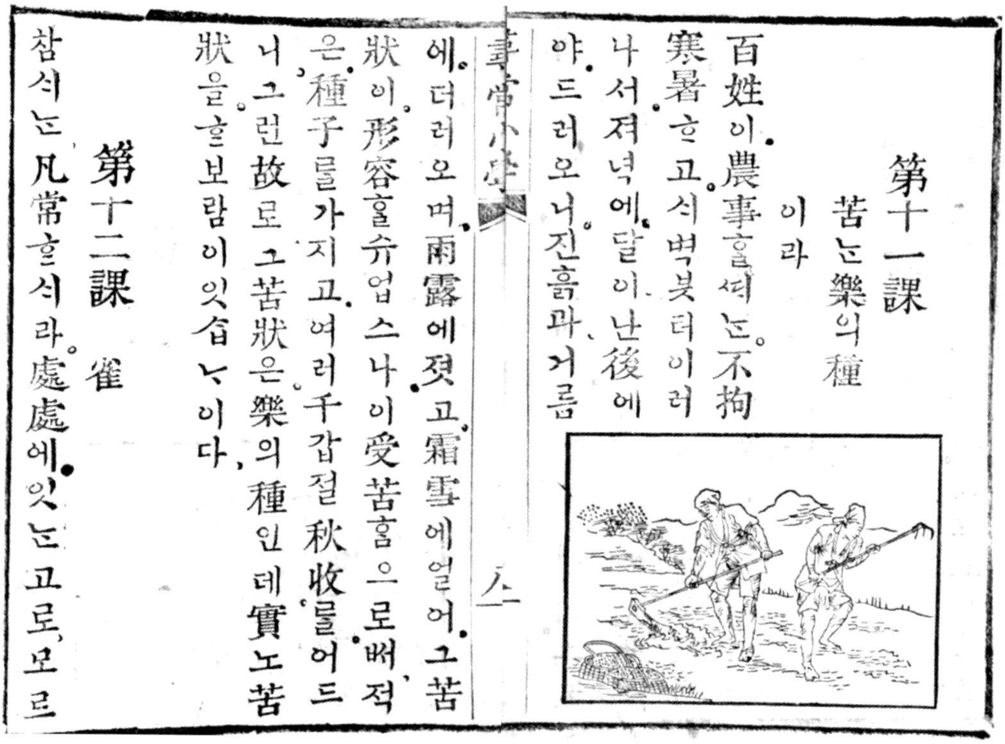

❀ 원문 텍스트

第十一課(제십일과) 苦(고)ᄂᆞᆫ 樂(락)의 種(종)이라

百姓(백성)이 農事(농사)ᄒᆞᆯ ᄯᅢᄂᆞᆫ 不拘寒暑(불구한서)ᄒᆞ고 ᄉᆡ벽붓터 이러나서 져녁에 달이 난 後(후)에야 드러오니 진흙과 거름에 더러오며 雨露(우로)에 젓고 霜雪(상설)에 얼어 그 苦狀(고상)이 形容(형용)ᄒᆞᆯ 슈 업스나 이 受苦(수고)ᄒᆞᆷ으로ᄡᅥ 적은 種子(종자)를 가지고 여러 千(천)갑절 秋收(추수)를 어드니 그런 故(고)로 그 苦狀(고상)은 樂(락)의 種(종)인데 實(실)노 苦狀(고상)을 ᄒᆞᆫ 보람이 잇ᄉᆞᆸᄂᆞ이다

❀ 현대어 역

제11과 고(고생)은 락(즐거움)의 종이다.

백성이 농사할 때는 불구 한서 새벽부터 일어나서 저녁에 달이 난 후에야 들어오니 진흙과 거름에 더러우며 우로에 젖고 상설에 얼어 그 고상이 형용할 수 없으나 이 수고함으로써 적은 종자를 가지고 여러 천 갑절 추수를 얻으니 그런 고로 그 고상은 즐거움의 종인데 실로 고상을 한 보람이 있습니다.

❀ 주석

▸ 不拘寒暑: 불구한서. 추위와 더위에도 불구하고.

▸ 븟터: 부터.

- '븟터'는 중세 국어의 활용형 '브터'(븥- + -어)가 조사화된 것인데 1음절에 'ㅅ'이 표기된 것은 과도한 중철 표기가 반영된 것이다.

▸ 달이 난: 달이 뜬.

▸ 더러오면: 더러우면. 더러오- + -면.

- 어간 '더러오-'는 '더럽-'의 교체형이며 '더러우-'로 활용되는 현대 국어와 다르게 여기에서는 '더러오-'로 활용된 것이 특기할 만하다.

▸ 雨露: 우로. 비와 이슬. 비이슬.

▸ 졋고: 젖고.

▸ 霜雪: 상설. 서리와 눈. 눈서리.

▸ 苦狀: 고상. 고생스러운 사정이나 형편.

《신정심상소학 1, 15a-b》

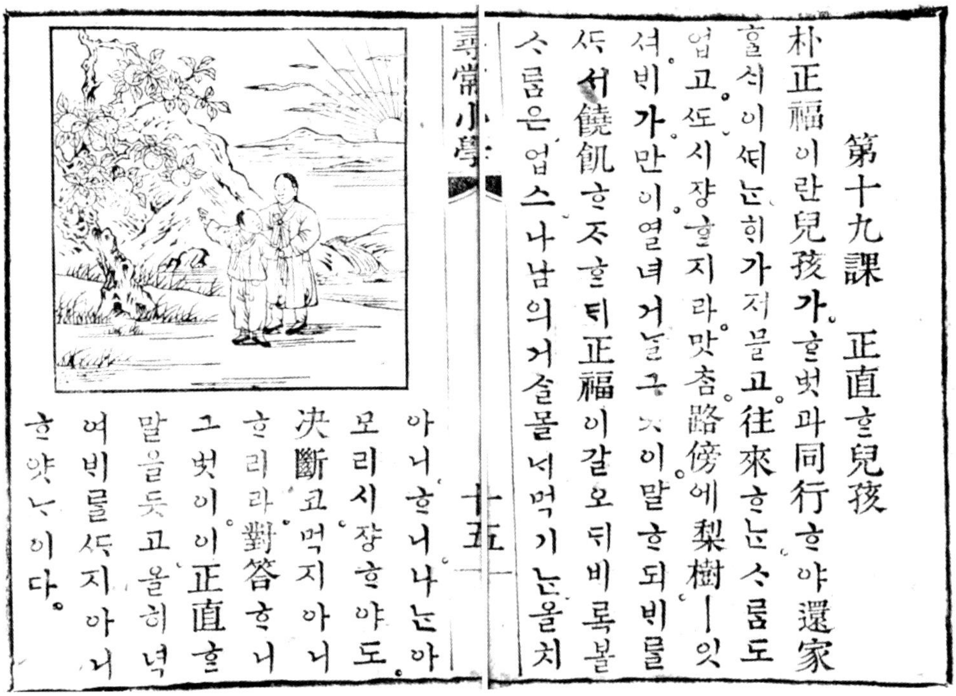
第十九課 正直ᄒᆞᆫ兒孩
朴正福이란兒孩가ᄒᆞᆫ벗과同行ᄒᆞ야還家
ᄒᆞᆯ시이ᄯᅢᄂᆞᆫᄒᆡ가저믈고往來ᄒᆞᄂᆞᆫᄉᆞᄅᆞᆷ도
업고ᄯᅩ시쟝ᄒᆞᆫ지라맛ᄎᆞᆷ路傍에梨樹ㅣ잇
셔비가만이열녀거ᄂᆞᆯ그벗이말ᄒᆞ되비를
ᄯᅡ서饒飢ᄒᆞᄌᆞᄒᆞᆫᄃᆡ正福이갈오ᄃᆡ비록볼
ᄉᆞᄅᆞᆷ은업스나남의거ᄉᆞᆯ몰니먹기ᄂᆞᆫ올치
尋常小學 十五
아니ᄒᆞ니나ᄂᆞᆫ아
모리시쟝ᄒᆞ야도
決斷코먹지아니
ᄒᆞ리라對答ᄒᆞ니
그벗이이正直ᄒᆞᆫ
말을듯고올히녁
여비를ᄯᅡ지아니
ᄒᆞ얏ᄂᆞ이다

❀ 원문 텍스트

第十九課(제십구과) 正直(정직)ᄒᆞᆫ 兒孩(아해)

朴正福(박정복)이란 兒孩(아해)가 ᄒᆞᆫ 벗과 同行(동행)ᄒᆞ야 還家(환가)ᄒᆞᆯ시 이 ᄯᅢᄂᆞᆫ ᄒᆡ가 저믈고 往來(왕래)ᄒᆞᄂᆞᆫ ᄉᆞᄅᆞᆷ도 업고 ᄯᅩ 시쟝ᄒᆞᆫ지라 맛ᄎᆞᆷ 路傍(노방)에 梨樹(이수)ㅣ 잇셔 비가 만이 열녀거ᄂᆞᆯ 그 벗이 말ᄒᆞ되 비를 ᄯᅡ서 饒飢(요기)ᄒᆞᄌᆞ ᄒᆞᆫᄃᆡ 正福(정복)이 갈오ᄃᆡ 비록 볼 ᄉᆞᄅᆞᆷ은 업스나 남의 거ᄉᆞᆯ 몰니 먹기ᄂᆞᆫ 올치 아니ᄒᆞ니 나ᄂᆞᆫ 아모리 시쟝ᄒᆞ야도 決斷(결단)코 먹지 아니 ᄒᆞ리라 對答(대답)ᄒᆞ니 그 벗이 이 正直(정직)ᄒᆞᆫ 말을 듯고 올히 녁여 비를 ᄯᅡ지 아니 ᄒᆞ얏ᄂᆞ이다

❀ 현대어 역

제19과 정직한 아이

박정복이란 아이가 한 벗과 동행하여 환가하므로(집에 돌아가는데) 이 때는 해가 저물고 왕래하는 사람도 없고 또 시장한지라. 마침 노방(길가)에 이수(배나무)가 있는데 배가 많이 열렸거늘 그 벗이 말하되 배를 따서 요기하자 한대 정복이 말하되 비록 볼 사람은 없으나 남의 것을 몰래 먹기는 옳지 아니하니 나는 아무리 시장하여도 결단코 먹지 아니 하겠다고 대답하니 그 벗이 이 정직한 말을 듣고 옳이 여겨 배를 따지 아니 하였습니다.

❀ 주석

▸ 兒孩: 아해. 아이.

▸ 벗: 벗. 친구.

▸ 還家홀시: 환가. 집으로 돌아옴. 환가ᄒᆞ- + -ㄹ시.

- '-ㄹ시'는 원인이나 배경을 나타내는 연결어미인데 여기에서는 배경의 의미로 쓰였다.

▸ 맛참: 마침.

- '맛참'은 중세 국어의 '마참'이 부사화한 것인데 1음절에 'ㅅ'이 표기된 것은 과도한 중철 표기가 반영된 것이다.

▸ 路傍: 노방. 길가.

▸ 梨樹ㅣ: 배나무가. 이수 + -ㅣ.

- 주격 조사 '-ㅣ'는 선행음이 모음일 때 통합하였는데 근대 국어 시기에 형성된 '-가'가 이 자리를 점차 대체하게 되었다. 그런데 보수적인 경향이 있는 문헌일수록 '-가'보다는 '-ㅣ'가 통합하는 일이 많았다.

▸ 열녀거늘: 열렸거늘. 열리- + -엇- + -거늘.

- '열녀거늘'의 어간이 '열니-'로 표기된 것은 이 시기 'ㄹㄹ' 연쇄가 'ㄹㄴ'으로 표기되는 경향이 반영된 것이며 문맥의 의미를 고려할 때 과거 시제(혹은 결과 상태 지속)

'-엇-'의 'ㅅ'이 누락된 것으로 보인다.

▸ 饒飢: 요기. 시장기를 겨우 면할 정도로 조금 먹다.

▸ ᄒᆞ얏ᄂᆞ이다: 하였습니다. ᄒᆞ- + -얏ᄂᆞ이다.

- 여기에서 '-ᄂᆞ-'는 현재 시제로 해석되지 않고 과거 시제의 '-얏-'의 기능만 해석되어 '-얏ᄂᆞ-'를 분석하지 않는다. 이때의 '-ᄂᆞ-'는 현재 시제의 기능이 상실된 것으로 해석된다.

《신정심상소학 1, 22a-b》

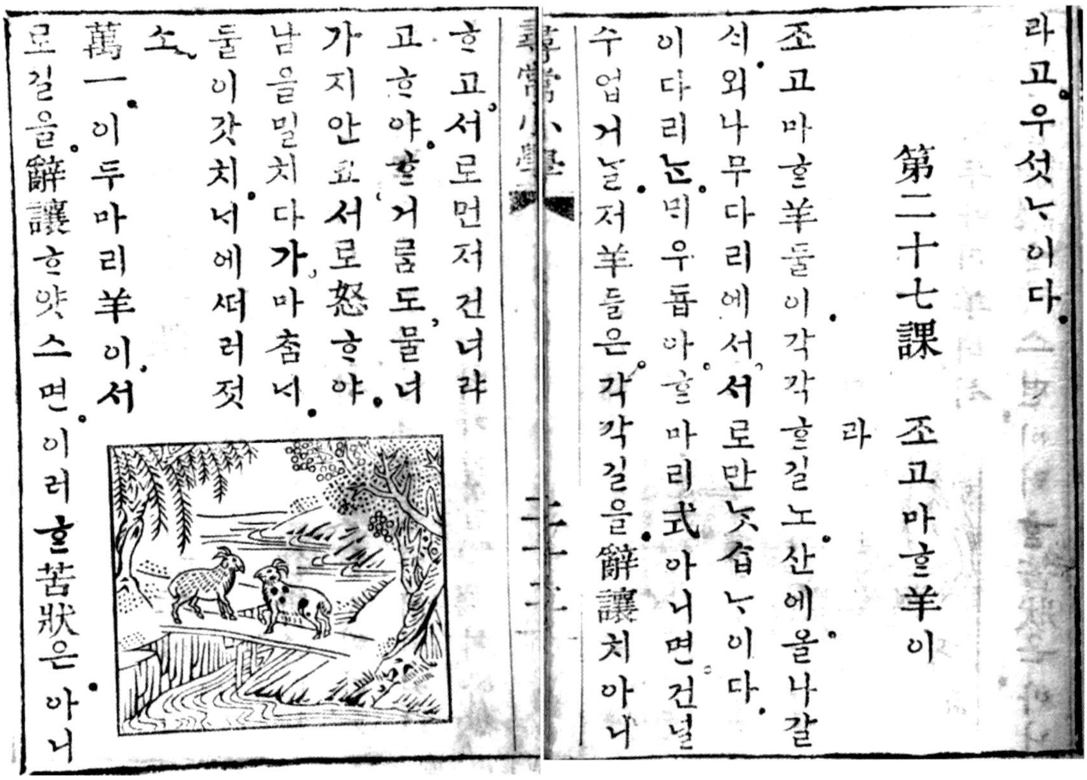
라고 우섯ᄂᆞ이다.
第二十七課 조고마훈羊이라
조고마훈羊둘이각각훈길노산에올나갈싀외나무다리에서서로만낫솝ᄂᆞ이다.이다리ᄂᆞᆫ미우좁아훈마리式아니면건널수업거놀저羊들은각각길을辭讓치아니ᄒᆞ고서로먼저건너랴고ᄒᆞ야훈거롬도물너가지안코서로怒ᄒᆞ야남을밀치다가마춤ᄂᆡ둘이갓치ᄂᆡ에ᄯᅥ러젓소.萬一이두마리羊이서로길을辭讓ᄒᆞ얏스면이러훈苦狀은아니
尋常小學 二十二

❀ 원문 텍스트

第二十七課(제이십칠과) 조고마훈 羊(양)이라

조고마훈 羊(양) 둘이 각각 훈 길노 산에 올나갈싀 외나무 다리에서 서로 만낫솝ᄂᆞ이다 이 다리ᄂᆞᆫ 미우 좁아 훈 마리式(식) 아니면 건널 수 업거놀 저 羊(양)들은 각각 길을 辭讓(사양)치 아니ᄒᆞ고 서로 먼저 건너랴고 ᄒᆞ야 훈 거롬도 물너가지 안코 서로 怒(노)ᄒᆞ야 남을 밀치다가 마춤ᄂᆡ 둘이 갓치 ᄂᆡ에 ᄯᅥ러젓소 萬一(만일) 이 두 마리 羊(양)이 서로 길을 辭讓(사양)ᄒᆞ얏스면 이러훈 苦狀(고상)은 아니 볼 터이오이다 여러분은 이 말솜을 잘 혜아려 보시오

❀ 현대어 역

제27과 조그마한 양이다.

조그마한 양 둘이 각각 한 길로 산에 올라가므로 외나무 다리에서 서로 만났습니다. 이 다리는 매우 좁아 한 마리씩 아니면 건널 수 없거늘 저 양들은 각각 길을 사양치 아니하고 서로 먼저 건너려고 하여 한 걸음도 물러가지 않고 서로 노하여 남을 밀치다가 마침내 둘이 같이 내에 떨어졌소. 만일 이 두 마리 양이 서로 길을 사양하였으면 이러한 고상은 아니 볼 터입니다. 여러분은 이 말을 잘 헤아려 보시오.

❀ 주석

▸ 조고마ᄒᆞᆫ: 조그마한.

▸ 만낫ᄉᆞᆸᄂᆞ이다: 만났습니다. 만ᄂᆞ- + -앗- + -ᄉᆞᆸᄂᆞ이다.

▸ 돕아: 좁아.

▸ 건너랴고: 건너려고. 건너- + -랴고.

  • '-랴고'는 의도나 목적의 연결어미인데 '-려고'의 음성 모음이 양성 모음화된 표기이다. 이와 같이 연결어미의 음성 모음이 양성 모음화되는 일이 후기 근대 국어 시기에 나타나는데 경우에 따라서는 양성 모음화가 표기법에 반영된 일이 있다.

▸ 안코: 않고. 않- + -고.

▸ 갓치: 같이.

  • '갓치'는 과도 분철 표기, 종성 표기 및 구개음화가 반영된 표기이다.

▸ ᄯᅥ러젓소: 떨어졌소. ᄯᅥᆯ어지- + -엇- + -소.

  • 종결의 '-소'는 하소체로 쓰인 것과 후행 요소가 생략된 것이 있는데 후행하는 "터이오이다"를 고려하면 여기에서는 후행 요소 '-이다' 정도가 생략된 것으로 추정된다.

▸ 터이오이다: 터입니다. 터 + -이- + -오이다.

- '-오이다'는 '-ㅂ니다' 정도로 해석되고 기원적으로 '-오- + -이- + -다'로 분석된다. 여기에서 '-오-'는 중세 국어의 '-ᄉᆞᇦ-'의 후대형이다. '-ᄉᆞᄫᆞ- 〉 -ᄋᆞ오- 〉 -오-'의 변화 과정을 겪었다.

참고문헌

강성위 외(2001), 『두시언해』, 한국방송통신대학교출판문화원.

강성철(1988), 「「내훈」의 활용어미 연구」, 『국어국문학논문집』34-1, 서울대학교 사범대학 국어국문학연구회, 1-98.

강신항(2003), 『훈민정음 연구(수정증보)』, 성균관대학교출판부.

강신항(2011), 『훈민정음 창제와 연구사』, 경진.

계명대학교동산도서관 편(2000), 『두시언해』, 계명대학교출판부.

고영근(1961), 「석보상절과 월인석보와의 한 비교 -몇 개의 어형변화를 중심으로-」, 『한글』128, 한글학회, 269-277.

고영근·남기심(1997), 『중세어 자료 강해』, 집문당.

고영근 외 3인(2003), 『월인천강지곡 텍스트 분석』, 집문당.

고영근(2020), 『표준중세국어문법론』, 집문당.

구자황 역(2012), 『신정심상소학』, 경진.

국립청주박물관(2011), 『조선 왕실의 한글 편지 숙명 신한첩』, 국립청주박물관.

국어사대계간행위원회(2019), 『국어사연구1·2』, 태학사.

김기민(2004), 『첩해신어의 개수과정과 어휘 연구』, 보고사.

김남경(2000), 「《구급 간이방》의 국어학적 연구」, 『어문학』70, 한국어문학회, 23-50.

김남경(2005), 「구급방류 의서의 언해 비교」, 『언어과학연구』32, 언어과학회, 21-40.

김동소(1998), 『한국어 변천사』, 형설출판사.

김동언(2003), 「현대 국어 번역 문체 변천 연구 -천로역정과 성경을 중심으로-」, 『어문논집』47, 민족어문학회, 129-159.

김만원 외 5인(2015), 『두보 고체시 명편』, 서울대학교출판부.

김민수(2020), 『국어사강의』, 박이정출판사.

김상억(1975), 『용비어천가』, 을유문화사.

김성옥(2020), 「17세기 왕실 언간인 '숙명·숙휘신한첩'의 격조사 표기에 관한 고찰」, 『언어와 문화』 16-2, 한국언어문화교육학회, 25-47.

김성주(2017), 「『두시언해』 권5의 동사와 형용사 연구」, 『동악어문학』73, 동악어문학회, 233-264.

김성주(2019), 「『두시언해』의 문법 형태와 어휘의 고찰」, 『영주어문』43, 영주어문학회, 5-33.

김수정(2018), 「계명대 소장본 〈언간독〉에 담긴 담화 관습 교육 내용 연구」, 『어문학140, 한국어문학회, 269-297.

김양진(2011), 「『박통사』(上)의 명사류 난해어에 대하여」, 『국어사연구』13, 국어사학회, 239-266.

김영배(1972), 『석보상절 권23·24 주해』, 일조각.

김영배(2000), 『국어사자료연구』, 월인.

김완진(1975), 「번역박통사와 박통사언해의 비교연구」, 『동양학』5, 단국대학교 동양학연구원, 15-28.

김은희·신천·배영환(2021), 「『번역노걸대(飜譯老乞大)』·『번역박통사(飜譯朴通事)』의 입성(入聲) 소고(小考) -『사성통해(四聲通解)』의 입성(入聲)과의 비교를 통하여-」, 『영주어문』47, 영주어문학회, 121-144.

김일근(1959), 「「신한첩」의 문헌적 가치」, 『국어국문학』21, 국어국문학회, 174-176.

김정시(1984), 「첩해신어와 개수첩해신어의 비교연구 -문헌검토, 표기, 음운을 중심으로-」, 『한민족어문학』11, 한민족어문학회, 239-263.

김주원(2001), 「소학언해 연구: 17세기 후기 간본을 중심으로」, 『국어학』37 국어학회,

김주필(2011), 『음운변화와 국어사 자료 연구』, 역락.

김형배(1998), 「16세기 초기 국어의 사동사 파생과 사동사의 변화 : 「번역노걸대」와 「번역박통사」를 중심으로」, 『한말연구』4, 한말연구학회, 105-125.

남광우·성환갑(1978), 『월인천강지곡』, 형설출판사.

남길임·송현주(2008), 「조선시대 필사본 음식조리서의 음식 용어 의미 주석을 위한 연구 -「음식디미방」을 중심으로」-, 『한국어 의미학』26, 한국어의미학회, 47-72.

남성우(2011), 『구급방언해와 구급간이방의 동의어 연구』, 지식과교양.

단국대학교 동양학연구원(1982), 『구급간이방언해』, 단국대학교출판부.

민병찬(2017), 「『첩해신어』의 〈'못' 부정〉과 그 개수에 관한 일고찰」, 『비교일본학』40, 한양대학교 일본학국제비교연구소, 239-256.

박금자(1997), 『15세기 언해서의 협주 연구』, 집문당.

박기선(2012), 「개화기 소설의 한·중·일 번역 양상에 관하여-『천로역정』의 고유명사 표기를 중심으로-」, 『이중언어학』48, 이중언어학회, 49-84.

박병채(1989), 『국어발달사』, 세영사.

박성훈(2010), 『번역박통사사전』, 태학사.

박영섭(1998), 『두시언해 어휘 자료집』, 박이정.

박영섭(2000), 『두시언해 한자 대역어 연구』, 박이정.

박용찬(2011), 「"두시언해" 초간본과 중간본의 문법적 특징 비교」, 『우리말 글』53, 우리말글학회, 1-44.

박재환(2003), 『첩해신어의 부사연구』, 제이앤씨.

박종국(2007), 『훈민정음종합연구』, 세종학연구원.

박창희(2015), 『역주 용비어천가』, 한국학중앙연구원출판부.

박형우(2004), 『국어 부정문의 변천 연구』, 한국문화사.

박형우(2016), 「후기 중세국어 부정문의 서법별 변천 양상 연구」, 『한민족어문학』74, 한민족어문학회, 5-33.

배영환(2017), 「조선시대 언간 자료의 어휘적 특징 -언간 자료에 나타나는 특징적인 어휘를 중심으로-」, 『영주어문』35, 영주어문학회, 65-96

백두현(2005), 「진행 중인 음운변화의 출현 빈도와 음운사적 의미 - 17세기 후기 자료 음식디미방의 자음변화를 중심으로 -」, 『어문학』90, 한국어문학회, 45-72.

백두현(2006), 『음식디미방 주해』, 글누림.

백채원(2019), 「한글박물관 소장 『내훈촬요』의 국어사적 연구」, 『어문학』143, 한국어문학회, 33-78.

서종학(1983), 「중세국어「브터」에 대하여」, 『국어학』12, 국어학회, 169-191.

서종학(1986), 「「구황촬요」와 「신간구황촬요」에 관한 고찰 : 경제근대화의 문제와 관련하여」, 『국어학』15, 국어학회, 163-194.

서종학(2005), 『문자생활의 역사』, 영남대학교 출판부.

세종대왕기념사업회 편집부(2021), 『역주 분류두공부시언해(권2 상·하)』, 세종대왕기념사업회.

신상순·이돈주·이환묵 편(1998), 『훈민정음의 이해』, 한신문화사.

신승용(2022), 『쉽게 풀어 쓴 국어사 개론』, 집문당.

심은리(1996), 「개화기 국어 교과서 연구: 『신정심상소학』을 중심으로」, 『강남어문』9, 강남대학교 국어국문학과, 83-113.

안병희·이광호(1990), 『중세국어문법론』, 학연사.

안병희(1992), 『국어사 자료연구』, 문학과지성사.

안병희(1993), 「월인석보의 편간과 이본」, 『진단학보』75, 진단학회, 183-195

안병희(2009), 『국어사 문헌 연구』, 신구문화사.

안병희(2013), 『훈민정음 연구』, 서울대학교출판부.

양영희(1993), 「내훈」, 『국어사 자료와 국어학의 연구』, 문학과지성사.

양영희(2003), 「『번역 박통사』와 『번역 노걸대』 바로읽기를 위한 제언」, 『우리말 글』29, 우리말글학회, 155-172.

유경민(2014), 「『동국신속삼강행실도』(1617) 언해문의 어휘와 번역 양상 연구 — 고빈도어인 '사람' 관련어를 중심으로 —」, 『한국언어문학』88, 한국언어문학회, 29-55.

유창돈(1980), 『국어변천사』, 통문관.

육완정(1984), 『내훈』, 열화당.

윤용선(1993), 『두시언해, 국어사 자료와 국어학의 연구』, 문학과지성사.

이광호(1996), 「언문간찰의 형식과 표기법」, 『한국학』19-3, 한국학중앙연구원, 95-131.

이광호(2000), 「음식디미방의 분류 체계와 어휘 특성」, 『문화와 융합』22, 문학과 언어학회, 1-26.

이규범(2015), 「『삼강행실도』의 국어사 교육 자료로서의 가치 연구 - 언해 양상을 중심으로 -」, 『우리말연구』42, 우리말학회, 167-200.

이규필(2022), 「번역소학」과 「소학언해」 번역의 특징 비교 연구」, 『동방한문학』93, 동방한문학회, 335-364.

이근영(1989), 「「소학언해」에 나타난 음운 변동규칙 연구」, 『논문집』28-1, 건국대학교 51-72.

이기문(1987), 「내훈에 대하여」, 『규장각』10, 서울대학교 규장각한국학연구원, 1-16.

이기문(1972), 『개정 국어사개설』, 탑출판사.

이기문(1991), 『국어 어휘사 연구』, 동아출판사.

이기문(2006), 『국어사개설(신정판)』, 태학사.

이동림(1959), 『주해 석보상절(권6·9·13·19)』, 동국대학교출판부

이상규(2022), 『훈민정음 연구사』, 경진출판.

이상혁(2004), 『훈민정음과 국어연구』, 역락.

이상훈(2019), 「계명대학교 동산도서관 소장 『삼강행실도』의 국어사적 가치」, 『한국학논집』75, 계명대학교 한국학연구원, 45-68.

이선영·이승희(2011), 『내훈』, 채륜.

이선희(2013), 「『첩해신어』 원간본 5종의 선후관계」, 『규장각』42, 서울대학교 규장각한국학연구원, 43-96.

이성연(2000), 「『내훈』과 『어제내훈』의 비교 연구」, 『인문학연구』24, 조선대학교 인문학연구원, 1-17.

이숭녕(1961), 『중세국어문법』, 을유문화사.

이승희·이병기·이지영(2017), 『국어사 자료 강독』, 사회평론아카데미.

이영희(2007), 「행실도류 언해서의 국어학적 연구 - 『삼강행실도』와 『동국신속삼강행실도』, 『오륜행실도』의 동일 부분을 중심으로 -」, 『한국말글학』24, 한국말글학회, 93-106.

이옥희(2020), 「왜학서(倭學書) 『첩해신어(捷解新語)』와 『개수첩해신어(改修捷解新語)』의 표기、음운현상 연구」, 『우리어문연구』68, 우리어문학회, 333-373.

이익섭(1992), 『국어표기법연구』, 서울대학교출판부.

이태영(1997), 『첩해신어(역주)』, 태학사.

이현희(1994), 『중세국어 구문 연구』, 신구문화사.

이현희 외 3인(1997), 『두시와 두시언해』, 신구문화사.

이현희(2002), 「중세·근대국어 형태론의 몇 문제」『문법과 텍스트』, 서울대학교출판부, 139-155.

이호권(2001), 『석보상절의 서지와 언어』, 태학사.

임동훈(2005), 「'-오-' 논의의 쟁점들」, 『우리말 연구 설흔아홉마당』, 태학사, 641-669.

장경희(1993), 「노걸대·박통사의 언해본, 『국어사 자료와 국어학의 연구』, 문학과지성사.

장계향(2014), 『음식디미방-쉽게 읽는 최초의 한글 조리서』, 돌도래.

장숙영(2008), 『번역박통사』, 한국문화사.

장숙영(2012), 「〈박통사〉 언해류에 나타난 물음말 연구, 『겨레어문학』48, 겨레어문학회, 327-350.

장요한(2010), 『15세기 국어 접속문의 통사와 의미』, 태학사.

장요한 외 4인(2014), 『『석보상절』 권24와 『월인석보』 권25의 역주 및 비교 연구』, 역락.

장요한(2017), 「계명대학교 소장본 『신한첩(宸翰帖) 곤(坤)』에 대한 국어학적 연구」, 『언어와 정보사회』32, 서강대학교 언어정보연구소, 209-240.

장요한(2019ㄱ), 『『신한첩 곤』의 연구 및 역주』, 계명대학교출판부.

장요한(2019ㄴ), 「계명대 동산도서관 소장본 『언간독』의 서지 및 구성 체제 연구」, 『동서인문학』57, 계명대학교 인문과학연구소, 139-169.

장윤희(2002), 『중세국어 종결어미 연구』, 태학사.

장충덕(2003), 「『음식디미방』의 표기와 음운현상」, 『개신어문연구』20, 개신어문학회, 183-219.

장향실(2008), 「『번역박통사(飜譯朴通事)』 편찬자에 대한 재고(再考)」, 『어문논집』57, 민족어문학회, 121-144.

전재호(1973), 『두시언해의 국어학적 연구』, 통문관.

정길남(1990), 「개화기 국어교과서의 어휘와 표기에 관하여 : 〈국민소학독본〉, 〈소학독본〉, 〈신정심상소학〉을 중심으로」, 『논문집』23, 서울교육대학교, 55-78.

정수현(2017), 「『번역소학』, 『소학언해』 비교 연구,」『영주어문』37, 영주어문학회, 5-32.

정수현(2018), 「『내훈』, 『어제내훈』 어미 비교 연구」, 『교육과학연구』20-2, 제주대학교 교육과학연구소, 117-144.

정승혜(1999), 「≪첩해신어(捷解新語)≫에 나타나는 한 일 양어의 상호 어휘 차용」, 『국어학』33, 국어학회, 265-294.

정양완(1988), 『내훈』, 학원사.

정하영(1993), 「《월인석보》의 서사문학적 성격」, 『진단학보』75, 진단학회, 259-274.

정호완 외 2인(2015), 『(역주) 동국신속삼강행실도(효자도 권 1·2·3·4)』, 세종대왕기념사업회.

조규태(2006), 『용비어천가』, 한국문화사.

조남호(2001), 『두시언해 어휘 색인』, 태학사.

조재형 외 6인(2018), 『용비어천가의 국어학적 분석과 현대역』, 국학자료원.

조현진(2015), 『번역소학과 소학언해 연구』, 박이정.

조현진(2017), 『번역소학과 소학언해 연구』, 박이정.

존 번연(1678), 『천로역정[유성덕 번역(2018), 『천로역정』, CH북스(크리스천다이제스트)]

진우회 편(1994), 『언해소학집주증해』, 이화문화사.

최명옥(2003), 「과거시제의 형성과 변화」, 『진단학보』94, 135-163.

최미현(2008), 「『구급간이방」에 반영된 한자음의 변화 양상」, 『우리말연구』22, 우리말학회, 83-108.

최현배(1971), 『우리말본』, 정음사.

한국정신문화연구원 인문연구실(1998), 『두시와 두시언해연구』, 태학사.

한국학중앙연구원(2005), 『조선 후기 한글 간철(언간) 영인본』, 태학사.

한미경(1995), 『첩해신어 경어연구』, 박이정.

한재영(1999), 『선어말어미'-오/우-', 국어연구 어디까지 왔나』, 동아출판사.

한학중(2022), 「『음식디미방』의 '디미'에 대하여」, 『영남학』81, 경북대학교 영남문화연구언, 395-429.

허용(1997), 「특수어간 교체어 재고」, 국어학30, 65-102.

허웅(1955), 『용비어천가』, 정음사.

허웅(1975), 『우리옛말본』, 샘문화사.

허웅·이강로(1962), 『주해 월인천강지곡』, 신구문화사.

허재영(2005), 「한글 편지에 쓰인 어휘 변천에 대한 연구」, 『한글』268, 한글학회, 87-121.

허재영(2008), 『국어사 국어교육 자료집』, 박이정출판사.

홍윤표(1993), 『국어사문헌자료연구』, 태학사.

홍윤표(1994), 『근대국어연구(Ⅰ)』, 태학사.

홍윤표(2017), 『국어사 자료 강독』, 태학사.

황문환(2015), 『언간』, 역락.

Koizumi, Kazuo(2001), 「「첩해신어(捷解新語)」에 나타난 지역성에 대하여 : 한국어 대역문의 음운현상을 중심으로」, 『어문논집』43, 안암어문학회, 45-64.

문법 tip 찾아보기

- 주격조사(서술격조사, 보격조사)
- <훈민정음> 제자원리, '초성', '중성', '종성'
- 성조
- 명사형 전성어미, 명사 파생 접미사
- 높임표현 - 주체 높임, 객체 높임, 상대 높임
- 사잇소리
- 협주
- 시상 선어말어미 '-더'
- 중세 국어 표기법
  (연철, 분철, 중철, 재음소화 표기)
- 중세 국어 의문문과 의문법 종결어미
- 동국정운식 한자음 표기
- 관형격 조사
- 'ㅎ' 종성 체언
- 중세 국어, 근대 국어, 현대 국어의 종성 표기
- 현대 국어의 상대 높임 '-습니다'

저자소개

장요한

서강대학교 대학원 국어국문학과에서 박사학위(2009)를 받고, 서울대학교 국어국문학과 Post-doc(2009-2011), 서강대학교 국어국문학과 대우교수(2012)를 거쳐 현재 계명대학교 국어국문학 전공 부교수로 재직 중이다. 중세 국어와 근대 국어의 문법 전공으로 최근 논저로는 『15세기 국어 접속문의 통사와 의미』(국어학총서, 2010), 『석보상절 권24와 월인석보 권25의 역주 및 비교 연구』(공저, 2014), 『『宸翰帖 坤』의 연구 및 역주』(2019), 「문법사의 시대 구분 연구 쟁점과 과제」(2019), 「초기 근대 이행기 국어 인식과 그 양상의 역사성-'훈민정음' 창제 관련 문헌과 '正音'의 의미를 중심으로-」(2021), 「중세 국어 원인 '-(으)니' 접속문의 용법과 '-ᄂᆞ니'와의 상관성」(2021), 「계명대학교 동산도서관 소장본 고소설 희귀본의 가치와 고소설의 언어 의식」(2022) 등이 있다.

김수정

영남대학교 대학원 국어교육과에서 박사학위(2015)를 받고 한국교원대학교 국어교육과 Post-doc(2017-2019)을 거쳐 현재 경남대학교 국어교육과 조교수로 재직 중이다. 문법교육과 국어(생활)사 교육 전공으로 최근 논문으로는 「국어생활사 교육내용 분석 연구」(2015), 「문법 학습자의 태도 변화를 위한 학습자 중심 문법 교수·학습 방안 연구」(2017), 「계명대 소장본 <언간독>에 담긴 담화 관습 교육 내용 연구」(2018), 「<언간독>을 활용한 인성교육 방안 연구」(2019), 「계명대 소장본 <언간독>에 나타난 지역성과 교육적 의의 연구」(2021), 「19세기 한국과 일본의 편지쓰기 교재 비교 연구」(2021),「국어교사의 국어사 교육내용 인식에 관한 척도 개발 연구」(2022), 「생태학 관점의 문법수업이 중학생의 수업참여도 및 학습경험에 미치는 영향」(2022), 「학습자 생성 텍스트를 활용한 문법 수업이 중학생의 문법 태도에 미치는 영향」(공저, 2022) 등이 있다.